与 努 力 的 人 一 起 奔 跑

经营风险管和控

黄 玲 —— 著

广东经济出版社
·广州·

图书在版编目（CIP）数据

经营风险管和控/黄玲著. —广州：广东经济出版社，2024.7
ISBN 978-7-5454-9045-9

Ⅰ. ①经… Ⅱ. ①黄… Ⅲ. ①企业管理—风险管理—研究 Ⅳ. ①F272.35

中国国家版本馆 CIP 数据核字（2023）第 229357 号

责任编辑：谢善德　李沁怡
责任校对：李玉娴
责任技编：陆俊帆
封面设计：集力書裝　彭　力

经营风险管和控
JINGYING FEGNXIAN GUAN HE KONG

出 版 人：	刘卫平
出版发行：	广东经济出版社（广州市水荫路 11 号 11～12 楼）
印　　刷：	广州市豪威彩色印务有限公司
	（广州市增城区宁西街新和南路 4 号一楼 106 房）

开　本：787mm×1230mm　1/16	印　张：24.5
版　次：2024 年 7 月第 1 版	印　次：2024 年 7 月第 1 次
书　号：ISBN 978-7-5454-9045-9	字　数：400 千字
定　价：108.00 元	

发行电话：(020) 87393830　　　　　　　编辑邮箱：gdjjcbstg@163.com
广东经济出版社常年法律顾问：胡志海律师　　法务电话：(020) 37603025
如发现印装质量问题，请与本社联系，本社负责调换。

版权所有·侵权必究

序　言

　　企业在运营过程中，面临着各种风险。例如，企业资金短缺和现金流断裂，可能致使企业无法正常运转甚至破产；企业内部管理不完善、流程不顺畅或产品质量存在问题，可能会引发生产事故、质量问题或供应链中断等风险；企业如果依赖落后的技术或存在侵权问题，可能会面临技术更新滞后或知识产权纠纷等风险；企业违反法律法规或合同约定，可能会有罚款、诉讼和信誉损失等风险；媒体的负面报道可能导致企业声誉受损，进而影响客户信心和市场份额等。因此，企业必须高度重视风险管理，采取有效措施降低风险，确保长期稳定发展。

　　任正非先生曾说："企业生存的秘诀，不但在于冒险，更在于避险。企业发展的秘诀就是要在冬天谈春天的温暖，春天谈冬天的寒冷。"可见，华为的成功在很大程度上得益于对风险的认知、预测、管理和控制。

　　本书全面解析了企业在不同生命周期所面临的风险以及相应的防控策略。比如：公司设立期，发起人、注册资本存在瑕疵、公私财产混同、股权代持等的风险以及防控策略；公司治理中，法定代表人、股东会程序、公司章程、盈余分配、股东法定义务等的风险以及防控策略；公司经营期，负面舆情、股东滥用权利、人力资源低效、商业秘密泄露、知识产权侵权等的风险以及防控策略；公司解散清算期，注销程序不规范、股东怠慢清算、股东未穷尽救济途径等的风险以及防控策略。

　　针对医美企业的资、财、税、法、人、股的六维风险雷区，深入分析并提出了解决方案，帮助企业规避风险。

　　此外，本书还对电商企业、主播等主体违反18部法律法规的行为进行了深入剖析，强调了防范风险的价值，并提供了合规策略。本书以《公司法》为主线，根据企业经常发生而且容易被忽略的风险，提出了企业风险管理和控制的体系搭建思路，覆盖了合规风险监控、识别、分析与跟踪管理，实现了内外合规实时同步，有助于企业全面了解风险情况，进行事前防控、事中止损和应对，以及事后复盘，为企业合规经营的风险管控提供了重要的参考。

风险虽然无法完全避免，但可以通过预防和化解来降低其对企业的影响。本书的作者是实战派，具备法律和会计师的职业背景，精通税法和公司法，擅长制定合理的企业资金策略、财务规范、纳税筹划和企业经营合规策略事务，并曾担任多家企业的资本官。在十余年的从业经历中，作者见证了无数企业因忽视风险管控而遭受声誉、财产、身份安全等方面的损失。因此，本书旨在提醒企业决策者和管理者要了解风险，采取未雨绸缪的态度进行风险管控，避免"屋漏偏逢连夜雨"的风险危机。只有通过制定预案、及时决策和积极应对，才能化险为夷，实现安心经营、放心投资、专心创业，并确保财富保值。

黄玲

2024年2月8日

目录
CONTENTS

第一章
企业风险管和控的价值

第一节　企业风险管理的必要性　/　003
一、风险管理的思想意识　/　003
二、各时期企业的风险攻守道　/　006

第二节　企业风险管和控体系搭建思路　/　008
一、企业风险识别和诊断　/　008
二、企业风险评估　/　016
三、企业风险管和控措施　/　020

第二章
企业全生命周期风险的管和控

第一节　公司设立期风险的管和控　/　027
一、公司发起人的风险与防控　/　027
二、注册资本存在瑕疵的风险与防控　/　032
三、出资期限未届满转让股权的风险与防控　/　052
四、股东未履行出资义务，董事会连带责任的风险与防控　/　055
五、公私财产混同的风险与防控　/　069
六、股权代持的风险与防控　/　080

第二节 公司治理风险的管和控 / 086

一、法定代表人履职的风险与防控 / 086

二、股东一票否决权行使的风险与防控 / 099

三、股东会召开程序与决议效力的风险与防控 / 102

四、公司盈余分配的风险与防控 / 112

五、股东权利行使与保护的风险与防控 / 119

六、担任公司"董监高"的风险与防控 / 127

七、公司章程制定与执行的风险与防控 / 130

第三节 公司经营风险的管和控 / 148

一、股东出资期限与公司资本充实需求不匹配的风险与防控 / 148

二、融资借贷的风险与防控 / 151

三、企业营运资金管控的风险与防控 / 158

四、企业财税合规的风险与防控 / 162

五、企业人力资源管理的风险与防控 / 184

六、商业秘密泄露的风险与防控 / 198

七、企业知识产权侵权与保护的风险与防控 / 202

八、公司决策制度不规范的风险与防控 / 211

九、公司业务执行不规范的风险与防控 / 214

十、法人人格混同的风险与防控 / 216

十一、滥用股东权利的风险与防控 / 218

十二、企业负面舆情应对与风险防控 / 222

第四节 公司解散退出风险的管和控 / 225

一、公司注销程序不规范的风险与防控 / 226

二、公司股东怠于清算的风险与防控 / 230

三、清算义务人未依法清算的风险与防控 / 233

四、股东未穷尽救济途径的风险与防控 / 236

五、解除股东资格的法定程序风险与防控 / 238

第三章
医美行业经营风险的管和控

第一节　医美企业的资金风险与防控　/　243
一、非法吸收公众存款的风险与防控　/　243
二、资金链断裂的风险与防控　/　247

第二节　医美企业的财税风险与防控　/　250
一、不设置会计账簿或设置混乱的风险与防控　/　250
二、发票虚开、管理混乱等导致的风险与防控　/　252
三、私卡收支的涉税风险与防控　/　262
四、滥用免增值税政策的风险与防控　/　267

第三节　医美机构的法律风险与防控　/　275
一、未办资质经营的风险与防控　/　276
二、虚构医疗机构资质、医生资历的风险与防控　/　277
三、使用水货/假货针剂或山寨设备的风险与防控　/　279
四、涉嫌虚假广告的风险与防控　/　280
五、医美侵权责任纠纷的风险与防控　/　282

第四章
电商/主播经营风险的管和控

第一节　直播带货的法律风险　/　287
一、直播带货相关法律责任主体　/　287
二、商家、主播、MCN 机构、平台所涉及的相关法律法规　/　289
三、直播带货行为存在的主要法律风险　/　289

第二节　电商企业资金管理的风险与防控　/　292
一、资金核算不准确的风险与防控　/　293
二、库存黑洞引发的资金风险与防控　/　295
三、退货占用资金的风险与防控　/　298

四、赠品积压占用资金的风险与防控 / 300

五、公私账户混用的风险与防控 / 301

第三节 电商/主播的法律风险与防控 / 302

一、《视频直播购物运营和服务基本规范》之夸大宣传、虚假宣传的风险与防控 / 303

二、《网络直播营销行为规范》之价格标注、比较价格、折扣价的风险与防控 / 305

三、《国家广播电视总局关于加强网络秀场直播和电商直播管理的通知》之虚构事实获得打赏的风险与防控 / 308

四、《互联网直播营销信息内容服务管理规定（征求意见稿）》之直播内容违法的风险与防控 / 310

五、《"十四五"电子商务发展规划》之出海的风险与机遇 / 311

六、《最高人民法院关于审理网络消费纠纷案件适用法律若干问题的规定（一）》以及《网络购买商品七日无理由退货暂行办法》之七日内无理由退货的风险与防控 / 316

七、《关于进一步规范网络直播营利行为促进行业健康发展的意见》之虚假营销的风险与防控 / 320

八、《关于规范网络直播打赏加强未成年人保护的意见》之打赏/赠与的风险与防控 / 322

九、《中华人民共和国食品安全法》之标签的风险与防控 / 326

十、《网络商品和服务集中促销活动管理暂行规定》之虚构奖品/赠品的风险与防控 / 329

十一、《侵害消费者权益行为处罚办法》之虚构交易的风险与防控 / 332

十二、《中华人民共和国反不正当竞争法》之不正当竞争的风险与防控 / 334

十三、《中华人民共和国电子商务法》之违法搭售的风险与防控 / 339

十四、《中华人民共和国广告法》之虚假广告的风险与防控 / 341

十五、《中华人民共和国商标法》之直播带货场景下商标侵权的风险
　　　与防控　/　344
十六、《中华人民共和国著作权法》之字体、图片、包装、音乐、视
　　　频、影视作品等侵权的风险与防控　/　350
十七、《化妆品监督管理条例》之未经备案、未取得特殊用途化妆品
　　　行政许可审批件的风险与防控　/　366
十八、《规范互联网信息服务市场秩序若干规定》之职业退货人恶意
　　　退货的风险与防控　/　367

第四节　电商企业的人力资源风险与防控　/　370
　　一、电商企业与主播签约后反悔的风险与防控　/　371
　　二、招用尚未解除劳动合同的劳动者的风险与防控　/　373
　　三、员工违反与原单位保密及竞业限制协议的风险与防控　/　375

第一章
企业风险管和控的价值

企业经营失败的原因往往不在于缺乏业务，而是风险管控不力。因此，强化风险管控能力是企业持续经营的一门必修课。

本章从"企业风险管理的必要性"和"企业风险管和控体系搭建思路"两个方向论述企业风险的管和控，旨在提醒企业家和相关管理人员重视风险管理，帮助他们寻找方法和思路去了解自己企业的风险，懂得一旦出现风险该如何应对，搭建一套逻辑体系让自己的企业能在激烈的竞争中活好、活久。

第一节 企业风险管理的必要性

一、风险管理的思想意识

1. 企业家的刑事风险认知意识

企业为什么要做风险管理？我们先来看看最近十几年一些企业的股东、实际控制人、法定代表人与管理人员所经历的法律风险。

马兴田：康美药业实际控制人，因操纵证券市场罪、不披露重要信息罪等数罪并罚，被判处有期徒刑12年，并处罚金120万元。其他11名相关责任人员分别被判处有期徒刑并处罚金。

兰世立：东星航空实际控制人、董事，因逃避追缴欠税罪，涉嫌受贿及挪用公款等罪名，3次破产、4次入狱。

顾雏军：格林柯尔系创始人，因虚报注册资本罪、挪用资金罪等罪一审获判有期徒刑10年。

黄光裕：国美电器创办人，因非法经营罪、内幕交易罪、单位行贿罪被判处有期徒刑14年。

周益明：明星电力大股东、明伦集团原董事长，因合同诈骗罪被判处无期徒刑，并处没收个人全部财产，剥夺政治权利终身。其余5名被告人分别被判处有期徒刑3年到5年，并处罚金10万元至20万元。

乔天明：剑南春集团原董事长，因行贿、私分国有资产被判有期徒刑5年，并处罚金4亿元。

这些血淋淋的教训是企业家最好的清醒剂。它们提醒企业要注意风险防范，要合规经营，不要把自己和企业推向万劫不复的深渊。

一些企业家会对刑事风险存在思想误区，比如错误地认为公司主体独立，刑事风险遥不可及，甚至认为聘请律师做常年法律顾问，刑事风险就与自己无关了。倘若如此，当刑事风险发生时，就会后悔莫及。

也有一些企业家认为，自己的企业应纳税所得额高，慈善做得多，即使违法犯罪，也会有护身符，对涉嫌挪用资金、行贿受贿、污染环境等行为存在侥幸心理。这些想法和做法显然是错误的。

其实，企业的刑事合规就像人的身体健康那样，如果没有健康的身体，即使有钱，也等于0。

因此，企业家应该常态化地防范刑事风险。决策者和管理层在日常生产经营中应该具有较强的风险意识，对可能出现的风险要有足够的预判能力，并制定相应的风险管理策略，或者建立一套风险管理体制，确保企业内部信息、资产、人员等方面的安全，防范内部失误及恶意行为带来的影响。

2. 企业的行政风险意识

花生日记：因涉嫌非法传销、违规直销等行为，2019年3月被罚款、没收违法所得共计7456.58万元。2021年最终改为罚款、没收违法所得共计904万元，其中没收违法所得约754万元、罚款150万元。

南京胜科水务：因连续数年将未处理的高浓度废水通过私设暗管直接排入长江，其间还人为篡改在线监测仪器的相关数据，逃避环保部门的监管，2019年被法院开出5.2亿元的污染环境"最严厉罚单"，相关负责人分别获刑1年至6年不等。

椰树集团：2019年3月，椰树集团的椰汁广告因内容低俗、虚假宣传被罚款20万元。2021年6月，椰树集团因妨碍社会公共秩序及违背社会良好风尚等行为，被海南省市场监督管理局罚款40万元。

美团：因要求商户"二选一"的行为涉嫌垄断，2021年10月被国家市场监督管理总局公布滥用市场支配地位，责令停止违法行为，处以其2020年中国境内销售额1147.48亿元3%的罚款，合计34.42亿元。

滴滴：因违反《中华人民共和国网络安全法》《中华人民共和国数据安全法》等法律法规，存在16项违法事实，2022年7月被国家互联网信息办公室处以80.26亿元罚款，董事长兼CEO（首席执行官）程维、总裁柳青各被处以100万元罚款。

上海文峰美容美发集团：上海文峰和新世纪文峰以"浩哥说"相关文案为基础，在"文峰商城"网站、门店灯箱等，宣传大量含有封建迷信的内容，并宣称其所售产品和服务具有疾病治疗、改变命运等功效，涉虚假宣传，2022年8月分别被上海市普陀区市场监督管理局罚款200万元和80万元。

知网：通过连续大幅提高服务价格、拆分数据库变相涨价等方式，实施了以不公平的高价销售数据库服务的行为；通过签订独家合作协议等方式，限定学术期刊出版单位、高校不得向任何第三方授权使用学术期刊、博硕士学位论文等学术文献数据，并采取多种奖惩措施保障独家合作实施。2022年12月，国家市场监督管理总局依法对知网作出行政处罚决定，责令停止违法行为，并处以其2021年中国境内销售额17.52亿元5%的罚款，计8760万元。因存在违反必要原则收集个人信息、未经同意收集个人信息、未公开或未明示收集使用规则、未提供注销用户账号功能、在用户注销账号后未及时删除用户个人信息等违法行为，知网于2023年9月被国家互联网信息办公室开出5000万元的罚单。

德昭（重庆）：因经营销售未取得进口特殊化妆品行政许可批件的化妆品、未取得进口普通化妆品备案凭证的化妆品，以及作为化妆品经营者没有执行进货查验制度，于2023年5月被重庆市南岸区市场监督管理局没收违法所得18.52亿元，罚款10.94亿元，共计罚没29.46亿元，并被责令限期改正。

我乐家居：大股东及其一致行动人违规减持股票。中国证监会2023年9月15日通报，拟依法没收于范易及其一致行动人违法所得1653万元，并从严处以3295万元罚款，合计被罚没4948万元。

雪松信托：因违规向地方政府提供融资及接受地方政府承诺函担保、向开发商资质不达标的房地产开发项目提供融资、财务管理存在重大风险、调拨固有资金供大股东使用未如实记账等，2023年9月连收12张罚单，被罚690万元。

企业的行政合规是一个重要的风险管理项目。企业违反行政法规，轻则会被罚款，影响企业经济利益；重则会被吊销许可证、责令停产停业、责令关闭、列入黑名单等。对于企业来说，这是重大打击甚至灭顶之灾。

3. 企业的经营风险意识

诺基亚手机曾风靡全球，具有占据市场大部分份额的优势，但战略决策跟不上时代的步伐，随着智能手机的兴起，其市场地位逐渐被取代。

从此类案例可以看出，很多企业在战略的制定和实施上会出现错误，比如不符合宏观经济/产业/行业的政策、方向，规划错误并购，没有及时发展战略合作伙伴等。

王安电脑曾经风光一时，因为忽视了经营风险，最后黯然谢幕。

经营风险较高的行业有矿产资源（未取得许可证私自开采）、食品（食品安全事故）、生物制药（生产假药或者环境污染事故）、医美（私卡收款、偷漏税）、电商（运营不规范或者隐匿收入）。

经营风险很容易被自媒体传播。企业若在经营上出现失误，就可能在网络上形成铺天盖地的舆论，不及时做危机公关的话，会陷入万劫不复的境地。

快播因犯传播淫秽物品牟利罪的合规问题破产，老板入狱。

全球头部玩具代工商之一的合俊集团，企业盈利困难，加上清远扩产、收购福建银矿，导致资金链断裂而轰然倒下。

资金风险是很多企业倒下的致命一环。通常企业的资金风险有以下几种情况：赊销多、账期长、资金回款慢，导致资金周转困难；资金结构不合理，成本控制不好，会面临资金入不敷出的风险；存货多、现金流入慢、利润低，会存在资金链断裂的风险；负债率超出警戒线，净资产过低，会导致资不抵债。

三鹿奶粉因为在产品中违规添加三聚氰胺，放大产品风险，一夜之间破产倒闭。

产品是企业的"造血器官"。如果企业产品有严重的质量问题，或者存在产品设计、制造和告知上的缺陷，又或者产品弄虚作假、发生人身伤害的事件，会让企业声名狼藉，甚至让负责人担上刑事责任、民事赔偿的风险。

当然，有经营就会有风险，风险与机遇并存。

无论是刑事风险还是行政风险，抑或其他风险，都影响着企业和企业家的资金安全、财产安全。

二、各时期企业的风险攻守道

其实，风险是需要有意识、有方法去管和控的。每家企业因发展时期、行业特征、政策、环境、注册地、决策者等不同，所面临的风险也不同，但都离不开价值创造的主线。

每家企业所处时期的攻守道都不一样。

初创期企业面临着激烈的竞争，企业的生存法则在于活下去，此时业务部门是机会驱动，需要近攻而离守，风险管理偏重价值创造。

成长期企业注重抢占市场，此时企业以"跑得快"为主，以风险防范为辅。这时候若有人提倡风险管和控可能会被视为"绊脚石"或"麻烦制造者"，因为 CEO 和管理层要的是全速前进。也正因如此，所忽视的风险可能会让企业日渐沦陷，甚至万劫不复。

此阶段的企业要注意：

（1）资金风险。随着企业规模的扩大和资金需求的增加，可能会面临资金紧缺甚至资金链断裂等风险。为了防范金融风险，企业应建立健全财务管理体系，包括预算控制、资金监控等。此外，还可以通过多元化融资来分散风险，如股权融资、合伙人战略融资、银行贷款、股权融资、发行债券等。

（2）政策风险。企业需要密切关注政策变化，比如国家的财政政策、货币政策等，及时调整经营策略。行业政策风险主要体现在政府对某些行业的限制或调整，企业要具备对政策预断的能力，及时采取相应的措施。

（3）人力资源风险。此时的企业需要一支高素质、专业化的员工队伍。由于队伍迅速壮大，若管理不当可能会让有价值的员工离职，或者核心岗位招不到人才等，企业要做好相应的选人、用人、育人、留人工作。

（4）技术泄密风险。景泰蓝泄密是一个典型的案件：在日本人参观景泰蓝厂时，中方慷慨地允许其拍下全部制作工艺流程，不出两年，我国传统的出口创汇产品景泰蓝直线贬值，被日本人掌握技术后的"仿真品"冲垮。

因此，成长期企业的决策者需要高度中正而全思，平衡机会和风险，使企业达到收益的最优化。

成熟期企业稳定下来了，发展的目标一般是追求规模化，实现规模效益。此时需要形成差异化的竞争优势，既要取他人之未敢，又要快速在竞争对手只求"活下去"的时刻，进行战略性的"逆市场"扩张，如投资并购、整合产业链、找到共赢点。因此，此时期的企业既要守住资金积累，也要抓住市场机会，审慎投资。所以，此时期的企业要采取近守而离攻之道，以守为主，尽己所能防范各项风险。

衰退期企业，特别是在经济形势不好或所在行业处于衰退期时，主要任务就是"活下去"，所以攻守之间并无定式。

企业无论处于什么时期，都要做好风险的管和控。

第二节　企业风险管和控体系搭建思路

小米科技创始人雷军说过一句话："管理，就是管风险！"

可见，风险管理是企业一项至关重要的管理任务。

然而，怎么做风险管理呢？ 首先要对风险进行识别和诊断，然后绘制风险图谱，再进行风险评估，找出解决方案，最后制定风险管理措施。

一、企业风险识别和诊断

风险防范是企业生产经营中一项不可或缺的工作，对于企业健康、持续发展具有重要的意义。企业应依据自己内部的组织架构、发展战略、业务运营、人力资源、社会责任、企业文化、资金活动、购销管理、资产管理等，把现状一一列出来，并有针对性地进行识别和诊断，提早制定风险应对措施。

1. 组织架构的风险识别和诊断

企业组织架构一般存在四种问题：一是组织架构中各职能部门、业务单元对应的人员工作职责与职权模糊不清，彼此推诿扯皮，工作效率低下；二是汇报和指挥关系出现混乱，不是下级一头雾水、不知所措，就是上级间互不信任、矛盾重重；三是内部协作不畅，与环境交互关系受阻，沟通协调的成本高，无法实现"众人拾柴火焰高"、一鼓作气奔赴目标；四是审计监督机制不健全或者形同虚设，风险失控、徇私舞弊、失职渎职事件屡有发生，导致企业的资产损失。

企业可根据以上问题，对标自己的组织架构是否存在问题，进而分析原因、梳理利弊，考虑调整组织架构或者规划新的组织架构，编制架构说明书，列出职能部门、业务单元、个人的工作职责与职权，然后把修订后的组织架构方案及实施计划予以发布、执行，并进行动态管理。

2. 发展战略的风险识别和诊断

企业发展战略是指企业在对现实状况和未来趋势进行综合分析和科学预测

的基础上，制定并实施的长远发展目标与战略规划。如果企业没有制定发展战略或者发展战略模糊，就会导致企业盲目发展，没有核心竞争优势，也不会获得更大的市场地位；如果发展战略不切实际或者过于激进，企业就会无序扩张，最终引发经营失败等风险；如果发展战略频繁变动，企业会脱离业务主线，导致资金链断裂甚至关门大吉。

企业在制定发展战略时，应当综合考虑宏观经济政策、国内外市场需求变化、技术发展趋势、行业及竞争对手状况、可利用资源水平和自身优劣势等影响因素。

曹操于官渡之战中击败袁绍，这一胜利不仅巩固了曹操在北方的地位，也为其平定河北奠定了基础。然而，在随后的岁月里，曹操面临的风险和挑战愈发严峻。

在赤壁之战前夕，曹操的谋士们纷纷提醒他，孙刘联军可能会采取"阻击战"的战术，建议他应提前准备应对风险的策略。然而，当时的曹操自信满满，认为凭借自己的兵力优势，无须过多担忧。他并未深入分析和评估潜在的风险，也没有制定相应的危机应对计划。

赤壁之战中，由于曹操事先未做充分准备，加之战术上的失误，曹军陷入被动。面对孙刘联军的火攻战术，曹军损失惨重，最终曹操不得不率军撤退。赤壁之战以曹操的失败告终。

这次失败让曹操深刻反思了自己的风险管理策略。他意识到，风险不可忽视，而且需要认真对待和有效管理。他开始重视建立风险预警机制，加强对情报的收集和分析，以便更准确地预测和评估风险。

通过不断改善，曹操的风险管理能力得到了显著提升。他不仅在军事上更加谨慎，还在政治、经济等多个领域进行了深入的风险分析和规划。这些努力使得曹操在三国这个充满变数的时代中稳扎稳打，最终成为一代霸主，其智慧和胆识被后人传颂。

3. 业务运营的风险识别和诊断

企业业务运营的风险识别和诊断：一是企业研发的新产品能否引发市场刚需不足，是否存在与竞品同质化等问题；二是产品结构是否合理，是不是滞销品过多、畅销品存货不足而让运营陷入经营困难的局面；三是企业对市场的开发是否遇到瓶颈或无法展开的困难；四是市场营销策略效果如何，投入的资金、人力、物力与预期回报是否成正比；五是根据客户的选购评价产品或服务定价是否合理；六是运营团队人员是否匹配合理，管理是否科学，运营成本是否符合预算，运营效能高还是低；七是赊销、分期付款等衍生资金是否回笼不及时，发生呆账、坏账，导致资金周转困难甚至资金链断裂等；八是质量、安全、环保等管理是否存在问题或发生失误。

若以上情况出现一项或多项，企业就要预判是否造成影响、影响程度是否严重，进而采取相应措施，确保业务运营和发展。

4. 企业风险识别和诊断实务表单

虽然每家企业具体的风险项都不一样，但在识别和诊断企业风险时，可参照表1-1所示模块建立企业风险识别和诊断实务表单。

表1-1 企业风险识别和诊断实务

风险类别	风险项	风险诊断
组织架构	治理结构形同虚设，缺乏科学决策，运行机制和执行力疲弱，可能导致企业经营不良，难以实现发展战略目标	□有　□无
	内部机构设计不科学，权责分配不合理，可能导致机构重叠、职能交叉或缺失、推诿扯皮，运行效率低下	□有　□无
发展战略	缺乏明确的发展战略，或实施措施偏离发展战略，可能导致企业盲目发展，难以形成竞争优势，丧失发展机遇和动力	□有　□无
	发展战略过于激进，脱离企业实际能力或偏离主业，可能导致企业过度扩张，甚至经营失败	□有　□无
	发展战略因主观原因频繁变动，可能导致资源浪费，甚至危及企业的生存和持续发展	□有　□无
业务运营	企业新产品研发引发市场刚需不足、存在与竞品同质化等问题，产品结构不合理导致滞销品过多、畅销品存货不足	□有　□无
	企业新市场开发困难，市场营销策略效果差，产品或服务定价不合理等	□有　□无
	运营团队人员匹配不合理，管理不科学，运营成本高，运营效能低	□有　□无

续表

风险类别	风险项	风险诊断
业务运营	赊销、分期付款等衍生资金回笼不及时，发生呆账、坏账，导致资金周转困难甚至资金链断裂	□有　□无
	质量、安全、环保等管理存在问题或发生失误，导致行政、刑事风险	□有　□无
	由于企业内外部人员存在道德风险或人事管控失灵，因此风险管理措施形同虚设	□有　□无
	成本管理失当，原材料采购价格过高、采购质量不符合要求，库存堆积，生产环节次品率高，销售策略失误等	□有　□无
公司治理	家族式管理，用人机制混乱无章，或者重人情而轻制度，又或者侧重任人唯亲，难以做到"能者上、平者让、庸者下"，企业发展举步维艰；滥用权利，损害公司利益，存在包庇等现象	□有　□无
	存在股东资金被占用、非公允的关联交易、虚假信息披露及操纵盈余等现象	□有　□无
	董事会在执行公司职务时违反法律、行政法规或者公司章程的规定，又或者以权谋私，损害公司利益	□有　□无
	经理层存在腐败、财务欺诈、以权谋私、逆向选择和道德问题	□有　□无
	管理层违反法律法规，进行内幕交易，存在贪污受贿等违法行为；在公司经营决策中存在利益冲突等问题	□有　□无
	内部控制机制不完善，存在公司的财务数据不真实、财务报告不准确、资产管理不规范等问题	□有　□无
人力资源	招聘不到有价值的人才；选用的人不仅成本高，还影响公司的运营和发展	□有　□无
	薪酬绩效不合理，存在薪酬结构乱、考核无依据、积极性不高、人才留不住、目标难实现等问题	□有　□无
	人力资源缺乏或过剩、结构不合理、开发机制不健全，可能导致企业发展战略目标难以实现	□有　□无

续表

风险类别	风险项	风险诊断
人力资源	人力资源激励约束制度不合理、关键岗位人员管理不完善，可能导致人才流失、经营效率低下，关键技术、商业秘密和国家机密泄露	□有 □无
	人力资源退出机制不当，可能导致法律诉讼或企业声誉受损	□有 □无
社会责任	安全生产措施不到位，责任不落实，可能导致企业发生安全事故	□有 □无
	产品质量低劣，侵害消费者利益，可能导致企业面临巨额赔偿，形象受损甚至破产	□有 □无
	环境保护投入不足，资源耗费大，造成环境污染或资源枯竭，可能导致企业面临巨额赔偿，缺乏发展后劲甚至停业	□有 □无
	促进就业和员工权益保护不够，可能导致员工积极性受挫，影响企业发展和社会稳定	□有 □无
企业文化	缺乏积极向上的企业文化，可能导致员工丧失对企业的信心和认同感，企业缺乏凝聚力和竞争力	□有 □无
	缺乏开拓创新、团队协作和风险意识，可能导致企业发展目标难以实现，影响可持续发展	□有 □无
	缺乏诚实守信的经营理念，可能导致舞弊事件，造成企业损失，影响企业信誉	□有 □无
	忽视企业间的文化差异和理念冲突，可能导致并购、重组失败	□有 □无
资金活动	筹资决策不当，引发资本结构不合理或无效融资，可能导致企业筹资成本过高或债务危机	□有 □无
	资金使用效率低，资金短缺，不仅可能给生产经营带来不利影响，还可能产生债务危机，不及时清偿债务可能导致信用等级下降，企业被迫停业	□有 □无
	投资决策失误，引发盲目扩张或丧失发展机遇，可能导致资金使用效益低下或资金链断裂	□有 □无
	资金调度不合理、营运不畅，可能令企业陷入财务困境或资金冗余	□有 □无

续表

风险类别	风险项	风险诊断
资金活动	资金活动管控不严，可能导致资金被挪用、侵占、抽逃或遭受欺诈	□有　□无
采购业务	采购计划安排不合理，市场变化趋势预测不准确，造成库存短缺或积压，可能导致企业生产停滞或资源浪费	□有　□无
	供应商选择不当，采购方式不合理，供应商价格上涨，采购成本上升，导致采购物资质次价高，出现舞弊或遭受欺诈	□有　□无
	采购验收不规范，付款审核不严，导致采购物资、资金损失或信用受损	□有　□无
	信用下降；供应链中断，导致生产受限、制造延迟；无法及时出货导致资金周转困难，甚至有违约责任	□有　□无
	供应商出具虚假或过期质量证明，或者资质不全，提供劣质原材料发生质量事故	□有　□无
资产管理	存货积压或短缺，导致流动资金占用过量、存货价值贬损或生产中断	□有　□无
	固定资产更新改造不够、使用效能低下、维护不当、产能过剩，可能导致企业缺乏竞争力、资产价值贬损、安全事故频发或资源浪费	□有　□无
	无形资产缺乏核心技术、权属不清、技术落后、存在重大技术安全隐患，可能导致企业法律纠纷、缺乏可持续发展能力	□有　□无
销售业务	销售策略不当，市场预测不准确，销售渠道管理不当等，可能导致企业销售不畅、库存积压、经营难以为继	□有　□无
	客户信用管理不到位，结算方式选择不当，账款回收不力等，可能导致销售款项不能收回或遭受欺诈	□有　□无
	销售过程存在舞弊、渎职行为以及吃回扣、拿佣金不入账，或者与对方串通一气共同损害企业利益等行为	□有　□无

续表

风险类别	风险项	风险诊断
研究与开发	研究项目未经科学论证或论证不充分,可能导致创新不足或资源浪费	□有 □无
	研发人员配备不合理或研发过程管理不善,可能导致研发成本过高、研发失败或存在舞弊行为	□有 □无
	研发成果转化应用不足、保护措施不力,可能导致企业利益受损	□有 □无
工程项目	立项缺乏可行性研究或者可行性研究流于形式,决策不当,项目盲目上马,可能导致难以实现预期效益或项目失败	□有 □无
	项目招标暗箱操作,存在商业贿赂,可能导致中标人实质上难以承担工程项目、中标价格失实及相关人员涉案	□有 □无
	工程造价信息不对称,技术方案不落实,预算脱离实际,可能导致项目投资失控	□有 □无
	工程物资质次价高,工程监理不到位,项目资金不落实,可能导致工程质量低劣,进度延迟或中断	□有 □无
	竣工验收不规范,最终把关不严,导致工程交付使用后存在重大隐患	□有 □无
担保业务	对担保申请人的资信状况调查不深,审批不严或越权审批,可能导致企业担保决策失误或遭受欺诈	□有 □无
	对被担保人出现财务困难或经营陷入困境等状况监控不严,应对措施不当,可能导致企业承担法律责任	□有 □无
	担保过程存在舞弊行为,导致经办审批等相关人员涉案或企业利益受损	□有 □无
业务外包	外包范围和价格确定不合理,承包方选择不当,可能导致企业遭受损失	□有 □无
	业务外包监控不严、服务质量低劣,可能导致企业难以发挥业务外包的优势	□有 □无
	业务外包存在商业贿赂等舞弊行为,可能导致企业相关人员涉案	□有 □无

续表

风险类别	风险项	风险诊断
财税风险	账目错乱，账算不准，无法对经营状况进行有效分析和评估，无法制定合理的经营策略和预算，从而导致盈利能力下降，甚至亏损	□有 □无
	会计政策错误，纳税行为不符合税收法律法规的规定，应纳税而未纳税、少纳税，从而面临补税、罚款、加收滞纳金、刑事处罚等风险	□有 □无
	虚开发票，轻则令企业纳税信用等级降低，转出发票后补缴税金，缴纳滞纳金、罚金，重则被刑事处罚	□有 □无
	公私账户混用，被税务机关查实隐匿收入，不仅要补缴税款，还要加收滞纳金和罚款；民事上会被认定为公私人格混同，对企业债务负连带责任	□有 □无
	编制财务报告违反会计法律法规和国家统一的会计准则制度，可能导致企业声誉受损和承担法律责任	□有 □无
	提供虚假财务报告，误导财务报告使用者，令决策失误，干扰市场秩序	□有 □无
	不能有效利用财务报告，难以及时发现企业经营管理中存在的问题，可能导致企业财务和经营风险失控	□有 □无
全面预算	不编制预算或预算不健全，可能导致企业经营缺乏约束或盲目经营	□有 □无
	预算目标不合理、编制不科学，可能导致企业资源浪费或发展战略目标难以实现	□有 □无
	预算缺乏刚性、执行不力、考核不严，可能导致企业预算管理流于形式	□有 □无
合同管理	未订立合同、未经授权对外订立合同、合同相对方主体资格未达要求、合同内容存在重大疏漏和欺诈，可能导致企业合法权益受到侵害	□有 □无
	合同未全面履行或监控不当，不利条款可能导致企业诉讼失败，违约责任可能令企业经济利益受损	□有 □无
	合同纠纷处理不当，可能损害企业利益、信誉和形象	□有 □无

续表

风险类别	风险项	风险诊断
内部信息传递	内部报告系统缺失、功能不健全、内容不完整,影响生产经营有序运行	□有 □无
	内部信息传递不通畅、不及时,导致决策失误、相关政策措施难以落实	□有 □无
	内部信息传递过程中泄露商业秘密,可能削弱企业核心竞争力	□有 □无
信息系统	信息系统缺乏或规划不合理,造成信息孤岛或重复建设,导致企业经营管理效率低下	□有 □无
	信息系统开发不符合内部控制要求,授权管理不当,导致无法利用信息技术实施有效控制	□有 □无
	信息系统运行维护和安全措施不到位,导致信息泄露或毁损,系统无法正常运行	□有 □无

每个企业管理者都应根据自身企业情况,制定适合自己企业的风险识别和诊断实务表单,帮助企业找出具体潜在的问题,去面对、去解决。

结合尽调、访谈等形式,企业可以梳理出符合自身情况的风险识别和诊断实务表单,逐一识别、诊断、分析和评估这些风险项。评估结果可能有两种:一种是风险项不会发生,或者即使发生了影响也很小,企业对于这种风险项就无须投入过多的精力予以防范;另一种是风险项会给企业带来经济上的损失,或者导致企业违反相应的法律法规,进而给企业带来外部制裁,此时,企业就需要对这种风险项进行处理。如果企业能够识别出每一个具体的风险点,或者根据以上方法找出风险点与哪个业务单元最相关,就可以相应地提高该业务单元在风险评估中的权重,根据权重立即采取相关应对措施,并提出解决方案,哪怕无法杜绝风险的发生,也要把风险降到最低。

二、企业风险评估

企业风险评估是指对企业业务流程中的风险进行识别、分析和评价的过程。企业风险评估是分析企业内控措施是否有效，企业是否存在内控缺陷的前置步骤。

1. **企业风险评估的前置问题**

在展开风险评估之前，我们先问自己几个问题：

①是否有一套适合自己企业的风险评估方法？
②是否制定风险管控的政策与流程？
③是否确定相关人员对现有的政策与流程予以执行？
④相应的政策与流程是否存在漏洞？
⑤政策与流程是否得到有效的沟通与执行？
⑥对经济或声誉有影响的风险在过往是否发生过？发生的原因是什么？公司是如何处理的？

2. **企业风险定性评估**

我们按企业风险造成的影响程度对企业风险进行定性评估，企业风险定性评估标准见表1-2。该标准主要从人员伤亡情况、经济损失情况、违法/犯罪情况这三个维度考虑。

表1-2 企业风险定性评估标准

风险级别	人员伤亡	经济损失	违法/犯罪	严重性
一级	无	无损失	无行政/民事/刑事风险	轻微风险
二级	轻微受伤，间接性不舒服	1万元以下	有民事纠纷，无行政/刑事风险	低度风险
三级	截肢/骨折/听力丧失/职业病	1万～50万元	涉及行政风险，无刑事风险	中度风险
四级	丧失劳动力	50万～100万元	涉及行政/民事风险，轻微刑事风险	高度风险
五级	死亡	100万元以上	涉及重大行政/民事/刑事风险	灾难性风险

一级风险，定性为轻微风险。要建立管理制度，决策者和管理层高度重视

执行效果。

二级风险，定性为低度风险。企业可以结合前述攻守道价值进行评价，若利大于弊，可优先选择利，但要建立内部控制防线及防范措施，责任落实到每个人。

三级风险，定性为中度风险。企业要搭建风险管和控体系，全员参与，进行动态管控。

四级风险，定性为高度风险。企业要对风险管和控体系进行优化或者重塑。

五级风险，定性为灾难性风险。发生此类风险，说明企业此时的风险管和控体系已经失灵，需要重新定义、重置、再造。

3. 企业风险评估报告

企业风险评估报告是按一定周期（比如季度、半年）提交的关于企业风险分析评估结果的汇总报告，其中包括重大风险排序、重大风险分析、解决措施建议以及需要的支持四大部分（见表1-3）。

重大风险排序是通过定性评估和定量检验调整，列示出排名前十位的存在重大风险的风险点。表1-3是对前面定性评估、定量评估和校验结果的汇总总结。

重大风险分析主要针对重大风险排序部分的每一项重大风险，给出包括但不限于五个方面的详细说明，包括定性分析结果的含义、定量指标实际值和行业阈值对比结果的含义、定性分析结果和定量分析结果对比结果的含义、风险的可能表现以及风险点存在重大风险的根本原因等。

解决措施建议针对重大风险排序部分的每一项重大风险，给出对应的解决措施和实现方式的建议。

需要的支持则详细地阐述对企业开展风险管理时，需要相关部门提供的支持。

表 1-3　企业风险评估报告

一、重大风险排序							
排名	风险点	所属风险类型	所属风险层次	定性得分	定量指标		
^	^	^	^	^	指标名称	实际值	行业阈值
1							
2							
3							
4							
5							
6							
7							
8							
9							
10							

二、重大风险分析		
排名	风险点	详细说明
1		A. 根据定性得分，解释定性分析结果的含义
^	^	B. 根据定量指标实际值和行业阈值的比较结果，解释对比结果的含义
^	^	C. 根据定性分析结果和定量分析结果的对比，解释对比结果的含义
^	^	D. 说明风险可能表现出来的现象
^	^	E. 深入分析风险点存在重大风险的根本原因
^	^	F. 其他需要说明的情况
2		
3		

续表

三、解决措施建议			
排名	风险点	解决措施	实现方式
1			
2			
3			
4			
5			
6			
四、需要的支持			
需要的支持：			

三、企业风险管和控措施

根据企业风险评估结果，为了更有效地防控合规风险，企业需制定恰当的风险管和控措施，搭建企业合规体系。

1. 业务流程拆解与分析

业务流程拆解与分析是制定企业风险管和控措施的第一步工作，需要对企业现有业务流程、现有制度、现有风险管理体系等进行梳理，形成企业合规管理的现状诊断评估报告，作为下一步搭建合规体系工作的基础。本阶段包括企业环境扫描、业务分析、方案策划等工作。

服务团队通过问卷、访谈、资料阅读等方式，对企业风险管控模式现状进行分析、诊断，明确与风控相关的体系之间的分工与衔接，梳理已有的法务、合规、内控及风控相关制度。同时，通过访谈、问卷、核对表等方式，对企业的业务流程进行梳理，形成风险管控专用的业务流程图或业务描述表。最后，据此制定企业合规管理体系建设实施方案，内容包括但不限于：

①企业反腐败、反舞弊、反贿赂专项合规。

②企业反不正当竞争、反垄断专项合规。

③企业劳动用工专项合规。

④企业数据保护与网络安全专项合规。

⑤企业知识产权保护专项合规。

⑥企业环境保护专项合规。

2. 具有合规体系的组织架构搭建

企业组织架构关系一家企业如何得到有效的管理，从而为企业行稳致远发挥其最大的潜力。比如：通过明确的部门分工和职责划分，使其能够关注其领域内可能出现的风险，并进行防范。经理层如何向股东负责，使股东能从公司的管理层执行表现中得益。合理的企业组织架构设置是有效风险管理体系的必要组成部分，是风险管理生效的权利来源。

如何构建有利于风险管理的企业组织架构？一是建立健全的、以董事会为首的公司治理结构；二是制定企业的目标和战略，包括企业的风险政策和极限；三是贯彻一套重视风险管理的企业文化和价值观。常见的具有合规体系的企业组织架构设计如图1-1所示。

在这个企业组织架构设计中，合规体系主要体现在：

①董事会、经理层的职责包含合规内容。

②确定合规主要负责人，明确合规职责。

③设立合规委员会，补充委员会议事规则。

④法律顾问对风险进行最终评估，指导各岗位履行合规职责。

⑤业务及职能部门明确合规职责，确定合规管理员。

⑥风险管理小组和内部审计部门兼任合规官，构建企业合规风险的三大防线（一是产品、销售、运营部门，二是风险管理或者合规部门，三是内审部门）。

我们以业务运营为中心，以实现业务目标为导向，结合业务实际需求，在充分考虑专业优势、资源统筹、管理效能的基础上，设计了基于三道防线的企

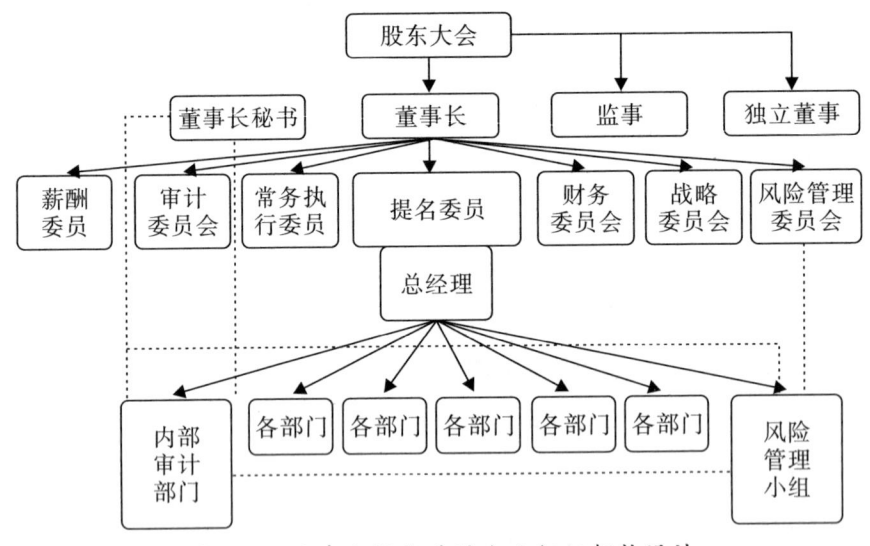

图 1-1 具有合规体系的企业组织架构设计

业组织架构（见图 1-2），并进一步明确了各主体的风险管理职责，形成了权责利对等的良好组织环境。

企业合规风险防范的三道防线具体包括：

第一道防线——业务执行部门。

业务执行部门是第一道防线，也是风险管理的最前线，在企业日常经营活动中直接面对各类风险，只有业务执行部门充分了解自身、竞争对手、客户及所面临的风险，才能更好地降低企业运营成本、提高产品质量，为股东获取更多的回报，最终让客户满意、让股东满意。

第二道防线——业务主管部门。

业务主管部门是第二道防线，履行业务规划、组织执行、对业务执行部门监管考核等职能，对风险管理制度的执行和改进，以及风险管理水平的提升起到关键作用，是风控体系的核心主体。以业务主管部门为中心，对业务执行部门进行管理指导，支持一线创造价值，同时接受风控和审计职能部门的统筹监督，可以促进实现企业风控体系资源、要素的高效整合。

第三道防线——审计与风控委员会、风控和审计职能部门。

第三道防线包括董事会下设的审计与风控委员会，以及企业内部的风控和

第一章 企业风险管和控的价值

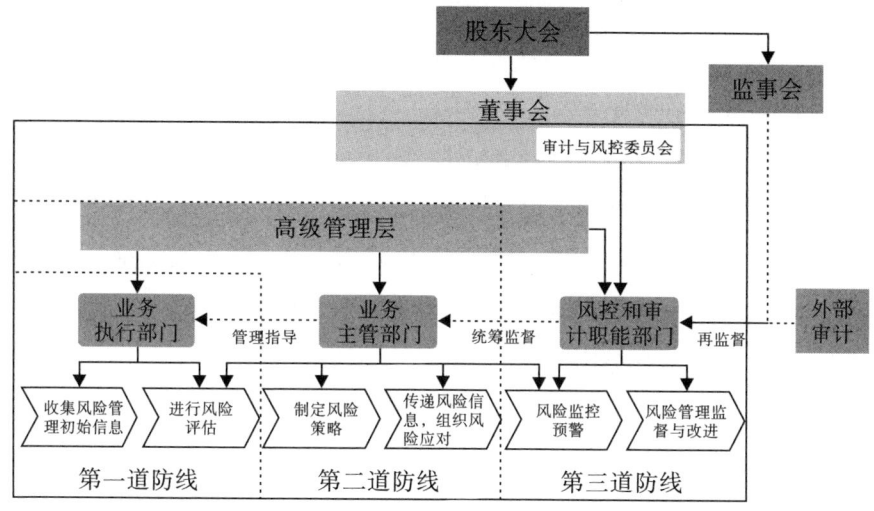

图 1-2 基于三道防线的企业组织架构

审计职能部门。第三道防线以风控和审计职能部门为主体，统筹协调，支持配合第一道防线、第二道防线开展风控工作，提供风险管理专业性指导，同时对风险管理活动进行再监督，运用系统的方法评价、改进和提升企业的风险管理效能。

3. 合规管理制度及合规执行指引的制定

建立管理制度，根据企业自身情况，按需制定、修改和颁发合规管理制度，包括但不限于合规管理准则、合规管理办法、专项合规制度。完善合规管理日常工作需要的各种执行文本、图表等。采取动态治理方法，制定以分级风险预警为核心的全方位的风险管理体系，对执行落实情况进行检查，多维度防范风险。

4. 制定合规管理体系有效性评估报告

前三个阶段是服务团队提供的项目式服务，但管理是一个过程，需要企业持续关注、积极推动以及践行监督。企业要把合规风险管控工作日常化、机制化，建立合规风险监控预警指标体系，并配套设计风险跟踪机制、风险自查机制、风险监控机制等。为形成计划—执行—检查—总结的管理闭环，同时也为满足国资监管部门以及企业董事会的监督考核要求，遵照法律法规及政策文件，企业要建立合规管理体系有效性评估机制，协助相关部门出具合规管理体系有效性评估报告。

5. 建立合规义务库

基于流程表或流程图，通过案例法、历史事件法、推演法等，识别、分析与评价企业的业务合规风险，以及重点领域、岗位与人员的合规风险等。运用风险自查表、风险评估技术等工具，分别在高层、中层、基层明确相应合规职责，同时明确企业合规管理牵头部门和相关部门，梳理重点业务领域应履行的合规义务，形成合规义务库，包括：

①对每一个岗位的合规职责进行增设或优化，并修改岗位职责说明书及由员工签署合规承诺书。

②制定合规风险识别评估预警机制，建立更新合规风险数据库。

③将合规审查作为必经程序嵌入经营管理流程。

④建立合规风险应对制度。

⑤构建违规问题整改机制、违规举报平台、追责问责机制，将合规管理纳入法治建设重要内容。

综上，企业应提早认识风险、权衡风险，并建立风险预警机制。当然，哪怕有预警机制也不一定能完全消除风险（谁都做不到），但可以做到明确地识别和评估风险，事前有措施降低风险，事中以企业合规义务图谱为主线，构建面向企业合规领域的图谱模型，建立覆盖组织职责、制度建设、运行机制、监督追责、合规文案等的合规管理流程。企业应尽力做到合规风险监控、识别、分析与跟踪管理，内外合规实时同步，在全面了解合规风险的情况下进行决策，有可执行的方案解决风险，或将损失降到最低。

第二章

企业全生命周期风险的管和控

公司是适应市场经济社会化大生产的需要而形成的一种企业组织形式。公司具有提供商品或服务的经济功能，是提供就业机会、增加财政收入、参与国际竞争的重要市场主体。其中，中小企业多是白手起家，经历了艰难的创业历程，更要思考如何建立和规范企业的风险管理体系，加强企业的内部风险管控。只有通过规范的公司治理机制，公司才能实现健康长远的发展。不规范的公司治理机制会给公司造成经济损失，甚至会让股东个人承担超出其投资范围的法律责任。

本章内容涵盖了公司设立、治理、经营和退出的全生命周期的频发风险。一是为读者在公司全生命周期内的风险识别、防范和化解提供借鉴；二是结合实际案例，从司法实践中引申，有助于读者对公司健康、安全运营的思考。

第一节　公司设立期风险的管和控

成立一家新公司，不仅要关注"人合""资合""意合"，还要关注公司成立时市场上可能存在的风险。只有了解风险、预防风险，公司才能游刃有余地成长。在公司创立初期，投资者往往更注重市场、效益，忽视了财务、税务、法律风险的存在，这给公司日后发展埋下隐患甚至可能带来致命的打击。本节对发起人的责任、股东出资瑕疵、公私财产混同、股权代持、表决权等问题引发风险的司法案例进行分析，有利于企业老板及时防控风险。

一、公司发起人的风险与防控

对于公司发起人的认定及其相应责任的规定，我们可以参考《最高人民法院关于适用〈中华人民共和国公司法〉若干问题的规定（三）》（简称《规定三》）第一条、2024年7月1日起实施的《中华人民共和国公司法》（简称《公司法》）的第五十条、第九十九条，以及于2023年12月5日起施行的《最高人民法院关于适用〈中华人民共和国民法典〉合同编通则若干问题的解释》相关条款。首先，依据《规定（三）》第一条，明确发起人的认定为："为设立公司而签署公司章程、向公司认购出资或者股份并履行公司设立职责的人，应当认定为公司的发起人。"基于"实质+形式"标准，发起人应当同时具备"签署公司章程+向公司出资+参与公司设立"三种特征。

其次，根据《公司法》第五十条、第九十九条关于发起人资本充实责任，发起人不仅要对设立期公司相关事务承担责任，也要在认缴的出资范围内对公司债务承担责任，还要对其他发起人的出资承担连带责任。在公司设立期或者经营期，公司发起人如果未能履行职责或违反相关法规，可能需要承担以下责任：

①赔偿责任：若发起人在公司设立过程中存在过失，导致公司或其他股东

利益受损，则需要对公司承担赔偿责任。

②连带责任：在公司设立阶段，如果发起人未能履行其职责或存在过失，导致公司无法成立，发起人需要对设立行为所产生的债务和费用承担连带责任。

③资本充实责任：如果发起人在《章程》约定的出资期限日，本人交付的实物、知识产权等出资的实际价值显著低于公允的价额，被认定为出资瑕疵，本人需要补足差额，而其他设立时的股东也需要对此承担连带责任。

④资本充实连带责任：作为公司发起人的股东，不仅要在认缴的出资范围内对公司债务承担责任，而且要对其他发起人的出资承担连带责任。例如，甲乙共同出资设立目标公司，注册资本为1000万元，其中甲持股1%对应出资额10万元，乙持股99%，对应出资额990万元，若乙未能按照公司章程缴足出资，则甲需无条件对乙的990万元出资承担连带责任。

⑤此外，《最高人民法院关于适用〈中华人民共和国民法典〉合同编通则若干问题的解释》也可能对公司发起人的责任产生一定影响。该司法解释旨在明确合同编通则的适用规则，确保合同公正、公平和有效执行。如果公司发起人在设立过程中涉及合同行为，那么他们需要遵守该司法解释的相关规定，确保自己的行为符合法律要求，否则可能面临相应的法律责任。

【案例2-1】

公司无法设立，发起人需支付筹办期产生的费用

▲案件概况

孙某某、张某某、陈某某三人在某次会议相识后，经过考察和论证，拟设立一家公司，取名为湖南波夫斯天然香料有限公司。

2014年10月1日，三方召开会议，形成《股东会议纪要》（简称《纪要》），同意设立公司。《纪要》约定：孙某某占公司股份的50%，张某某、陈某某各占公司股份的25%，张某某、陈某某入股岳阳富山环保木业有限公司，借岳阳富山环保木业有限公司之壳，由张某某负责贷款、陈某某负责原料基地建设、孙某某负责樟油生产车间的建设，建设费用先期由孙某某垫付，所有先期投入费用由孙某某和陈某某签字生效。

《纪要》确定后，张某某、陈某某入股岳阳富山环保木业有限公司。孙某

某、张某某、陈某某用去考察费、招待费等费用109126元，其中张某某用去费用6678元，陈某某用去费用7246元。上述费用均由孙某某和陈某某签字确认。孙某某为基本建设，包括土建施工、办公楼装饰装修工程施工、钢结构车间工程施工等，以及考察、招待等共垫支1400285元，均由孙某某和陈某某签字确认。

因贷款无法到位等，三方放弃设立公司

放弃设立公司后，陈某某要求孙某某返还部分用于岳阳富山环保木业有限公司的退股借款。因此，孙某某、张某某、陈某某产生纠纷。孙某某认为自己的合法权益受到侵害，于是到法院起诉。

孙某某提出，要求张某某、陈某某等股东向孙某某支付因设立公司而产生的费用387033.25元，以及相应的利息。

▲法院判决

一审法院审理认为，三方以《纪要》的形式达成公司设立的协议，应属合法有效。按照出资比例，结合各方实际发生的各项费用，孙某某应承担的费用减去50万元张某某的借款，判决为：

①解除孙某某、张某某、陈某某三方签订的《纪要》。

②由张某某、陈某某分别向孙某某支付公司设立投入款168393.35元、217825.25元。

孙某某、张某某均不服一审判决，提起上诉。二审法院结合本案事实和法律规定，只是认为一审法院在计算各自承担费用时的计算方式有误，不应按照股权比例计算，而应按照各自的过错大小承担，但分摊金额合适，驳回上诉，维持原判。

1. 公司发起人的认定

根据《公司法》规定，公司发起人最早是股份有限公司语境下的身份，后在《规定（三）》中被适用到有限责任公司中，在一些场合也被称为有限责任公司设立时的股东。

根据《规定（三）》第一条规定，公司发起人是指"为设立公司而签署公司章程、向公司认购出资或者股份并履行公司设立职责的人……包括有限责任公司设立时的股东"。由此可知，构成公司发起人需要具备三个条件：签署公司章程、向公司认购出资或者股份、履行公司设立职责。

2. 公司发起人的责任

（1）公司设立失败情形下发起人的责任。

首先，基于公司设立的发起人的内部关系，无须经过发起人之间签订合同即可要求其承担责任。

其次，设立中的公司具有一定的从事民事活动的财产，应由该设立中的公司所拥有的资产承担赔偿，不足部分再由发起人承担。

最后，部分发起人应根据其过错承担相应责任。部分发起人的过错导致公司未设立的，这些发起人应承担因其过错行为而产生的费用与债务。

（2）公司成立后发起人的责任。

在公司成立后，原则上应当由成立后的公司承担发起人设立公司的必要债务。

（3）以成立后公司的名义订立合同的情形下发起人的责任。

案例2-1中，孙永喜、张舜红、陈正华在2014年10月1日虽然是以《纪要》的形式约定的，但从《纪要》内容看，是有关设立公司的具体约定，约定了拟设立公司各股东的持股比例、各自的分工、设立费用的确认等，对设立公司的权利和义务的约定较为明确具体，应认定为设立公司达成的协议，其为各方的真实意思表示，且各方均签字确认，并无违反法律、行政法规的规定，应认定为合法有效。**后因三方放弃设立公司，一致同意解除本协议**。因此，本案明显属于上述第一类，当公司未设立时，部分发起人承担的设立公司产生的费用和债务，在扣除对公司未设立有过错的发起人的责任范围成本后，不足部分由各发起人按照约定的出资比例分担。

法条链接

《中华人民共和国民法典》（简称《民法典》）第七十五条第二款　设立人为设立法人以自己的名义从事民事活动产生的民事责任，第三人有权选择请求法人或设立人承担。

《最高人民法院关于适用〈中华人民共和国公司法〉若干问题的规定（三）》第四条第三款规定："因部分发起人的过错导致公司未成立，其他发起人主张其承担设立行为所产生的费用和债务的，人民法院应当根据过错情况，确定过错一方的责任范围。"

3. 公司发起人的风险防控策略

①应严格依法办事，诚实守信，坚决做到不虚假出资、不抽逃出资，避免股东资格丧失或个人资产背负连带责任。

②慎选合作伙伴，要充分调查和了解，只能选择有实力、守信用且无法律禁止情形的自然人和单位作为共同发起人，降低承担连带责任的风险。

③即使是设立有限责任公司，也应签订发起人协议，并在发起人协议中详细规定各方的权利义务和违约责任。

④在专业人士的指导下设计公司章程，注意发起人协议和公司章程的衔接，把对发起人的某些约束性条款尤其是出资条款延伸到公司章程中，避免在公司成立后产生对发起人协议法律效力的争议。

⑤在设立公司的过程中，要注意审查公司的各项设立条件，不具备设立条件的情形下不应盲目进行出资。在公司不具备设立条件的情形下，部分股东盲目进行垫资的，作为股东应及时阻止，或者有效提醒，避免为这些垫资行为产生的巨额费用、花销负连带责任。

⑥建立健全的公司治理结构，包括董事会、监事会等内部机构，并明确各自的职责和权力。这有助于规范公司的运营和管理，降低发起人承担连带责任的风险。

⑦尽量避免以拟设立公司的名义签订与设立行为无关的合同，如果确需签订此类合同，应当征得其他发起人的书面同意，并应把公司尚处于设立阶段的事实明确告知合同相对方。

⑧在办理公司筹备事务的过程中，应做到公正、勤勉、不谋私利、不懈怠，以避免因本方过错而承担责任。

⑨加强对其他发起人有关设立行为的监督，以避免因其他发起人的不当行为而承担连带责任。

二、注册资本存在瑕疵的风险与防控

（一）公司设立期，股东的资本充实义务

企业的初始运营资金来源于股东的投入，也即注册资本。注册资本是企业独立法律人格和行为能力的基础，是企业法人独立承担法律责任的保证。在2014年3月1日之前，我国实行的是注册资本实缴登记制，股东缴纳出资后必须经依法设立的验资机构验资并出具证明。自2014年3月1日起实施的《公司法》，对有关公司注册资本的条款进行了较大的修改，主要有：取消对公司注册资本最低限额的限制；取消对公司注册资本实缴的限制；取消对公司货币出资的比例限制；取消公司登记提交验资证明的要求。理论上让"一元办公司"得以实现，降低了投资兴业的门槛，减轻了投资者的负担，有利于推动更多公司进入市场。虽然法律放宽了对注册资本的要求，但这并不意味着股东就"轻松"了，股东的出资责任并没有因此被豁免。

自2024年7月1日起实施的《公司法》，明确规定我国实行注册资本5年内实缴制，还明确若股东出资存在瑕疵，例如抽逃出资、未足额出资、虚假出资、加速到期、违法减资等情形，该股东需要对公司债务承担瑕疵出资额的连带责任，债权人除了可以要求该股东以其个人财产来承担公司债务的清偿外，还可以要求该股东的其他公司负连带责任。且其他股东、董事没履行勤勉义务的，也可能要负连带责任。因此，股东缴纳出资，首先是自己出资，要注意以下几点：一是要以股东名义打出资款到投资公司给的账户，备注投资款。二是要检查会计分录是否如实正确地记录。三是股东名册要载明出资期限、出资金额、出资形式，由其他股东签字并加盖公司公章。四是要完税（缴纳印花税）。五是要更新公司章程，工商注册登记实缴。其次要密切留意其他股东的出资情况，原因主要有以下几点：一是连带责任风险，根据《公司法》的规定，如果股东存在出资瑕疵，如未足额出资、虚假出资等，该股东可能需要对公司债务承担连带责任。这意味着，如果公司无法清偿债务，债权人可以要求该股东以及其他相关股东以其个人财产来承担公司债务的清偿。二是公司资本充实，股东的出资是公司资本的重要来源，如果股东未能按期足额出资，将影

响公司的资本充实，进而影响公司的正常运营和发展。三是维护公司利益，作为股东，你与其他股东共同拥有公司的权益。如果其他股东存在出资瑕疵，可能损害公司的整体利益和其他股东的权益。四是决策与监督，作为股东，你有权参与公司的决策，并依法进行监督。

另外，《公司法》对资本充实有明确要求，如图 2-1 所示。

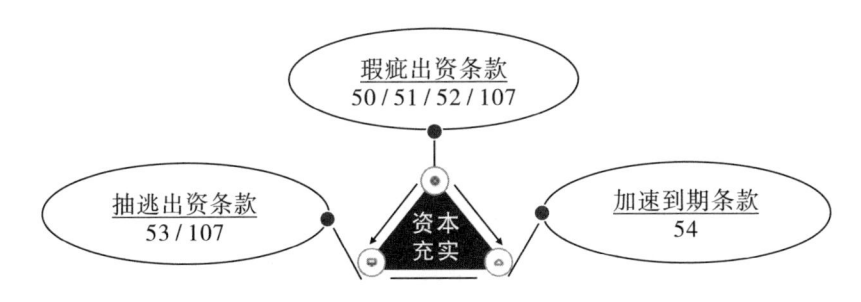

图 2-1 《公司法》中关于"资本出资的条款"
注：数字代表法条。

1. 抽逃出资

《公司法》第四十八条规定股东出资形式，即可以用货币、实物、知识产权、土地使用权、股权、债权等出资。货币出资是抽逃出资的最高风险点，股东从公司拿钱时，为了避免涉嫌抽逃出资，一是需要符合财务审批流程，例如，可能需要经过董事会或股东会的决议，并签署相关协议或合同。二是股东从公司获得的资金应该有明确的用途，并且与公司的业务或发展密切相关，避免将资金用于与公司无关的个人消费或其他非法用途而被质疑抽逃出资。抽逃出资是股东在公司成立后非法将其所缴纳的出资抽回的行为。因此，股东从公司拿钱时，应该避免与抽逃出资混淆，并且确保资金用在与公司经营有关的事项上，或者有证据证明相关款项是合法合理地付给股东。

【案例 2-2】

股东出资后以非合理方式转出，被认定为抽逃出资

▲案件概况

姜某为 A 公司控股股东，担任 A 公司执行董事，向 A 公司增资 1400 万元。验资完成次日，A 公司将 1400 万元转至 B 公司。后 A 公司被 20 个债权人申请强制执行,因A公司无财产可供执行,债权人申请追加姜某为被执行人,法院准许追加。姜某提起执行异议之诉。在案件审理过程中,法院就A公司向B公司转账1400万元的原因对姜某进行询问,姜某陈述该款项是A公司对B公司的投资。

▲法院判决

法院认为,在该资金转移时姜某是A公司的控股股东,担任A公司执行董事,在对A公司经济资源的管理、把握和处分上有决定权,从其陈述可以看出,姜某知悉并同意该笔资金的转移等情况。A公司向B公司转移资金的行为体现了姜某的意愿,但其不能就该笔资金的转移作出合理、正常的说明,不能证明该笔资金转移是A公司与B公司建立了真实的债权债务关系。故法院将该笔资金的转移认定为虚构债权债务关系将出资转出,姜某构成抽逃出资罪,一审、二审均驳回姜某的诉讼请求,也即姜某须在抽逃出资范围内对A公司不能清偿的债务承担补充赔偿责任。

【案例2-3】

股东出资后以借款方式转出,被认定为抽逃出资

▲案件概况

2014年1月,周某与王某共同设立了松柏公司。公司设立时,注册资本为100万元,实缴注册资本100万元。

2017年1月4日,松柏公司形成股东会决议,增加注册资本至500万元,其中周某增加出资100万元,王某增加出资50万元,剩余250万元由新股东左某承担。

2017年1月6日,左某向松柏公司企业入资专用账户转账250万元。1月7日,松柏公司向长青公司转账100万元,向富日公司转账150万元,两公司均为松柏公司出示收据。长青公司与富日公司的实际控制人均为某柚。

后松柏公司诉讼,请求左某返还抽逃出资款250万元并赔偿相应的利息损失。

左某抗辩该笔款项250万元实际系借款。

▲法院判决

左某的出资额与其转走的数额完全一致,均为250万元;该笔款项尽管在

公司账簿表现为"应收款",但根据《中华人民共和国合同法》(于2021年1月1日废止)第一百九十七条规定,借款合同采用书面形式,而左某并未提供书面的借款合同;借款合同一般都会约定还款期限,但本案中左某于2017年将款项转走后,多年仍未归还;借款合同通常都会约定利息,但本案中未见任何有关利息的约定;一笔数额如此巨大的款项从公司账户中被转走,若是正常借贷,**应由董事会或者股东会决议**,而本案中并无。左某该笔款项系其对松柏公司负债的主张缺乏事实依据,法院不予支持。左某出资经验资后无任何正当事由又全部转出,属于《规定(三)》第十二条第四项规定的"其他未经法定程序将出资抽回的行为"。

2. 司法认定抽逃出资

所谓抽逃出资,包括在公司成立后,非法抽逃出资和转走出资两种方式。例如抽回股本,转走作为股金存入银行的资金,将已经作价出资的房屋产权、土地使用权又转移给他人等。但是,要注意区别抽逃出资与合法转让出资。合法转让出资,只是更换股东,原股东的注册资金仍属公司的经营资本。

抽逃的出资"直接转回"股东是抽逃出资行为的一般特征。从以上**两个案件以及司法实践对抽逃出资的认定**可见,股东抽逃出资的行为并不限于"直接转回",还包括借用合法形式掩盖非法目的,例如名为借款或分配利润实为抽逃出资,或者通过虚构交易合同、利用关联交易等抽逃出资,这就需要揭开虚假表象进而发现抽逃出资的实质。

3. 抽逃出资的法律风险

股东若被认定为构成抽逃出资罪,可能面临民事责任风险、行政责任风险和刑事责任风险。

(1) 民事责任风险。

股东抽逃出资侵犯公司的财产权,公司有权要求股东返还出资;对其他股东构成违约,可能要承担违约责任;同时侵犯公司债权人的利益,债权人可以依据《规定(三)》第十四条的规定请求法院判令抽逃出资的股东在抽逃出资本息范围内对公司债务不能清偿的部分承担补充赔偿责任。另外,根据《规定(三)》第十六条和第十七条第一款的规定,抽逃出资的股东可能还面临股东资格受到限制甚至被解除的风险。

（2）行政责任风险。

就行政责任风险而言，股东在补足出资的基础上，可能面临被公司登记机关处以抽逃出资额度5%～15%的罚款，情节严重的，吊销公司营业执照。

法条链接

自2024年7月1日起实施的《公司法》第五十三条　公司成立后，股东不得抽逃出资。违反前款规定的，股东应当返还抽逃的出资；给公司造成损失的，负有责任的董事、监事、高级管理人员应当与该股东承担连带赔偿责任。

《公司法》第二百五十三条规定　公司的发起人、股东在公司成立后，抽逃其出资的，由公司登记机关责令改正，处以所抽逃出资金额百分之五以上百分之十五以下的罚款；对直接负责的主管人员和其他直接责任人员处以三万元以上三十万元以下的罚款。

《中华人民共和国市场主体登记管理条例》第四十五条　实行注册资本实缴登记制的市场主体虚报注册资本取得市场主体登记的，由登记机关责令改正，处虚报注册资本金额5%以上15%以下的罚款；情节严重的，吊销营业执照。

实行注册资本实缴登记制的市场主体的发起人、股东虚假出资，未交付或者未按期交付作为出资的货币或者非货币财产的，或者在市场主体成立后抽逃出资的，由登记机关责令改正，处虚假出资金额5%以上15%以下的罚款。

（3）刑事责任风险。

《中华人民共和国刑法》第一百五十九条规定，公司发起人、股东违反公司法的规定未交付货币、实物或者未转移财产权，虚假出资，或者在公司成立后又抽逃其出资，数额巨大、后果严重或者有其他严重情节的，处五年以下有期徒刑或者拘役，并处或者单处虚假出资金额或者抽逃出资金额百分之二以上百分之十以下罚金。

单位犯前款罪的，对单位判处罚金，并对其直接负责的主管人员和其他直接责任人员，处五年以下有期徒刑或者拘役。对于申请公司登记的人、发起人或股东来说，可能会因其虚假的申报登记或出资行为，构成虚报注册资本罪、虚假出资、抽逃出资罪。

（4）防控建议。

①出资金额和出资期限。

在公司成立之初，全部股东应从公司实际经营战略、计划、方向等角度出发，结合自身实力、能力及经验确定切实可行的注册资本金金额以及出资期限，避免随意盲目夸大注册资本金额度，脱离股东实力出资，导致过桥出资。

在公司章程中明确约定股东的出资期限，同时股东应严格按期履行出资义务，坚决杜绝抽逃注册资本金的行为。

在公司经营过程中，如公司的确需扩大生产经营规模、追加投资，股东可以选择在合适的时间采用增资的方式追加投资，这样既可保障股东如实出资，又可适时匹配公司经营发展需求。

②约定违约责任和违法责任。

股东可以在投资协议或公司章程中对抽逃出资的行为予以规制，严禁抽逃出资行为，并约定相应的违约责任，以此来扩大股东抽逃出资的责任与风险，增加其违约成本，从而减少股东抽逃出资的可能性。若股东发现其他股东有抽逃出资行为，则可以及时敦促其缴纳出资或启动股东失权制度，积极保护公司权益，从而避免自己间接损失。

③规范董监高的勤勉责任。

董监高不仅应当在公司的各项工作中勤勉尽责，杜绝与股东合谋或者帮助、放任其抽逃出资，还应当注意股东资金往来的各种事项，及时制止股东抽逃出资，避免在股东暗中抽逃出资的情况下，因未尽到合理的注意义务而承担连带赔偿责任。

董监高在履行职责过程中应当重点关注流出资金的交易真实性，在怀疑其为虚假交易时应当重点甄别；必要时，可以聘请专业的审计机构对相关交易进行审查或就可疑资金转出事宜咨询专业律师的意见。

当确认股东存在抽逃出资行为时，董监高应当以公司的名义催告股东返还抽逃的出资并赔偿损失，或采取其他有效手段敦促股东返还抽逃的出资与赔偿损失，积极执行自己的职务，对公司尽到忠实与勤勉义务，从而避免或减少自己承担连带赔偿责任的风险。

4. 虚假出资/不实出资

注册资本存在瑕疵是指公司在设立或运营过程中，注册资本的筹集、管理或使用等方面存在不符合法律法规或公司章程规定的情形。表现形式有：股东虚假出资、出资不实或未按照约定缴纳全部注册资本，或违法减资、违法分红等。

【案例2-4】

A公司2015年2月修正的公司章程载明：A公司注册资本为300万元，股东包括刘某某、洪某某、洪某，其中刘某某及洪某各出资135万元，洪某某出资30万元。刘某某与洪某原系夫妻关系。2016年3月，刘某某将洪某起诉至法院离婚，并诉称"双方矛盾进一步激化，洪某突然将A公司经营所需公章、财务章等全部拿走，为了防止A公司账户资金被洪某转走，其将A公司的大部分账户资金转存在自己的账户中以保障资金安全"。

2017年9月，A公司诉刘某某、第三人B公司损害A公司利益责任纠纷，A公司要求刘某某返还2951420.90元，并支付利息，B公司对其中的1095000元承担连带责任。在该案审理中，A公司明确其主张返还的2951420.90元包括两部分：一是刘某某抽逃的全部出资135万元，二是A公司被侵占的款项1601420.90元。2017年10月，A公司书面通知刘某某召开2017年度临时股东会，对股东刘某某抽逃全部出资并在公司通知后的合理期限内仍未归还作出股东除名决议。同年11月，刘某某回函称此次临时股东会决议的内容违反法律规定，缺乏依据。2017年11月20日，A公司召开股东会并作出股东会决议，参与的股东会成员一致表决同意解除刘某某的股东资格，公司后期协助办理相关变更登记手续。

随后，刘某某向法院提起诉讼，请求确认A公司于2017年11月20日作出的解除原告股东资格的股东会决议无效。法院查明，A公司成立时的注册资本为51万元，洪某与刘某某分别出资22.95万元，洪某某出资5.1万元，但均未实际出资。2015年2月A公司注册资本增至300万元，洪某与刘某某各增资112.05万元，洪某某增资24.90万元，均应于2018年12月30日前增资到位。

最终判决

①案涉股东除名决议认定刘某某抽逃全部出资，事实上A公司包括刘某某在内的所有股东在公司设立时均未履行出资义务，**属于虚假出资**，故该决议认定的内容有违客观事实。

②案涉股东除名决议的作出和内容于法无据、于实不符，应属无效。

（1）案件分析。

《规定（三）》第十七条第一款规定，本案中法院正是基于本规定的立法目的，对除名决议的启动主体作出合理解释，认为虚假出资、出资不实的股东无权启动对其他瑕疵出资股东的除名决议，据此作出的除名决议无效。

股东除名决议属于一般决议，在公司章程没有特别约定的情况下，一般经代表二分之一以上表决权的股东通过，本案中被除名股东刘某某与除名决议具有利害关系，洪某也具有利害关系，在表决时均应予以回避，即双方无权参与表决。

限制拟被除名股东刘某某的表决权并不意味着可以剥夺其全部股东权利，本案刘某某仅是回避表决，依然享有参与股东会、陈述、申辩等程序性权利。

（2）风险管控建议。

如实出资是股东对公司信用的重要体现，股东应按照约定足额缴纳出资，并确保出资的真实性和合法性。

公司的其他股东以及董监高应建立健全的出资审查机制，内容包括出资人的身份、出资额、出资方式、出资期限等，确保出资的真实性和合法性。

公司章程和股东协议是约束股东行为的重要文件，应明确规定股东的出资义务、违约责任等内容。同时，可以约定相应的惩罚措施，如违约金、股份回购等，以强化股东的出资责任。

公司应加强提升股东出资信息披露和透明度，及时向股东、债权人等利益相关者披露出资情况。这有助于增强公司的信誉和透明度，减少虚假出资、出资不实等问题的发生。

为了确保股东出资的真实性和合法性，避免承担连带责任，公司可以引入第三方机构进行验资，独立审查和核实出资情况，出具验资报告。

法条链接

《公司法》第四十九条　股东应当按期足额缴纳公司章程规定的各自所认缴的出资额。

股东以货币出资的，应当将货币出资足额存入有限责任公司在银行开设的账户；以非货币财产出资的，应当依法办理其财产权的转移手续。

股东未按期足额缴纳出资的，除应当向公司足额缴纳外，还应当对给公司造成的损失承担赔偿责任。

5. 欠缴出资

未按期出资的股东，除了须向债权人承担逾期出资连带责任外，按《公司法》规定，股东未按公司章程按期、足额缴纳出资，经其他股东催缴、60天宽限期届满、书面发出失权通知三道程序，会失权。

【案例2-5】

甲公司成立于2014年3月18日，注册资本50000万元，登记股东分别为乙公司、丙公司，认缴出资额分别为45000万元、5000万元。甲公司章程规定，出资方式均为货币，出资时间均为2019年3月18日。经营期间，甲公司与丁公司签订买卖合同，约定由丁公司提供锂电池等产品，甲公司支付货款。

因甲公司未支付货款，被丁公司诉至法院。丁公司同时要求甲公司的股东乙公司、丙公司在到期未履行出资义务的本息范围内对丁公司债务不能清偿的部分承担补充赔偿责任。因被告乙公司和丙公司作为甲公司的登记股东，出资期限已经届满，却未能举证证明其已足额履行了出资义务，则不利后果由乙公司和丙公司承担，最后，法院支持了丁公司的诉请，在乙公司和丙公司未出资的范围内对丁公司债务不能清偿的部分承担补充赔偿责任。

股东按期、足额出资，不仅可以对抗债权人的追究，还可以避免股东失权的可能。如本案，股东未按足额出资，需要对公司债务承担补充赔偿责任的情形：

①公司章程约定的股东出资期限届满，股东未出资或未足额出资的，应当按期足额缴纳公司章程中规定的各自所认缴的出资额，同时应当向已按期足额缴纳出资的股东承担违约责任，债权人可以请求该股东在未出资本息范围内对公司债务不能清偿的部分承担补充赔偿责任。

②股东出资不足的，其他发起人与该股东需要对公司承担连带责任。此处连带责任的主体原则上限于公司发起人，不包括公司成立后新加入公司的股东。债权人可以要求其他发起人与出资瑕疵股东承担连带责任，其他发起人担责后，可向未履行或未全面履行出资义务的股东追偿。

③合作协议或公司章程可以约定，未按期出资的股东需要承担逾期出资支

付违约金的违约责任，还可约定未完全出资的股东不分或少分利润，限制其在股东大会上的表决，当公司扭亏为盈呈现良好发展态势时，剥夺其新股认购权从而稀释股权乃至解除其股东资格等。

公司章程的设置应遵循以下三个规则：一是除非为规避出资禁令等，公司章程内容应尽可能与合作协议内容一致；二是公司章程一般规定出资比例与持股比例相同，但在人力资本投入的情况下，持股比例、利润分配比例、表决权比例可以倾斜，这一倾斜符合《公司法》相关的规定；三是对于出资期限的规定，避免出现"股东认缴出资额由股东根据公司经营需要决定"或"各股东根据公司实际经营需要再出资"等出资期限不明的表述，以防不及时足额缴纳出资的股东不作为而负连带责任。

法条链接

《公司法》第五十二条 股东未按照公司章程规定的出资日期缴纳出资，公司依照前条第一款规定发出书面催缴书催缴出资的，可以载明缴纳出资的宽限期；宽限期自公司发出催缴书之日起，不得少于六十日。宽限期届满，股东仍未履行出资义务的，公司经董事会决议可以向该股东发出失权通知，通知应当以书面形式发出。自通知发出之日起，该股东丧失其未缴纳出资的股权。依照前款规定丧失的股权应当依法转让，或者相应减少注册资本并注销该股权；六个月内未转让或者注销的，由公司其他股东按照其出资比例足额缴纳相应出资。

股东对失权有异议的，应当自接到失权通知之日起三十日内，向人民法院提起诉讼。

（二）公司经营期，股东的资本充实义务

1. 加速到期

为了降低创业成本、激发投资活力，我国《公司法》2013年修订后，公司注册资本实缴制改为注册资本认缴制，股东可自由约定认缴出资金额及出资期限。在注册资本认缴制下，股东依法享有期限利益。债权人以公司不能清偿到期债务为由，请求未届出资期限的股东在未出资范围内对公司不能清偿的债务承担补充赔偿责任的，法院不予支持。但是，这并不意味着只要股东出资期

限未到,在任何条件下,债权人均无法要求股东承担出资责任。自2024年7月1日起实施的《公司法》直接明确:公司不能清偿到期债务的,公司或者已到期债权的债权人有权要求已认缴出资但未届出资期限的股东,应提前缴纳出资这就是加速到期。

【案例2-6】

A建筑公司于2018年4月4日批准成立,公司章程载明:公司注册资本1000万元;股东为被告陈某、李某、廖某;三人分别认缴出资600万元、200万元、200万元,资金应在2038年4月4日前缴足。陈某、李某、廖某至二审终结前尚未缴纳出资。

原告欧某因A建筑公司拖欠工程款将其起诉至法院,双方经法院调解后达成调解协议,A建筑公司应向欧某支付拖欠工程款5万元,相关调解书已生效,由于A建筑公司未履行调解书之义务,欧某申请法院强制执行,因A建筑公司无财产可供执行,法院终结执行程序。后欧某诉至法院请求陈某、李某、廖某在未出资限额内对A建筑公司拖欠欧某的5万元债务承担补充赔偿责任。

法院经审理认为,A建筑公司经法院穷尽执行措施仍不能清偿对欧某的到期债务5万元,陈某、李某、廖某作为A建筑公司的股东未足额履行出资义务,故判决陈某、李某、廖某应分别在其认缴未出资的600万元、200万元、200万元范围内对A建筑公司的债务承担补充赔偿责任。

一审宣判后,陈某不服提起上诉。陈某上诉认为,目前公司股东的出资时间尚未到期,没有违背出资期限的规定,且公司未经专业会计核算,不能认定为无法清偿债务。

中院二审审理认为,A建筑公司经人民法院强制执行,无法清偿债务,明显缺乏清偿能力,依企业破产法第二条规定,已具备破产原因,但A建筑公司未申请破产,依据股东出资加速到期制度,三股东应对A建筑公司所欠到期债务在其未出资的范围内承担补充赔偿责任,遂依法判决驳回上诉,维持原判。

(1) 案件分析。

本案中,虽然陈某、李某、廖某作为股东在设立A建筑公司时对认缴出资额、出资期限等作出了约定，且目前股东的出资时间尚未到期，但由于 A 建筑公司在其作为被执行人的案件中经人民法院穷尽执行措施后发现无财产可供执行，A 建筑公司依法已具备破产的原因，若债权人欧某通过申请 A 建筑公司破产的方式进行救济必然有成本高、时效低之劣势。参照《全国法院民商事审判工作会议纪要》"股东出资应否加速到期"相关规定，A 建筑公司具备破产原因但不申请破产的，其股东陈某、李某、廖某对其未届出资期限的出资已不再享有期限利益，未届出资期限的股东应在未出资范围内对公司不能清偿的债务承担补充赔偿责任。

（2）风险管控建议。

首先，注册公司时，注册资本要与股东实缴能力匹配。其次，股东可以在公司设立之初就完成注册资本的实缴，避免认缴未到期被加速到期自己资产被负连带责任的情况。另外，实缴注册资本可以提高公司的信用度。最后，建立健全的公司内部管理制度，规范公司的财务管理和债务管理，避免公私财产混同，也规避债务问题导致的连锁反应。

法条链接

《公司法》第五十四条 公司不能清偿到期债务的，公司或者已到期债权的债权人有权要求已认缴出资但未届出资期限的股东提前缴纳出资。

【案例 2-7】

2021 年 1 月，被告淄博某化工公司与原告太原某贸易公司签订《锅炉用煤采购合同》，约定淄博某化工公司向太原某贸易公司采购锅炉用煤，太原某贸易公司根据淄博某化工公司确定的时间将货物运送至约定地点。太原某贸易公司已按照合同约定履行了合同义务，货款共计 345136 元，根据合同约定，淄博某化工公司应在收到货物后 10 日内支付货款，但淄博某化工公司仅支付了 20 万元，剩余 145136 元未支付。

淄博某化工合伙企业、祝某作为淄博某化工公司的股东，根据公司章程规定，应在 2022 年 3 月 31 日前缴纳出资，现认缴期限已届满，淄博某化工合伙企业、祝某未全面履行出资义务，根据《规定（三）》第十三条第二款的规定，应当在未出资本息范围内对淄博某化工公司的债务承担补充赔偿责任。

原告太原某贸易公司起诉后，被告淄博某化工公司于 2022 年 7 月 20 日召开临时股东会议，同意股东认缴出资时间变更为2027年3月31日，并修改公司章程，2022年7月26日相关审批部门予以核准变更登记。双方对欠付货款金额及违约责任均无异议。淄博某化工合伙企业、祝某辩称其作为淄博某化工公司的股东，认缴出资期限延长至2027年3月31日，认缴期限尚未届满，依法享有期限利益，不应在本案中承担任何责任。

▲法院判决

山东省淄博市临淄区人民法院作出民事判决：

①被告淄博某化工公司于本判决生效后10日内支付原告太原某贸易公司货款145136元。

②被告淄博某化工公司支付原告太原某贸易公司经济损失（以145136元为基数，自2021年2月9日起按照同期全国银行间同业拆借中心公布的一年期贷款市场报价利率上浮40%计算至实际给付之日止），与第一项同时付清。

③被告淄博某化工合伙企业、被告祝某在未出资本息范围内对上述第一项、第二项债务不能清偿的部分承担补充赔偿责任。

（1）案件分析。

我们对此类案件涉及的股东认缴出资加速到期、债权人利益保护等问题有较多研究，亲自办理过众多类似的咨询案件或为企业及债权人客户提供过众多类似的咨询案例。解读上案，对相关的风险分析如下：在注册资本认缴制下，股东虽依法享有期限利益，一般情形下债权人不能请求认缴期限届满前的未出资股东承担责任，但有以下情形的，债权人可要求未出资或未完全出资的股东提前出资，或要求这些股东在未出资范围内对公司债务承担连带清偿责任。

①出资期限已到但股东尚未出资的，公司债权人可直接请求未履行或者未全面履行出资义务的股东在未出资本息范围内对公司债务不能清偿的部分承担补充赔偿责任。

②人民法院受理破产申请后，公司出资人尚未完全出资的，管理人要求出资人缴纳所认缴的出资，不受出资期限限制。

③公司解散时，股东尚未缴纳的出资均应作为清算财产。股东尚未缴纳的出资，包括到期应缴未缴的出资及依照《公司法》规定分期缴纳尚未届满缴纳期限的出资。公司财产不足以清偿债务时，债权人有权要求未缴出资股东及公司设立时的其他股东或发起人在未出资本息范围内对公司债务承担连带清偿

责任。

④公司作为被执行人的案件，人民法院穷尽执行措施无财产可供执行，已具备破产原因，但不申请破产的。

⑤在公司债务产生后，经公司股东（大）会决议或以其他方式延长股东出资期限，损害债权人利益的，债权人可以依法行使撤销权。

本案中，淄博某化工公司产生债务后，未经债权人同意，擅自决议延长股东出资期限，实质损害了债权人的利益。鉴于公司债权人在公司组织中的天然弱势地位、其权利救济难度较大以及股东权利应该受到必要限制，在特定条件下，法律支持股东出资义务加速到期。股东出资义务加速到期有下列几种情形：

①人民法院受理公司破产申请后，尚未完全履行出资义务的股东出资加速到期。

②公司解散清算时，认缴期限尚未到期的股东出资加速到期。

③公司经人民法院穷尽执行措施无财产可供执行，已具备破产条件。

④公司债务产生后，经股东（大）会决议或以其他方式延长股东出资期限。在《全国法院民商事审判工作会议纪要》发布之前，我国法律仅规定了前两种破产、清算情形下股东出资加速到期制度，但遇到公司无财产可供执行、已陷入事实上的破产状态但又不申请破产或者召开股东（大）会延长股东出资期限的情况，实务中债权人的利益就难以得到保障。考虑到保护债权人的需要，《全国法院民商事审判工作会议纪要》新增了第三、第四两种情形，代表着最高人民法院对公司正常情形下加速扩张，获得出资制度的认可。本案属于第四种情形。

在公司债务产生后，公司股东（大）会决议延长股东出资期限的，对该延长的出资期限，债权人可以申请撤销，请求股东按原来约定的出资期限履行出资义务。这里的公司债务，既包括主动债务，如对外签订买卖合同、借款等民商事活动产生的债务，也包括被动债务，如因产品责任产生的债务、因环境侵权产生的债务，还包括或然债务，如公司为他人提供担保产生的可能承担担保责任的债务。股东有权通过股东（大）会对公司重要事项作出变更，但变更事项应限于公司为适应正常经营需要作出的善意变更，不包括股东滥用权利通过股东（大）会决议作出的任何有损于债权人利益的恶意变更。

《全国法院民商事审判工作会议纪要》第十一条"过度支配与控制"对股东过度支配与控制公司使得公司丧失独立性的情形作出了规定，该种情形下应当否认公司人格，由滥用控制权的股东对公司债务承担连带责任。关于股东是否存在恶意，一般从这几个方面认定：一是公司股东是否知晓公司对外承担债务；二是公司股东修改公司章程并经有关市场监管部门核准的时间是否在公司债务产生之后；三是公司股东是否故意隐瞒变更公司章程事实等。本案从决议时间、所涉金额等因素来看，淄博某化工公司决议延长股东出资的期限在原告太原某贸易公司起诉之后，其延期出资的额度为全部认缴资本，主观恶意明显，由法院在审理中直接判令股东承担补充赔偿责任更能保护债权人的合法利益。因此，本案中被告二淄博某化工合伙企业、被告三祝某作为被告一淄博某化工公司的股东，应根据《全国法院民商事审判工作会议纪要》规定，对公司债务不能清偿的部分在认缴出资范围内承担补充赔偿责任。

由上可见，注册资本认缴出资期限未届满不是股东逃避债务的"尚方宝剑"，恶意延长股东出资期限损害债权人利益的，其出资期限会被加速到期。若债务人公司未能履行到期债务，该公司股东出资存在以上情形的，债权人可以考虑将出资瑕疵的股东也列为被告，要求其承担相应责任。

（2）风险防控策略。

①要有政策风险防控，建立健全的内部控制体系，按期足额缴纳所认缴的出资额。

②直面债务问题、注册资本实缴责任，展示公司的还款计划和努力，增加债权人的信心。

③可以考虑与债权人协商进行债务重组，或者寻求新的融资渠道，如银行贷款、鼓励债权人债权入股等，合法改善公司的资金状况。

④尽力提高公司的运营效率，降低成本，增加收入，从根本上改善公司的财务状况。

法条链接

《中华人民共和国民法典》第五百零九条　当事人应当按照约定全面履行自己的义务。当事人应当遵循诚信原则，根据合同的性质、目的和交易习惯履行通知、协助、保密等义务。当事人在履行合同过程中，应当避免浪费资源、污染环境和破坏生态。

《中华人民共和国民法典》第五百七十七条 当事人一方不履行合同义务或者履行合同义务不符合约定的，应当承担继续履行、采取补救措施或者赔偿损失等违约责任。

《中华人民共和国民法典》第五百九十五条 买卖合同是出卖人转移标的物的所有权于买受人，买受人支付价款的合同。

《中华人民共和国公司法》第五十四条 公司不能清偿到期债务的，公司或者已到期债权的债权人有权要求已认缴出资但未届出资期限的股东提前缴纳出资。

《最高人民法院关于适用〈中华人民共和国公司法〉若干问题的规定（三）》第十三条第二款 公司债权人请求未履行或者未全面履行出资义务的股东在未出资本息范围内对公司债务不能清偿的部分承担补充赔偿责任的，人民法院应予支持；未履行或者未全面履行出资义务的股东已经承担上述责任，其他债权人提出相同请求的，人民法院不予支持。

《全国法院民商事审判工作会议纪要》【股东出资应否加速到期】在注册资本认缴制下，股东依法享有期限利益。债权人以公司不能清偿到期债务为由，请求未届出资期限的股东在未出资范围内对公司不能清偿的债务承担补充赔偿责任的，人民法院不予支持。但是，下列情形除外：

（1）公司作为被执行人的案件，人民法院穷尽执行措施无财产可供执行，已具备破产原因，但不申请破产的；

（2）在公司债务产生后，公司股东（大）会决议或以其他方式延长股东出资期限的。

《中华人民共和国民事诉讼法》第六十七条第一款 当事人对自己提出的主张，有责任提供证据。

《中华人民共和国企业破产法》第三十五条 人民法院受理破产申请后，债务人的出资人尚未完全履行出资义务的，管理人应当要求该出资人缴纳所认缴的出资，而不受出资期限的限制。

2. 违法减资

违法减资是指公司在减少注册资本的过程中，未按照法定程序或条件进行减资,包括未依法通知或公告债权人、未依法进行审批或备案、未依法向债权人清偿债务或提供担保等行为。根据《公司法》的规定,公司减资时未依法通知或公告债权人的,公司应当对债权人承担相应的赔偿责任。如果股东在公司减资过程中存在过错或违法行为,也可能会被要求承担相应的民事责任。

【案例2-8】

赵某1、赵某2各自认缴250万元,注册成立某科技公司,认缴资本为500万元,出资时间为2038年前。2019年9月,某科技公司因欠付天津某商场有限公司租金,被天津某商场有限公司起诉。2020年3月10日,法院生效判决判令该科技公司付天津某商场有限公司租金368073.80元、能源费5799.56元及违约金、房屋使用费等。后天津某商场有限公司申请强制执行,经查询该公司名下并无财产。天津某商场有限公司的执行律师调取工商登记材料得知,赵某1、赵某2作为公司股东,在2019年9月19日得知租金纠纷起诉事宜后,于次日召开股东会议,将注册资本变更为10万元,并在报纸上刊登减资公告,但未向天津某商场有限公司履行通知义务。

天津某商场有限公司认为股东赵某1、赵某2存在违法减资行为,申请追加其作为被执行人,并在各自违法减资245万元范围内,承担补充赔偿责任。最终,法院判令追加公司股东赵某1、赵某2为被执行人,在不当减资范围内承担补充赔偿责任。

本案的股东在明知公司对外负债的情况下实施减资行为且未履行通知义务,并发表不实声明,致使短暂实现减资。对于债权人来说,债务人大幅减少公司注册资本,不仅违反了《公司法》的法定告知义务,也违背了诚实信用原则,损害了债权人的合法权益,最终被法院判令股东对公司不能清偿的债务在不当减资范围内承担相应责任。

建议股东在公司减资过程中,首先确保减资行为符合法律法规和公司章程的规定。其次充分披露相关信息,包括减资的原因、目的、影响等。最后依法通知或公告债权人,并按照法律法规的规定清偿债务,确保减资过程的合法性和合规性。

法条链接

《公司法》第二百二十六条　违反本法规定减少注册资本的，股东应当退还其收到的资金，减免股东出资的应当恢复原状；给公司造成损失的，股东及负有责任的董事、监事、高级管理人员应当承担赔偿责任。

（三）公司经营期，资本充实原则下的违法分红

近年来，公司股东或实际控制人基于节税等各种目的，在公司向股东或实际控制人进行分红时，往往通过向股东发放福利或借款的形式直接转移公司的资金或财产。更有甚者，一些股东或实际控制人不考虑弥补亏损，没有依法先提取法定公积金，而是直接通过股东会决议分红，这种做法不仅违反了《公司法》的规定，还可能对公司的稳健运营和长期发展带来负面影响。

1. 未依法弥补亏损的违法分红

【案例2-9】

A公司股东分别为B公司和C公司，两股东分别持有A公司51%、49%的股权，A公司的董事长兼法定代表人、总经理分别为大股东和小股东派出的代表。A公司开业的5年从未分红，原因为此5年财务报表的未分配利润金额均为负数，A公司从第6年开始盈利，账上有未分配利润3500万元，经股东会决议，大股东共分配1785万元，小股东共分配1715万元。后来，A公司的大股东转让其股权份额给D自然人股东。随后，D自然人股东要求C公司（小股东）返还违规分红，理由是A公司弥补亏损和提取公积金后所余税后无可分配利润。C公司拒绝返还。D自然人股东以A公司的名义向法院提出诉请，要求C公司返还违规分红和资金占用利息损失。该诉请一审、二审分别获得区人民法院、市中级人民法院的支持。C公司随后向省高级人民法院提出再审申请，抗辩理由是诉讼时效超期以及大股东亦需返还违规分红等，最终被高院驳回。

公司在进行当年税后利润分配时，应当严格按照规定弥补历年亏损、提取法定公积金后再进行分配。否则，将会给日后埋下隐患。

①本案中股权转让后的大股东，以公司的名义起诉小股东返还违规分红，

获得了多级人民法院的支持。小股东将分红返还公司后，对于返还的利润应如何再进行分配，以及是否能再进行分配等，均不受小股东的意志影响。

②公司违规分红后，若原股东将股权转让给新股东，新股东可以通过公司追索原股东返还该违规分红。新股东即使能通过其他法律途径追究原股东的责任，亦将困难重重。因此，公司分配当年利润时，应当先弥补以前年度亏损，并提取10%的法定公积金，然后才能进行利润分配。如违反该规定分配利润，股东应当将违规分红退还公司。给公司造成损失的，股东及负有责任的董监高应承担赔偿责任。

2. 未依法提取公积金的违法分红

《公司法》对于公司的利润分配作出了明确规定，其中包括公司在分配当年税后利润时，应当提取利润的百分之十列入公司法定公积金。这是为了确保公司有足够的资金来弥补未来可能出现的亏损，维护公司的稳健运营和长期发展。只有当公司的法定公积金累计额达到公司注册资本的百分之五十以上时，才可以不再提取。此外，《公司法》还规定，公司的法定公积金不足以弥补以前年度亏损的，在依照前款规定提取法定公积金之前，应当先用当年利润弥补亏损。这意味着，公司在弥补亏损和提取公积金后所余税后利润，可以按照股东持有的股份比例进行分配。

【案例2-10】

甲公司成立于2002年11月4日，注册资本为200万元，股东为赵某、钱某和孙某，分别持股60%、35%、5%。赵某担任执行董事及总经理，钱某担任监事，孙某没有在公司任职。公司发展初期，经营状况一般，基本处于盈亏平衡状态，在2017年以前，没有进行过分红。但从2018年开始，甲公司经过战略调整，经营状况持续向好，经财务核算，2018年财务年度税后可分配利润达到1000万元。由于赵某、钱某分析房价将进一步上涨，于是二人在没有提取10%的法定公积金前通过股东会决议进行了利润分配，将所分配利润用于个人炒房。孙某得知此事后，表示强烈反对。

协商无果后，孙某将甲公司诉至法院，请求确认未提取10%的法定公积金前进行利润分配的股东会决议无效，已分配利润的股东应将全部款项返还公司。

最终，法院支持了孙某的诉请，判决赵某、钱某必须将违反规定分配的利润退还公司，依法重新作出利润分配方案交股东会表决。

本案中，赵某、钱某与孙某是甲公司的股东，分别持股60%、35%、5%，经核算，甲公司2018年财务年度税后可分配利润达1000万元，赵某、钱某在没有提取10%的法定公积金前通过股东会决议进行了利润分配。该股东会决议在提取法定公积金之前就向股东分配利润，显然违反了《公司法》的规定，属于无效决议。最终违反规定分配的利润依法被法院判决返还。

公司在分配税后利润时，应当注意以下四个方面：

①公司应先弥补亏损、提取法定公积金。公司的税后利润应当先用于弥补亏损、提取法定公积金，然后才能按照公司章程及股东会决议分配给公司股东。股东违反规定分配利润的决议、行为无效，已分得的款项应当退还公司。

②公司持有的本公司股份不得分配利润。

③公司应合理规划任意公积金。公司从税后利润中提取法定公积金后，经股东会决议，还可以从税后利润中提取任意公积金。任意公积金可以用于平衡公司历年盈亏状况，弥补公司亏损或盈利比较少时的基金，也可以用来转增资本，增加固定资产，扩大生产经营规模等。

④公司应合规提取公积金，避免行政处罚。若公司不按照《公司法》规定提取法定公积金，将面临行政处罚的风险，县级以上人民政府财政部门可以责令公司如数补足应当提取的金额，并对公司处以20万元的罚款。

法条链接

《中华人民共和国公司法》第二百一十条　公司分配当年税后利润时，应当提取利润的百分之十列入公司法定公积金。公司法定公积金累计额为公司注册资本的百分之五十以上的，可以不再提取。

公司的法定公积金不足以弥补以前年度亏损的，在依照前款规定提取法定公积金之前，应当先用当年利润弥补亏损。

公司从税后利润中提取法定公积金后，经股东会决议，还可以从税后利润中提取任意公积金。

公司弥补亏损和提取公积金后所余税后利润，有限责任公司按照股东实缴的出资比例分配利润，全体股东约定不按照出资比例分配利润的除外；股份有限公司按照股东所持有的股份比例分配利润，公司章程另有规定的除外。

公司持有的本公司股份不得分配利润。

《中华人民共和国公司法》第二百一十一条 公司违反本法规定向股东分配利润的，股东应当将违反规定分配的利润退还公司；给公司造成损失的，股东及负有责任的董事、监事、高级管理人员应当承担赔偿责任。

三、出资期限未届满转让股权的风险与防控

股东可以用货币出资，也可以用实物、知识产权、土地使用权等可以用货币估价并可以依法转让的非货币财产作价出资，但是，法律、行政法规规定不得作为出资的财产除外。

在公司注册资本认缴制下，股东依法享有认缴出资的期限利益，即股东在规定的期限内缴付即可，并不需要立即缴足注册资本，且在无法确定的情形下，股东也无须承担加速出资的义务。

但实践中，常有股东在出资期限尚未届满且未缴足注册资本时，将持有的公司股权转让给他人的情形。那么，在出资期限届满后，若公司财产不足以清偿债务，债权人能否请求出资瑕疵即转让股权的原股东承担连带责任呢？

【案例 2-11】
出资期限未届满即转让股权，原股东被起诉

▲案件概况

2005 年 3 月，欧维公司注册资本增至 305 万元，公司章程约定营业执照变更登记前到位 20%，剩余部分在两年内缴清。公司唯一股东李某累计向公司实缴 145.03 万元，其余未缴。

2014 年 6 月 1 日，李某与丁某订立《股权转让协议》，约定李某将所持公司 100% 的股权转让给丁某，未缴付的注册资本由丁某缴付。

2018 年 10 月，仲 2258 号调解确认公司应付刘某 20 余万元，但未付。刘某申请执行，法院以不具备执行条件为由裁定终结执 6228 号案执行。后刘某申请，一审法院执异 116 号裁定追加公司原股东李某为执 6228 号案被执行人，对仲 2258 号调解所确定的公司债务承担连带清偿责任。

李某不愿担责，起诉要求撤销执异116号裁定，不予追加其为执6228号案被执行人，对仲2258号调解所确定的公司债务不承担连带责任。

▲法院判决

一审法院未支持李某的诉请，一审判决追加李某为执6228号案被执行人，在未依法出资的范围内对仲2258号调解确定的公司债务承担连带责任。

主要理由是李某应按时缴付公司注册资本，其未实缴即将公司全部股权转让给丁某，丁某至判决时没有缴付剩余注册资本，故李某应当承担相应的民事责任。作为被执行人的公司，财产不足以清偿债务，李某原系公司唯一股东，未依法履行全额缴付增资的注册资本的出资义务即转让股权，应当在未依法出资的范围内承担责任。

李某不服一审判决，提起上诉。

二审法院审理后作出撤销一审判决，撤销执异116号裁定，不得追加李某为执6228号案被执行人，李某对仲2258号调解所确定的公司债务不承担连带清偿责任的终审判决。

1. 案件分析

法院判决理由：本案争议的焦点在于李某作为公司原股东，转让公司股权时是否依法履行出资义务。根据本案事实，公司新增注册资本的营业执照变更登记日为2012年6月21日，该日公司新增注册资本已到位20%，其余部分则应于两年内，即截至2014年6月20日缴清。现李某于2014年6月1日与丁某签署《股权转让协议》，并于当月18日办理股权变更工商登记手续。故李某在剩余增资的出资义务未到期的情况下转让公司股权，不属于出资期限届满而不履行出资义务的情形，亦不属于《公司法》及其司法解释规定的未履行或者未全面履行出资义务即转让股权的情形。公司对刘某的债务发生在股权转让数年之后，李某对公司此债务承担责任的依据不足，一审判决追加李某为相关案件的被执行人是适用法律错误。二审法院予以改判。

本案涉及的变更、追加被执行人在执行案件中常见，《最高人民法院关于民事执行中变更、追加当事人若干问题的规定》第十九条规定，作为被执行人的公司，财产不足以清偿生效法律文书确定的债务，其股东未依法履行出资义务即转让股权，申请执行人申请变更、追加该原股东或依公司法规定对该出资承担连带责任的发起人为被执行人，在未依法出资的范围内承担责任的，人民法院应予支持。

但本案中，李某作为公司的唯一股东，有权就注册资本认缴或实缴的出资额、出资时间、出资方式等在公司章程中约定，属于公司自治范畴，与丁某签订的《股权转让协议》亦属于公司自治范畴，内容不违反法律及行政法规，应当认定有效。正如终审判决，李某在出资期限届满前合法转让股权，不属于出资期限届满而不履行出资义务的情形，亦不属于《公司法》及其司法解释规定的未履行或未全面履行出资义务即转让股权的情形。公司应付刘某20余万元的债务发生在股权转让数年之后，李某转让股权时也不存在恶意损害公司债权人利益的行为。但也应当看到，股东未实缴出资即转让股权后，在发生公司财产不足以清偿的债务时，亦可能被拖进无休止的诉讼中。

2. 股权原股东的风险防控策略

①股权转让合同应明确约定双方的权利和义务，特别是关于出资的缴纳期限、金额、方式等关键条款。可以约定由受让股东承担实缴义务，并写上与原章程一致的出资的缴纳期限、金额、方式等关键条款。

②在股权转让合同中，原股东应保留对受让人未按期足额缴纳出资的追索权。若受让人未按期足额缴纳出资，原股东有权要求受让人承担违约责任并追索相应的损失。

③为确保受让人能够按期足额缴纳出资，原股东可以要求受让人提供相应的担保措施，如第三方保证、抵押、质押等。

④在股权转让过程中，原股东应持续关注公司的债务情况，必要时提醒新股东妥善处理公司的债务问题。

3. 股权受让人的风险防控策略

①在股权转让合同中，新股东应与转让人明确约定双方的权利和义务，特别是关于缴纳出资和承担违约责任的内容。新股东应确保在约定的出资期限内足额缴纳出资，避免因此产生的违约风险和法律责任。

②如果新股东未能按期足额缴纳出资，合同中应明确转让人（老股东）的补充责任范围和方式，确保双方责任清晰。

③在受让股份时，务必仔细调查、核实拟受让的股份有无出资、是否全面

出资、是否存在抽逃出资等情形。如果转让人（老股东）在股权转让的过程中存在欺诈、隐瞒或其他违法行为，导致新股东遭受损失，新股东应保留追索权，通过法律途径维护自己的合法权益。

④股权转让完成后，新股东应要求公司及时办理相关的股东名册变更、公司章程修改和工商变更登记等手续，确保新股东的股东身份得到法律认可。

⑤新股东在成为公司股东后，应密切关注公司的债务和财务状况，确保公司的债务得到妥善处理，避免潜在的债务风险。

四、股东未履行出资义务，董事会连带责任的风险与防控

根据董事会的职能定位，董事会负责公司业务经营和事务管理，董事会由董事组成，董事是公司的业务执行者和事务管理者。股东全面履行出资义务是公司正常经营的基础，董事监督股东履行出资义务是保障公司正常经营的需要。

【案例 2-12】

股东未出资，董事须向债权人承担连带赔偿责任

▲案件概况

斯曼特微显示科技（深圳）有限公司（简称"深圳斯曼特公司"）向深圳市中级人民法院（一审法院）诉称：

深圳斯曼特公司股东斯曼特微显示科技有限公司（简称"开曼公司"）欠缴深圳斯曼特公司注册资本 4912376.06 美元。

胡某某等六人是深圳斯曼特公司董事。深圳斯曼特公司章程规定的公司注册资本分期缴纳的方式和董事会的职责，决定了胡某某等六名董事在董事任期内有监督并向股东催缴出资的义务和责任。监督并向股东催缴出资是《中华人民共和国公司法》对董事勤勉义务的内在要求，也是《中华人民共和国外资企业法》（于 2020 年 1 月 1 日废止）对外资企业董事的内在要求。

开曼公司董事会成员、法定代表人与深圳斯曼特公司股东董事会成员、法定代表人的同一性，决定了胡某某等六名董事负有监督义务，是深圳斯曼特公司股东缴纳出资行为的具体实施者，其有绝对的义务促使股东作出缴纳出资的

行为。

胡某某等六名董事作为深圳斯曼特公司实际控制人TCL科技集团股份有限公司（简称"TCL集团"）的董事、高级管理人员，决定了胡某某等六名董事有义务促使深圳斯曼特公司股东作出缴纳出资的行为。TCL集团通过委派董事、高级管理人员担任深圳斯曼特公司的股东董事、法定代表人，并通过开曼公司股东董事、法定代表人与深圳斯曼特公司董事、法定代表人的同一性，直接控制深圳斯曼特公司。

胡某某等六名董事未尽到监督并促使深圳斯曼特公司股东按深圳斯曼特公司章程规定缴纳认缴出资的义务，造成了深圳斯曼特公司和债权人的经济损失。胡某某等六名董事未尽到监督并促使深圳斯曼特公司股东缴纳出资的义务存在主观上的过错。深圳斯曼特公司资产被贱卖，胡某某等六名董事在公司负债累累的情况下，不仅未将公司资产转让收入用于清偿债务，未要求股东缴纳欠缴的出资，反而将资产转让收入恶意转移，使深圳斯曼特公司资不抵债，最终被债权人申请破产清算。胡某某等六名董事应对深圳斯曼特公司的损失承担相应的法律责任。

据此，请求判令：①胡某某等六名董事对深圳斯曼特公司股东欠缴出资所造成的深圳斯曼特公司损失承担连带赔偿责任，赔偿责任范围为深圳斯曼特公司股东欠缴的注册资本4912376.06美元（以深圳斯曼特公司破产案件受理日2013年6月3日美元对人民币汇率中间价折算，折合人民币30118760.10元）；②由胡某某等六名董事负担本案诉讼费用。

▲法院判决

本案系损害公司利益责任纠纷。本案争议的焦点是胡秋生等六人作为深圳斯曼特公司董事，是否应当对深圳斯曼特公司股东欠缴出资所造成的损失承担连带赔偿责任。对此，需要从三个方面分析：一是追缴股东出资是否属于董事勤勉义务的范围；二是胡某某等六名董事未追缴股东出资与股东欠缴出资之间是否存在因果关系；三是胡秋生等六名董事未追缴股东出资是否导致了深圳斯曼特公司损失。

综上，本案经历了一审法院、二审法院、最高人民法院的三轮审判：

一审法院于2015年12月29日作出（2015）深中法破初字第8号民事判决：**驳回深圳斯曼特公司的诉讼请求；一审案件受理费192393.80元由深圳斯**

曼特公司负担。

深圳斯曼特公司不服一审判决，向广东省高级人民法院（二审法院）提出上诉。深圳斯曼特公司认为一审判决认定事实不清，适用法律错误，请求二审法院撤销一审判决，改判胡某某等六名董事对深圳斯曼特公司股东欠缴出资所造成的深圳斯曼特公司损失承担连带赔偿责任，赔偿责任范围为深圳斯曼特公司股东欠缴的注册资本4912376.06美元（以深圳斯曼特公司破产案件受理日2013年6月3日美元对人民币汇率中间价折算，折合人民币30118760.10元），本案一审、二审诉讼费由胡秋生等六名董事负担。

二审法院对一审法院查明的事实予以确认。二审法院判定：深圳斯曼特公司的上诉请求不能成立，依法应予驳回；一审判决认定基本事实清楚，处理结果正确，依法应予维持。**据此，二审法院依照《中华人民共和国民事诉讼法》第一百七十七条第一项的规定，判决驳回上诉，维持原判。**二审案件受理费192393.80元由深圳斯曼特公司负担。

深圳斯曼特公司不服二审判决，向最高人民法院申请再审。

一审法院、二审法院已查明的事实有相关证据予以佐证，最高人民法院予以确认：

胡某某等六人作为深圳斯曼特公司的董事，同时又是股东开曼公司的董事，对股东开曼公司的资产情况、运营状况均应了解，具备监督股东开曼公司履行出资义务的便利条件。

最高人民法院认为：根据《公司法》第五十一条规定，董事会未核查、催缴欠缴股东出资，给公司造成损失的，负有责任的董事应承担赔偿责任。

一审法院依据（2012）深中法执恢字第50号执行裁定，强制执行了开曼公司的财产后，开曼公司没有其他可供执行的财产，一审法院于2012年3月21日裁定终结该次执行程序。后深圳斯曼特公司被债权人捷普电子（苏州）有限公司申请破产清算。由此可见，股东开曼公司未缴清出资的行为实际损害了深圳斯曼特公司的利益，胡某某等六名董事消极不作为放任了实际损害的持续。股东开曼公司欠缴的出资即为深圳斯曼特公司遭受的损失，开曼公司欠缴出资的行为与胡某某等六名董事消极不作为共同造成损害的发生、持续，胡某某等六名董事未履行向股东催缴出资义务的行为与深圳斯曼特公司所受损失之间存在法律上的因果关系。**一审、二审判决认为胡某某等六名董事消极不作为**

与深圳斯曼特公司所受损失没有直接因果关系，系认定错误，应予纠正。

综上，最高人民法院认定胡某某等六名董事未履行向股东催缴出资的勤勉义务，违反了《公司法》第五十一条规定："有限责任公司成立后，董事会应当对股东的出资情况进行核查，发现股东未按期足额缴纳公司章程规定的出资的，应当由公司向该股东发出书面催缴书，催缴出资。未及时履行前款规定的义务，给公司造成损失的，负有责任的董事应当承担赔偿责任。"**胡某某等六名董事应向深圳斯曼特公司连带赔偿4912376.06美元（以深圳斯曼特公司破产案件受理日2013年6月3日美元对人民币汇率中间价折算，折合人民币30118760.10元）。**

1. 案件分析

公司董事为公司股东聘请，实际负责公司的管理、经营，执行股东会的意志，并对股东会负责。根据《公司法》及其司法解释，董事在管理公司、执行职务过程中需遵守法律法规、公司章程的规定，积极履行自身职责，不得对公司利益造成损害，若董事未及时履职，需向公司承担赔偿责任。但在股东未履行全部出资义务，董事未及时向股东催缴出资的情形下，董事是否应当向债权人承担股东未出资部分的连带责任？从本案判决结果来看，董事最终需对股东未出资部分向债权人承担连带责任。从本案最高人民法院的裁判逻辑来看，董事是否对此承担连带责任，需要从以下三点进行分析。

一是向股东催缴出资是否在董事职责范围内。

《公司法》及其司法解释并未明确规定董事具有向股东催缴出资的义务。

《公司法》第五十一条规定，董事会应当对股东的出资情况进行核查，以及对到期未出资的股东进行催缴出资，否则必须承担赔偿责任。

《公司法》规定股东会或股东大会是公司权力机构，本案中六名董事同时为公司股东，具有双重身份，在股东未履行全面出资义务损害公司利益时，董事作为公司的管理者、决策者，理应维护公司利益，向股东催缴出资符合董事的职能定位，属于董事忠实义务和勤勉义务范围。本案中董事依法应当具有向股东催缴出资的义务。

二是董事未向股东催缴的行为与公司遭受损失是否具有因果关系。

法律规定股东为向公司履行出资义务的主体。本案中即使董事履行了催缴义务，股东是否实际履行出资义务也不确定，公司遭受损失为股东未实缴出资所致，董事未催缴行为与公司遭受损失并无作为上的因果关系。但董事对公司负有忠实义务和勤勉义务，股东未全面履行出资义务明显损害了公司的利益，董事应及时采取相应措施，保障公司的利益。本案中董事并未履行自身职责，即使董事未向股东催缴的行为与公司遭受损失并无作为上的因果关系，但其未履职本身也需承担责任。

三是判决董事承担连带责任是否有法律依据。

《规定（三）》第十三条规定："股东在公司增资时未履行或者未全面履行出资义务，依照本条第一款或者第二款提起诉讼的原告，请求未尽公司法第五十一条第一款规定的义务而使出资未缴足的董事会承担相应责任的，人民法院应予支持；董事会人员承担责任后，可以向被告股东追偿。"从以上法律规定可看出，公司董事在未履行忠实义务和勤勉义务时，依法应当承担相应责任，最高人民法院判决董事承担责任于法有据。

董事是由公司股东会选举产生的，是具有实际权力的管理公司的人员，他们是公司内部治理的主要力量。董事可以决策并控制整个公司的行为，对内管理公司事务，对外代表公司进行经济活动。因此，自2024年7月1日起执行的《公司法》关于董监高的赔偿责任的法条多达11条，比2018年修订的《公司法》增加了近1倍。董监高的赔偿责任贯穿公司的"生老病死"，从公司成立时的股东出资，到公司经营过程中的利润分配、减资、执行职务等，再到公司清算程序，都有相关责任。以下几种行为是法律明确禁止的，实施这些行为的人所得利益为公司所有，给公司造成损失的，应当承担赔偿责任。

（1）董事未核查、催缴股东出资给公司造成损失的，应对公司承担赔偿责任。

《公司法》第五十一条规定，有限责任公司成立后，董事会应当对股东的出资情况进行核查，发现股东未按期足额缴纳公司章程规定的出资的，应当由公司向该股东发出书面催缴书，催缴出资。未及时履行前款规定的义务，给公司造成损失的，负有责任的董事应当承担赔偿责任。

针对本条法律，风险防控建议如下：

①董事会应制定明确的核查流程和标准，以确保股东出资情况的核查工作有章可循、有据可依，并全面、准确、及时地履行对股东出资的督促义务。

②在股东出资的问题上,董事会应与股东进行充分沟通,了解股东的出资意愿和能力,协助股东解决出资问题。

③一旦发现股东未按期足额缴纳出资,董事会应立即通过公司向该股东发出书面催缴书,要求股东在规定时间内履行出资义务。

④对于拒不履行出资义务的股东,董事会可以采取法律手段进行追缴,并保留相关证据以备诉讼之需。

(2)董监高对股东抽逃出资负有连带赔偿责任。

《公司法》第五十三条规定,公司成立后,股东不得抽逃出资。违反前款规定的,股东应当返还抽逃的出资;给公司造成损失的,负有责任的董事、监事、高级管理人员应当与该股东承担连带赔偿责任。

针对本条法律,风险防控建议如下:

①协助公司全面审视并修订公司章程及内部规章制度,确保其中明确包含禁止股东抽逃出资的条款,并详细阐述抽逃出资的定义、禁止行为以及相应的法律后果。

②设立严格的责任追究机制,明确股东抽逃出资时,负有责任的董监高将承担的法律后果,包括但不限于连带责任赔偿。同时,规定董监高在股东抽逃出资问题上的具体职责,如监督、报告、协助调查等,并明确在履行了合理职责且不存在过失的情况下,董监高可以合法免责的条款。这样的机制能够确保董监高在履行职责时有所依据,也能在出现问题时得到合理的保护。

③定期与股东进行沟通,强调股东抽逃出资的严重性和法律后果,帮助股东树立正确的出资意识。及时向股东解释关于抽逃出资的法律后果和提供可能的救济措施的信息,确保股东在面临诱惑或压力时能够做出明智的决策。

(3)董监高执行职务错误给公司造成损失的,应对公司承担赔偿责任。

《公司法》第一百八十八条规定,董事、监事、高级管理人员执行职务违反法律、行政法规或者公司章程的规定,给公司造成损失的,应当承担赔偿责任。

实务中,在评估董监高是否需要承担本条款所规定的赔偿责任时,必须考虑以下几个因素:一是结果,即公司所遭受的损失的实际情况;二是行为,即在执行职务时违反了相关的法律、法规或公司的章程;三是因果联系,即相关参与者的行为是导致公司受损的直接原因;四是法律后果,即应如何追究董监高的法律责任。

基于这些考量，对董监高提出以下风险防控建议：

首先，董监高应持续学习并深入理解公司合规管理要求以及公司所处行业的监管法规政策，确保在履职过程中始终依法依规、合法合规。这不仅有助于保护公司免受法律风险，也能有效维护董监高个人的职业声誉。

其次，董监高在做出任何决策时，应全面考虑可能涉及的法律风险，并始终将公司利益放在首位。通过充分的调查和评估，确保决策的合理性和合法性，避免因决策失误给公司带来损失。

同时，董监高在履职过程中应始终保持善意，以公司的最大利益为出发点，尽到类似地位的管理者通常能够做到的合理注意义务。这不仅是对公司负责，也是对自身职责的尊重。

最后，对于公司其他人实施损害公司利益的行为，董监高应积极履行监督职责，及时予以制止并报告给公司相关部门或监管机构。通过加强内部监督，及时发现并纠正问题，有助于维护公司的整体利益。

（4）董事、高级管理人员执行职务时发生侵权的，应承担赔偿责任。

《公司法》第一百九十一条规定，董事、高级管理人员执行职务，给他人造成损害的，公司应当承担赔偿责任；董事、高级管理人员存在故意或者重大过失，也应当承担赔偿责任。

根据本条规定，董事、高级管理人员对第三人承担责任的要件是：①董事、高级管理人员只有在执行公司职务时，对第三人造成的损害才属于其责任范畴。若损害源于个人行为与公司职务无关，则不属于此责任范围；②董事、高级管理人员的行为必须实际导致第三人的损害，才能被追究责任；③董事、高级管理人员对第三人承担责任的前提是，他们在行为时存在故意或重大过失。首先，公司应建立健全责任追究机制，对董监高在履职过程中因故意或重大过失给公司或第三人造成损害的，应依法追究其法律责任。然后，董事、高级管理人员应做好以下风险防控：

董监高应熟悉并遵守与公司运营相关的所有法律法规、政策规定以及公司章程，在决策和行动中，确保不违反任何法律法规，避免给公司或第三人造成损害。

董监高应明确其职务权限和职责范围，确保在执行职务时不会超出其权限范围，对于涉及公司决策的重大事项，应经过公司内部程序审批，并保留相关记录文件。

应建立风险防控机制，对可能面临的风险进行预测、评估和控制。董监高之间应保持密切的沟通和协作，共同应对公司运营中遇到的问题，并积极、及时解决。

（5）董事对董事会决议的合规性承担责任。

《公司法》第一百二十五条规定，董事应当对董事会的决议承担责任。董事会的决议违反法律、行政法规或者公司章程、股东会决议，给公司造成严重损失的，参与决议的董事对公司负赔偿责任；经证明在表决时曾表明异议并记载于会议记录的，该董事可以免除责任。

本条法律规定了董事在董事会决策过程中明确的责任标准，并提供了在特定情况下免除责任的可能性。

为了防范董事会议决策错误带来的风险，董事们可以采取以下措施：

①提前审阅所有与议题相关的材料，包括但不限于财务报告、市场分析、法律意见等。确保对议题有深入的了解和全面的认识，促使在董事会会议上对议题进行充分的、正确的讨论和审议。

②在决策前，一方面要仔细评估董事会的决策是否违反法律、行政法规或公司章程，另一方面要深入评估决议内容是否符合公司及股东的根本利益，确保决策的长期和短期利益都得到平衡。

③要仔细审查并确保董事会会议有完整、准确的会议记录，特别是自己的发言、投票情况以及对决策的异议（如有）。如对决策持有异议，应明确提出并记录于会议记录中，作为将来可能的责任免除依据。

④董事在履行职责时应保持高度的专业性和谨慎性，避免因疏忽大意或故意违法给公司造成损失。

⑤持续关注行业动态、法律法规的更新以及公司治理的最佳实践，如发现董事会决策可能存在违法或违规风险，应及时地向董事会、监事会或股东会进行书面报告，并提出自己的意见和建议，确保公司的利益在决策中有保障。

（6）董监高违规分配利润的，应对公司承担赔偿责任。

《公司法》第二百一十一条规定，公司违反本法规定向股东分配利润的，股东应当将违反规定分配的利润退还公司；给公司造成损失的，股东及负有责任的董事、监事、高级管理人员应当承担赔偿责任。

①根据本法规定，公司在利润分配的过程中，首先应确保股东已完成实缴注册资本，然后弥补以前年度的亏损。另外，公司需按照《公司法》规定提取法定公积金，以增强抗风险能力。

②若公司章程中有特别规定，公司还需根据经营需要提取任意公积金。此外，公司章程中关于利润分配的特殊约定亦应得到遵循。公司应在确定利润分配方案后，及时通知股东，并依照约定时间和方式支付利润。

③任何违反法律和内部约定的利润分配行为，均可能被视为违法分红。股东对于违规分配所得的利润，无论是否知情，均负有无条件退还的责任。而股东及董监高是否需要承担赔偿责任，则取决于公司是否因违规分配遭受损失，以及董监高是否对违规行为负有责任。因此，董监高应结合公司自身情况，制定合法、合规的利润分配方案，并严格遵循《公司法》及相关法律法规、内部章程的约定执行，以确保公司稳健运营，保护公司和股东的合法权益，也避免自己被追责。

（7）董监高违规减资的，应对公司承担赔偿责任。

《公司法》第二百二十六条规定，违反本法规定减少注册资本的，股东应当退还其收到的资金，减免股东出资的应当恢复原状；给公司造成损失的，股东及负有责任的董事、监事、高级管理人员应当承担赔偿责任。

本条法律对公司减资进行了3个重大的规定。一是明确了公司违法减资，股东对公司的返还责任，返还的范围包括出资本息，且返还出资不受诉讼时效限制。二是违法减资股东无法向公司返还出资，意味着给公司造成损失，该股东对公司承担赔偿责任。三是违法减资给公司造成损失的，除减资股东对公司承担赔偿责任外，负有责任的董监高与减资股东承担赔偿责任。给股东和董监高做如下风险防控：

①明确减资的具体目的和条件，确保减资行为符合公司的发展战略和法律规定。

②制定详细的减资方案，包括减资的方式、比例、时间、程序等，并经过股东会或董事会的审议和批准。还要明确股东及董监高在减资过程中的具体职责和责任人，一旦出现违法减资的情形，公司应立即采取止损措施，减少损失。

③公司合法合理的减资计划，必须按照《公司法》及相关法律法规的规定，履行公告、通知债权人、办理变更登记等法定程序，确保减资行为合法合规。

（8）董监高违规关联交易损害公司利益的，应对公司承担赔偿责任。

《公司法》第二十二条规定，公司的控股股东、实际控制人、董事、监事、高级管理人员不得利用关联关系损害公司利益。违反前款规定，给公司造成损失的，应当承担赔偿责任。

首先要明晰，关联交易是一个中性概念，并非所有的关联交易都被禁止，公平、合理的关联交易可以为公司的发展助力，而不公平的关联交易则会对公司的经营发展造成不利影响。控股股东、实际控制人对公司的经营具有决定权，可以控制与公司进行交易的对象，采取高价买低价卖的方式使得控股股东、实际控制人及其关联方获取非正常利益，进而直接损害公司的利益。鉴于此，本条法律明令禁止上述行为。相关风险防范如下：

①公司应建立明确的关联交易审批流程，在进行关联交易时，应确保交易价格、条件等符合市场公平原则，不得损害公司的利益。

②对于达到一定金额或对公司有重大影响的关联交易，应提交董事会或股东大会审议，并充分披露相关信息，对所有关联交易，包括交易对象、交易金额、交易条件、对公司的影响等进行评估。

③对于违反规定、利用关联关系损害公司利益的关键人员，应建立严格的责任追究机制，包括但不限于罚款、赔偿损失、解除职务等。

通过实施以上风险防范措施，公司可以有效降低控股股东、实际控制人等关键人员利用不公平的关联交易损害公司利益的风险，保护公司和广大投资者的合法权益。

（9）董监高违规提供财务资助的，应对公司承担赔偿责任。

《公司法》第一百六十三条规定，公司不得为他人取得本公司或者其母公司的股份提供赠与、借款、担保以及其他财务资助，公司实施员工持股计划的除外。

广义上的财务资助涵盖了公司对子公司、关联公司或外部个人及企业的贷款、担保、投资等多种形式的资金支持。而在股份收购交易中，财务资助往往能够降低收购成本、拓宽投资渠道，但同时也可能带来一系列风险和挑战。如可能削弱公司的资本结构、直接影响公司的现金流和偿债能力、增加财务风险。另外，财务资助可能导致资源分配不公，损害其他股东和债权人的利益。

因此，本条法律采取原则上禁止，但明确了公司实施员工持股计划的除外。为今后的司法裁判提供了明确的依据。提醒各公司应建立健全内部控制体系，对可能涉及财务资助的行为进行实时监控和审计，确保没有违规行为发生。

（10）董事未及时履行清算义务的，应对公司或者债权人承担赔偿责任。

《公司法》第二百三十二条规定，公司因本法第二百二十九条第一款第一项、第二项、第四项、第五项规定而解散的，应当清算。董事为公司清算义务人，应当在解散事由出现之日起十五日内组成清算组进行清算。清算组由董事组成，但是公司章程另有规定或者股东会决议另选他人的除外。清算义务人未及时履行清算义务，给公司或者债权人造成损失的，应当承担赔偿责任。

本条法律明确了董事作为清算义务人，应勤勉尽职，依法履行清算义务。因此，董事在履行清算义务时面临着一定的风险。建议董事在清算过程依法定程序执行职务，尽责保全清算中的财产，做好自身风险防范。

①清点好公司财产，编制资产负债表和财产清单、通知和公告债权人、处理未了结业务、清缴税款和债务等。

②在清算过程中，董事应特别注意保护公司财产，不贪不占，并做好相应措施防止财产流失或贬值。

③依法通知和公告债权人，确保债权人的合法权益得到保障。

④及时履行信息披露义务，向股东、债权人等相关方披露清算工作的进展情况、存在的问题和解决方案等信息。

⑤保留相关证据，包括但不限于会议记录、文件资料、通讯记录、通知信息留痕等，以备在清算过程中或日后可能出现的争议中，作为证据使用。

（11）董事怠于履行清算职责的，应对公司或债权人承担赔偿责任。

《公司法》第二百三十八条规定，清算组成员履行清算职责，负有忠实义务和勤勉义务。清算组成员怠于履行清算职责，给公司造成损失的，应当承担赔偿责任；因故意或者重大过失给债权人造成损失的，应当承担赔偿责任。

2. 董监高履职风险防范建议

（1）董监高关联关系致损的赔偿责任的风险防范建议。

①加强公司章程对于关联交易的规定及高级管理人员身份的确定，建立健全的内部审批和监督机制，对涉及关联关系的事项进行严格审查和监督。

②董监高在决策和执行过程中，应严格遵守公司章程和相关法律法规的规定，特别是关于关联交易和关联担保等方面的规定。避免违规操作导致公司利益受损而负连带责任。

③对于关联交易和关联担保等涉及关联关系的事项，董监高应及时、准确、完整地披露相关信息并报告至股东会批准，应尽量详细地披露交易的具体信息。

④关联交易协议的内容应实质公允，不得在合同中随意增加公司的履约负担及责任。

（2）董事未履行催缴出资义务的赔偿责任的风险防范建议。

①董事会应依据公司章程及时核查股东出资情况，向未按期足额缴纳出资的股东发出催缴通知，通知内容包括催缴通知的发送方式、催缴期限、逾期未履行的后果等，以确保催缴过程符合法律法规和公司章程的规定，并注意保留相应履职凭证。

②在董事会未履行或无法履行核查、催缴股东出资义务时，建议董事考虑直接催告未按期足额缴纳出资的股东，并注意保留相应履职凭证。

（3）董事对股东抽逃出资的连带赔偿责任的风险防范建议。

①公司董事应当履行忠实、勤勉义务，要求股东提供出资证明、银行转账记录等文件，以核实出资的真实性和合法性。

②董事应密切关注公司资金流动情况，如察觉到股东存在抽逃出资的行为，既不能积极协助，也不能采取放任不管的态度，否则需要承担连带责任。

③一旦发现股东抽逃出资的行为，董事应立即采取法律救济措施，如起诉、申请冻结资产等，以维护公司的合法权益。

④购买董事责任险，尽可能降低损失风险。

（4）董事会决议致损的赔偿责任的风险防范建议。

①为了防范董事对董事会决议致损的赔偿责任风险，董事应充分参与和了解决议内容、审慎行使表决权、坚持诚信原则、充分披露和告知相关信息、强化决策程序和透明度、加强风险管理和内部控制以及及时采取补救措施。这些措施将有助于降低董事面临的风险，并维护公司的利益和声誉。

②董事应当积极对待董事会会议中的表决事项,就专业性强、较为复杂的决议事项,可以在遵守法律规定和公司章程规定的前提下积极寻求外部专业支持,避免会议表决时随大流或随意投票。

③如果无法判断董事会会议表决事项的商业风险或法律风险,应谨慎行使反对票,并将异议理由记载于会议记录中。

(5) 董监高对公司禁止财务资助的赔偿责任的风险防范建议。

①公司应建立财务资助的内部审批流程,确保所有财务资助事项经过董监高的严格审查和决策。

②在进行财务资助前,董监高应对资助对象进行全面的风险评估和尽职调查,确保资助行为符合公司的利益和风险承受能力。

③在进行财务资助时,董监高应特别关注资助对象是否合乎法定或公司章程的要求,财务资助是否有利于公司且是否履行法定程序,财务资助用途是否合乎规范或决议等。

④如果发现财务资助存在违规行为或可能导致公司损失,董监高应立即采取措施进行纠正和补救,以减轻损失并维护公司的利益。

⑤股权回购对赌协议中,避免目标公司承担担保责任。

(6) 董监高执行职务致损的赔偿责任的风险防范建议。

①为了防范董监高在执行职务过程中因致损而承担的赔偿责任风险,应明确职责和权限、遵守法律法规和公司章程、加强内部控制和风险管理、提高决策透明度和信息披露质量、审慎行使职权和决策权、加强培训和教育以及建立风险应对机制。

②董事、高级管理人员在执行职务时,不仅应当考虑公司的利益,还应该考虑其职务行为是否对外部第三人造成损失。

(7) 董事对股东违法分配利润的赔偿责任的风险防范建议。

①董事应制定并及时向股东披露公司的利润分配政策和程序,确保股东对公司的利润分配有充分的了解和认识。

②董事应检查公司的利润分配是否符合公司章程和适用的法律法规,发现问题立即采取措施进行纠正和补救,以减轻损失并维护公司的利益。

③公司应设立独立的内部审计部门或聘请外部审计机构,对利润分配过程进行定期审计和检查,避免因内部对法律法规规定认知不足造成失误而负连带

责任。

④涉及利润分配时，需要特别关注是否已经履行内部审议程序，是否已经缴纳税款、弥补亏损、提取法定公积金，分配方案是否违反法律规定、公司章程约定或者全体股东约定。

（8）董监高对股东违法减少注册资本的赔偿责任的风险防范建议。

①在考虑减少注册资本的决策时，董事应充分评估公司的财务状况、业务需求和股东利益，确保决策的合理性和必要性。及时向股东披露减少注册资本的原因、目的和影响，确保股东对决策有充分的了解和认识。

②在减少注册资本之前，董事应获得股东的明确批准，并按照公司章程和相关法律法规履行必要的程序。

③建议董事、监事、高级管理人员切实监督减资流程，确认是否通过内部决议，是否编制资产负债表及财产清单，是否发出公告，是否通知债权人，等等。

（9）董事未及时履行清算义务的赔偿责任的风险防范建议。

①董事应清楚了解自己在公司清算过程中的角色和职责，包括启动清算程序、组织清算委员会、监督清算过程等。

②董事应明确知晓，若因未履行或延迟履行清算义务导致公司或债权人损失，可能需要承担个人赔偿责任。

③公司出现清算情形时，董事作为清算义务人，应当在法定时限内组成清算组进行清算，切忌擅自向债权人进行个别清偿。

④在清算过程中，董事应确保所有相关文件和记录都得到妥善保存，包括清算决议、清算报告、债权人通知等。这些文件和记录不仅是清算过程的证据，也有助于在后续可能出现的纠纷或诉讼中证明董事已尽到合理的清算义务。

（10）董监高怠于履行清算职责的赔偿责任的风险防范建议。

①公司应制定详细的清算职责和流程，明确董监高在清算过程中的具体任务和责任。相关职责和流程应涵盖清算的启动、进行和终结等各个环节，确保董监高能够按照既定程序履行职责。

②董监高被任命为清算组成员后，应当尽忠职守、勤勉尽责、积极履行清算义务。

③针对阻碍清算的事项，如对实际控制公司主要财产、账册、重要文件的主体故意拖延、拒绝清算的行为，应当注意保留相应证据，并视情况向法院申请强制清算或者向公安机关报案。

五、公私财产混同的风险与防控

常见的公私财产（公司的财产和个人的财产）混同，一般有三种情况：第一种是合伙企业与公司企业混同，第二种是一人有限责任公司，第三种是公私账户混用。我们来看一下每种情况下公司或个人可能面临的风险，以及对应的防控策略。

（一）合伙企业与公司企业混同的风险与防控

通常有这种情况，明明注册的是合伙企业，投资人却误以为设立和经营的是公司企业，合伙人对权利认知错位，不知道自己对企业对外要承担无限责任，不知道会追索到自己的个人财产。

【案例 2-13】

未能清偿的债务部分，普通合伙人承担无限连带责任

▲案件概况

2005 年 9 月 8 日，魏某某登记注册成立个人独资企业镇江市丹徒区联达机械厂（简称"联达厂"），并领取营业执照。2005 年 12 月 18 日，魏某某、蒋某某、卞某及祝某某签订合伙合同一份，约定：合伙人魏某某原独资经营的联达厂现由魏某某、蒋某某、卞某、祝某某四人共同出资、合伙经营，变更为合伙经营企业，仍使用魏某某原领取的联达厂营业执照。后尹某某、洪某加入合伙。

2006 年 10 月 3 日，南通双盈贸易有限公司（简称"双盈公司"）与联达厂签订购销合同，约定由双盈公司向联达厂提供焦炭。双盈公司供货后，联达厂支付部分货款，尚欠 1213785.95 元。

2006 年 12 月 23 日，魏某某等六人签订协议书一份，六人一致同意全权委托魏某某将联达厂对外承包，承包费用于偿还对外债务和六人各自的投资，联达厂承包前对外的债权债务由魏某某负责处理,与其余五人无关。

双盈公司将联达厂以及魏某某等六人诉至江苏省南通市中级人民法院(简称"南通中院"),请求判令:联达厂以及魏某某等六人给付所欠货款并承担逾期付款利息。

▲法院判决

一审南通中院认定魏某某等六人形成合伙关系,欠款事实清楚,联达厂偿还原告双盈公司货款,前述六人对此承担连带清偿责任。卞某不服,向江苏省高级人民法院(简称"江苏高院")提起上诉。

二审江苏高院就责任承担改判为:魏某某等六人对联达厂不能清偿的债务部分承担无限连带清偿责任。其他部分维持原判。

1. 案件分析

所有的法律主体均可对外享受和承担相应的债权债务,有限合伙企业也不例外。因此,合伙企业拥有财产,这是债权人实现债权的第一保障,合伙企业的对外债务是先由合伙企业以其全部财产承担,若全部财产还不能清偿对外债务,再由普通合伙人承担相应的清偿责任。普通合伙人责任的最终承担按照约定进行,并且,普通合伙人对合伙企业的债务承担兜底的责任。所以,普通合伙人对合伙企业债务的责任为补充连带责任。

本案争议的焦点是魏某某等六人是否对联达厂债务承担责任以及如何承担责任。鉴于魏某某等六人存在合伙协议并共同经营,六人形成合伙关系不存在疑问。关于债务如何承担的问题,**一审南通中院没有区分联达厂与其合伙人,要求一并承担责任,二审江苏高院在分析法规后,提出了合伙债务承担的两个层次规则。**

合伙企业债务的承担分为两个层次:第一顺序的债务承担人是合伙企业,第二顺序的债务承担人是全体合伙人。由于债权人的交易对象是合伙企业而非合伙人,合伙企业作为与债权人有直接法律关系的主体,应先以其全部财产进行清偿。**因合伙企业不具备法人资格,普通合伙人不享受"有限责任"的保护,合伙企业的财产不足以清偿债务的,全体普通合伙人应对合伙企业未能清偿的债务部分承担无限连带清偿责任。**因而,《中华人民共和国合伙企业法》第三十九条规定的"连带责任",是指合伙人在第二顺序的责任承担中相互之间所负的连带责任，而非合伙人与合伙企业之间的连带责任。

2. 风险防控策略

要防范此类风险，我们必须清楚合伙企业和公司企业的区别：

①区分合伙企业和公司。各位合伙人在企业注册前，应了解清楚合伙企业和公司的责任承担方面的差异，尤其是合伙人在合伙企业中须承担无限责任，即合伙企业的债务可能追索到合伙人的个人财产，明晰相关法律责任。

②身份资格。合伙企业不具有法人资格，公司企业具有法人资格。

③风险承担。合伙企业的投资人称为合伙人，有限合伙人以其认缴的出资额为限对合伙企业债务承担责任；公司企业的投资人称为股东，股东以其认缴的出资额为限对公司债务承担责任。

④合伙企业治理。

为确保合伙企业稳健运营，应做好以下两个方面的工作。

一是事前做好详尽的合伙协议。合伙协议应详尽规定合伙人的权利、义务、责任、利润分配、亏损分担和税金承担等关键内容，确保合伙人之间的权益与责任明确。

二是事中做好规范的管理与沟通。建立规范的财务管理制度，确保财务记录清晰透明；加强合伙人之间的沟通，确保信息畅通，减少误解和纠纷。同时，还需确保税务合规，按时足额申报所得并扣缴税金。

⑤连带责任的风险防范。

一是在成为合伙人之前，深入了解合伙企业的历史财务状况和法律状况，详细阅读并全面理解合伙协议中的各项条款，尤其是关于债务承担和责任的部分，确保清晰掌握自身在合伙企业中的权益和义务，并充分认识到潜在的法律风险。

二是在合伙协议中明确界定合伙企业的债务界限，确保个人财产与合伙企业财产严格分离，避免将个人财产卷入合伙企业的债务之中，从而减少个人承担连带责任的风险。

三是积极参与合伙企业的日常运营和管理，持续关注合伙企业的财务状况和经营情况，及时发现并解决潜在问题，确保合伙企业稳健运营，避免债务累积至无法承受的程度。

四是在合伙企业中建立全面的风险管理机制，包括制定风险应对策略、设置风险预警指标等,通过科学的风险管理手段降低合伙企业面临债务风险的可能性。

五是若发现合伙企业存在严重的债务风险或无法继续运营,应及时与合伙人进行协商,制定合理的退出方案,并确保在退出前已妥善处理与合伙企业的所有财务和法律关系,防止退出后继续承担连带责任的风险。

(二) 一人有限责任公司的风险与防控

一人有限责任公司是指只有一个自然人股东或者一个法人股东的有限责任公司。在2024年7月1日起实施的《中华人民共和国公司法》中,对于一人有限责任公司的规定更加严格,尤其是关于公私财产混同的问题。夫妻公司或父子公司一般不会被视为一人有限责任公司。但是,股东实际上只有一个(无论是通过直接持有还是间接控制),或者公司的财产与股东个人的财产混同,难以区分时,有可能被认定为一人有限责任公司。这种情况下,公司可能需要承担一人有限责任公司的相应法律责任。

因此,夫妻公司或父子公司应该确保公司的财产与股东个人的财产清晰区分,避免混同而被追溯到股东的个人财产。

【案例2-14】

公司股东去世,公司债务由家人承担偿还责任

▲案件概况

2005年,原告欧阳某出资40万元与易某某(已经死亡)共同成立攸县某德农资公司,经营化肥、饲料等农资业务。2014年1月16日,欧阳某退出公司经营,其出资转为借款,攸县某德农资公司向欧阳某出具借款40万元的借条。自此,攸县某德农资公司由易某某个人经营,但工商注册登记没有进行变更,股东依然为欧阳某和易某某,公司没有经营账户。2014年1月至2019年10月,易某某以攸县某德农资公司的名义或者个人名义向原告37人借款合计370万余元,并约定借款利率为月息一分。在易某某个人经营攸县某德农资公司期间,通过个人账户以及养女易某希的账户对外进行交易,并将大部分款项用于购买住房、业务收支、厂房建设、车辆购置等。2019年11月11日,被告攸县某德农资公司法定代表人易某某因病不幸去世,导致公司无法偿还原告

37人借款370万余元（包含其他借款粗略统计七八百万元）。原告37人与易某某的妻子胡某、养女易某希多次协商还款事宜但未果，遂请法院判令多名被告承担偿还责任。同时，请求主审法官对被告攸县某德农资公司、易某某、胡某、易某希名下的所有财产进行财产保全（车辆、房产以及土地、保险金、社保待遇、住房公积金、银行存款等价值五六百万元），防止被告的财产被侵占、转移。

▲法院判决

原告与被告攸县某德农资公司之间借贷事实清楚，双方债权债务关系明确，被告公司应当偿还原告37人借款本金以及利息；易某某系被告公司的股东，该公司实际上由其一人经营、管理，易某某以其个人账户收支攸县某德农资公司的经营款项，易某某个人财产与公司的财产存在混同，故易某某应该对公司的债务承担连带清偿责任。

被告胡某并未提供证据证明其与易某某书面约定婚姻关系存续期间所得的财产归各自所有，故根据《中华人民共和国婚姻法》（《中华人民共和国民法典》自2021年1月1日起施行，《中华人民共和国婚姻法》同时被废止）相关规定，易某某在夫妻关系存续期间因享有攸县某德农资公司股权而获得的财产收益归易某某和被告胡某共同所有。本案借款发生在被告胡某与易某某夫妻关系存续期间，案涉借款发生时双方已经结婚十余年，且本案借款系攸县某德农资公司经营所需。据此，应当认定易某某、攸县某德农资公司与原告的借款符合被告胡某的利益，本案借款属于夫妻共同债务，被告胡某应当承担共同偿还责任。

因易小某未满八周岁系未成年人，为无民事行为能力人，被告胡某代表易小某明确表示放弃遗产继承，依法可以不承担偿还责任。

被告易某希于2013年5月27日与易某某解除收养关系，其对易某某的遗产并无法定继承权，且原告也未提供易某希和易某某恢复收养关系的相关证据，故原告主张被告易某希应当承担连带清偿责任的诉求，法院不予支持。

1. 案件分析

《全国法院民商事审判工作会议纪要》明确规定，在认定是否构成人格混同时，应当综合考虑以下因素：

①股东无偿使用公司资金或者财产，不作财务记载的。

②股东用公司的资金偿还股东的债务，或者将公司的资金供关联公司无偿使用，不作财务记载的。

③公司账簿与股东账簿不分，致使公司财产与股东财产无法区分的。

④股东自身收益与公司盈利不加区分，致使双方利益不清的。

⑤公司的财产记载于股东名下，由股东占有、使用的。

⑥人格混同的其他情形。

如果企业具备以上六种因素，根据高度盖然性很有可能被视为股东财产与公司财产无法区分，从而被认定为股东财产与公司财产混同。

从上述案例不难发现，所谓股东财产与公司财产混同最主要的表现是公司的财产与股东的财产无法区分。

2. 风险防控策略

中小民营企业通常家业、企业不分，股东以个人名义通过民间借贷等方式为企业融资，一旦出现债务危机，股东个人资产也会随之遭殃。因此，可参考以下策略。

首先，企业股东要妥善选择融资主体。当企业资金周转不灵时，若以个人名义借贷后投入企业运转，一旦企业经营失败，因为欠款主体是企业股东个人，债务由企业股东个人负责偿还；若欠款主体是企业，最坏的结果仅为企业破产，正常情况下不存在牵连到企业股东家庭资产的风险。

其次，企业股东可参考以下隔离措施：

①公司的资产和负债应有规范的财务核算，并保留完善的会计凭证，与股东个人资产可完全区分。

②所有与公司业务相关的收入和支出均应通过公司账户进行，尽量避免使用个人账户收支。如果避免不了，也应设立独立的私卡银行账户，确保公司资金与股东个人资金完全分离，并完整地纳入代收代付的形式进行财务核算，详细记录每一笔资金的来源和去向，确保每一笔交易都有据可查。另外，应保留相关的资料和凭证，以备查阅和审计，避免公私混淆。

③对于夫妻公司或父子公司，若家庭成员在公司任职，相关职责和权限应明确划分，家庭成员之间的财产也应清晰区分，避免与公司财产混同。

④尽量避免与关联方进行交易，特别是涉及资金往来的交易。

⑤定期对公司的财务状况和运营情况进行自查,及时发现并纠正可能存在的公私财产混同风险。

⑥最后,不可滥用企业借款。切记不可随意将企业借款用于个人及家庭生活开支,以免企业债务转嫁到个人头上。如此,即使有一天真的遇到了债务危机,也能给家人留下一个安全的避风港。

法条链接

《最高人民法院关于审理民间借贷案件适用法律若干问题的规定》第二十三条 法人的法定代表人或者非法人组织的负责人以单位名义与出借人签订民间借贷合同,有证据证明所借款项系法定代表人或者负责人个人使用,出借人请求将法定代表人或者负责人列为共同被告或者第三人的,人民法院应予准许。

法人的法定代表人或者非法人组织的负责人以个人名义与出借人订立民间借贷合同,所借款项用于单位生产经营,出借人请求单位与个人共同承担责任的,人民法院应予支持。

(三)公私账户混用的风险与防控

有些投资人误以为"公司是我的,公司的财产也就是我的",公账和私账混用,家庭需要资金支出便从企业提取,企业资金周转不灵便将家里的钱往公司砸,不办借款手续,不付利息也不申报利息收入,公私账户往来混乱。这样会增加财务管理的难度和复杂性,容易引起管理混乱、缺失或错误,不仅给企业的管理和运营带来负面影响,还会涉及法律、财务、税务等多个方面的风险。

【案例 2-15】

公私账户混用,股东须负连带责任

▲案件概况

原告常熟某公司与被告汕头某公司素有业务往来。被告汕头某公司的股东为张某、翁某,二人是夫妻关系。自 2011 年起,张某、翁某以公司的名义,通过传真方式向原告常熟某公司发送布料订购单,原告接收发货后,张某、翁某再支付货款。2013年4月至10月,原告累计向被告汕头某公司发货3295520元,被告退货价值30324元,共支付货款985000元,尚欠货款2280196元,原告催讨多次无果,遂诉至法院。原告诉称,被告张某与翁某作为公司股东,与公司人格、财产混同,因此要求张某、翁某对汕头某公司债务承担连带责任。

▲法院调解

在法院的主持下,双方经协商最终达成调解,被告张某、翁某愿意共同承担被告汕头某公司应支付原告的货款。

1. **案件分析**

上述是典型的公私账户不分的案例。所谓私户,不仅包含私人银行账户,还包含个人微信、支付宝账户。很多投资者的《公司法》知识薄弱,认为"个人账户是我的,公司账户也是我的,我的钱想怎么收支就怎么收支",因此,存在公司财产与个人财产混同的现象,尤其是在一人有限责任公司或家庭经营的公司中,股东将公司财产混同于个人财产,甚至仅凭个人意志随意处置公司财产,未将公司财产与个人财产严格区分,使得公司人格、财产的独立性丧失。

本案中,张某、翁某作为被告公司股东,以公司的名义与原告订立货物买卖合同,双方买卖合同关系真实合法,应当受法律保护。履行合同时,被告公司财务管理模糊、账目不清,除使用公司账户向原告支付货款外,张某、翁某还多次以个人账户向原告支付货款后,再从公司账户将资金转入其个人账户。而被告张某、翁某也无证据证明公司财产独立于其个人财产,因而负连带责任。

《公司法》第二十三条对公司人格否认作了特别规定:"公司股东滥用公司法人独立地位和股东有限责任,逃避债务,严重损害公司债权人利益的,应当对公司债务承担连带责任。股东利用其控制的两个以上公司实施前款规定行为的,各公司应当对任一公司的债务承担连带责任。只有一个股东的公司,股东不能证明公司财产独立于股东自己的财产的,应当对公司债务承担连带责任。"

2. **公私账户混用的风险**

①私户付款,导致公司三流不一致,无法取得进项发票抵扣税金,多缴增

值税，且可能被怀疑虚开发票进而面临刑事风险。

②税务局有理由怀疑公司存在少报或隐瞒收入，可能面临偷税漏税的涉税风险。

③利润不真实，可能面临多缴所得税的涉税风险。

④通过微信、支付宝给员工发放工资，存在漏报个税或刻意偷逃个税的风险。

⑤款项账面不透明，业务交易资金流不清晰，算错账，可能会影响企业的财务状况和盈利能力，增加企业经营的风险。

⑥股东有理由被怀疑挪用公款、职务侵占进而面临法律风险。

⑦个人账户的大额交易累计次数过多，银行就会重点监管其是否存在洗钱等行为。

⑧股东可能面临对债务承担无限连带责任的风险。

合法合规的公户转私户的方式具体包括：

①发放工资。凭劳动合同、入职资料，公司通过对公账户在每月的工资发放日将工资逐一发放到每个员工的个人卡上，且履行代扣代缴个税义务；发放年终奖、季度奖等，且履行代扣代缴个税义务。

②报销员工差旅费。建立报销制度，规范报销流程，公司将对公账户的出差备用金打给业务员用于出差，出差回来后实报实销、多退少补。

③公司向股东分配利润。凭借款合同，公司将对公账户上的钱打给股东个人，这些是已经缴纳完20%的股息红利个税后的分红所得。

④向个人支付劳务报酬。凭劳务合同，通过对公账户将服务费转入对方个人账户，这笔钱是已经缴纳完劳务报酬所得个税后的报酬。

⑤向自然人采购。除零星支出（500元及以下）外，向个人购买的商品可以转，个人包括自然人和个体。自然人可以去税务局代开发票，公司凭发票将金额直接转给自然人；个体因为种种原因，没有对公账户，公司可以将钱直接转入经营者个人卡，并附营业执照、身份证作附件即可。

⑥归还个人借款。凭借款合同，通过对公账户偿还公司向个人的借款。

⑦向个人支付赔偿金。凭赔偿证据，如合同、事件发生凭证等，通过对公账户支付违约金、赔偿金。

⑧个人独资企业的利润分配。成立个人独资企业，会定期将扣除费用、缴

纳完经营所得个税后的利润通过对公账户打给个人独资企业的负责人。个人独资企业依法不缴企业所得税，而要缴个人所得税。

⑨向股东私户转备用金。由于公司日常经营经常会有一些零星的现金支出，因此公司的对公账户向股东或指定财务负责人转出合理的备用金，事后出具相关支出证明，是被允许的。

3. 风险防控策略

企业资产与家庭财产混同、一人有限责任公司资产与股东个人财产边界不清、夫妻股东离婚财产分割不清，以及在公司运营中的企业资产与个人财产混同等，都会给企业股东个人、家庭财产带来巨大风险，甚至涉嫌刑事犯罪。故企业股东要谨慎厘清企业资产与个人财产的边界，避免出现个人财产和企业资产一切形式的混同，以防企业股东个人或家庭因企业经营问题陷入不利局面。

（1）不要轻易设立一人有限责任公司。

若一定要设立一人有限责任公司，就必须在每一会计年度终了时编制财务会计报告并经会计师事务所审计。切记分清公账及私账，不得将公司账户用作私人账户。

（2）无论设立何种公司，都要保证公司财产的独立。

第一，公司账册按照《企业会计准则——基本准则》及相关法律法规要求独立核算。

第二，资金往来清晰，防止资金混同。这里需要注意的是：要以公司的名义开通微信、支付宝账号；个体工商户需单独设置微信、支付宝账号；个人账户收取款项要及时打入对公账号，虽然有时候个人账户收取款项较方便，但为了避免漏计收入，应该及时将收入转入对公账户，尽量开具发票，保留完整的销售证据；要保存好收付凭证，包括微信、支付宝的收付凭证，与银行等金融机构的收付凭证具有相同的法律效力；个人用微信、支付宝付款应及时向商家索取发票，连同付款凭证交给财务记账，可获得税前扣除。

第三，区分股东的收益与公司的收益。

第四，区分股东的个人债务和公司的债务。

第五，区分各自的营业场所、主要设备及办公设施。

第六，区分各自的无形资产，如商标、专利、著作权等。

（3）保证公司组织机构独立。

公司应该通过公司章程或其他组织文件完善公司的治理机构设置，明确股东会、董事会、总经理在经营管理上的职权分工；明确董事、总经理的选任和免职程序。

（4）保证公司经营独立。

公司应保证在民事活动中有独立意志；单独进行交易时，避免交易行为中发生不同环节由不同的关联企业共同完成的情况。

（5）一人有限责任公司应有更强的风险防范意识。

一人有限责任公司股东作出决定时必须满足书面形式、股东签字、公司备案三个条件，而且每年度编制的财务会计报告必须经过审计。

（6）企业向集团公司转变时必须注意规范化运营。

明确集团成员之间的资金、财务、人事、业务等关系，避免集团成员人格的虚化。集团与子公司之间的往来，一定要有合理的出处，并有规范的财务和税收单据，防止合法的关联交易被误认定为财产混同。

法条链接

《公司法》第二十三条　公司股东滥用公司法人独立地位和股东有限责任，逃避债务，严重损害公司债权人利益的，应当对公司债务承担连带责任。

股东利用其控制的两个以上公司实施前款规定行为的，各公司应当对任一公司的债务承担连带责任。

只有一个股东的公司，股东不能证明公司财产独立于股东自己的财产的，应当对公司债务承担连带责任。

《最高人民法院关于民事执行中变更、追加当事人若干问题的规定》第二十条　作为被执行人的一人有限责任公司，财产不足以清偿生效法律文书确定的债务，股东不能证明公司财产独立于自己的财产，申请执行人申请变更、追加该股东为被执行人，对公司债务承担连带责任的，人民法院应予支持。

《全国法院民商事审判工作会议纪要》【人格混同】认定公司人格与股东人格是否存在混同，最根本的判断标准是公司是否具有独立意思和独立财产，最主要的表现是公司的财产与股东的财产是否混同且无法区分。在认定是否构成人格混同时，应当综合考虑以下因素：

（1）股东无偿使用公司资金或者财产，不作财务记载的；

(2) 股东用公司的资金偿还股东的债务，或者将公司的资金供关联公司无偿使用，不作财务记载的；

(3) 公司账簿与股东账簿不分，致使公司财产与股东财产无法区分的；

(4) 股东自身收益与公司盈利不加区分，致使双方利益不清的；

(5) 公司的财产记载于股东名下，由股东占有、使用的；

(6) 人格混同的其他情形。

六、股权代持的风险与防控

隐名股东，又称实际出资人，是指出于一定目的，实际出资认购有限责任公司的股权，却未记载于公司章程、股东名册及公司登记机关内档资料的民事法律主体。

现实中，股权代持比比皆是，因而相关纠纷也越来越多。在司法实践中，法院认定存在股权代持关系的核心是"代持合意"，但"代持合意"往往难以直接得出，法院通常要借助出资、实际行使股东权利等因素综合判断。我们附上一正一反两个相关案例以便大家能直观理解。

【案例2-16】

未签订股权代持协议，法院从多个角度认定股权代持关系

▲案件概况

B医疗器械公司成立于2017年8月23日，工商登记的唯一股东是第三人C，注册资本1000万元，认缴出资期限为2037年7月30日。

2018年12月24日至28日，A信息技术公司共计向第三人C转账支付2500万元。2018年12月24日至28日，第三人C向B医疗器械公司转账2500万元。B医疗器械公司自2018年度后的公司年度报告显示，股东认缴出资期限与实缴出资期限均为2018年12月28日。

2020年6月4日，B医疗器械公司购买房产，金额40132752元，其中向银行借款1800万元，由第三人C作保证担保，其余款项由B医疗器械公司支付。

2021年8月24日，B医疗器械公司法定代表人报案称，第三人C在报上刊登公司公章、法人章、财务章等遗失通知，并自行刻印了公司公章。

A 信息技术公司诉至法院，请求第三人 C 返还其代持的 100% 的股权比例。

▲法院判决

上海市奉贤区人民法院判决如下：

①确认 A 信息技术公司是 B 医疗器械公司持股比例为 100% 的股东。

②B 医疗器械公司于本判决生效之日起 15 日内就上述第一项判决向公司登记机关申请股东名称变更登记，第三人 C 应当履行作为现公司登记机关登记股东应尽的协助配合的义务。

一审宣判后，各方均未上诉。

【案例 2-17】

签订股权代持协议，隐名股东要求显名仍被驳回

▲案件概况

刘某声与詹某喜双方签订《刘某声、詹某喜合伙成立南宁市华坤塑料制品有限公司协议书》。该协议书载明：公司是刘某声、詹某喜两人共同投资、共同经营、共担风险，按股份分配损益的合伙性质企业；刘某声的代理人为刘某坤，詹某喜的代理人为詹某华，以刘某坤、詹某华的名义（两人各占公司 50% 的股份）办理了南宁市华坤塑料制品有限公司（简称"华坤公司"）的工商营业执照。

华坤公司在实际运作中，由原告刘某声及詹某喜实际掌控，两人是该公司的实际股东，刘某坤、詹某华是挂名股东。

原告请求法院判令：①确认原告刘某声为被告华坤公司的股东；②确认第三人刘某坤占被告华坤公司 50% 的股份属原告刘某声所有。

▲法院判决

一审法院认为：工商登记资料记载，华坤公司作为有限责任公司，股东为刘某坤、詹某华，各占公司 50% 的股份。原告是其所占华坤公司 50% 股份的实际出资人。但詹某华认为其是公司另外 50% 股份的实际出资人和华坤公司的实际股东，对此原告未能提供足以推翻工商登记确认的詹某华是华坤公司股东的事实的证据，对原告的该部分主张不予采信。由于詹某华明确表示其作为华坤公司的股东不同意刘某声成为华坤公司的股东，对原告要求确认其为华坤公

司的股东及占有该公司 50%股份的诉讼请求,不予支持。

一审法院判决:驳回原告刘某声的诉讼请求。

二审法院认为:刘某声、詹某喜签订的协议书是华坤公司实际出资人与股东的内部协议,在合同双方内部发生法律效力,并不能发生对外效力。刘某坤、詹某华仍是工商登记确认的股东,有权直接行使股权。实际出资人的投资权益不同于股东权益,股东权益只能由股东直接行使,实际出资人只能借股东的名义间接行使股东权益以实现投资权益。由于刘某坤认可其股份由刘某声实际出资,故刘某坤占华坤公司 50%股份的投资权益应属刘某声,故刘某声认为刘某坤的股份属其所有的主张,不予支持。一审事实清楚,适用法律正确,实体处理妥当,应予维持。

二审法院,驳回上诉,维持原判。

1. 案件分析

(1)案例 2-16 分析。

①对目标公司实际出资。

本案中,2018 年 12 月 24 日至 28 日,在 A 信息技术公司给第三人 C 转账 2500 万元后,第三人 C 随即向 B 医疗器械公司转入上述 2500 万元,同时,B 医疗器械公司变更公司注册资本为 2500 万元;在随后的公司年度报告中,将认缴出资期限修改为 2018 年 12 月 28 日,第三人 C 出资的时间与 A 信息技术公司转账给其的时间、工商变更登记认缴的时间高度吻合,金额与工商变更登记后的公司注册资本一致,这种吻合和一致,尤其在公司仅有一名股东的情形下,难以解释为巧合而无"代持合意"。

②参与公司经营管理。

本案中,在第三人 C 登报声明 B 医疗器械公司的公章、法人章、财务章等遗失后,B 医疗器械公司法定代表人向公安机关报案,进一步证明了第三人 C 登报声明相关印章遗失系无中生有的不实行为,B 医疗器械公司实由 A 信息技术公司控制及实际经营,A 信息技术公司与第三人 C 存在口头及事实上的"代持合意"。

③基于当事人陈述的间接证明。

结合当事人陈述的间接证据能够形成一条较为完整的证据链,在一定程度上能够证明由第三人 C 代 A 信息技术公司持有股权的事实：

一是关于 B 医疗器械公司法定代表人与第三人 C 不相识的陈述，在一定程度上能够佐证 A 信息技术公司为 B 医疗器械公司的实际股东的事实，否则，难以解释第三人 C 作为实际股东选其不认识的人任法定代表人的行为。

二是关于各方当事人一致确认 B 医疗器械公司的财务人员是由 A 信息技术公司股东招聘入职并负责管理的陈述，在一定程度上能够佐证 B 医疗器械公司的财务人员由 A 信息技术公司股东选聘管理，B 医疗器械公司由 A 信息技术公司实际经营管理的事实。

三是第三人 C 的辩称与 B 医疗器械公司的经营投资行为存在矛盾。如 B 医疗器械公司以自身名义购入房产并向银行贷款，并由第三人 C 作保证担保，若第三人 C 的辩称意见成立，其为公司的实际股东，不存在代持情形，则无法解释 B 医疗器械公司购买的房产的房产证在 A 信息技术公司处，而第三人 C 未能向法院说明该房产证在 A 信息技术公司处的合理理由，第三人 C 的意见明显有违正常的商业逻辑和日常经验法则。

因此，法院判决 A 信息技术公司是 B 医疗器械公司持股比例为 100% 的股东。

（2）案例 2-17 分析。

本案经过两级法院审理，最终均**未支持刘某声要求变更为华坤公司的股东**的诉讼请求。结合案件审理，原因在于虽然刘某声有相关的证据证明其与刘某坤之间**存在股权代持的协议**、**约定**，但是公司另一股东詹某华不同意刘某声成为公司股东。有证据证明存在股权代持协议但未经公司其他股东半数以上同意，法院一般不予支持隐名股东的显名请求权。本案的另一股东刚好占公司 50% 的股份，成为法律上权利义务的对等股东，刘某声无法获得超 50% 股权份额的股东同意。因此，实际出资人与名义股东之间的委托或代持协议不能约束公司，未经公司其他股东过半数同意，实际出资人无权要求确认其对公司享有股权份额并将该份额登记至自己名下。

2. 股权代持的风险

投资人出于商业安排或其他考虑，与他人签订股权代持协议，将股权交由他人代持的情况十分普遍。

但实际出资人委托的股权代持人缺乏诚信，恶意损害实际出资人的利益，如擅自将代持股权转让或质押给第三人,这是股权代持过程中实际出资人面临的最严重的一种法律风险。

另外,名义股东可能在经营管理权、表决权、分红权、增资优先权、剩余财产分配权等方面恶意违背实际出资人的本意而作出损害实际出资人利益的行为。这也是一种极大的利益风险。

随着企业的运营发展,当隐名股东希望显名时,其与显名股东或其他股东通常会在股东资格确认、股权转让等方面产生纠纷。

3. 风险防控策略

为避免出现上述风险,可参考以下策略进行防控。

(1) 审慎确定受托人。

在选择股权代持前,应综合考量商业风险、法律风险,慎重采用股权代持的模式,审慎确定受托人。

(2) 委托靠谱的人代持股权,事前对股权代持人进行必要的背景调查。

在现实中,股权代持人多为与实际出资人关系密切的人员,实际出资人对他的熟悉程度亦相对较高,但对股权代持人的背景调查仍有必要,包括但不限于对股权代持人的资信状况、对外负债及对外投资的情况进行充分了解,以便最终决定是否由其进行股权代持。建议除了信任关系之外,还要选择财务状况、信用状况、经营状况较好的主体担任股权代持人。

(3) 签订书面股权代持协议。

尽量签订书面股权代持协议,确认股权代持事实,并明确双方的权利义务;代持协议应明确双方的权利和义务,包括但不限于股权管理、投票权行使、分红权、股权转让、违约责任等。

股权代持协议一定要包含如下前六个条款并在实际运营中做到后四个方面,以确保自身的合法权益。

①隐名股东已将代持股权出资款足额交付显名股东,专用于隐名股东对目标公司的出资,显名股东予以确认(证明已出资)。

②隐名股东作为实际出资人,对公司享有实际的股东权利并有权获得相应的投资收益;显名股东仅得以自身名义将隐名股东的出资向公司出资并代隐名股东持有该等投资所形成的股东权益,而对该等出资所形成的股东权益不享有任何收益权或处置权,包括但不限于股东权益的转让、担保(证明甲方成为

股东的事实）。随时关注股权的情况，避免被擅自转让、质押及被查封等。

③在委托持股期限内，隐名股东有权在条件具备时，将相关股东权益转移到自己或自己指定的任何第三人名下，届时涉及的相关法律文件，显名股东须无条件同意，并无条件承受（可以提前要求名义持股人签署股权转让协议，但不填写受让人及日期）。

④显名股东在以股东身份参与公司经营管理的过程中需要行使表决权时至少应提前3日取得隐名股东书面授权，未经授权不得行使表决权（可以在签署股权代持协议时，要求显名股东签署委托隐名股东行使表决权的授权书）。

⑤显名股东承诺将其未来所收到的被代持股权在代持期间所产生的全部投资收益（包括现金股息、红利和任何其他收益分配）转交给隐名股东。

⑥隐名股东有权随时解除股权代持协议，显名股东应当按隐名股东指示向其移转所代持股权及收入；在隐名股东拟向公司股东或股东以外的人转让、质押被代持股权时，显名股东应对此提供必要的协助及便利。

⑦签订股权代持协议后，隐名股东要保留其向显名股东支付出资的记录，以及显名股东向公司出资的记录，尽量保证专卡专用，并在同一时间段内支付。条件允许的情况下，最好将股权质押给实际出资人或可信的第三方，以确保代持人无法擅自转让或质押股权。

⑧隐名股东需要取得公司其他股东认可其为真正股东的证明，以及目标公司予以确认的证明，例如通过股东会决议、公司章程修正案等方式确认或公司向隐名股东签发加盖公章的出资证明书、股东名册等。

⑨隐名股东可以在签订股权代持协议的同时，要求显名股东签署隐名股东出席股东会的授权书，以保障行使表决权，并且留存参加股东会、董事会等参与公司管理的证据。

⑩在公司的运营中，隐名股东还应对董事会席位、公司高管职位及公司财务人员作出安排，防止显名股东滥用股东权利，通过暗箱操作使股东未获得分红、高额提取资本公积金、关联交易、自我交易等方式将隐名股东的利润黑掉。

（4）提前告知公司其他股东代持股权的相关情况，并取得其同意。

很多实际出资人在要求变更为公司股东的过程中，因为其他股东反对而无法实现显名。为规避这一风险，建议：如果条件允许，实际出资人可以提前告知其他股东代持股权的有关事宜，并获得其他股东的书面同意文件。

（5）实际出资人直接参与公司决策、管理等，了解公司运营情况、财产、债权债务等情况，一方面可以进行动态管控股权代持风险，另一方面获得其他股东的默示同意。

实际出资人有证据证明其与显名股东之间存在股权代持协议且参与公司日常的经营、管理等，虽然公司其他股东半数以上不同意将隐名股东变更为显名股东，但并未对实际出资人参与公司的管理提出异议，实际出资人还可通过直接参与公司的决策、直接获取公司分红等方式，获得其他股东对其股东身份的默示同意。

（6）留存公司管理及分红证据。

通过股东会、董事会等参与公司管理，以及获取公司分红时，隐名股东需留存相应的证据，如在股东会文件、董事会文件中签名，以自己的名义领取分红款并签字等。

另外，当条件成熟时，应及时要求公司办理显名登记。

第二节　公司治理风险的管和控

合规的公司治理是公司能够安全稳步前行的必要前提。公司的治理结构明确了其不同参与者之间的权利义务分配。公司的治理结构设计直接关系到公司成立后运营过程中各股东之间权益的平衡以及公司利益的维护。因此，需要各投资者在公司设立之前，对公司的治理结构予以足够关注，并在公司章程中予以确定，以防范法律风险。本节从股东会决议程序、公司盈余分配、公司章程等方面展开阐述。

一、法定代表人履职的风险与防控

法定代表人是指依法或依公司章程的规定代表法人行使民事权利、履行民事义务的负责人，其权力和风险是并存的。

公司的法定代表人对内处于公司管理核心的地位，对外代表公司，以公司的名义对外实施的行为的相应法律后果由公司承担。法律赋予法定代表人在公司经营中独特的地位和权力，同时也要求其承担相应的责任。

部分公司股东为规避相关风险，委托下属或与公司无关的人员担任公司法定代表人。然而，接受法定代表人的委托，就意味着需要承担因公司经营问题可能带来的征信受损、限制高消费、限制出境、罚款、拘留甚至追究刑事责任等风险。

下面从公司、债权人以及法定代表人的角度，讲述三个不同维度公司法定代表人所涉及的风险。

（一）法定代表人的职权

在我国，法律规定公司的法定代表人通常由董事长或经理担任，并且需要经过工商登记。法定代表人在公司内部处于管理核心地位，对外则代表公司，以公司的名义对外实施行为，这些行为的法律后果由公司承担。一方面，法定代表人掌握了公司的核心权力，包括对外签字权、财务控制权、参与诉讼权等；另一方面，为进一步强化公司法定代表人的责任，防止法定代表人滥用职权，损害公司和股东利益，保护股东尤其是中小股东利益，公司章程应当规定法定代表人过错责任追偿制度。

1. 法定代表人的定义

法定代表人是指依照法律或法人章程规定，代表法人行使职权的负责人。《民法典》第六十一条第一款规定，依照法律或者法人章程的规定，代表法人从事民事活动的负责人，为法人的法定代表人。可见，法定代表人是法人的负责人，是自然人。

2. 法定代表人的选任、辞任、变更和责任

《公司法》对法定代表人的选任、辞任与变更和责任进行了明确界定，有助于完善公司治理结构、维护交易安全、促进市场诚信体系建设以及便于监管和执法。

（1）关于法定代表人的选任。

《公司法》增加了"代表公司执行公司事务"的规定，将"董事长、执行

董事或者经理"修改成了"董事或者经理"。一是回应新《公司法》关于不设董事会的公司可以设置一名董事行使董事会的职权，不再设执行董事的规定，在法定代表人的选任范围中删去了执行董事；二是扩大法定代表人的选任范围至任何一名代表公司执行公司事务的董事会成员，而非局限于董事长，强调法定代表人实质参与公司治理，避免挂名法定代表人。

（2）关于法定代表人的辞任。

《公司法》第十条明确规定，"担任法定代表人的董事或者经理辞任的，视为同时辞去法定代表人"，更加尊重法定代表人的意愿，避免了实践中公司拒绝办理变更登记，辞任董事或经理被迫继续担任法定代表人，被迫承担诉讼、被限制高消费等责任等情形。同时明确了"公司应当在法定代表人辞任之日起三十日内确定新的法定代表人"的责任，法定代表人辞任流程更加清晰。

（3）关于法定代表人的变更。

《公司法》第三十五条明确规定，法定代表人变更登记的申请书由变更后的法定代表人签署，避免了实务中法定代表人不签字无法变更，股东只能通过诉讼解决问题的诉累，为公司对法定代表人顺利变更提供法律依据。

法条链接

《公司法》第十条　公司的法定代表人按照公司章程的规定，由代表公司执行公司事务的董事或者经理担任。

担任法定代表人的董事或者经理辞任的，视为同时辞去法定代表人。

法定代表人辞任的，公司应当在法定代表人辞任之日起三十日内确定新的法定代表人。

《公司法》第三十五条第三款　公司变更法定代表人的，变更登记申请书由变更后的法定代表人签署。

3. 法定代表人行为责任的承担

《公司法》明确法定代表人不再承担无限连带责任，但仍然需要遵守法律法规和商业道德，认真履行职责，维护公司的合法权益和声誉。如果法定代表人存在违法行为或不当行为，仍然需要承担相应的法律责任。

①法定代表人有权直接以法人名义从事民事活动，无须公司再出具委托授权书。

法条链接

《民法典》第六十一条　依照法律或者法人章程的规定，代表法人从事民事活动的负责人，为法人的法定代表人。

法定代表人以法人名义从事的民事活动，其法律后果由法人承受。

法人章程或者法人权力机构对法定代表人代表权的限制，不得对抗善意相对人。

②《公司法》明确规定，法定代表人以公司名义从事的民事活动，其法律后果由公司承受。

③公司通过公司章程和股东会决议的方式限制法定代表人的职权，如法定代表人的行为超越职权范围，则其以公司名义从事民事活动的法律后果是否由公司承受，需根据相对方的主观状态判断。

如相对方为善意，即相对方不知道或者不应当知道法定代表人超越权限，则基于法定代表人身份的商事外观，构成表见代表，法律后果应当由公司承受；如相对方并非善意，即相对方知道或者应当知道法定代表人超越权限，则法律后果不应由公司承受，但是公司有过错的，仍需承担缔约过失责任。

④《公司法》明确规定法定代表人因执行职务造成他人损害的，应当由公司承担责任，如法定代表人存在过错的，公司可以依照法律或者公司章程的规定追偿，该规定有利于督促法定代表人规范履职。

法条链接

《公司法》第十一条　法定代表人以公司名义从事的民事活动，其法律后果由公司承受。

公司章程或者股东会对法定代表人职权的限制，不得对抗善意相对人。

法定代表人因执行职务造成他人损害的，由公司承担民事责任。公司承担民事责任后，依照法律或者公司章程的规定，可以向有过错的法定代表人追偿。

4. 法定代表人核实股东出资责任

公司资本是公司从事生产经营活动的物质基础，也是公司对外承担债务责任的总担保。要求法定代表人核实股东出资责任，可以确保公司资本的真实性和充足性，维护公司的资本充实原则，保护公司的债权人利益。

一些股东可能会存在出资不实或抽逃出资的情况，这不仅会损害公司的利益，也会损害其他股东和债权人的利益。《公司法》不仅明确要求股东出资证明书载明出资方式及认缴和实缴的出资额，还明确规定股东出资证明书由法定代表人签名，督促法定代表人履职，更强化了法定代表人在公司内部治理中的地位。要求法定代表人核实股东出资责任，可以加强对股东出资行为的监督，防止股东出资不实或抽逃出资的情况发生。

法条链接

《公司法》第五十五条　有限责任公司成立后，应当向股东签发出资证明书，记载下列事项：

（一）公司名称；

（二）公司成立日期；

（三）公司注册资本；

（四）股东的姓名或者名称、认缴和实缴的出资额、出资方式和出资日期；

（五）出资证明书的编号和核发日期。

出资证明书由法定代表人签名，并由公司盖章。

【案例2-18】

法定代表人造成损失，被公司追偿（公司角度）

▲案件概况

宁夏某实业有限公司（简称"某实业公司"）成立于2008年4月18日。2008年4月18日至2010年2月22日，李某某担任唐华公司执行董事和法定代表人。2010年1月3日，李某某代表唐华公司与马某签订《增资扩股协议》，约定马某成为唐华公司的股东。2010年1月20日，李某某收购另两位股东杨某勤、杨某洁所持有的股权，此时公司股东为李某某、马某。2010年2月23日，唐华公司法定代表人变更为马某，李某某任该公司监事。

李某某在担任某实业公司执行董事和法定代表人期间，从某实业公司账户中分别向延安怀真工贸有限公司、西安骏腾贸易有限责任公司等10家单位和个人合计汇款 12785900 元。后某实业公司以李某某涉嫌职务侵占为由向石嘴山市公安局报案，并向法院提起民事追偿诉讼。

▲法院判决

一审法院认为，李某某曾任某实业公司的法定代表人和监事，任职期间对公司负有忠实义务和勤勉义务。李某某的行为已导致某实业公司不能直接控制和处分自有资产，李某某未举证证明上述行为系经公司股东会或董事会授权和认可，故侵害了某实业公司作为公司法人享有的财产独立性，损害了公司合法权益。公司股东滥用股东权利给公司或者其他股东造成损失的，应当依法承担赔偿责任。

一审法院、二审法院：李某某应对其在担任某实业公司法定代表人期间向延安怀真工贸有限公司、西安骏腾贸易有限责任公司等 10 家单位和个人合计汇款 12785900 元承担损害赔偿责任，判令李某某在判决生效后 15 日内向某实业公司支付 12785900 元及利息损失 4430314 元（自 2010 年 2 月 1 日起至 2016 年 12 月 1 日止），共计 17216214 元，并按年利率 5.94% 支付 2016 年 12 月 2 日至判决明确的履行期限届满期间的利息。

李某某不服一审法院判决，申请上诉。二审法院驳回上诉，维持原判。李某某仍提起再诉，最终该案由最高人民法院进行审理。

最高人民法院：李某某在本判决生效后 15 日内向某实业公司支付 1870000 元及利息。驳回某实业公司的其他诉讼请求。

本案就民事责任来说，一审法院、二审法院认为，李某某作为某实业公司的法定代表人，应当根据公司的意志处理公司事务，尽忠实义务和勤勉义务，因此其利用职务之便利，将款项汇入 10 家没有业务往来的单位和个人账户，且没有经过公司股东会或者董事会的授权和认可，损害了公司的利益。依据《公司法》第十一条第三款规定，法定代表人因执行职务造成他人损害的，由公司承担民事责任。公司承担民事责任后，依照法律或者公司章程的规定，可以向有过错的法定代表人追偿。

再审法院认定被告李某某于《增资扩股协议》签订前的转款行为，属于《增资扩股协议》调整范围，且唐华公司股东从未对此提出异议，**不应认为损害了公司利益，再审法院对于该部分主张不予支持**。但《增资扩股协议》签订后的转款，因被告李某某未能提供证据证明存在合法事由，再审法院认定该转款行为侵害了唐华公司的财产权益，李某某应对该转款及对应的利息承担赔偿责任。

李某某被起诉赔偿责任的事件为其他公司在管理法定代表人方面提供了宝贵的教训。

本案提醒：

法定代表人要认识到公司财产独立于股东财产，按照公司的意志行为执行职务，对公司财产的处置要按《公司法》或公司章程执行必要的程序，比如股东会决议、财务流程等，避免新公司股东意图通过《公司法》及公司章程，追究原公司高管履职相关行为的法律责任的情形。

若公司通过股权转让或增资等使得公司实际控制人发生变更，原股东、高管应当注意相关协议的签订，在协议中明确对公司变更前股东、高管等作出的公司管理、财务处理等行为进行豁免约定，避免公司实际控制人发生变更后对上述行为追究法律责任。

本案对于公司内部规范治理也起到了警醒的作用，公司聘请法定代表人，应明确规定法定代表人的职责和权限，防止其滥用职权或超越权限进行决策。同时，公司应加强监督法定代表人的履职行为，确保法定代表人在行使职权时遵循法律法规和公司章程，避免违法行为发生而损害公司利益。

【案例 2-19】

在公司破产程序中，法定代表人承担连带给付责任（债权人角度）

▲案件概况

A 公司与 B 公司签订《经营合作协议》，约定 A 公司提供资金，收取资金占用费、销售回款、固定利润，不实际参与经营，不承担经营风险。其后，双方又签订了《还款协议》和《补充协议》。《还款协议》确定了经营款金额，约定了具体利率、还款期限、保证条款和违约条款。《补充协议》明确了 B 公司尚欠 A 公司本金。如 B 公司不能如期偿还本金及利息，A 公司可将 B 公司的原抵押物（杜某某名下房屋）直接扣押，并申请拍卖。后 B 公司未能还款，宣布破产。在此期间，于某某作为 B 公司的法定代表人，控制公司财务，通过他人设立多个个人账户，循环使用公司资金，部分用于经营，部分用于其个人的粮食生意，部分用于行贿，部分用于杜某某经营的火锅店，部分用于买房和购车，财务混乱，无法区分公司使用与个人使用的具体金额，致公司资产显著减损，偿债能力显著降低，严重侵害了债权人 A 公司的合法利益。

▲法院判决

于某某作为 B 公司的法定代表人，在公司破产期间控制公司财务，通过他人设立多个个人账户，循环使用公司资金，不合理实施显著减少公司财产的行为，使公司资金使用混乱，无法区分公司使用与个人使用的具体金额，致公司资产显著减损，严重侵害了债权人 A 公司的合法利益。**因此，判令 B 公司法定代表人对案涉债务承担连带给付责任。**

不少公司法定代表人自认为，进入破产程序就"一破了之"、万事大吉了，可以实施转移财产、消极对待等行为。殊不知，这些行为可能已经触犯了法律的底线。

根据《企业破产法》第一百二十八条规定，人民法院受理破产申请前六个月内，债务人有本法第二条第一款规定的情形，仍对个别债权人进行清偿的，管理人有权请求人民法院予以撤销。但是，个别清偿使债务人财产受益的除外。此条款主要描述了破产申请受理前六个月内，债务人的一些特定行为可能会受到管理人的撤销请求，但并不直接涉及法定代表人的责任。《企业破产法》第一百二十八条规定，债务人有本法第三十一条、第三十二条、第三十三条规定的行为，损害债权人利益的，债务人的法定代表人和其他直接责任人员依法承担赔偿责任。这一条款明确指出了在破产清算程序中，如果法定代表人或其他直接责任人员存在法律规定的行为（如转移财产、虚构债务等），损害债权人利益的，需要依法承担赔偿责任。

综上所述，根据《企业破产法》第一百二十八条规定，在破产清算程序中，如果法定代表人存在恶意行为，损害债权人利益的，债务人的法定代表人和其他直接责任人员应依法承担赔偿责任。

本案中，法定代表人利用公司进入破产程序或者法院受理破产申请前的特定期间，恶意转让公司财产让公司财产显著减少的行为，导致公司债权人利益受损，法定代表人应承担赔偿责任。

根据《中华人民共和国企业破产法》相关规定，在公司被裁定受理破产清算申请后，法定代表人需配合完成以下事项；

①法定代表人应当妥善保管其占有和管理的公司财产、印章和账簿、文书

等资料，待法院指定公司管理人后，配合管理人进行上述财产及资料的交接。

②对于公司的经营状况、债权债务等情况，法定代表人一般较为清楚，此时需要根据法院、管理人的要求进行工作，并如实回答有关询问。

③法定代表人需列席债权人会议并如实回答债权人的询问。

④自法院受理破产申请的裁定送达债务人之日起至破产程序终结之日，法定代表人未经法院许可，不得离开住所地。

⑤法定代表人不得新任其他公司的董事、监事、高级管理人员。

（二）法定代表人的风险防控策略

法定代表人权限的大小取决于公司的授权。虽然根据相关法律的规定，公司对法定代表人权限的规定不能对抗善意相对人，但是从法律风险防控的角度而言，还是很有必要对公司法定代表人的权限作出明确限制的。

为此，在对公司法定代表人的代表权作出明确限制的同时，应当对公司法定代表人超越权限的民事责任作出明确规定。当然，对公司法定代表人超越权限的民事责任也不能过于严苛，否则束缚公司法定代表人的手脚对公司是不利的。

可根据权利与义务相一致的原则及公司的治理结构，通过公司章程、规章制度、股东会决议等方式，对公司法定代表人的代表权予以限制，比如：

在人事权方面，首先是要找靠谱的、信得过的人担任公司法定代表人，其次是须明确公司法定代表人可以决定聘请高管及普通员工的范围、聘用期限，以及薪酬待遇等，最后是明确管理制度及追偿责任。

在法律上，向法定代表人和普通工作人员追偿要求的过错程度不同。法定代表人只要存在过错，法人即有权向其追偿。但是对于普通工作人员，除非是存在故意或者重大过失，否则法人不能向其行使追偿权。这里的依据是法定代表人执行职务致他人损害的提权行为即法人自身的良义行为。

在对外担保方面，须明确公司法定代表人是否有权代表公司签订担保合同。若公司法定代表人有权代表公司签订担保合同，则应对可担保的金额、可以用于担保的财产范围、担保方式、担保期限，以及需要履行的程序等内容作出明确规定。

在处分公司财产方面，宜对公司法定代表人有无处分公司财产的权利作出明确规定。若赋予公司法定代表人处分公司财产的权利，则应对处分财产的价值限额、范围、可以处分财产的情形，以及是否需要通过股东会决议等内容作出明确规定。

在对外签订合同方面，宜对公司法定代表人签订合同的金额、范围、审批程序等内容作出规定。

在印章管理方面，一是履行规定审批程序，使用统一的印章使用申请表，并且用印时印章保管人员须亲自用印且印章不能离开印章保管人的视线；二是严格限定印章的使用范围，加强印章保管，禁止在空白文件上盖公章；三是按照印章管理规定组织法律、监察等部门对所属单位印章使用情况进行检查，发现问题及时采取相应措施。

在财务方面，宜对公司法定代表人可以自由支配的限额及用途，以及超过限额确需支出的审批程序等内容作出规定。

在融资、引进战略投资者、对外投资等方面，对公司法定代表人的权限也应作出明确规定。

以上仅是简要列举，具体如何限制公司法定代表人的权限，并无统一的标准，应根据每家公司的实际情况制定详细的制度、流程等。通过建立完善制度形成一套完整的风险防控体系，可以在很大程度上降低风险责任发生的概率。总的原则是根据公司实际情况，防止公司法定代表人"明修栈道，暗度陈仓"，蚕食公司财产或损害公司利益，以及避免公司法定代表人"胆大妄为"而给公司造成巨大损失。

因此，对某些临时事务、特定事务，可以采取由股东会、董事会或其他高管临时授权的方式予以解决，但应就授权范围和期限、是否可以转授权等内容作出明确规定，最好是通过公司章程规定，因为章程具有一定的公示公信力。

【案例 2-20】

法定代表人身份获法院涤除（法定代表人角度）

▲案件概况

A 公司成立于 2010 年 9 月 13 日，是有限责任公司，现登记股东为甲（持股比例 90%）、乙（持股比例 10%）两人，公司法定代表人及执行董事为小叶。

小叶在 A 公司实际担任行政文员职务，虽然根据公司安排担任法定代表人，但从未参与公司的管理与决策。后小叶于 2018 年从 A 公司离职，并多次要求 A 公司变更法定代表人。A 公司章程规定，股东会会议应对所议事项作出决议，决议应由全体股东表决通过。但 A 公司因甲、乙两股东之间的矛盾，无法形成有效决议，致使变更至今未进行。小叶遂诉至法院，要求涤除自己作为 A 公司法定代表人的登记事项。

▲法院判决

法院经审理认为，原告本身并非被告公司股东，且在 2018 年离职后与被告公司之间不再有实质关联，不再具备对外代表被告公司的基本条件和能力，其解除与被告公司之间委托合同关系的意思表示非常明确。现原告与被告公司之间的委托合同关系已经解除，原告继续担任被告公司的法定代表人不符合相关法律规定。同时，被告公司因两股东之间存在矛盾而陷入相关诉讼，明显已无法通过公司内部治理机制形成变更公司法定代表人的有效决议。原告作为被告公司名义上的法定代表人，却因此承担着潜在的法律风险，显然有失公允。故原告要求被告公司向登记机关申请涤除其作为法定代表人的登记事项，法院予以支持。

1. 案件分析

公司法定代表人与公司之间构成委任关系，有权要求解除该委任关系，当公司法定代表人通过公司内部途径无法获得救济时，应赋予其通过诉讼程序获得救济的权利。

近年来，挂名公司法定代表人的现象屡见不鲜，在公司未同意变更法定代表人的情况下，由公司法定代表人单独起诉并要求涤除登记是否属于法院受案范围仍未形成统一的标准。

本案审判法院认为，法人在性质上属于法律拟制人格，主要通过其法定代表人对外开展民事活动。公司法定代表人的选任或变更本属于公司自治范畴，原则上应由公司自行通过内部治理程序来确定，司法不宜主动干预。《中华人民共和国公司法》第十条规定，"公司的法定代表人按照公司章程的规定，由代表公司执行公司事务的董事或者经理担任"。因此，公司法定代表人与其所代表的法人之间需存在实质关联，而且公司法定代表人应参与公司的经营管理。

根据现行法律规定，委托人或者受托人可以随时解除委托合同。但考虑到公司法定代表人的特殊性质，公司法定代表人与公司之间又并非单纯的委任关系，公司法定代表人在行使合同单方解除权时须不得违反《中华人民共和国公司法》的相关规定。故当作为公司法定代表人的被委任主体与公司之间不存在实质关联时，其实际上已不具备对内管理公司、对外代表公司的基本能力和实质条件，此时强迫相关自然人继续担任公司法定代表人，既使其承担持续的潜在法律风险，也不便于公司的正常经营管理，亦不利于保护公司相关债权人的利益。故当公司内部的该项治理机制失范且被委任主体穷尽救济途径而无法维护其权益时，便有了司法介入的必要性，应当赋予其诉讼的权利，此时涤除公司法定代表人登记纠纷应具有可诉性，法院应予以受理。

本案中，小叶并非 A 公司的股东，且已从 A 公司离职，与 A 公司不再有实质关联，且目前 A 公司因两股东之间存在矛盾而陷入僵局，明显无法通过公司内部治理机制形成有效决议，故小叶通过诉讼程序要求 A 公司向登记机关申请涤除其作为公司法定代表人的登记事项，法院应予受理并支持。法院的裁判明确了挂名公司法定代表人在特定条件下有权通过诉讼程序涤除工商登记，准确把握了公司自治与司法介入之间的尺度，有利于维护公司法定代表人的合法权益。

2. 风险防控策略

有时候，公司法定代表人是弱势的一方，那么公司法定代表人如何自保呢？建议参考以下策略防控风险：

（1）公司法定代表人应避免违反公司章程导致的法律责任。

公司章程对包括公司法定代表人在内的公司高管有约束力，是判断责任的依据。按照公司章程不越权行使职权是不会产生责任的，建议公司法定代表人遇到重大事项时根据公司章程决定开股东会或者董事会（执行董事）并形成书面记录。如果公司章程中没有明确权限范围，建议提交股东会解决或者由股东会授权行使，尽量避免越权。例如：对于容易产生责任问题的重大事项如对外担保、投资等行为应注意是否在权限范围内，若公司章程中没有规定，则可提交股东会决定（股东会作为公司的权力机构，其权限是无限的）。

（2）公司法定代表人应避免违反《公司法》规定的忠实义务和勤勉义务而导致的赔偿责任。

主要避免《公司法》规定的禁止性行为，如挪用资金、擅自担保、借贷、泄密、账外账、关联交易（为公司实际控制人、股东提供担保和与其交易）等。建议涉及担保、借贷、投资、重要合同时，通过股东会、董事会来决议开展与否以分担风险。如果公司不设董事会而只设执行董事，为了安全起见，可以提交股东会决定。

（3）公司法定代表人应避免因安全事故而导致的责任。

注重安全生产培训及管理，如果出现重伤以上安全事故，应一小时内上报安监部门或派出所，否则可能追究刑事责任。

涉及建筑工程等的业务必交给有资质的公司，不能交给个人，否则要承担连带责任。

注重消防培训和管理，平时落实消防设施配置和人员专业培训。

（4）公司法定代表人应避免公司经营非正常风险导致的经济责任。

一般而言，法定代表人不会对公司正常的市场风险担责。但如果担保不慎等导致资产流失会被股东会追究，所以务必慎重担保。

（5）公司法定代表人应避免签订违规合同、进行违规交易导致的刑事责任。

《刑法》规定了签订、履行合同失职被骗罪。防范的方法是注意对方的履约能力、资金能力以避免受骗，可以事先咨询法律顾问并审查合同。

（6）公司法定代表人应避免因财务问题导致的责任。

国家对财务会计、资金收付等问题严厉监管。因此，建议聘请的财务人员应持证上岗，平时做好财税合规工作，按要求出具审计报告。

（7）公司法定代表人应避免可能承担的刑事责任。

在我国《刑法》规定的某些罪名中，除了对单位进行处罚外，还可能追究"直接负责的主管人员和其他直接责任人员"的刑事责任。司法实践通常将公司法定代表人认定为单位直接负责的主管人员，并据此判定法定代表人对公司的行为承担刑事责任。防范风险的方法是守法，并及时咨询法律意见。

（8）公司法定代表人法律风险防范综合建议。

在股东协议、合资合同和公司章程中增加相关免责条款，防范风险。可以考虑在公司章程中增加如下类似约定，以降低公司法定代表人的法律风险："公司的董事、董事长、法定代表人不需对在董事会和公司章程规定的法定代表人职责范围内的任何行为或不行为承担个人法律责任，除非其行为构成营私舞弊、严重玩忽职守、肆意渎职或故意损害公司利益。"

通过集体决策程序，避免风险。对于公司的重要经营活动，由股东会或董事会进行决策。

(9) 建立公司风险控制制度。

在担保、安全生产、资金支付、重要合同、印章管理等方面应制定制度、流程。有了制度，就可以分担公司法定代表人的风险。建议重要制度由法律顾问起草，并对重要部门（人事、销售、行政等）进行法律培训。

二、股东一票否决权行使的风险与防控

《公司法》赋予了公司章程对股东会议事方式和表决程序进行特别规定的权利，实践中绝大多数观点认为公司章程对于表决权通过比例的提高是有效的，进而认为"股东一致"属于公司自治的范畴，属有效约定，因而出现诸多纠纷。

一票否决权又称重大事项否决权，是指投资方对于目标公司的特定事项享有特别表决的权利，即在股东会或者董事会对某些特定事项的表决上，只要持有一票表决权的投资方或者投资方委派的董事投否决票，相关股东会决议或者董事会决议将无法通过，且无须考虑其他股东或者董事投票的情况。一票否决权通常是在特殊的情形下行使，是为了增强某一股东（特别是不具备控股条件的股东）的话语权，保护特定股东的利益，防止其他股东滥用表决权。从目前的实践来看，公司对一票否决权的设置，往往采取在合作协议中约定或者在公司章程中规定的方式，针对的对象则主要为董事会决议或者股东会决议。

【案例2-21】

公司章程与协议约定的一票否决权抵触

▲案件概况

某科技公司的股东为刘某、胡某、金某等，刘某为法定代表人、执行董事。公司成立后，各股东签订《合资协议》，约定刘某对股东会职权所列事项有一票否决权，公司章程与该协议抵触的以该协议为准。2018年11月20日，

公司召开临时股东会,拟改选法定代表人、执行董事,刘某在与胡某、金某争吵后先行离开。此次股东会决议法定代表人、执行董事由刘某变更为金某,刘某不认可决议内容,起诉要求确认决议不成立。

▲法院判决

法院认为,根据《合资协议》,刘某对股东会决议享有一票否决权,协议内容与公司章程不一致的,以协议为准,故刘某享有一票否决权的约定对各股东均有法律拘束力。刘某在会议当日因与其他股东发生矛盾而中途离场,以行为表示不同意决议事项,故诉争决议因未达到各股东约定的表决通过比例而不成立。

本案涉及一票否决权。刘某在股东会上与其他股东发生争吵并离场,这一行为被法院认定为对决议事项的不同意表示。因此,由于未达到各股东约定的表决通过比例,该股东会决议被判定为不成立,法院的判决体现了对股东会决议程序合法性的严格维护。

《公司法》第六十五条规定:股东会会议由股东按照出资比例行使表决权;但是,公司章程另有规定的除外。可见,允许股东不按出资比例行使表决权,目的在于通过赋予股东自治权,保障和维护公司及股东基于各种利益考量而作出的特殊安排。司法认可股东在公司章程之外,针对公司治理、经营等事宜达成的不违反法律强制性规定的其他约定,尊重公司自治。

针对公司可能需要设置的一票否决权机制,为了平衡各股东权益并确保公司决策的合法性和有效性,公司应当根据《公司法》的要求和公司的实际情况,精心制定并不断完善公司章程和议事规则。具体而言,可以采取以下措施来防止一票否决权股东对公司发展和利益决议设置障碍:

在公司章程或相关协议中,应明确一票否决权的适用范围,限制其仅对特定事项或特定情况下的决议行使。避免将其无限制地应用于所有股东会决议事项。在特定情况下,如为了公司的整体利益或应对紧急情况,可以允许其他股东在符合一定条件和程序的前提下,通过特定比例的表决权越过一票否决权股东的反对,形成有效的股东会决议。

公司应鼓励股东之间加强沟通和协商,尽可能通过平等、公正的方式解决分歧。在涉及重大决策时,可以设立前置协商程序,以减少股东会上的直接冲突,更能避免股东因此闹上法院。

通过上述措施的实施，公司可以在确保各股东权益得到平衡的基础上，有效避免一票否决权股东对公司发展和利益决议设置障碍的风险，确保公司决策的合法性和有效性。

【案例2-22】
引进新股东，股权发生变更仍能维持一票否决权

▲案件概况

A公司成立于2015年，注册资本为100万元，彭某为一人股东。2019年，彭某与B公司签订《股权转让协议》，约定彭某将其持有的A公司股份中的66.67%转让给B公司，彭某任执行董事、法定代表人。

2020年5月27日，彭某与B公司签订《股东合作协议》，约定：经协商，双方按A公司股份比例分配利润；在股东合作过程中，公司运营管理的重要事项由双方协商决定并按各自的股份比例行使表决权，但彭某享有一票否决权和最终决定权。

后来，彭某与B公司在公司经营过程中对具体的经营活动产生分歧。2020年7月22日，A公司召开股东会，讨论由B公司提出的更换A公司执行董事、更换A公司法定代表人、取消赋予原执行董事的权利。会上，B公司同意上述议案，彭某则反对上述议案，并依2020年5月27日签订的《股东合作协议》行使一票否决权。

B公司认为股东会决议经代表三分之二以上表决权的股东通过，应属有效，遂向法院起诉，要求彭某配合办理公司法定代表人变更手续。

▲法院判决

法院认为，彭某与B公司于2020年5月27日签订的《股东合作协议》，应属双方为经营管理A公司**及此前的有关股权转让行为而作出的特别约定，应对双方具有约束力**。双方争议的A公司在2020年7月22日召开股东会期间，公司仅有原告、被告两位股东，该次议题包括负责公司经营管理的执行董事的更换、取消《股东合作协议》中确立的彭某作为公司股东的特权，应属《股东合作协议》约定的一票否决权的范围。股东会期间，彭某明确行使了一票否决权。因此，B公司要求彭某配合办理公司法定代表人变更手续的主张缺乏证据证明，法院不予支持。

在本案中，彭某通过充分利用公司章程、《股权转让协议》和《股东合作协议》中的条款，成功维护了自己的合法权益，尤其是在行使一票否决权方面展现出了高度的警觉性和策略性。这提醒了其他拥有一票否决权的股东，在实际操作中应注意以下风险防范：

①在签订任何涉及股权转让、公司治理结构、股东权利与义务的合同或协议时，股东应详细审查并理解其中的条款，特别是关于一票否决权行使的条款，确保自己清楚一票否决权的适用范围、行使条件、限制以及可能带来的后果。

②股东应密切关注公司的重大决策和经营活动，一旦发现涉及自己一票否决权的事项，应及时行使该权利，避免因疏忽或延迟行使而导致自身权益受损。

③股东在行使一票否决权时，应确保自己的行为符合公司章程的规定，避免违反公司章程而导致自身行为无效。

④股东在行使一票否决权或参与公司治理的过程中，应保留相关证据和文件，如会议记录、决议文件、通讯记录等，这些证据在发生争议时可以作为维权的依据。

⑤当然，股东之间最应该建立有效的沟通机制，避免因沟通不畅或误解而导致争议和纠纷。

三、股东会召开程序与决议效力的风险与防控

股东会作为公司的权力机构，其作出的决议是公司意思表示的最终体现。若股东会会议程序、内容等出现瑕疵，则将导致公司决议效力出现可撤销、无效和不成立的法律后果，从而对公司经营的各方面产生负面影响。

在公司决议的相关诉讼中，关于股东会决议的纠纷类型分为股东会决议撤销之诉、确认股东会决议无效之诉和确认股东会决议不成立之诉。根据《公司法》第二十二条、《最高人民法院关于适用〈中华人民共和国公司法〉若干问题的规定（四）》（简称《规定（四）》）第一条的规定，公司股东、董事、监事及与相关股东会决议有利害关系的人可提起前述诉讼。

通过梳理法院对股东会决议可**撤销、无效和不成立**的认定规则，可归纳出

导致股东会决议效力瑕疵的事由,并提出风险防控建议。

(一)股东会召开程序的风险与防控

【案例 2-23】

公司股东会决议因违反召集程序被撤销

▲案件概况

某科技公司股东为彭某、北京科技公司和贾某,彭某持股10%,彭某任执行董事兼法定代表人,胡某为监事。**公司章程规定召开股东会会议须提前15日通知**。2020年8月29日下午,胡某通过微信和电子邮件告知彭某,将于次日以线上方式召开临时股东会,审议事项为执行董事、法定代表人改选等。当晚,彭某微信回复称会议通知无效。次日,北京科技公司和贾某参加了临时股东会,表决通过上述事项,彭某未参会。后彭某起诉要求撤销上述决议。

▲法院判决

法院认为,《规定(四)》第四条规定了公司决议撤销的裁量驳回制度,其适用前提是股东会召集程序仅有轻微瑕疵,且对决议未产生实质影响,而案涉股东会在召集时间上存在重大瑕疵,不应适用该条款,**遂判决撤销案涉股东会决议**。

1. 案件分析

股东会会议的召开需要经历提议、通知、召集、主持、审议事项确定、出席、议事方式、表决、决定、作成会议记录、签名等一系列过程。从法律条文的字面意思可知召集程序对应的只在召集环节。

《公司法》第六十四条规定:召开股东会会议,应当于会议召开十五日前通知全体股东;但是,公司章程另有规定或者全体股东另有约定的除外。股东会应当对所议事项的决定作成会议记录,出席会议的股东应当在会议记录上签名或者盖章。

依据上述法律可以明确:

首先,关于股东会会议召集的日期的法律规定尊重当事人的意思自治。如果股东在公司章程中对召开股东会的通知时间有明确约定的,应尊重当事人的约定;如果公司章程中约定除列举的特殊事项外,股东会讨论其他议题时可以随时召开股东会,则无须受到法律规定的提前十五日通知的限制。

其次,当事人在没有约定的情况下,召开股东会会议提前通知的时间不得少于十五日。排除当事人的意思自治外,《公司法》第四十一条规定的提前十五日通知为法律强制性的规定,如果通知召开股东会会议的时间与召开股东会会议之间的时间少于十五日,从法律上讲,将导致股东会会议召集程序违法。

因此,召开股东会会议的提前通知时间属于公司自治范围,法律予以尊重,没有公司章程规定或全体股东约定时,才适用法律规定。因此,只有对决议产生实质影响的程序瑕疵才会导致股东会决议被撤销。至于何为"实质影响""轻微瑕疵"则需法院根据当事人提供的证据及庭审实际情况予以认定。

虽然股东会会议召集程序瑕疵并不必然导致股东会决议被撤销,但股东会会议能够顺利召开是公司持续发展的必要条件。因此,需要完善召开股东会会议的流程,制定切合公司实际的召集程序,充分利用法律赋予股东的权利强化公司内部治理,同时也应依法合规处理股东之间的权利,避免股东之间的纠纷。

本案从法院判决看,通知时间减少无法保障股东有充分的时间研读、分析议题内容,进而无法公平参与会议、发表意见、充分行使股东权利。因此,该股东会会议在召集程序方面的瑕疵不属于轻微瑕疵,存在被撤销的风险。

2. 股东会决议撤销的情形

在《公司法》司法实践中,可提起股东会决议撤销之诉的情形主要有会议召集人不适格、会议通知或公告瑕疵、非股东或非股东代理人参与表决、决议未达法定最低表决权数、决议内容违反公司章程等。

3. 股东会决议撤销的方式

公司根据股东会或者股东大会、董事会决议已办理变更登记的,人民法院宣告该决议无效或者撤销该决议后,公司应当向登记机关申请撤销变更登记。无论决议是无效还是可撤销,都必须由人民法院进行确认与判决。股东提起确认股东会决议无效或者可撤销诉讼的,人民法院可以应公司的请求,要求股东提供相应担保。

4. 股东会决议撤销的时效

股东会或者股东大会、董事会的会议召集程序、表决方式违反法律、行政法规或者公司章程，或者决议内容违反公司章程的，股东可以自决议作出之日起 60 日内，请求人民法院撤销。

5. 股东会决议被撤销的法律依据

《公司法》第二十八条规定：公司股东会、董事会决议被人民法院宣告无效、撤销或者确认不成立的，公司应当向公司登记机关申请撤销根据该决议已办理的登记。股东会、董事会决议被人民法院宣告无效、撤销或者确认不成立的，公司根据该决议与善意相对人形成的民事法律关系不受影响。

《民法典》第八十五条规定了营利法人对于瑕疵决议可撤销，"营利法人的权力机构、执行机构作出决议的会议召集程序、表决方式违反法律、行政法规、法人章程，或者决议内容违反法人章程的，营利法人的出资人可以请求人民法院撤销该决议"。

股东会决议的撤销是针对股东会决议的程序、内容存在问题的情况。撤销权为形成权，除斥期间为 60 日，自股东会决议作出之日起计算，届满后该撤销权消灭，则该问题决议便不可被撤销。

此外，《规定（四）》第四条规定了决议撤销的例外，"股东请求撤销股东会或者股东大会、董事会决议，符合公司法第二十二条第二款规定的，人民法院应当予以支持，但会议召集程序或者表决方式仅有轻微瑕疵，且对决议未产生实质影响的，人民法院不予支持"，即进行了程序瑕疵与决议后果之间的平衡，对于"问题不大"且"无实质影响"的决议，出于对公司决议稳定、公司关系安定的维护，决议不应被随意撤销。

6. 股东会召开程序的风险防控策略

股东会召开的时间、方式、通知等应严格按照公司章程的规定进行。在本案中，公司章程规定需提前 15 日通知股东会会议，但胡某仅在会前一日通知，违反了公司章程，因此被法院认定为存在重大瑕疵判决撤销。提醒大家注意股东会召开程序的风险防控，可参考以下建议：

①股东会会议召开应提前 15 天通知各位股东，留有足够的时间供股东准备。通知方式应多样化，包括书面通知、电子邮件、短信、电话等，以确保股东能够收到通知，通知内容应明确会议的时间、地点、议程、参会方式等关键信息，避免产生歧义。

②股东会应确保所有股东都有权参加会议，并充分表达自己的意见。对于因故不能参会的股东，应提供合理的替代方式，如委托代理人出席等。

③股东会会议的议程应事先确定，并在通知中告知股东。对于涉及公司重大事项或股东权益的议程，应特别谨慎处理，确保符合法律法规和公司章程的规定。

④股东会会议应有详细的会议记录，包括参会人员、讨论内容、表决结果等。会议记录应由参会人员签字确认，并妥善保存。

⑤股东会会议形成的决议应及时公示，确保所有股东都了解决议内容。对于需要向相关部门报备或公告的决议，应按照规定及时办理。

⑥股东之间应加强沟通和协调，确保股东会会议顺利召开和决议顺利通过。对于可能出现的争议或分歧，应提前进行沟通和协商，避免影响股东会正常进行。

（二）股东会决议无效的风险防控

【案例2-24】

股东会决议被判决无效

▲案件概况

A公司是改制企业，成立于2004年6月23日，注册资本为273.98万元，现共有25名自然人股东，法定代表人为鲍某。谢某、刘某是该公司的股东，分别持有A公司14.54%和13.38%的股权。谢某、刘某因认为公司法定代表人及其他一些管理人员侵害公司及其他股东的利益，遂提起诉讼。在此前的诉讼过程中，谢某、刘某提出由A公司给谢某、刘某各发放40万元赔偿款或补偿款的调解方案。为此，A公司决定召开股东会会议，于2012年10月10日由A公司办公室短信通知谢某、刘某，A公司定于2012年10月12日下午5点召开股东会会议。谢某、刘某接到通知后，以程序违法为由，反对召开股东会会议。2012年10月12日，股东会会议如期召开，包括谢某、刘某在内的A公司的全体股东均到会。股东会以占股权67.92%的表决权通过股东会决议，决议内容为A公司给每位股东发放补偿款40万元。谢某、刘某及另一位股东邢某在上述股东会决议上签字表示不同意，后A公司通过转账方式向每位股东支付 40 万元。谢某、刘某诉至安徽省合肥市包河区人民法院，请求确认上述股东会决议无效。

▲法院判决

安徽省合肥市包河区人民法院判决：驳回谢某、刘某的诉讼请求。宣判后，谢某、刘某提出上诉。

合肥市中级人民法院于 2014 年 2 月 14 日作出民事判决，撤销原审判决，确认 A 公司于 2012 年 10 月 12 日作出的同意给予每位股东发放补偿款 40 万元的股东会决议无效。

A 公司于 2012 年 10 月 12 日作出同意给予每位股东发放补偿款 40 万元的股东会决议，谢某、刘某是 A 公司的股东，与案涉股东会决议内容有直接利害关系，有权提起公司股东会决议效力确认无效之诉。本案的焦点问题为上述决议的效力问题。

1. **案件分析**

首先，关于决议内容所涉款项的来源。A 公司认为分发的款项来源于 A 公司账面余额，但无法明确是利润还是资产。

《公司法》第二百一十条规定，公司分配当年税后利润时，应当提取利润的百分之十列入公司法定公积金。公司法定公积金累计额为公司注册资本的百分之五十以上的，可以不再提取。公司的法定公积金不足以弥补以前年度亏损的，在依照前款规定提取法定公积金之前，应当先用当年利润弥补亏损。公司从税后利润中提取法定公积金后，经股东会决议，还可以从税后利润中提取任意公积金。公司弥补亏损和提取公积金后所余税后利润，有限责任公司按照股东实缴的出资比例分配利润，全体股东约定不按照出资比例分配利润的除外；股份有限公司按照股东所持有的股份比例分配利润，公司章程另有规定的除外。公司持有的本公司股份不得分配利润。

因此，A 公司有责任提供证据证明 A 公司是否按照法律规定弥补亏损并提取了法定公积金，但 A 公司未提交。

其次，关于决议内容所涉款项的性质。A 公司辩称分发款项是福利性质。但根据通常理解，福利指员工的间接报酬，一般包括健康保险、带薪假期、过节礼物或退休金等。从发放对象看，福利的发放对象为员工。而本案中，决议内容明确载明发放对象是每位股东。从发放内容看，决议内容为公司向每位股东发放 40 万元，发放款项数额巨大，不符合常理。

若 A 公司向每位股东分配公司弥补亏损和提取公积金后所余税后利润，则应当遵守《公司法》第二百一十条的分配规定，即"股东按照实缴的出资比例分取红利……但是，全体股东约定不按照出资比例分取红利或者不按照出资比例分配利润的除外"。本案中，在全体股东未达成约定的情况下，不按照出资比例分配而是对每位股东平均分配的决议内容违反了上述规定。

最后，本案所涉股东会决议无论是以向股东支付股息或红利的形式，还是以股息或红利形式之外的减少公司资产或加大公司负债的形式分发款项，均是为股东谋取利益、变相分配公司利益的行为。该行为贬损了公司资产，使得公司资产不正当地流失，损害了部分股东的利益，影响了债权人的利益。

综上，本案所涉股东会决议是公司股东滥用股东权利形成的，决议内容损害了公司、公司其他股东等人的利益，违反了《公司法》的强制性规定，应为无效。

2. 股东会决议无效的情形

（1）违法修改公司章程条款。

确保股东会的召集、召开、表决等程序符合公司章程和《公司法》等相关法律法规的规定。如果公司股东会决议对公司章程条款的修改违反了法律、行政法规的强制性规定，则股东会决议无效。

（2）违法向股东分配利润。

公司以补助、医疗补贴或发放实物等多种形式，通过股东会决议程序，将公司财产私分给股东的情形，均是为股东谋取利益、变相分配公司利益的行为。此种情形的股东会决议违反了《公司法》的强制性规定，应为无效。

（3）处分无权处分的股权。

公司股东会作出关于转让股东股权的决议，持有转让股权的股东本人未出席公司股东会，也未表示同意转让股权，公司股东签名为伪造的情况下，股东会决议应为无效。

（4）滥用资本多数决原则。

公司股东会以资本多数决为原则，但如果多数派股东在行使表决权时，违反诚实信用原则或多数股东信任义务原则，形成侵害少数派股东、公司或第三人利益的决议,其所作决议为滥用资本多数决的决议。

(5)超越股东会职权的决议。

公司的股东会与董事会之间一旦进行权力划分,则一个机构不能篡夺其他机构权力或者干预其他机构行使权力,故此,如果股东会超越其职权,则决议无效。

3. 风险防控策略

(1)未在公司章程约定的坚决按照法律规定履行。

先要求董事会/执行董事,再要求监事会/监事召开股东会会议的程序,然后列明会议议题、时间、地点、联系人等按照《公司法》或公司章程规定的时间提前通知各股东参会,要求与会股东签章,保存好会议记录和决议文件。

(2)公司章程有约定的,高度重视公司章程。

公司股东要正确认识公司章程的作用和地位,不照搬照抄模板,应从公司实际情况出发,细化公司股权比例、表决设计、利益分配、各机构职责、退出模式等规定。

(3)尊重各个股东的权益。

投资人之间、各股东之间要彼此充分尊重,严格遵守《公司法》及公司章程各项规定,依法履行义务,善意倾听不同意见,求同存异,防范股东内耗困局。

(三)股东会决议不成立的风险防控

【案例 2-25】

股东会决议被判决不成立

▲案件概况

某码头装卸有限公司(简称"码头装卸公司")为有限责任公司,注册资本 600 万元,成立于 2007 年 10 月 8 日,公司章程登记的股东共四位,分别为 A 公司、B 公司、C 公司及某建筑材料有限公司(简称"建筑材料公司")。码头装卸公司的公司章程规定:股东会会议分为定期会议和临时会议,并应当于会议召开 15 日前通知全体股东;股东会应对所议事项的决定作成会议记录,出席会议的股东应当在会议记录上签名。

2018年6月，码头装卸公司向建筑材料公司寄送快递，相关快递面单上内件品名项手书"关于按时交还码头的通知函"。码头装卸公司提供的通知函中并未记载召开股东会会议的事宜。

2018年8月3日下午，码头装卸公司于其会议室召开股东会会议，应出席股东四人，实际出席股东三人（共占公司股份85%），并作出决议：出席会议的全体股东一致同意码头装卸公司以每年1380万元的价格承包给某农林科技发展（集团）有限公司经营。

2019年3月18日，建筑材料公司以码头装卸公司未通知其参与上述股东会，其出席会议发言权及表决权被剥夺为由，诉至法院，请求确认上述股东会决议不成立。

▲法院判决

一审法院作出民事判决，判决确认码头装卸公司于2018年8月3日形成的股东会决议不成立。宣判后，码头装卸公司不服，提起上诉。上海市第一中级人民法院于2019年11月29日作出民事判决，判决驳回上诉，维持原判。

1. **案件分析**

上海市第一中级人民法院认为，建筑材料公司是码头装卸公司股东之一，本案争议的焦点在于2018年8月3日码头装卸公司股东会会议是否存在召集程序瑕疵，以及该瑕疵是否影响股东会决议的成立。

第一，2018年8月3日码头装卸公司股东会会议的召集程序存在瑕疵。

本案中，码头装卸公司仅提供2018年6月其向建筑材料公司寄送快递的面单，上载"关于按时交还码头的通知函"，**该通知函上未记载召开公司股东会会议的事宜**。码头装卸公司上述股东会会议未召集全体股东，存在召集对象上的瑕疵。

第二，股东会会议召集及表决中的程序瑕疵依严重程度不同可能导致股东会决议可撤销或不成立的法律后果。股东会会议在召集对象上的瑕疵属于严重的程序瑕疵，对股东会决议的成立有根本性影响。理由有三：

首先，股东会决议的成立需经正当程序，召集对象上的瑕疵直接导致股东会会议无法形成有约束力的决议。

其次，未通知股东参会的行为与提前通知不足法定期间、表决方式未按公司章程约定等股东会召集、表决过程中的一般程序瑕疵明显不同，其后果并非影响股东表决权的行使，而是从根本上剥夺了股东行使表决权的机会和可能。特别对于小股东而言，虽然其所持表决权占比低，可能不足以实质性改变股东会决议结果，但其依然可能通过在股东会会议上的陈述等影响其他股东的表决行为，不能因为其所持表决权占比低就忽视其行使表决权的权利。

最后，未通知相关股东使其因不知晓股东会决议的存在而无法及时主张权利救济。在未向全体股东发出股东会会议的召开通知时，如认为股东会决议依然成立，则未获通知的股东可以基于《公司法》相关规定，自决议作出之日起60日内，请求人民法院撤销该决议。

综上所述，2018年8月3日码头装卸公司的股东会会议因存在召集程序上的严重瑕疵，根据《规定（四）》第五条第五项的规定，该股东会决议不成立。

2. 股东会决议不成立的情形

①股东会会议召集人无召集资格。

②股东会会议未提前15天通知相应人员。

③未召开董事会会议，直接由部分董事决策的股东会决议。

④表决不通过或无表决权的参会人员通过的股东会决议。

⑤股东（大）会会议或董事会会议的表决结果未达到《公司法》或者公司章程规定的通过比例。

⑥股东会决议内容不合法或违反公司章程。

法条链接

《公司法》第一百一十五条　召开股东会会议，应当将会议召开的时间、地点和审议的事项于会议召开二十日前通知各股东；临时股东会会议应当于会议召开十五日前通知各股东。

《公司法》第六十六条　股东会的议事方式和表决程序，除本法有规定的外，由公司章程规定。

股东会作出决议，应当经代表过半数表决权的股东通过。

股东会作出修改公司章程、增加或者减少注册资本的决议，以及公司合并、分立、解散或者变更公司形式的决议，应当经代表三分之二以上表决权的股东通过。

3. 风险防控策略

①依照法律规定的召集程序召开股东（大）会会议，并依照法律规定的表决方式对可能不能形成一致决定的事项形成多数决议。

②对可能形成一致决定的股东（大）会决议事项不召开股东（大）会会议，由全体股东直接作出决定，并由全体股东在决定文件上签名、盖章，形成书面股东（大）会决议。

③对可能形成一致决定的董事会决议事项不召开董事会会议，由全体董事直接作出决定，并由全体董事在决定文件上签名、盖章，形成书面董事会决议。

④聘请专业人士审核把关，避免将未经股东（大）会会议或董事会会议表决的事项直接写进股东（大）会决议文件或董事会决议文件。

⑤聘请专业人士列席股东（大）会会议或董事会会议，确保出席股东（大）会会议的股东所持表决权或出席董事会会议的董事人数符合《公司法》或者公司章程规定。

⑥聘请专业人士列席股东（大）会会议或董事会会议，对未达到《公司法》或者公司章程规定的通过比例事项，一律不写进股东（大）会会议决议或董事会会议决议。

四、公司盈余分配的风险与防控

《公司法》第四条第二款规定了公司股东对公司依法享有资产收益、参与重大决策和选择管理者等权利。股东通过行使盈余分配权获得与其出资比例相应的股息权利是股东实现资产收益最根本的保证，也是股东最基本、最核心的权利。

盈余分配权纠纷即股东分红权纠纷，是指股东根据《公司法》的规定依法享有请求公司给自己分配股份分红的权利。因此，分红权是股东的基本权利，而盈余分配的前提条件是公司有利润可分配。《公司法》第二百一十条规定了利润分配的财务规则，具体包括利润分配的基础和条件、盈余公积金的提取比例、以利润弥补亏损、利润分配比例的确定等。具体法条为：

公司分配当年税后利润时，应当提取利润的百分之十列入公司法定公积金。公司法定公积金累计额为公司注册资本的百分之五十以上的，可以不再提取。

公司的法定公积金不足以弥补以前年度亏损的，在依照前款规定提取法定公积金之前，应当先用当年利润弥补亏损。

公司从税后利润中提取法定公积金后，经股东会决议，还可以从税后利润中提取任意公积金。

公司弥补亏损和提取公积金后所余税后利润，有限责任公司按照股东实缴的出资比例分配利润，全体股东约定不按照出资比例分配利润的除外；股份有限公司按照股东所持有的股份比例分配利润，公司章程另有规定的除外。

公司持有的本公司股份不得分配利润。

下面从股东行使盈余分配权被驳回及股权转让后要求分配盈余未获得支持两种案例，分析公司对此类风险应如何防控。

【案例2-26】

股东行使盈余分配请求权被驳回

▲案件概况

2009年，原告程骏平（美国籍）与张锋、程岚（均为中国籍）决定在国内设立一家贸易公司从事对美贸易。设立的公司名为上海纽鑫达公司，实际投资比例分别为51%、25%、24%。2013年9月16日，张锋向程骏平发送主题为"公司账目"的电子邮件，邮件附件中注明"资金情况分析：截至2011年底账上留存金额11391327元，购买厂房及相关费用12151578元，差额760251元。支出23761380元，收入17106341.05元，余额-6655038.95元，账目余额-604028.81元，总计-7259067.76元"。该邮件附件另包含一份未经被告上海纽鑫达公司盖章的分红方案，内容为："截至2011年12月31日，上海纽鑫达公司总计盈利人民币11391327元，经股东会决议，将其中1000万元向各股东分红。经股东一致同意，按比例分别支付给各股东如下金额：程骏平424.9999万元，张锋208.3333万元，程岚200万元。剩余未支付的分红款项，作为各股东的投资再次投入公司。另外，未分配金额留存公司，为周转资金使用。"后上海纽鑫达公司未予进行盈余分配，程骏平诉至法院，主张分配。

▲法院判决

法院认为，股东要求进行公司盈余分配，必须符合以下条件：第一，公司在以利润缴纳各种税金及依法提取法定公积金等之后尚有盈余；第二，在程序上须有公司股东会审议批准的盈余分配方案。本案中原告仅提供其与另外一名股东张锋之间关于公司账目的明细，从账目明细来看，分红方案中注明的盈利11391327元仅为截至2011年底的资金情况，并非公司实际盈余，故原告提供的证据不足以证明公司达到盈余分配的条件。另外，公司未召开股东会会议审议通过盈余分配方案，也不符合盈余分配的程序条件。故判定：

①驳回原告程骏平的全部诉讼请求。

②案件受理费40799元，财产保全费5000元，共计45799元，由原告程骏平负担。

1. 案件分析

各国公司法一般都规定和贯彻了"无盈不分"原则，即公司没有盈利不得分红。我国《公司法》第四条规定了股东享有的分红权，按照《公司法》第二百一十条规定，分配利润的前提是公司弥补亏损和提取公积金后所余税后利润，有限责任公司按照股东实缴的出资比例分配利润，全体股东约定不按照出资比例分配利润的除外。

因此，分红可以参考以下流程：

①计算本年净利润（或亏损）与年初未分配利润（或亏损）合并后的可供分配的利润。如果可供分配的利润为负数（即亏损），则不能进行后续分配；如果可供分配的利润为正数（即本年累计盈利），则需要检查企业所得税及其他税金是否有欠缴。

②按照抵减年初累计亏损后的本年净利润计提法定盈余公积金。提取法定盈余公积金的基数不是可供分配的利润，也不一定是本年的税后利润。只有在不存在年初累计亏损时，才能按本年税后利润计算应提取数。法定盈余公积金的提取比例一般为税后利润的10%，当公司的法定盈余公积金累计额达到公司注册资本的50%时，可不再提取。

③在计提法定盈余公积金之后，公司还可以根据需要计提任意盈余公积

金。任意盈余公积金的计提比例和用途由公司章程规定或者由股东大会决定。

④检查公司章程是否另有约定，确认股东对注册资本是否履行实缴义务，并且按实缴比例分配盈余所得比例，请求股东在股东大会或股东会通过决议形成利润分配方案。

《公司法》的规定，股东分取红利的计算依据是股东已经实际缴纳的出资比例，而不是认缴的出资比例。除非全体股东另有约定，否则应按照实缴出资比例进行分红。

综上，公司仅在某一段时间可分配利润，但整个财务周期无法证明有利润分配，加上未召开股东会会议审议通过盈余分配方案，股东的盈余分配请求不会得到支持，因此，本案中股东行使盈余分配请求权被驳回符合法理。

2. 风险防控策略

公司分红所引起的股东之间的矛盾，可能会引发一系列的诉讼案件。一般来说，出现公司分红问题时，股东有如下救济路径：

（1）异议股东回购请求。

《公司法》第八十九条规定，"公司连续五年不向股东分配利润，而公司该五年连续盈利，并且符合本法规定的分配利润条件"情形的，对股东会该项决议投反对票的股东可以请求公司按照合理的价格收购其股权。

按照《公司法》上述规定，公司有分配利润条件却不分配给股东的，可以请求公司按照合理价格收购其股权。

（2）股东知情权纠纷诉讼救济。

《公司法》第五十七条规定，股东有权查阅、复制公司章程、股东名册、股东会会议记录、董事会会议决议、监事会会议决议和财务会计报告。除此之外，股东还可以要求查阅公司的会计账簿和会计凭证，进一步了解公司不分红的原因。如果大股东以及公司高管存在变相分红、利益输送等损害其利益的行为，可选择相应案由进行诉讼救济。

（3）公司盈余分配纠纷诉讼救济。

公司分红问题属于"滥用股东权利导致公司不分配利润"，大多数需要通过公司盈余分配纠纷诉讼进行解决。

可根据对《规定（四）》的理解与适用，行使抽象盈余分配请求权。下面是常见的几种情形：

①给在公司任职的股东或者其指派的人发放与公司规模、营业业绩、同行业薪酬水平明显不符的过高薪酬，变相给该股东分配利润。

②由控股股东操纵公司购买与经营无关的服务或财产，用于其自身消费或者使用，变相分配利润。

③为了不分配利润隐瞒或转移利润。

④滥用股东权利不分配利润的其他情况。

（二）股权转让后要求分配盈余未获得支持

【案例 2-27】

原股东转让股权后要求分配公司盈余被驳回

▲案件概况

某塑料公司、邱某为某上市农商行（简称"农商行"）股东，截至 2015 年 8 月 27 日分别持有股权 133056 股、239601 股。塑料公司、邱某分别于 2016 年 3 月 24 日、25 日将所持股权转让给某供应链公司、吴某，并于 2016 年 5 月 20 日办理变更登记。2016 年 5 月 17 日，农商行股东会决议分配 2015 年利润，按照前述股权计算，塑料公司持股对应可得股权 6652 股、现金分红 7983.36 元，邱某持股对应可得股权 11975 股、现金分红 14370.06 元。塑料公司、邱某多次要求农商行根据该股东会决议向其分配利润未果，遂诉至法院，请求农商行向其支付 2015 年度应得股金及现金分红。

▲法院判决

一审法院认为，股东会决议虽是 2016 年 5 月作出，但其分配的是 2015 年度的收益，塑料公司、邱某 2015 年度仍持有农商行的股权，有权享有 2015 年度的收益，遂判决农商行向塑料公司、邱某支付股金及分红。二审法院认为，在公司作出利润分配决议前，股东利润分配请求权为抽象性的期待权而非确定性权利，股权变动后，该权利应当由新股东享有。供应链公司、吴某取得案涉股权时，农商行尚未作出利润分配决议，该股权涉及的利润分配请求权仍为抽象性的期待权而未转化为债权。股权转让后，塑料公司、邱某不再具有股东身份，无权行使利润分配请求权。遂改判驳回塑料公司、邱某的诉讼请求。

1. 案件分析

获取利润是股东投资和经营公司的根本目的，利润分配请求权是股东的重要权利之一，该权利与股东身份密切相关。股权转让后，如公司尚未作出利润分配决议，且双方对转让前的公司利润归属无特别约定，则利润分配请求权应当由新股东享有，原股东对转让前后的公司盈利均不再享有分配请求权。因此，股东转让股权时，应当将未分配利润作为衡量股权价值的重要因素之一，如仍要求保留股权转让前的利润分配请求权，应当在合同中予以明确约定。

本案二审法院最终认为，在公司作出利润分配决议前，股东利润分配请求权为抽象性的期待权而非确定性权利，股权变动后，该权利应当由新股东享有，由此驳回了原告的诉请。本案的审理很好地诠释了股权转让的时点与股东利润分配请求权的关系，即裁判书中特别强调的股东参与利润分配的期待权与利润分配请求权的不同。股东投资公司都是为了获得回报，股东享有期待权，但期待权不等于利润分配请求权。就是说，股东可否享有利润分配请求权取决于两个方面的因素：一方面必须取决于公司的年度财务核算，并形成分红决议。若财务核算无利润就不能分配，股东的期待权也落实不了。另一方面则取决于利润分配时，是否为在册股东。如果在利润分配之前转让了股权，转让方已经不在股东名册中，就不能参与利润分配。那么，当股东提前转让股权而未得到相应的投资回报时，股东应当通过股权转让价格予以弥补，而不能像本案中的原告一样，在股权转让后要求公司向其分红。

本案中在股权转让时，公司尚未作出利润分配决议，且双方对转让前的公司利润归属无特别约定，则该部分的利润分配请求权由新股东享有。

2. 风险分析

公司盈余分配应当遵循公司自治原则，无论公司是否具备可分配利润的条件，司法原则上不强制公司进行利润分配。

（1）是否分配盈余属于公司自治事项。

公司是否分配盈余以及分配多少盈余属于公司自治事项，与其他经营决策一样，都属于公司股东或管理者基于自身的知识、经验、价值观作出的商业判断。公司产生盈余后，可以选择暂不分配盈余而放眼于长远发展，将资金用于生产资料升级改造。在没有通过股东会决议确定进行盈余分配之前，法院应当谨慎介入属于公司意思自治范畴的盈余分配事宜，不能让法官代替市场主体作商业决策。

（2）公司存在可分配利润，不是股东诉请法院判决强制分红的充分条件。

有观点认为，公司存在利润却不分配，这种情况导致少数股东获得利润的合理预期难以实现，即便不存在或难以举证存在明显的滥用股东权利行为，亦可推定存在滥用股东权利的行为致少数股东受到不公平损害。

（3）公司内部未形成盈余分配方案，股东直接起诉至法院要求进行盈余分配，法院原则上不予支持。

实践中可能存在三种情况：一是股东无权提议召开股东会会议，股东会会议并未就盈余分配事宜作出决议。二是股东会决议确实提到要进行盈余分配，但是没有具体的盈余分配方案，即不能根据决议直接得出股东应当分配的数额。盈余是否分配以及具体分配多少，司法原则上不予干预。三是股东会决议不分配盈余。这种情况往往是小股东要求分配盈余，但是掌握表决权的大股东未同意。大股东往往希望将盈余用于公司经营以期获取更多收益，小股东则希望及时分配盈余实现投资利益。在没有证据证明大股东滥用股东权利的情况下，这就是一个商业决策事项，小股东只有接受《公司法》的资本多数决原则法律后果。

（4）大股东滥用股东权利导致公司不分配盈余，可能会触发司法强制分配盈余机制。

《公司法》第二十一条："公司股东应当遵守法律、行政法规和公司章程，依法行使股东权利，不得滥用股东权利损害公司或者其他股东的利益；不得滥用公司法人独立地位和股东有限责任损害公司债权人的利益。"该条规定贯彻了我国民商法中的禁止权利滥用原则，股东应当正当行使法律所赋予的股东权利，股东行使权利超出界限而损害他人利益的，同样构成权利滥用，司法应当予以干涉。

（5）大股东滥用股东权利导致不分配利润的法律后果。

在《中华人民共和国最高人民法院公报》（2016）最高法民终528号甘肃居立门业有限责任公司与庆阳市太一热力有限公司（简称"太一热力公司"）、李昕军公司盈余分配纠纷中，经法院查明：

李昕军为太一热力公司的法定代表人和执行董事。

从 2006 年 6 月公司成立起到 2013 年 1 月，公司未分配过利润。

李昕军作为太一热力公司法定代表人，将公司 5600 万余元转到由李昕军控制的兴盛建安公司。

后司法申请审计鉴证报告确认太一热力公司可以分配的利润为：5116 万余元。最终判决：

①撤销甘肃省高级人民法院（2013）甘民二初字第 8 号民事判决。

②庆阳市太一热力有限公司于本判决生效后 10 日内给付甘肃居立门业有限责任公司盈余分配款 16313436.72 元。

③庆阳市太一热力有限公司到期不能履行上述给付义务，由李昕军承担赔偿责任。

④驳回甘肃居立门业有限责任公司的其他诉讼请求。

可以看出，**公司在存在可分配利润，满足进行利润分配的条件时，若大股东滥用多数表决权不通过股东会分红决议，并存在变相分配利润、隐瞒或转移公司利润，损害其他股东实体利益的情形，法院可以在没有股东会决议的情形下，强制公司分红。**

3. 风险防控策略

①作为公司大股东，应合法合规行使股东权利，不得滥用大股东权利损害小股东应有的投资收益，或者违规进行盈余分配，损害公司及债权人的合法权益。

②作为公司小股东，应意识到公司资本多数决原则相应的法律后果，若大股东存在违法违规行为，应及时拿起法律武器维护自身的合法权益。

五、股东权利行使与保护的风险与防控

《公司法》及相关司法解释规定了股东可以查阅和复制公司章程、股东会会议记录、董事会会议决议、监事会会议决议和财务会计报告。此外，公司股东可以向公司请求查阅会计账簿。

但对于股东是否可以查阅公司的会计凭证（包含记账凭证、原始凭证，统称为"会计凭证"）并未作出明确的规定。在司法实践中，各地法院甚至最高人民法院对于股东能否查阅公司会计凭证的裁判标准不一，存在着较大的争议。

1. 案件分析

📑【案例 2-28】

股东查阅会计账簿、会计凭证获得支持

▲案件概况

某投资公司成立于 1998 年，自 1999 年 11 月起，张甲成为该投资公司股东。目前，该投资公司法定代表人为张乙，股东为张甲与张乙。

2020 年 5 月，股东张甲向投资公司、张乙致函。①请求查阅、复制以下公司资料：公司历次股东会会议记录、董事会会议决议、监事会会议决议；公司自成立至今的历年财务会计报告。②请求查阅以下公司资料：公司自成立至今的所有会计账簿、会计凭证（原始凭证和记账凭证）。投资公司对该函件未予回复。

张甲遂起诉请求查阅并复制投资公司 1998 年 7 月至 2020 年 6 月的股东会会议记录、历年财务会计报告、会计账簿、会计凭证。

▲法院判决

一审法院认为，张甲作为股东，有权行使股东知情权。关于张甲要求查阅 1998 年 7 月至 2020 年 6 月所有会计凭证的诉讼请求，根据法律规定，股东可以要求查阅公司会计账簿，而会计账簿登记必须以经过审核的会计凭证为依据，会计凭证包括原始凭证和记账凭证，因此，上述资料亦属于公司应当提供给股东查阅的范畴。对于张甲要求复制上述资料的诉讼请求，因《公司法》未赋予股东复制上述资料的权利，故不予支持。遂判决：

①投资公司提供 1998 年 7 月至 2020 年 6 月的股东会会议记录、历年财务会计报告供张甲查阅并复制。

②投资公司提供 1998 年 7 月至 2020 年 6 月的会计账簿、会计凭证供张甲查阅。

投资公司不服，向上海市第二中级人民法院（简称"上海二中院"）提出上诉。

二审中，上海二中院询问张甲要求查阅投资公司会计凭证的原因。张甲表示，自 2012 年后，其不再参与公司的经营管理，但于 2018 年发现，2013 年张乙擅自转移投资公司重要资产。张甲对张乙的行为持有异议，向张乙提出了查

阅相关财务资料的要求，但遭到拒绝，故而成讼。

上海二中院认为，张甲是投资公司股东，有权查阅公司相关材料。关于查阅范围，会计凭证虽未在旧《公司法》第三十三条所列举之行权范围之中，但在股东能够从公司运营现状、财务报表数据等角度提出合理怀疑，或有初步证据显示会计账簿不真实、不完整从而影响股东查阅目的实现的情况下，股东查阅会计凭证具有合理性、必要性。但与此同时，会计凭证毕竟不是旧《公司法》第三十三条所列举的可供查询的材料，对会计凭证的查询可能影响公司的经营和财务管理秩序。因此，能否查阅会计凭证以及查阅会计凭证的时间范围应当综合考虑股东查阅会计凭证的合理性、必要性、可操作性及成本等因素，在平衡股东与公司利益的基础上予以认定。张甲要求查阅投资公司1998年7月至2020年6月的全部会计凭证，但张甲所提出合理怀疑的交易发生于2013年，且其自认在2012年以前实际参与投资公司的经营管理，故酌定准许张甲查阅投资公司2012年1月至2020年6月的会计凭证，至于1998年7月至2011年12月的会计凭证，超出其股东知情权的合理必要范围。据此，上海二中院对会计凭证的可查阅时间范围作出改判。

股东知情权是指公司股东了解公司信息的权利。当时生效的《公司法》第三十三条分一、二款的架构设置，将股东的行权范围区分为两个层面。第一个层面是对于公司章程、股东会会议记录、董事会会议决议、监事会会议决议和财务会计报告，股东有权请求查阅和复制。第二个层面是对于会计账簿，股东仅可查阅，不能复制，此时的法律没有明确规定股东可以查阅会计凭证，本案获得法院支持，原告可以查阅会计凭证，显然是符合法条之外的第三个层面即会计凭证具备可查阅性的条件，但是不意味着只要是股东就可以在任何情况下要求查阅会计凭证。为了平衡好公司与股东之间的权利和义务，有必要对股东查阅会计凭证的权利进行限制，避免权利被滥用。

于2024年7月1日起生效的《公司法》第五十七条第二款规定，股东可以要求查阅公司会计账簿、会计凭证。首次把会计凭证列入股东可查阅范围，完善股东知情权：一是解除持股达到一定比例的股东才能行使知情权的限制，对于股权持有人，不管持股比例如何，均可行使知情权。不管持股比例如何，均可行使知情权；二是扩大了知情权的行使范围，在股东有权查阅、复制的资料范围内增加了股东名册，在股东有权查阅的资料范围内增加了会计凭证，同时在规定股东对公司章程、股东名册等相关资料享有查阅权的基础上,增加了股东对这些资料的复制权。

本案法院准许股东查阅的范围是具体明确的。法院赋予股东的最终查阅范围应当与其查阅目的相互匹配,从而确保对股东知情权的保护力度与对公司经营产生的不利影响合乎恰当比例。会计账簿来源于会计凭证,其真实性和完整性建立在真实反映会计凭证的基础上,如无证据证明股东存在不正当目的,股东有权查阅公司的会计凭证。

从本案可以确定:一是股东有权查阅财务会计报告,公司没有任何理由抗辩该法定知情权。二是有限责任公司的股东能申请查阅会计账簿,但股东若欲查阅须向公司提供合理理由,且公司可以拒绝。三是查阅会计凭证的前提是有权查阅会计账簿。原《公司法》对于股东查阅会计凭证缺少法律明文规定,但在股东有合理理由的情况下,如本案原告发现被告张乙擅自转移投资公司重要资产,法院一般会支持股东查阅会计凭证。

因此,提醒有正当目的、并且是维护自己合法权益的股东,应用好法律赋予的权利保障自己的合法权益。

【案例 2-29】

股东查阅会计账簿目的不正当被驳回

▲案件概况

智邦公司成立于 2013 年 1 月,注册资本 50 万元,股东为郭某某和张某某,经营范围为技术推广服务、组织文化艺术交流活动(不含演出)、企业策划、企业管理咨询、经济贸易咨询、投资咨询、教育咨询(不含出国留学咨询及中介服务)、市场调查、会议服务、人才中介服务。

2017 年 2 月 9 日,张某某向智邦公司邮寄会计账簿查阅函,要求查阅公司自成立以来历年的会计账簿及会计凭证。智邦公司签收后,拒绝张某某查阅。张某某诉至朝阳法院,要求判决公司提供会计账簿让其查阅。

在庭审中,智邦公司出具酵母公司的企业信息和网站公证书证明张某某查阅会计账簿存在不正当目的。酵母公司的企业信息显示酵母公司的股东和法定代表人为张某某,经营范围为人力资源服务;网站公证书显示酵母公司主要经营针对互联网行业的猎头业务。

▲法院判决：

张某某同时担任智邦公司及酵母公司的股东。智邦公司和酵母公司从事的业务均是为企业提供人力资源服务和金融投资服务，其中人力资源服务专注的均是猎头业务，所针对的客户大部分为互联网企业，二者的主营业务、业务区域以及所针对的客户群基本一致，主营业务存在实质上的竞争关系。张某某通过查阅智邦公司的会计账簿，可以获知智邦公司的客户资料和合同底价等商业信息，有可能使得智邦公司在业务竞争中处于不利地位。

因此，朝阳法院一审、北京三中院二审均认为，张某某查阅智邦公司的会计账簿有可能损害智邦公司的利益，不支持其查阅会计账簿的请求。

根据《公司法》及其司法解释的相关规定，同时结合上述司法判例的实际情况可知，公司拒绝股东行使知情权的事由应当具有以下条件：

首先，公司拒绝股东行使知情权，必须有证据证明股东行使知情权会危及公司的商业秘密，继而损害公司的合法利益。因此，股东行使知情权的范围应与其查阅目的、投资利益相关联，且与公司利益保持一致，股东负有初步举证其查阅目的正当的责任，反驳正当性的举证则由公司完成。只有当公司能够证明股东查阅公司会计账簿有不正当目的、可能损害公司的合法利益时，股东行使知情权才可以被阻却。

其次，公司在证明股东的不正当目的时，经常会涉及股东的几类行为，主要包括股东违反与公司的合作协议、股东存在同业竞争行为、股东利用其身份进行关联交易、股东在其他公司的任职行为、股东涉嫌与公司利益有关的犯罪行为等。

需要注意的是，公司提供的证据无法证明股东存在不正当目的的，公司应承担败诉后果。因此，公司在证明股东的不正当目的时必须有充分、直接的证据证明相关主张，否则很难得到法院的支持。本案中，智邦公司提供张丽俊同时担任智邦公司及酵母公司的股东，但两公司主营业务均为人力资源服务的证据，证明客户群均为互联网企业，在主营业务、业务区域以及客户群等方面基本一致，主营业务存在实质上的竞争关系。若允许张丽俊查阅智邦公司的会计账簿，有可能使其获知智邦公司的客户资料和合同底价等商业信息，进而使得智邦公司在业务竞争中处于不利地位。因此，智邦公司认为张丽俊查阅会计账簿存在不正当目的的主张成立，智邦公司有权拒绝张丽俊查阅智邦公司的会计账簿。

随着新《公司法》的实施,各个公司应明确规定股东查阅会计账簿和会计凭证的书面请求流程,要求股东在请求中明确说明查阅的目的,确保公司有足够的时间来评估股东请求的合理性和正当性。如果公司认为股东查阅请求存在不正当目的,公司应积极收集相关证据,如股东在其他竞争公司的持股情况、与竞争公司的业务往来等,以支持公司的立场。另外,对于有合理理由、正当目的查阅会计账簿和会计凭证的股东,公司仍然可以要求其签署保密协议,明确查阅过程中和查阅后对相关信息的保密义务,以及违反保密义务的法律责任。

【案例 2-30】
支持查财务会计报告和会计账簿,不支持查会计凭证

▲案件概况

海融博信公司成立于 2015 年 2 月 27 日,公司类型为有限责任公司[港澳台与内地(大陆)合资],富巴公司与海融公司为海融博信公司股东。富巴公司是在香港特别行政区注册成立的公司。2018 年 3 月 27 日,富巴公司向海融博信公司发出律师函,要求行使股东知情权,请求查阅、复制公司章程、股东会会议记录、会计账簿(含总账、明细账、日记账和其他辅助性账簿)和会计凭证(含记账凭证、相关原始凭证及作为原始凭证附件入账备查的有关资料)。海融博信公司于 2018 年 3 月 28 日收到该律师函后,拒绝答复。

富巴公司起诉海融博信公司,请求判令海融博信公司将其成立以来的会计账簿(含总账、明细账、日记账和其他辅助性账簿)和会计凭证(含记账凭证、相关原始凭证及作为原始凭证附件入账备查的有关资料)的原件完整置备于其住所地以供富巴公司查阅等。

▲法院判决

一审法院认为,富巴公司在提起诉讼之前已向海融博信公司邮寄了要求查阅和复制相关文件的律师函,海融博信公司收到律师函后至被起诉前一直拒绝回复,因此可以认定富巴公司履行了请求法院强制海融博信公司实现股东知情权的前置程序。富巴公司为了解其持股公司的运营情况,要求查阅会计账簿并无不当,且海融博信公司不能提供证据证明富巴公司行使股东知情权有不正当

目的以致损害公司利益。根据《中华人民共和国会计法》（简称《会计法》）第十五条第一款规定，会计账簿包括总账、明细账、日记账和其他辅助性账簿。另外，有限责任公司的会计凭证是形成会计账簿的重要资料，且会计账簿的真实性和完整性是通过会计凭证反映的，股东通过查阅会计凭证可以充分保障其合法权益，故富巴公司要求查阅海融博信公司会计凭证等资料，予以支持。

一审判决：海融博信公司提供2015年2月27日至判决日的会计账簿及会计凭证让富巴公司查阅。

二审法院认为，根据当时生效的《公司法》第三十三条规定，股东有查阅公司会计账簿的权利，但未将制作公司会计账簿涉及的有关凭证列入股东可以行使该项股东知情权的范围，故富巴公司诉讼请求中有关查阅的范围和方式超出《公司法》规定的部分。

二审改判：海融博信公司提供2015年2月27日至今的会计账簿让富巴公司查阅。

最高法再审认为，富巴公司是海融博信公司的股东，股东对于公司的运营状况享有知情权，有权查阅公司的相关资料。《会计法》第十三条第一款规定："会计凭证、会计账簿、财务会计报告和其他会计资料，必须符合国家统一的会计制度的规定。"第十四条第一款规定："会计凭证包括原始凭证和记账凭证。"根据前述法律规定，会计账簿不包括原始凭证和记账凭证。股东知情权和公司利益的保护需要平衡，故不应当随意超越法律的规定扩张解释股东知情权的范畴。《公司法》仅将股东可查阅财会资料的范围限定为财务会计报告与会计账簿，没有涉及会计凭证，二审判决未支持富巴公司查阅海融博信公司会计凭证的请求，并无不当。《会计法》第九条未赋予股东查阅公司原始凭证的权利，北京市高级人民法院的指导意见不具有司法解释的效力，富巴公司依据以上规定请求再审本案的主张，不能成立。再审裁定：驳回富巴公司再审申请。

这是一个比较典型的案件。

一审判决的主要观点是，有限责任公司的会计凭证是形成公司会计账簿的重要资料，且会计账簿的真实性和完整性是通过会计凭证反映的，故应支持查阅会计凭证。

二审判决的主要观点是，根据当时生效的《公司法》第三十三条未将制作公司会计账簿涉及的有关凭证列入股东可以行使该项股东知情权的范围，富巴公司请求查阅会计凭证超出《公司法》规定的部分。

最高法再审的主要观点是，会计账簿不包括原始凭证和记账凭证，且《公司法》仅将股东可查阅财会资料的范围限定为财务会计报告与会计账簿，没有涉及会计凭证。

综上，对于股东行使知情权能否查阅会计凭证，确实长期存在无法统一裁判标准的问题。

2. 风险防控策略

我们从股东和公司两个角度，分别给予股东知情权的风险防范建议。

对于股东而言，为了保障自身作为股东的知情权应注意以下几个方面：

①小股东最好在公司成立之初、各股东之间关系融洽或各股东之间相互需要的情形下，提出在公司章程中赋予各股东查阅公司会计凭证的权利。

②在行使股东知情权时，应向公司书面提出查阅公司资料的申请并说明理由和目的，申请范围除了包括公司章程、股东会会议记录、董事会会议决议、监事会会议决议和财务会计报告外，还应包括会计账簿（含总账、明细账、日记账和其他辅助性账簿）和会计凭证（含记账凭证、相关原始凭证及作为原始凭证附件入账备查的有关资料），以便更好地了解公司的实际经营状况。

③在股东知情权诉讼中，股东可以向法院申请证据保全，对公司财务会计报告、会计账簿、会计凭证等资料采取查封等保全措施。对于是否会支持保全申请，各地法院在司法实践中也未做到统一，但可以在诉讼中进行尝试。

④股东在要求查阅特定文件时，如前置程序中公司以该文件不存在为由进行抗辩，股东可以提起股东知情权之诉。但在提起诉讼时，股东应准备该文件存在的相关证据。同时，可以将公司董事、高级管理人员列为共同被告，追究其未依法制作或保存文件的赔偿责任，施加对公司的压力。

对于公司而言，拒绝股东行使知情权可在以下几个方面作出努力：

①判断股东是否有不正当目的、可能损害公司利益，如股东经营相同业务的其他公司，公司有权拒绝提供会计账簿并会获得法院支持。

②即使股东有权查阅会计账簿，公司也可以向法院举证股东行使知情权存

在不正当目的，且会计账簿和会计凭证是两个独立的部分，法院也可能酌定不支持股东进一步查阅会计凭证。

③面对股东的诉请，公司可以股东在起诉时不具有股东资格为由进行抗辩。

④公司可以具体文件不存在为由进行抗辩。如此，股东需要承担相应的举证责任，若无法证明该文件确实存在，股东将承担相应的不利后果。

⑤公司可以举证股东查阅会计账簿有不正当目的，如股东自营或者为他人经营与公司主营业务有实质性竞争关系业务、股东未向第三人通报等。

⑥举证股东一旦查阅会计账簿等材料会产生损害公司利益及其他股东利益的可能或危险。

六、担任公司"董监高"的风险与防控

《公司法》第一百八十条规定："董事、监事、高级管理人员对公司负有忠实义务，应当采取措施避免自身利益与公司利益冲突，不得利用职权牟取不正当利益。董事、监事、高级管理人员对公司负有勤勉义务，执行职务应当为公司的最大利益尽到管理者通常应有的合理注意。公司的控股股东、实际控制人不担任公司董事但实际执行公司事务的，适用前两款规定。"

对于公司而言，其权力机构虽为股东会（或股东大会），但公司的实际经营管理由公司的董事会主导，由以总经理、副总经理以及其他高级管理人员为核心的管理层负责决策执行，监事会或监事作为公司的监督机构起到监督作用，这就是典型的"三会一层"管理制度。

公司的董事、监事和高级管理人员是公司的核心人物，根据法律和公司章程规定享有一定的决策、管理和监督权利，同时也需承担相应的法律义务和法律责任。

因此，董事、高级管理人员可以控制整个公司的行为。此时对董事或高级管理人员就有忠实义务和勤勉义务的要求，这种要求是法律层面上的，即违反了上述义务需要承担赔偿公司损失的法律责任，严重的可能涉及刑事责任。

【案例 2-31】
公司"董监高"违反忠实义务，经调解愿意承担赔偿责任

▲案件概况

2019年10月，某信息科技有限公司（以下称"D公司"）决定在西南某省会成立分公司，全权负责该区域市场的开发和经营，为此任命张某作为该分公司的负责人。张某成为该分公司的负责人之后，刚开始还勤勉忠实地开发市场并使分公司获取巨大收益，但后来发现该区域市场潜力巨大，自己已经建立起业务网络，而且自己为人仗义，大部分客户只认自己。于是，张某开始利用D公司的设计产品和技术，与他人共同投资成立一家新公司，委托工厂进行贴牌生产同样的产品并销售给D公司的客户，导致D公司的业务量和客户日渐减少，分公司开始走向亏损。2021年9月，D公司深入调查发现张某利用分公司谋私，在取得充分证据之后，向法院起诉张某作为高级管理人员，违反忠实义务，损害公司的利益，要求其承担损害赔偿责任。

▲调解结果

经法院调解，张某主动向D公司承认错误、赔偿公司损失，注销其与他人共同成立的公司，取得D公司谅解，D公司撤诉。

1. 案件分析

经向律师咨询，张某认识到其侵犯公司利益的行为，不仅违反《公司法》，损害了公司的利益，而且还可能涉嫌侵犯公司的专利技术、泄露公司商业秘密等违法行为。为此，张某主动承认错误、采取弥补措施，换取了公司的谅解。有些公司的高级管理人员，利用公司给予的职责和权限，以权谋私，获得不法利益，在公司找其谈话之后，非但不主动承认错误，还采取各种方式对抗公司的调查。

某公司的产品具有独特性，在市场上十分畅销，但是后来发现其全国销售总监与其他分公司经理、销售主管等人员共同合谋，采取虚报销售数据等方式，贪污侵占销售产品和款项，违法侵占金额高达1000万元。该公司董事长本意是通过谈话、警示的方式，使上述人员认识到错误，主动向公司退还侵占的产品和款项。但上述人员完全未认识到事情的严重性，在公司找其谈话之后，不仅擅自离职或辞职，而且还订立攻守同盟共同对抗公司的调查和处理措

施。该公司经多次沟通无效之后,向公安机关举报涉案人员侵占公司款项。最后,涉案数人被追究刑事责任,受到法律处罚。

侵害公司利益的行为,往往存在刑民交叉的情况,代理律师及当事人要高度重视,公司的高级管理人员要严格遵守《公司法》、公司章程及公司的规章制度,履行职务,不谋私、不贪占公司的利益,保持清醒的头脑和正确的职业态度。

2. **风险防控策略**

董事、高级管理人员作为公司经营核心主体、监事作为公司内部监督主体,其权责一直以来备受关注,董监高的信义义务问题甚至被誉为"公司法的皇冠"。

(1)董监高负有忠实、勤勉的法定义务。

董监高应当遵守法律、行政法规和公司章程。董监高对公司负有忠实义务和勤勉义务。

(2)董监高的禁止行为。

董监高对公司不得有下列行为:

①侵占公司财产、挪用公司资金。

②将公司资金以其个人名义或者以其他个人名义开立账户存储。

③利用职权贿赂或者收受其他非法收入。

④接受他人与公司交易的佣金归为己有。

⑤擅自披露公司秘密。

⑥违反对公司忠实义务的其他行为。

(3)董监高造成股东损失的,股东有起诉权。

董事、高级管理人员违反法律、行政法规或者公司章程的规定,损害股东利益的,股东可以向人民法院提起诉讼。

综上,除了法律赋予公司对董监高的追责外,实务中,公司的股东会比较强势,有些中小型公司的股东会甚至直接越过公司的董事会、经理,对公司具体活动发号施令,从而使董监高的职责和义务淡化,这与《公司法》规定的股东会的强势权限有关。董监高在日常经营管理中,应明确各自的职责和权限,约束好自己的行为,在《公司法》和公司章程规定的权限内行使职权,避免权利滥用和越权行为。

另外，董监高除了不应实施《公司法》及相关法律明确禁止的行为如侵占挪用公司资金、利用职权贿赂或者谋求其他非法收入、擅自披露公司秘密等外，还应格外关注自我交易、关联交易和竞业行为，董监高直接或者间接与公司进行交易、关联交易或者从事竞争业务，应当向董事会或者股东会报告，并按照公司章程的规定经董事会或者股东会决议通过；还要注意不得利用职务便利为自己或者他人谋取本属于公司的商业机会。董监高要遵循"执行职务应当为公司的最大利益尽到管理者通常应有的合理注意"的法律要求，做到合法合规履职。

从公司的角度来讲，要保证董监高依法、依公司章程维护公司的利益，不损害公司、股东的利益，需要创造良好的法治环境、按制度办事的文化，形成各部门相互监督、相互促进的机制，使其"不能"实施损害公司利益的行为。在收益上，体现责任与权益对等，使其岗位业绩成果与收益成正比，采用业绩分红、股权激励等方式，使其"不需"侵占公司利益，同时公司约束和处罚机制的设立要有法可依、执法必严，使其"不敢"侵害公司利益。要避免董监高的违法行为，公司应发挥更大、更有效的作用，而不仅仅是依靠员工自身的法律意识和职业精神。

从公司董监高的角度来讲，要注意法律知识的培训和学习，增强法律意识和风险责任意识，同时要铸造职业精神、塑造行业口碑，保持自律廉洁，遵守法律法规、公司规章制度。

七、公司章程制定与执行的风险与防控

公司是我国市场经济的重要支柱，为了更好回应市场经济发展的新需求和新情况，全国人大常委会颁布了最新修订的《公司法》，于2024年7月1日起实施，其中，第五条明确"设立公司应当依法制定公司章程。公司章程对公司、股东、董事、监事、高级管理人员具有约束力"，另外，共有多个可改点，对章程修订的问题和修改涉及章程问题，既为公司主体提供更为明确和完善的章程法律指导，又对公司治理与管控以及股东提出新要求，无疑给公司管控、股东权利保护和章程设计带来了新的挑战和机遇。

章程设计是法律上的要求，也是公司持续经营的要求。以往在股东之间或

股东与公司之间的纠纷中,公司章程是最直接判断行为对错的标准,当公司章程缺乏相关规定时,这些纠纷处理将充满不确定性,结果必然是通过长时间诉讼却未解决进而给公司经营造成致命的打击。因此,如果公司章程没有设计好,可能会引发股东之间的纠纷和公司治理上的漏洞,轻则导致公司遭受经济损失,重则可能使公司面临关门的风险。因此,公司章程需要股东亲自参与制度设计,以保障自身权益。

公司章程是股东共同一致的意思表示,载明了公司组织和活动的基本准则,相当于企业"宪法"。公司设立时就应在公司章程中明确设计好公司未来的治理结构,公司章程具有绝对、排他的效力,章程中约定的条款甚至可以突破《公司法》的有关规定,比如《公司法》中有的条款总会在最后加一句:公司章程另有规定的除外。

1.《公司法》未明确规定的股东会职权,需要在公司章程中明确

股东会作为公司的最高决策机构,有权决定公司的经营方向和投资策略,以确保公司的长期发展。但是,无论是有限责任公司还是股份有限公司,《公司法》均未明确规定股东会的职权,需要在公司章程中自行明确。因此,在公司章程中设计股东会职权是为了明确股东会的职责和权力,确保公司的决策权、执行权和监督权相互制衡,保护股东的权益,促进公司的民主决策和长期发展。

法条链接

《公司法》第五十九条第一款 股东会行使下列职权:

(九)公司章程规定的其他职权。

《公司法》第一百一十二条第一款 本法第五十九条第一款、第二款关于有限责任公司股东会职权的规定,适用于股份有限公司股东会。

【案例2-32】

公司章程赋予股东会对股东处以罚款的职权纠纷

▲案件概况

南京某财务顾问有限公司(简称"某财务顾问公司")因与祝某发生股东会决议罚款纠纷,向江苏省南京市鼓楼区人民法院(简称"鼓楼法院")

提起诉讼。

原告安盛公司诉称：被告祝某原是某财务顾问公司的股东，并在公司审核岗位从事会计审核工作。2008年7月23日，祝某向某财务顾问公司提出辞职申请，同月24日下午办完了交接手续，同月25日双方解除了劳动关系。经查，祝某在公司经营过程中存在严重的违反公司章程规定的行为，具体表现为：①祝某作为新股东，不满三年即离开公司；②祝某有主观侵占或损害公司利益、利用在公司的地位和职权为自己谋私利、违反公司同业禁止约定的行为。鉴于上述，某财务顾问公司为维护公司正常的经营管理秩序，于2009年1月5日依法律及公司章程规定召开股东会会议，并依据公司章程第十四条、第十六条、第三十六条的规定，经全体股东表决一致通过对祝某处以50000元罚款的股东会决议。该决议作出后，某财务顾问公司多次要求祝某履行决议，均被祝某拒绝，故诉至法院请求判令祝某立即给付某财务顾问公司罚款50000元。审理中，某财务顾问公司将诉讼请求变更为要求祝某立即给付某财务顾问公司25893元。

被告祝鹃辩称、诉称：原告某财务顾问公司曾于2009年1月5日之前以劳动争议纠纷起诉祝某，后经法院审理双方以调解方式一次性了结纠纷，现某财务顾问公司诉讼的主要事实与劳动争议纠纷案件一致，属重复诉讼，违反了一事不再理原则，应予裁定驳回。某财务顾问公司2009年1月5日作出的对祝某处以50000元罚款的股东会决议，缺乏事实与规范依据，且内容、目的违法，对祝鹃不具有法律约束力，某财务顾问公司据此股东会决议要求祝某给付25893元不能成立，亦应驳回。公司与股东是平等的民事主体，某财务顾问公司通过股东会决议形式对祝某处以罚款，不仅违反了民事主体平等原则，也侵害了祝某的财产权，故反诉要求确认某财务顾问公司2009年1月5日所作股东会决议中关于罚款的内容无效。

原告安盛公司针对反诉辩称：某财务顾问公司章程明确记载了股东会可对股东处以罚款，某财务顾问公司根据公司章程的记载对被告祝某处以罚款具有事实依据，不违反法律、行政法规的强制性规定，应属有效决议。请求法院驳回祝某的反诉请求。

▲**法院判决**

有限责任公司的股东会作为权力机构，依法对公司事项作出决议或决定是代表公司的行为，对公司具有法律约束力。股东履行出资义务后，与公司之间是平等的民事主体，相互之间具有独立的人格，不存在管理与被管理的关系，公司的股东会原则上无权对股东施以任何处罚。因此，在公司章程未作另行约定的情况下，有限责任公司的股东会并无对股东处以罚款的法定职权，如股东会据此对股东作出处以罚款的决议，**则属超越法定职权，决议无效。**

股东作为公司的出资者，依法享有对公司的权利，包括资产收益、参与重大决策和选择管理者等。同时，股东也有义务依照公司章程对公司利益进行捍卫，不得滥用股东权利损害公司或者其他股东的利益。本案是一起典型的股东损害公司利益的纠纷。原告安盛公司在章程中规定了股东不得损害公司利益的行为。但不足之处是原告安盛公司没有在章程明确规定罚款的标准、幅度。法院认为，罚款约定虽然有效，但是应明确规定罚款标准和罚款幅度，股东会在没有明确罚款标准和罚款幅度的情况下处罚股东，属法定依据不足，相应决议无效。

所以从这一点来看，公司章程虽然可以规定股东会有权对股东处以罚款，但是实际落地依然需要具备一定的条件：

①罚款标准必须明确。

必须明确记载股东实施哪些行为会被予以罚款。简单地说，即公司章程不能笼统约定股东会可以对股东处以罚款，公司章程需明确列出股东的哪些行为是不被允许的。

②罚款幅度必须明确。

必须明确规定股东作出违反公司章程的行为后的罚款标准，例如可以将轻微损害公司利益、中度损害公司利益、严重损害公司利益作为三类基本罚款幅度依据，在各幅度内再明确列举具体情形。

③罚款幅度必须合理。

比如约定股东存在轻微损害公司利益的情况就罚没其投资款，无偿强制回购其股权，这种约定明显超过了合理范围。

综上，公司章程虽然可以约定股东会对股东处以罚款，但是此类罚款必须明确罚款标准、罚款幅度和罚款数额，而且必须合理，否则即便约定了，也会在实际执行中因缺乏法定依据而导致无法落地。

安盛公司章程第三十六条第二款所规定的"罚款"是一种纯惩罚性的制

裁措施，虽与行政法等公法意义上的罚款不能完全等同，但在罚款的预见性及防止权利滥用上具有可比性。而根据我国《行政处罚法》的规定，对违法行为给予行政处罚的规定必须公布，未经公布的，不得作为行政处罚的依据，否则视为权利滥用行政处罚无效。

本案中，安盛公司在修订公司章程时，虽规定了股东在出现**第三十六条第一款的八种情形时，股东会有权对股东处以罚款**，但却未在公司章程中明确记载罚款标准及罚款幅度，使得祝鹃对违反公司章程的后果无法作出事先预估，况且，安盛公司实行"股东身份必须首先是员工身份"的原则，而在《安盛公司员工手册》的奖惩条例第七条所规定的五种处罚类型中，**最高的罚款数额仅为2000元**，安盛公司股东会**对祝鹃处以50000元的罚款**已明显超出祝鹃的可预估范围。故安盛公司股东会会议所作出的对祝鹃罚款的决议明显属法定依据不足，应认定为无效。

特别要注意两份不一致公司章程的风险防控。

关于公司章程在工商局的执行：一方面，很多地方工商局会强制性派发章程模板供使用，一是为了避免公民因为不懂法律而对章程中的条款约定不明确从而导致章程无效的情况发生，二是方便工商局对公司登记资料的管理。对于模板性章程，很多老板都有惯性思维，认为这只是一个流程，是常规事件，不涉及法律，不涉及自己的权益。另一方面，股东会对公司未来的经营和运作有自己的约定，因而会根据约定制定个性化章程。对于修改后的章程要充分重视，要尽快向工商局备案并对外公示，否则会产生章程无效的风险。

【案例2-33】

两份意思表达不一致的公司章程仅备案一份的纠纷

▲案件概况

2004年6月5日，朱某、刘某等10名自然人与甲公司签订一份组建某运输有限责任公司协议书，协商共同组建运输有限责任公司（简称"运输公司"），并于同日召开首次股东大会讨论通过运输公司章程（简称"6.5章程"），规定运输公司总股本为1000万股，按面值1元1股，其中土地使用权身份股605.70万股，股东有所有权和分配权，放弃表决权，其中甲公司的出资方式为土地使用权，出资额为605.70万元，占注册资本的比例为60.57%。

2004年6月8日，朱某、刘某等10名自然人与甲公司又签署一份运输公司章程（简称"6.8章程"）进行公司登记。6.8章程规定：股东会会议由股东按照出资比例行使表决权。随后，该公司章程在工商部门进行了备案登记。

2012年8月28日，公司召开股东大会按照6.8章程规定的表决权行使方式作出决议，部分股东认为6.8章程仅用作登记，实际应按6.5章程行使表决权，因此对该次决议的表决方式有异议并诉至法院。

▲法院判决

法院生效裁判认为：根据《公司法》的规定，出资与表决权可以适度分离，股东表决权如何行使可归于公司自治权。本案中，运输公司在工商备案的6.8章程与未备案的6.5章程关于股东表决权的规定不一致，朱某等10名自然人与甲公司在两个版本的公司章程上均签名盖章，而6.8章程的签订时间在后，且6.5章程亦规定"公司登记事项以公司登记机关核定的为准"，故6.8章程为运输公司各股东最终合意的结果，是当事人的真实意思表示，不违反法律和行政法规的规定，亦未损害他人的利益，应属有效。根据6.8章程，甲公司出资605.70万元，占注册资本的比例为60.57%，享有根据出资比例行使表决权的股东权利。

有限责任公司股东就表决权的行使先后制定两份意思冲突的公司章程，而工商备案的公司章程签订时间在后，股东未就备案公司章程仅为工商备案、对内不代表股东真实意思表示共同达成合意，应以备案公司章程确定股东表决权。

本案中，运输公司2012年8月28日的股东会决议是对更换董事事项作出的普通决议，甲公司、刘某、许某（运输公司股东）在该决议上投赞成票，综合三股东在运输公司分别所持60.57%、3%、1%的股份，计算通过的表决权比例达到64.57%，已经代表二分之一以上表决权的股东通过，故六原告要求撤销运输公司于2012年8月28日作出的股东会决议的诉讼请求，依法不予支持。

特别提醒：公司章程的内容是公开的，任何第三方都可以通过工商系统提出申请并通过查询内档的方式获知，但是未在工商系统备案的公司章程属于私下签订的，不可以对抗第三人，因此当公司备案章程与公司内部章程内容存在矛盾时，一般情况下以公司内部章程中约定的内容为准。

2. 员工持股章程设计要点

员工持股是很多公司都会实施的股权激励方案。一方面，公司可能在资金紧张时有意从员工中发展股东；另一方面，为了避免人才流失也会鼓励员工持股。然而，如果没有提前设计好章程，就会引发一系列的风险，比如：没有明确的退股方案，员工离职或被解雇时会产生复杂的股权纠纷；股权激励不当导致公司被经理层控制，或者出现董事会和股东会的僵局，影响公司的正常运营；员工对公司的未来期望过高，而实际表现未能达到预期，可能会导致员工失望和不满，甚至引发人才流失等。

【案例 2-34】
公司章程的"强制离职股东全额收回股权"条款有效

▲案件概况

2001 年，四川某机器有限公司（简称"某机器公司"）由四川省某试压泵厂改制成有限责任公司，公司股东由在职职工、离退休职工和股东死亡后的股东继承人组成。蒋某某以 800 元安置补偿款和 5200 元现金入股成为公司股东，并得到某机器公司签发的出资证明书及股权证，蒋某某作为股东被登记在某机器公司股东名册上。

蒋某某成为股东后，某机器公司每年以 8% 或 10% 等分红比例向蒋某某支付红利。

2013 年 2 月 5 日蒋某某提出书面辞职，2013 年 4 月 9 日某机器公司同意蒋某某辞职。

2013 年 4 月 9 日，某机器公司召开第四届股东会暨职工代表大会修改公司章程，修改的公司章程第六十一条规定："因违反法律法规、违反公司规章制度等而被解聘的股东、自动辞职的股东，从离开岗位或被解聘之日起，其股权由公司按股权证证明的记载股权份额全额收回。"蒋某某在会上投了反对票。

2013 年 4 月 11 日，某机器公司通知蒋小莉收回股本，通知主要内容为"财务部：你部蒋某某，已于 2013 年 4 月 10 日申请自动辞职，并办毕相关辞职手续。根据《四川某机器机器有限公司章程》第六章第六十一条规定，蒋某某同志不再是公司股东，在公司的股本从 2013 年 4 月 10 日起，全额由公司收回"。

于是，蒋某某与某机器公司闹矛盾了，她认为自己的股权不应就这样被收回。

蒋某某把某机器公司告到法院：
要求确认其为某机器公司的股东身份，并支付 2013 年度红利。

▲法院判决

四川省简阳市人民法院于 2014 年 6 月 10 日作出（2014）简阳民初字第 1173 号民事判决：①公司章程有效。②被告某机器公司在本判决生效之日起 5 日内向原告蒋小莉支付 2013 年 1 月至 4 月的红利 312.12 元。③驳回原告的其他诉讼请求。

四川省资阳市中级人民法院于 2014 年 8 月 12 日作出（2014）资民终字第 335 号民事判决：驳回上诉，维持原判。

本案是一起股东离职后股权被收回的纠纷，某机器公司通过公司章程第六十一条规定"自动离职的股东的股权自离岗之日起由公司按股权证所载股额全额收回"，故四川某机器有限公司有权解除蒋某某的股东身份，得到了法院的支持，彰显了有限责任公司的股东具有资合性与人合性并存的法律特征。

可见，只要公司章程的制定、修改意思表示真实，条款内容不违反法律规定，对"强制离职股东转让股权"的条款应当认定有效，但收购股权的价格必须尊重当事人意思自治或公平合理，且公司收购股权后，必须按法律规定的相关程序进行公示。

股权收回需要经过一定的程序。股本金减少必须通过股东会讨论并经工商登记，按照相关程序进行公示，以保证公司存在的合法性和公司债权人的权益。公司并没有履行以上义务，故蒋小莉的股东身份仍然存在。

实务中，很多公司的大股东或实际控制人为了公司长远发展，将骨干员工甚至是全体员工吸纳为公司股东，但却忽视了因各种原因员工主动或被动离职的情况。如果本案中的杰特公司没有在公司章程中约定"自动离职的股东的股份权自离岗之日起公司按股权证证载股额全额收回"，那就要败诉的。虽然某机器公司有了这一明确规定，但也有不足之处，就是公司章程中没有确定离职股东转让股权的具体程序及定价标准。尽管本案中法院没有对股权转让价格进行干涉，但此公司在实务中忽略了的股权转让程序以及定价标准产生的风险问题，当然，有的公司会存在股权转让价格较低甚至是 0 元的情况，若被员工提出诉请，法院会就转让价格的公允合理性进行评判。因此，建议公司在公司章程或股权授予协议中对离职情况的处理程序及金额进行约定。另外，建议员工入股时签署入股协议，弥补章程设计的不足或漏洞，减少纠纷。

3. 五年内出资实缴条款

《公司法》第四十七条规定，有限责任公司的注册资本为在公司登记机关登记的全体股东认缴的出资额。全体股东认缴的出资额由股东按照公司章程的规定自公司成立之日起五年内缴足。法律、行政法规以及国务院决定对有限责任公司注册资本实缴、注册资本最低限额、股东出资期限另有规定的，从其规定。

同时，《公司法》第四十九条至第五十二条明确了股东未按期足额缴纳出资的法律责任以及公司和董事会的催缴程序。可见，五年内按期足额出资是法定义务，责任者不仅是股东，还有公司和董事会。具体来说，如果股东没有按照公司章程规定足额履行出资义务，他们就需要对公司承担补缴出资额的责任。

因此，股东在出资时应严格按照公司章程和法律规定履行出资义务，确保公司的稳健运营和持续发展。

【案例 2-35】

A 公司注册资本 300 万元，在公司章程中约定 3 年内实缴，无约定其他特殊条款。大股东占股 70%，但到公司章程约定的实缴期限，大股东实际仅出资了 70 万元；小股东占股 30%，完成实缴 90 万元。小股东实际运营公司，掌控公司的人事聘任权，大股东没有实际运营公司，但掌控公司的财务管理权。基于小股东和大股东的朋友关系，小股东对大股东到期未履行实缴义务一直未予严格追收，还任由大股东在经营期间把公司利润按认缴份额直接转至其自己的账户（没有开股东会）。

A 公司经营的第五年，公司有了一些积累，同时因产品有了一定市场销路，大股东决定改变运营模式，做大做强。于是，大股东以执行董事身份，直接解聘了小股东的经理职务，小股东面临被出局的可能。小股东把大股东诉至法院，请求法院判决按实际出资额变更股权份额，希望自己是大股东。

法院最终判决：

①敦促大股东履行出资义务，并追缴未缴出资；②对于大股东侵占公司利润的行为，不在本案审理范围，建议另案采取法律手段维护公司权益；③驳回小股东股权变更为实际出资额占比 56.25% 的请求。

小股东通过诉讼至法院，不能直接按出资额成为大股东。成为大股东通常要通过股权转让、增资扩股或其他合法方式，并需要得到其他股东或公司的同意，需要修改公司章程。此外，小股东还需要确保自己的出资符合公司章程和《公司法》的相关规定。

因此，本案中的小股东诉讼策略是错的，应该起诉大股东归还按认缴份额分配的利润。

法条链接

《公司法》第二百一十一条规定　公司违反本法规定向股东分配利润的，股东应当将违反规定分配的利润退还公司；给公司造成损失的，股东及负有责任的董事、监事、高级管理人员应当承担赔偿责任。

关于股东欠缴出资和低价出资，《公司法》第五十条有明确规定，就是有限责任公司设立时，股东未按照公司章程规定实际缴纳出资，或者实际出资的非货币财产的实际价额显著低于所认缴的出资额的，设立时的其他股东与该股东在出资不足的范围内承担连带责任。因此，在设计公司章程时，股东出资方式和出资瑕疵及其违约方面的约定，确实具有重要的风险防范意义。以下是相关建议：在股东出资方式方面，公司章程应明确列出公司接受的出资方式，如现金、实物、知识产权等，并规定每种出资方式的具体要求和评估方法。这样可以避免股东以不合规或价值不明确的资产出资，确保公司资本的充实性和真实性。

在出资瑕疵方面，公司章程应清晰定义出资瑕疵，包括但不限于出资不足、出资资产价值不实、未按时出资等情形，规定相应的违约责任，如补缴出资、赔偿损失、支付违约金等。这有助于确保股东履行出资义务，维护公司和其他股东的权益。公司章程也可以约定在某些严重出资瑕疵的情况下，公司和其他股东有权解除未履行或未完全履行出资义务的股东的股权，或要求该股东将其股权回售给公司或其他股东。

《公司法》第五十条明确股东欠缴出资和低价出资是违反股东出资义务的

行为，设立时的其他股东与该股东在出资不足的范围内承担连带责任。

①欠缴出资比较直观，股东到了公司章程规定的出资期限尚不实缴，经股东发出书面催缴书，60天的宽限期尚未实缴，经董事会决议可向该股东发出失权通知，自失权通知发出之日起，该股东丧失其未缴纳出资的股权，经催缴丧失的股权应依法转让，或相应减资并注销该股权，六个月内未转让或注销的，由其他股东按出资比例足额缴纳相应出资。

②低价出资的形式多种多样，可以是股东以低于市场价的实物、知识产权等非货币财产出资，也可以是股东提供低于其实际价值的劳务、技术等服务出资，会对公司的资本充实和稳健运营造成潜在的风险和损害。

建议在公司章程中明确规定，如股东被发现存在低价出资行为，将承担违约责任，包括但不限于补缴出资、赔偿损失、支付违约金等。并且，公司有权解除未履行或未完全履行出资义务的股东的股权，或要求该股东将其股权回售给公司。

4. 股东控制权注意事项

2020年，当当网的"抢章"事件让公司的控制权之争再度成为法律热点话题，其实，公司控制权之争的案例举不胜举。

随着公司的发展壮大，原始股东之间、原始股东与各类机构投资者之间、大股东与管理层之间的控制权之争时有发生，往往给股东和公司带来惨痛的代价。当然，也有一些公司设计了一系列公司治理制度，比如在公司章程设定保护实际控制人、不剥夺实际控制人权益等条款。实际控制人需要对公司集权，才能保护公司的稳定。

什么是实际控制人呢？

《公司法》第二百六十五条规定，实际控制人是指通过投资关系、协议或者其他安排，能够实际支配公司行为的人。

实务中，股东的控制权一般是指股东通过持有公司最多股份而拥有的对公司经营管理和经营决策最高的影响力。控制权的大小一般取决于股东所持有的股份比例，通常股份比例越高，股东的控制力就越强。

当然，这不是绝对的，因为很多投资人没有实际参与公司的经营，会把经营决策、人事安排、财务决策交给在公司参与经营的股东，这并不等于拥有这些实际控制权的股东完全放弃了实际控制权，而是这样更能科学、合理、有效地用人、用钱。控股股东只需要在公司章程中设定股东兼董事或总经理的各项权责，并设定一定程度的重大事件由自己最终决策即可。

还有一种情况，例如，老李拥有 A 公司 1%的股份，看起来是小股东，但他拥有 A 公司的最大客户，并通过协议控制 A 公司的最高决策权，那么老李就是 A 公司的实际控制人。因此，通俗点说，只要合法的能说了算的，都可以是实际控制人。

一般来说，司法机关是从**决策**、**人事**、**治理**、**财务**等四个方面来判断是不是实际控制人。

【案例 2-36】

在山东省高级人民法院审理的周某刚与青岛信华毛纺有限公司损害公司权益赔偿纠纷一案中，"周某刚作为公司高级管理人员在任职期间，全面负责公司的经营管理，控制着财务及办公等部门。结合青岛信华毛纺有限公司提供的周某刚代表公司对外签订的合同以及定期向工商机关提交年检报告书等证据，并充分考虑到外方董事会未委派监管人员，亦没有任何董事在公司负责经营管理，本院认为，周某刚在任公司总经理期间，实际控制着公司的公章、证照、财务账册等物品，现在周某刚虽不再担任总经理，但其至今未办理交接，结合公司现状及法院多次的调查情况，可以认定周某刚仍实际控制（或利用自己的影响力控制）青岛信华毛纺有限公司的财务……"。

此外，山东省高级人民法院通过回应"周某刚关于陈某铭才是公司的实际控制人的主张，因没有提交相应证据予以证明，本院不予采信"，实际上支持了本案一审法院认定的"在外方董事会并未委派监管人员常驻公司，亦没有任何董事在公司负责经营管理的情况下，周某刚在任公司总经理期间，全面负责公司的经营管理，结合周某刚代表公司多次对外签订合同等事实，其为青岛信华毛纺有限公司的实际控制人"的观点。

实际控制人是一把双刃剑，既可以享受控制权带来的利益，又要承担公司经营责任和风险。一方面，公司章程应设定一些机制来防止实际控制人滥用控制权。可以设定一定的透明度要求，让实际控制人定期向公司其他股东或相关机构报告其行使控制权的情况。此外，也可以设立一些限制条件，如重大决策的投票要求等，以防止实际控制人单独决策。另一方面，公司章程要设置保护实际控制人条款。在设计公司章程时，为实际控制人设置保护条款是至关重要的，可以确保实际控制人的权益得到充分保障。相关建议如下：

①公司章程应确保实际控制人享有充分的知情权和参与权，明确保障实际控制人的合法权利，包括但不限于决策权、管理权、信息权等，使其在合法范围内得到充分的行使和保护。

②和小股东签订一致行动人协议，有助于增强实际控制人的控制力、确保决策效率、维护公司整体利益、应对潜在风险以及促进股东间合作与信任。

③为防止其他股东或利益相关方恶意制造风险让实际控制人背锅，公司章程除了制定相关负责人的岗位权责，不得越权外，还要设定相应的违规处罚机制，以确保实际控制人有风险隔离措施，在面临纠纷时能够捋清权责，公正地解决。

④在人事控制方面，实际控制人不仅要注意股东会、董事会、监事会的权责控制，还要在职权范围、投票权、审议内容、投票程序等方面通过在公司章程中对上述人员的任命及权限进行规定，或者控股股东安排自己人任职，或者弱化其他人员的权限，使公司的管理权限偏向自己一方，从而实现对公司人事的控制。

⑤在财产控制方面，一方面，由于公司的资金借款、对外投资和提供担保等行为对公司的经营活动有较大的影响，在法律许可的范围内，公司章程可以对这些行为加以限制，从而增强公司的控制权。另一方面，公司章程可以从股权分配的比例、股权转让的限制、股权受让的限制、增资的条件限制等方面对公司进行管控，避免资产流失。

综上，建议实际控制人制定合适的章程条款来保护自己的利益，并确保公司的决策过程符合自己的期望。

5. 财务权条款

《公司法》第五十七条、第一百一十条明确规定了无论是有限责任公司还是股份有限公司的股东均有权查阅公司的会计账簿、会计凭证，道出了股东对公司财务知情权的重要性。但是，比知情权更重要的是财务权。因为老板作为公司的所有者或主要经营者，有义务保障公司的长期利益。通过控制财务权，可以确保公司的资金和资源得到合理分配和使用，以实现公司的战略目标。并且，通过控制财务权，老板可以实时了解公司的经济状况，包括收入、支出、利润等关键财务指标,从而作出更为明智的决策。也可以监督财务活动的合规性和准确性,防止员工或管理层进行财务舞弊或滥用资金。

在公司章程中设计财务权时,要注意以下几个要点:

①明确财务权的归属。比如:要有任命财务负责人的权利。财务负责人是总经理提名,董事会任命的。所以股东要明确总经理的权责,并且能够掌握董事会。对董事会的任命是股东会的一般事项,所以要么股东的股权比例支持提名过半数的董事,要么就是在公司章程中约定好有权提名过半数的董事。

②明确财务专用章、银行U盾和密码的专属保管权,以及财务决策权、审批权等。比如:建立清晰的财务审批流程,规定各类财务活动的审批程序、权限和责任。这有助于确保财务活动的合规性和准确性,防止滥用资金或财务舞弊。

③明确财务资料保管权限。如果认为个别股东存有不正当目的要求查看原始会计凭证,建议通过公司章程对股东的知情权行使范围进行合理限制。例如,在公司章程中明确:股东只能查阅会计账簿、会计凭证,不能采用拍照、扫描等方式复制或者变相复制;股东质疑财务瑕疵而要求查阅会计凭证的,还应当向公司举证会计账簿存在不完整、虚假等情况,未能有效举证的,公司可以拒绝提供查阅。

6. 夫妻股权分割的设计

根据《民法典》第一千零六十二条的规定,夫妻在婚姻关系存续期间所得的生产、经营、投资的收益,为夫妻的共同财产。

股东以夫妻共同财产出资获得公司股权时,通常认为,股权虽然没有登记在其配偶名下,但该股权所带来的财产收益仍属于夫妻共同财产。然而,在夫妻离婚过程中,涉及公司股权的分割往往是一个复杂而敏感的问题。如果公司章程中没有相关规定,可能会导致股东和配偶之间的权益纠纷。而有限责任公司具有较强的人合性,即公司的经营和决策在很大程度上依赖于股东之间的信任和合作关系。夫妻离婚可能导致一方股东失去对公司的控制,进而影响公司的稳定运营。因此,应在公司章程中对夫妻离婚分割财产进行规定,比如:

①明确夫妻离婚时股权分割的原则和程序,或者限制离婚股东将股权直接分割给配偶,但该股东需按照股权份额支付相应的金额给其配偶,并明确其配

偶离婚应得的股权,由该股东按股权份额兑价成相应金额,自行承担支付责任,这样可以减少离婚事件对公司人合性的冲击。

②其他股东有权要求按约定的股权转让条件受让该股东的股权。

③该股东的全部或部分股权无其他股东同意受让的,公司有权要求回购或定向减资,其他股东对公司回购或减资给予预先的同意,不得在股东会会议上持反对的表决意见,否则持反对意见的股东须按约定的股权转让条件受让股权,多个股东持反对意见的,按转让时各自的认缴出资比例受让股权。转让价款:按照最近一次的年度或半年度审计(以审计基准日在后的为准)报告中的公司净资产价值计算所得的股权价值。需要注意的是,在制定这种策略时,公司应该确保其符合相关法律法规的要求,并且应该考虑到不同股东的实际情况和需求,以确保章程的公平性和有效性。

7. 关于股东资格继承的设计

我国目前正处于创一代向富二代交接班的关键阶段,股权继承成为不得不面对的问题。绝大多数公司没有就股权继承相关事宜进行约定,所涉的问题在司法实践中存在争议。

在法律层面,《公司法》第九十条、第一百六十七条均规定在有限责任公司和股份有限公司中,自然人股东死亡后,其合法继承人可以继承股东资格;**但是,公司章程另有规定的除外**。因此,股东资格继承是法定权益,可以确保股东在去世后,其股权由其合法继承人继承,避免股权流失。

在人合层面,如果股东去世后其股权继承人与原股东经营理念不合,产生的分歧可能使得公司难以形成统一的决策,导致决策效率低下,甚至可能使公司错失发展机会,也可能会进一步演化为股东之间的矛盾和冲突,影响公司的稳定和发展。

为了两者兼顾,维护公司的凝聚力和向心力,建议股东在公司章程中作如下设计:一是限制继承股东资格的继承人数量,比如在公司章程中规定继承人不得超过2人入席董事会议。二是对特殊身份继承人进行约定,比如继承人属于无民事行为能力人、限制民事行为能力人或公务员等特殊情形,不得继承股东资格,由其他继承人继承股东资格。三是对股权存在未出资(到期未出资或未届出资期限)情形时的继承进行约定,比如约定在继承人继承股权之前,必须先完成未出资部分的出资,否则视为放弃继承股东资格。这样可以确保公司的资本充实，并保护其他股东的利益。四是基于人合的考虑，在公司章程中约定股东死亡时，继承人不得继承股东资格，但是必须明确继承人可以获得财产性权益的处理方式，例如公司回购、股东收购等。同时，应当对继承股权价格的计算标准予以明确，以防收购继承股权时因价格无法达成一致产生争议。五是为防止股权外流，可以在公司章程中明确：①自然人股东身故后，股东资格不得自动继承，应经其他股东半数以上同意后，方可继承，但其他股东对因继承发生变化而变动的公司股权享有同等条件下的优先购买权；②如未能获得其他股东半数以上同意，股东资格不得继承，由公司回购或公司减资，其他股东对公司回购或减资给予预先的同意，不得在股东会会议上持反对的表决意见，否则持反对意见的股东须按照本条中的同等条件受让股权，多个股东持反对意见的，按转让时各自的认缴出资比例受让股权。公司回购或减资后，被继承股东的股东资格消灭，对应价款支付给法定继承人。回购价款：按照最近一次的年度或半年度审计（以审计基准日在后的为准）报告中的公司净资产价值计算所得的股权价值。

8. 关于公司向其他企业投资或为他人担保的条款

《公司法》第十五条规定，公司向其他企业投资或者为他人提供担保，按照公司章程的规定，由董事会或者股东会决议；公司章程对投资或者担保的总额及单项投资或者担保的数额有限额规定的，不得超过规定的限额。公司为公司股东或者实际控制人提供担保的，应当经股东会决议。

公司为他人提供担保可能会对公司产生重大影响，包括财务风险和法律责任。只有通过股东会决议的方式，才可以加强对此类事项的审查和监管，保护公司和股东的权益。这一法律条文体现了公司治理结构中的权力分配和制衡原则，确保公司决策的合法性和合规性。

公司章程应当明确规定股东会或者董事会关于投资或担保事宜的决议程序，同时还应规定公司对外投资或者担保总额以及单项投资或者担保的数额的限额以及相应的表决机制。公司资金借贷、对外投资和提供担保对公司的经营会产生重大影响，为防止丧失控股地位而导致经营失控，**在法律规定的范围内对公司章程进行补充规定**，以加强控制。比如，须经股东会 2/3 以上或全部表决权决议通过；在董事会层面决议的，董事长享有一票否决权；在金额限制方面，可以规定超过某金额标准的，禁止对外提供资金借贷、担保或投资等。各项规定的最终目的是保障股东在相关重大事项中的决策话语权,以弥补持股比例不足所带来的劣势。

9. 债转股的章程要点

《公司法》第四十八条规定,股东可以用货币出资,也可以用实物、知识产权、土地使用权、股权、债权等可以用货币估价并可以依法转让的非货币财产作价出资;但是,法律、行政法规规定不得作为出资的财产除外。

可见,债权作为重要的财产性权利,在权属清楚、可以评估作价且可以依法转让的情况下,完全符合《公司法》对出资要件的规定。

《中华人民共和国市场主体登记管理条例》在第十三条中规定,除法律、行政法规或者国务院决定另有规定外,市场主体的注册资本或者出资额实行认缴登记制,以人民币表示。出资方式应当符合法律、行政法规的规定。公司股东、非公司企业法人出资人,农民专业合作社(联合社)成员不得以劳务、信用、自然人姓名、商誉、特许经营权或者设定担保的财产等作价出资。

可见,债转股的工商登记,还得符合公司章程的规定。建议大家在公司章程中明确债转股的具体条款,包括债转股的条件、程序、转股价格、转股后股东的权益等。这些条款应清晰明确,避免产生歧义或纠纷。

在此要提醒以下两点:

①对于外部股东获得债转股,防止股权外流,原大股东可以通过公司章程条款进行设置。比如:在股权转让方面,可以规定股东转让股权时,控股股东相比其他股东享有更高级别的优先受让权;通过设置出资比例和分红比例不一致的规定,尽管通过债转股而来的股东获得公司股权份额,但公司章程约定仍然由实际控股股东获取更多的分红权,以取得更大的资金优势,用于增持股权或激励核心骨干,强化控制权。

②对于内部股东而言,债转股可能涉及原有股东的权益调整。因为《公司注册资本登记管理规定》第七条明确规定,公司债转股的,应当进行增资。但该文件目前已废止。公司法实施细则没有明确债转股后是否应当增资。我们认为,应当根据债权人身份的不同来确定是否进行增资。比如:债权人系公司股东,就可能涉及其原始出资义务是否能与债权相抵销的问题,当股东的出资义务和公司对股东的清偿义务均系金钱债务时,在符合《民法典》的相关规定,并符合公司债转股的内部决策程序的前提下,可以进行抵销。抵销完成

后，股东的出资义务和公司对股东的清偿义务均予以免除。在公司章程变更时，一定要明确哪些债务可以被抵销、抵销的时间限制、抵销的方式和流程等。

因此，公司章程设计应充分考虑原有股东的利益保护。可以通过设置优先权、限制条件等方式，确保原有股东的合法权益不受损害。

10. 关于明确解散公司理由

在公司运营的过程中，可能会出现公司章程规定的营业期限届满或者公司章程规定的其他解散事由，也可能有公司依法被吊销营业执照、责令关闭或者被撤销的情形。除此以外，还有可能出现一些特殊情况导致公司无法经营下去，比如：公司因股东不和陷入经营僵局，或者因资金链断裂无法继续经营等。为了保护所有股东的合法权益，可以在公司章程中设置相应的公司解散事由，一旦约定的事由出现，股东可以依法选择终止公司。

章程设计要点可以参考如下：

①当经营不善（如资金链断裂、负债超过一定额度等）解散事由出现时，每个股东须直接同意公司解散。

②当股东丧失控制权时，由该实际控制人直接决定是否解散公司。

③当公司经营陷入僵局时（比如：股东之间在公司的经营、策略、管理等方面存在重大分歧，无法形成有效决议，即使召开股东会议，也难就关键问题达成一致），大股东有权直接解散公司。

④公司的日常运营陷入停滞，无法按时支付工资，无法付款给供应商等情形已出现三个月，股东可以依法选择终止公司。需要注意的是，在公司章程中要明确经营不善和陷入僵局的具体标准。例如，可以规定将公司连续两年亏损、无法偿还债务、市场份额大幅下降等作为经营不善的标准；而陷入僵局则可以规定为公司股东会或董事会无法就重大事项达成一致意见，且无法通过其他途径解决等。一旦公司符合上述约定的解散条件，应明确解散公司的具体程序，例如，由谁提出解散申请、如何召开股东会或董事会进行决议、解散后的清算程序是什么等。在制定这些条款时，应遵循法律法规的规定，确保它们合法、有效、可执行。同时，也应在实践中不断完善和调整这些条款，以适应公司发展的需要和市场的变化。

综上，《公司法》赋予公司一定的自治空间，股东可以在不违反法律规定的前提下，通过公司章程规定达到加强控制权的目的。

不过，公司章程设计打的是一套"组合拳"，它不只可以在控股股东丧失控股地位时运用，即使未丧失控股地位，运用它也能够使控制权更加稳固。

因此，在公司有序运营和稳步发展，而非制造矛盾和损害他方利益的前提下，公司可以根据自身经营管理情况切实做好章程设计，以达到规范公司行为、保障股东权益、完善公司治理、提高公司透明度和适应市场变化等目的，从而实现公司的长期稳定发展和股东的利益最大化。

第三节　公司经营风险的管和控

在企业经营过程中，机会和风险是并存的，经营风险存在于企业经营的各个环节。企业经营管理者，尤其核心决策层的风险意识是企业有效进行经营风险控制的前提。只有经营管理者从思想上重视企业的风险管理，认识到风险对于企业生存发展的影响，增强企业的风险防范意识，对可能面临的风险做到心中有数，才能在企业的日常管理过程中加强企业的风险管理工作，将风险防范贯穿于企业生产经营和日常管理的整个过程，实现对各类风险的有效预测、识别、判断、控制，提高风险管理能力，以保障和促进企业的持续健康发展。

本节从公司经营资金、财税、知识产权、人力资源、股权、购销合同、产权不明晰、"多壳化经营"、股东与公司人格混同、关联公司人格混同、公司财产为股东承担债务等维度的司法案例及防控策略展开企业的经营风险分析，告诉投资者如何规避、减少企业的经营风险。为有效地规避经营风险，实现企业的长远发展，应建立健全风险预警机制，将风险对企业可能造成的损失控制在最小范围内。

一、股东出资期限与公司资本充实需求不匹配的风险与防控

有限责任公司的股东对于认缴制下的出资期限的确享有一定程度的出资期

限利益，但是，公司章程约定的股东出资期限往往是缴纳出资的最晚期限。这意味着股东的出资义务只是暂缓，并非永久免除，在公司经营出现显著变化时，管理层应当根据具体情况判断是否需要修改出资期限。当公司面临资本充实的必要性时，以资本多数决方式通过股东会决议，要求全体股东加速出资到期的决议，不仅不会损害股东利益，反而有助于保障股东及公司债权人的合法权益，应被视为合法且有效。

【案例 2-37】

公司因面临巨大资金需求及经营障碍，提前实缴获判支持

▲案件概况

江苏某新能源有限公司（简称"某新能源公司"）的注册资本为 5000 万元，其中许成聿认缴出资 1500 万元，全体股东出资期限均为 2036 年 12 月 31 日。

某新能源公司因面临巨大资金需求及经营障碍，于 2018 年 3 月召开股东会，决定提前实缴注册资本金 1000 万元。经表决，除许某某外的其他股东均投赞成票，该决议以 70% 的比例获得通过。

除许某某外的其他股东均按股东会决议缴纳了出资，某新能源公司遂向江苏省无锡市滨湖区人民法院起诉要求许某某支付出资款。

▲法院判决

一审法院认为某新能源公司股东会根据公司实际情况作出上述决议有效，许某某应根据新修改的公司章程，及时支付出资款。

后许某某向江苏省无锡市中级人民法院、江苏省高级人民法院分别提出上诉、再审申请，**法院对许某某的上诉和再审申请均予以驳回。**

1. **案件分析**

该案在法院审理阶段，二审判决书中就该问题的论述如下：

首先，某新能源公司提供的证据足以证明其要求股东提前出资的必要性。某新能源公司 2018 年度第二次临时股东会会议决议、2018 年度第二次临时股东会会议记录、2017 年度公司财务决算及 2018 年度财务预算、一审民事裁定书等证据，已证明某新能源公司在 2017 年度亏损 403 万元，截至 2018 年 1 月 31 日银行账户余额仅有 535278.65 元，且因涉及他案诉讼公司账户被查封，

公司资金流转出现较大困难。某新能源公司的股东会决议未损害股东的合法权益。

其次，某新能源公司在经营状况出现显著变化时，通过股东会决议的方式要求股东提前履行出资义务，是某新能源公司在面对公司经营现状时对公司资本作出的及时反应和调整，不仅有利于公司发展，亦有助于保障股东及公司债权人的合法权益，故许某某认为一审判决允许公司在经营出现较大变化时通过股东会决议的方式要求股东提前履行出资义务，系规避承担债务的行为，损害其期限利益的主张缺乏事实和法律依据，不能成立。

最后，许某某在某新能源公司董事会召开前已知晓公司增加实缴出资方案。

本案中，某新能源公司提供相应证据证明其在2017年度亏损403万元，银行账户余额仅为53万余元，且公司涉及3个诉讼案，导致公司账户被查封。公司因面临巨大资金需求及经营障碍，有权以资本多数决方式作出要求全体股东出资加速到期的决议，公司能充分举证具有补充经营资金的迫切需要，可通过股东会多数决的形式要求全体股东（包括投反对票在内的股东）按照各自的出资比例在同一时间提前出资。

综上，某新能源公司根据公司的经营需要，要求全体股东按照各自的出资比例在同一时间提前出资，各股东权利义务对等，并非大股东利用控制地位逼迫小股东提前出资的情形。因此，许某某认为某新能源公司其他股东滥用股东权利损害其合法权益的主张缺乏事实依据。鉴于案涉股东会会议召集及表决程序合法，内容不违反法律规定，是某新能源公司及其股东根据公司具体经营状况对公司注册资本的实缴期限作出的调整，属于公司自治的范畴，一审、二审判决尊重德力欣公司股东会决议，并非干预公司经营。许某某的再审申请缺乏事实和法律依据，不能成立。综上，驳回许某某的再审申请。

2. 风险防控策略

企业在经营过程中，把资金管控好才是上上策，出现问题后的法律援助只是救济手段。关于有效管理企业的经营资金，建议如下：

（1）建立机制，完善资金管理制度。

资金管理是企业财务管理的核心内容，涉及企业筹资、投资和资金使用等方面，企业应为资金管理建章立制，完善资金管理制度，包括单位账户管理办法、存款管理办法、现金使用管理办法、结算业务管理办法等。完善的资金管理制度可以在保证资金安全运行的情况下，最大限度地满足生产经营中方方面面的资金需求，促进合理配置资金，促进提高企业经营效益。

（2）健全预算管理体系。

预算管理对企业经营活动和财务状况具有预算和筹划功能。健全的预算管理体系可以实现对企业资金实际运行情况与预算情况的对照分析，从而找出资金管理中存在的风险，为企业资金管理纠偏防弊提供依据。

（3）加强资金内部控制。

良好的资金内部控制可以有效杜绝资金被挪用、盗用和滥用，预防资金在使用中发生违法行为，把资金使用框定在国家财经纪律许可范围内，提高资金使用效益，降低资金管理风险。

（4）严把资金审批流程。

在市场经济体制下，资金是企业经营活动中最关键的资产，这决定了资金审批流程在企业资金管理中的重要地位。

首先，企业要根据各部门、各层级管理形式、管理职责的不同，分别制定具有针对性的审批流程，特别是对有关领导的审批权限和审批限额更要严格明确，防止在审批流程中出现权力边界模糊地带而带来日后问责的不利。

其次，企业要严格界定资金支付中有关人员的岗位分工，应以流程图和制度的形式将岗位分工展示出来，一旦资金审批环节出了问题，企业就可以"对号入座"，杜绝追责中出现推诿扯皮。

最后，企业要重视对不相容岗位分离制度的管理，防止资金被侵占，确保资金安全、有效使用。

二、融资借贷的风险与防控

在企业经营中出现资金不足是多数企业都会遇到的情形。常见的融资方式有银行借贷、民间借贷、股东追加投资、吸收新股东增资扩股、引进战略投资者、发行公司债券、上市融资等。

不同的融资方式存在不同的法律风险，融资在不同环节有不同的法律风险。比如，银行借贷可能涉及高利转贷、违法发放贷款、贷款诈骗及其他金融诈骗的法律风险；民间借贷可能遭遇非法吸收公众存款、集资诈骗、票据诈骗和其他金融凭证诈骗等法律风险。

企业要做大做强免不了各种形式的融资或资本运作，在此背景下，加强融资项目管理中的法律风险管理显得尤为重要。下面将通过探讨企业违法发放贷款（特别是互保联保的贷款），以及与小额贷款公司利息和管理费相关的纠纷案例，提醒企业加强融资项目管理中的法律风险管理，以确保融资活动的合法性和安全性。

【案例2-38】

《三方合作协议》关联担保被判替还款

▲案件概况

2014年12月，A集团结算中心副主任李某2（另案处理）为增加公司账目存款余额，顺利通过会计师事务所的审计，伙同李某1、田某1（均另案处理），虚构某高分子公司与盛泉公司、化工公司与恒泰公司的购销合同（某高分子公司、化工公司均为A集团下属子公司），向交通银行青岛市北第一支行（简称"交行青岛市北支行"）申请贷款。时任交通青岛市北支行行长戚某、行长助理赵某、对公客户经理刘某（3名工作人员另案处理后均被刑事处罚）在明知购销合同虚假、此次贷款所依托的贸易背景不真实的情形下（审查贷款时，两家贷款公司经营范围无贷款用途涉及的产品，后来才增加的；贷前调查，客户经理没有到客户经营现场调查；贷后检查，两家贷款公司并未采购相关产品），签订了《三方合作协议》（协议规定某高分子公司、化工公司分别转3亿元、2亿元至交行青岛市北支行账户用于回购准备金，实质是贷款保证金，相关账户也是保证金账户），违反国家规定发放贷款5亿元。贷款发放后，田某等人给交行青岛市北支行揽储2亿余元以表示感谢（为此，相关存款公司获得120万元费用）。因盛泉公司、恒泰公司三次欠息，2015年10月，根据《三方合作协议》，某高分子公司存在交行青岛市北支行的3亿元"回购准备金"被划扣。

某高分子公司向一审法院起诉请求：①确认李某以某高分子公司的名义与交行青岛市北支行及盛泉公司签订的《三方合作协议》无效；②交通银行青岛分行、交行青岛市北支行返还基于《三方合作协议》划扣的东岳高分子公司资金3亿元并赔偿利息损失（以3亿元为基数，参照中国人民银行公布的银行同期贷款基准利率标准，自划扣之日起计算至本判决确定的给付期限届满止）。

被告交通银行青岛分行、交行青岛市北支行向一审法院反诉请求：某高分子公司、盛泉公司返还基于《三方合作协议》而收到的资金3亿元，并赔偿利息损失（以3亿元为基数，参照中国人民银行公布的银行同期贷款基准利率标准，自收到款项之日起计算至本判决确定的给付期限届满止）。

▲法院判决

《中华人民共和国民事诉讼法》第一百五十三条规定，案件中止诉讼有多种情形：

本案必须以另一案的审理结果为依据，而另一案尚未审结的情形下，案件应中止诉讼。这意味着当一个案件的审理结果需要依赖于另一个案件的结果，并且依赖的案件尚未得出审理结论时，当前案件将会暂停审理，直到依赖的案件审理结束。这样规定是为了确保案件审理的准确性和公正性，避免因为依赖案件的不确定性而导致当前案件的审理结果存在疑问。

本案系各方当事人之间的合同纠纷，李某以及交行青岛市北支行的相关工作人员虽然因涉嫌刑事犯罪被立案侦查，但李某是否存在挪用资金行为以及交行青岛市北支行工作人员是否存在违规出具金融票证、违法发放贷款等行为均与本案不属于同一法律事实。并且，如前分析，本案中的《三方合作协议》无论有效与否，均不影响本案的裁判结果，本案无须以刑事案件的审理结果为依据，故本案不应中止审理。东岳高分子公司关于本案应中止审理的理由，不能成立，一审法院不予支持。相应地，对东岳高分子公司关于调取李某挪用资金案以及戚某等人违法发放贷款案的相关证据的申请，一审法院亦不予准许。

综上，某高分子公司的本诉请求和交通银行青岛分行、交行青岛市北支行的反诉请求均不能成立，一审法院不予支持。一审判决如下：

①驳回某高分子公司的诉讼请求；②驳回交通银行青岛分行、交行青岛市北支行的诉讼请求。本诉案件受理费1541800元，由某高分子公司负担。反诉案件受理费770900元，由交行青岛分行、交行青岛市北支行负担。二审结果驳回各方上诉，维持一审原判，为终审判决。

【案例 2-39】
A 公司与某小额贷款公司、B 公司金融借款合同纠纷

▲案件概况

某小额贷款公司与 A 公司等保证人签订《最高额保证合同》，由保证人为小额贷款公司对 B 公司的债权提供最高本金 4500 万元的连带责任保证。

同日，小额贷款公司与 A 公司订立《最高额抵押合同》，由 A 公司以土地使用权进行抵押担保并办理抵押登记。

后委托人 C 公司、小额贷款公司与 B 公司分别订立三份《委托贷款借款合同》，载明由 B 公司向小额贷款公司借款用于临时周转，年利率均为 18%。

如 B 公司不按期归还贷款本息，小额贷款公司有权按 C 公司书面指令根据违约金额和违约期限按每日千分之一的标准计收罚息等。

小额贷款公司依约支付贷款。

后小额贷款公司与 A 公司订立《最高额抵押合同》，由 A 公司以在建工程抵押给小额贷款公司并办理了抵押登记。

现 B 公司未清偿借款，**小额贷款公司遂诉请 B 公司还本付息，并要求以抵押财产优先受偿，保证人承担连带保证责任。**

▲法院判决

浙江高院二审认为，委托贷款是贷款种类之一，是由委托人提供资金，由受托人根据委托人确定的借款人、用途、金额、币种、期限、利率等代为发放、协助监督使用、协助收回的贷款。

小额贷款公司具有办理贷款业务资质，《委托贷款借款合同》缔约主体及合同内容符合委托贷款的特征，本案属金融借款合同纠纷，A 公司主张应当适用民间借贷的相关法律规定缺乏依据。

A 公司向委托贷款方 C 公司实际控制人梁某某支付的"利息损失""委贷手续费"均是基于案涉委托贷款产生的费用，属案涉委托贷款用资人的融资成本。

鉴于小额贷款公司向 B 公司发放了第一笔委托贷款，梁某某向 A 公司方计收贷款发放之前已方控制款项产生的"利息"缺乏事实和法律依据，应当从案涉委托贷款本息中扣除。委托人与受托人是委托法律关系的主体，受托人

应当按照"谁委托谁付费"的原则向委托人收取代理手续费。

本案中，C公司与小额贷款公司订立的《委托贷款委托代理协议》亦载明作为委托人的C公司应向作为受托人的小额贷款公司支付手续费。

故委托贷款的手续费亦应由C公司向小额贷款公司支付，该笔手续费转嫁于A公司方亦属用资人的融资支出，应当从欠付的委托贷款本息中扣除。

另外，由A公司支付的"委贷手续费""违约金""管理费"均是基于案涉委托贷款产生的费用，属用资人的融资成本，一并冲抵支付委托贷款本息。

二审根据C公司以利息、咨询费、管理费、委贷手续费、违约金等各类名义收取的与案涉委托贷款有关的款项，按照借款期限内约定年利率18%、借款期限外年利率24%的标准，重新核算结欠的本金及利息，并进行相应改判。

1. 案件分析

（1）案例2-38分析。

这是一个上游企业向银行提供保证金，银行向下游企业发放贷款，贷款用于下游企业对上游企业的货款支付的贷款案件，因为东某集团是香港上市公司，不能签订内地银行通行的"保证金合同"，即交行向盟诚系公司提供贷款，贷款用于购买东某集团产品，直接受托支付给东某集团两家子公司山东东某化工有限公司（即上述的化工公司）和山东某高分子材料有限公司（即上述的某高分子公司）。同时，由东某集团在交行存入5亿元的"回购准备金"。贷款到期后，盟诚系公司应用销售化工产品所得的资金偿还贷款，但如借款人盟诚系公司无法到期还款，则用东某集团的"回购准备金"偿还贷款。2015年6月、7月、9月，盟诚系公司先后三次出现迟付利息的情况，交通银行青岛分行于2015年10月划扣了东岳高分子公司在该行的3亿元"回购准备金"用于偿还贷款。

2018年6月，山东高院一审判决，交通银行青岛分行、交行青岛市北支行在与东某集团两家子公司的纠纷中胜诉，不用归还5亿元资金。因此，站在银行的角度可谓是完全无风险，稳赚利息还不会损失贷款本金。东某集团交涉无果后报警声称5亿元存款被骗，并起诉请求确认李某以某高分子公司的名义与交行青岛市北支行及盛某公司签订的《三方合作协议》无效，交通银行青岛分行、交行青岛市北支行返还基于《三方合作协议》划扣的某高分子公司资金3亿元并赔偿利息损失。结果是东某集团败诉，银行各负责人被刑事处罚，可见贷款背后可能隐藏着巨大的风险和漏洞。

（2）案例2-39分析。

人民法院在审理金融借款纠纷案件中，严格依法规制高利放贷，有效降低了实体经济的融资成本。

本案中，金融借款合同的借款人以贷款人同时主张的利息、复利、罚息、违约金和其他费用过高，显著背离实际损失为由，请求对总计超过年利率24%的部分予以调减的，应依法予以支持。

特别是在委托贷款案件中，因委托贷款合同的法律后果直接约束委托人，对用资人等支付给委托人的相关款项应当在受托人与用资人的诉讼中予以扣除，对巧立名目变相收取利息和费用的行为，依法予以否定。

2. 风险防控策略

无数案例告诉我们，忽视法律风险防控的后果是企业和企业家不可承受之痛，尤其刑事法律后果足以让一家企业瞬间瓦解，顷刻颠覆企业家的人生。因此，企业应高度重视在经营过程中的潜在法律风险。有关融资借贷方面的风险防控策略如下：

（1）聘用专业人才，制定制度和规范流程。

有条件的企业，应重视法律人才的引进，成立法务部或聘请法律顾问来协助企业经营，结合财务公司的特点，根据《流动资金贷款管理暂行办法》制定企业贷款制度；同时，企业应严格审查贷款合同，尤其是其中非格式部分。规范流程，严格遵循贷款审批流程，避免损失资金和滋生相关法律风险。

（2）慎重选择互保联保的贷款方式。

互保联保能够为企业增加信用，帮助企业快速获得融资，但企业应当充分认识到互保联保模式的法律风险。企业申请银行贷款时，如被要求组织数个需要贷款的企业组成联保团体或为该银行的某个经营状况不良的客户提供担保，建议企业认真考量联保团体内其他企业的经营或资信状况，评估风险，慎重决定是否提供担保。

（3）防范金融服务公司的套路或隐性融资成本。

如果企业向金融服务公司等机构寻找借款，这些机构可能以极低的费用诱使企业接受服务，但会以砍头息、担保费、增信费、服务费、保险费、中介费、违约金等名义收取各种费用，甚至私自扣留企业借款或还款。建议企业务必认真核算资金成本，在借款合同中注明资金往来账户，防止资金被他人占用或被动增加融资成本，必要时运用法律手段维权。

（4）谨慎评估自身的偿还能力。

企业应在谨慎评估自身的经营情况、资信状况和偿债能力的基础上，决定贷款额度，尽可能降低贷款风险。

（5）谨防担保贷款的风险。

企业为他人借款提供担保时，应审慎核实借款用途，如借款合同当事人协议以新贷偿还旧贷。新加入的保证人应当在充分考虑借款人的经营情况、资信状况和偿债能力的基础上决定是否提供担保，尽可能降低担保风险。

（6）注意证据的收集。

企业家在经营过程中务必有证据意识，留存对自己有利的证据。建议企业对因买卖、承揽、股权转让等法律关系产生的债务，经结算后，债务人以书面借据的形式对债务予以确认的，应保留双方的结算单、往来款项及函件记录，如会议记录、工作流程、政府和公司的文件、合同文本及备忘录、邮件聊天记录等客观性证据，以便在出现风险危机时手握武器。

（7）做好救济措施。

一旦涉及刑事案件，应立即启动刑事危机管控措施，可能被刑事调查的，立即进行补救，争取将可能涉刑的行为转化为单纯的民事行为，或者将涉嫌刑事犯罪的行为转化为刑法上可以不作为犯罪处理或罪行较轻的行为；对于可能被刑事犯罪侵害的情形，尽力做好防护，避免成为被刑事犯罪侵害的"冤大头"。

（8）勿越民间借贷利率红线。

法律保护民间借贷的合理利息，但同时明确禁止高利放贷，构成犯罪的，要承担刑事责任。民间借贷中双方约定的年利率超过合同成立时一年期贷款市场报价利率4倍的部分，人民法院不予支持。

（9）审慎使用小额贷款方式。

民营企业向小额贷款公司等具有放贷资质的企业借款，应当高度重视利息问题，对于小额贷款公司提前收取砍头息的，建议保留实际收到款项的证据；偿还本次利息超额部分应当抵扣本金，对于复利计算应当有合同约定且不能超过法定上限，建议保留支付利息的证据，确定付款时间和金额。

企业在向小额贷款公司借款时，要多考察几家公司并进行比较。

企业应当仔细阅读、审慎签订借款合同，格式条款可要求对方作出说明，同时建议全部填写填空式条款，无用之处画线处理，以免约定不明的争议。

三、企业营运资金管控的风险与防控

企业的营运资金又可以称为营运资本。企业营运资金管理的范围比较广，不仅涉及企业所有的经济活动，还包含企业内部的销售、管理、服务等方面。对于每个企业来说，资金就好比人体的血液一样重要，一旦资金短缺，企业的资金链就会出现断裂，使企业正常的生产经营乃至生存受到影响。

资金管理贯穿于企业采购、生产、销售、仓储等全部经济活动之中，对其进行有效管理是促进企业良性发展的重要保障。目前，我国个别企业由于资产负债率过高、资金未能被有效调剂使用，企业资金链断裂的情况频繁发生。对企业资金进行管理成为企业目前有待解决的重要问题。

以下从乐视资金链断裂问题展开分析。

【案例2-40】
乐视网现金流管理不当引发资金链断裂

▲案件概况

2004年，乐视网于北京成立，创始人为贾跃亭。乐视网致力于成为世界领先的家庭互联智能娱乐服务提供商，即以用户体验为核心，结合分众自制和生态开放战略，打造以智能电视为核心的大屏互联网家庭娱乐生活，拥有新乐视智家和新乐视云联等业务子公司。

乐视网于2010年上市。乐视网是我国第一家在A股上市的视频公司，也是全球范围内视频行业第一家IPO上市公司。据统计，乐视网影视版权库中共有电影5000部、电视剧100000集，而且还拓展了自制、综艺、动漫、体育、音乐等领域。

虽然资本市场雄厚的资本支撑了乐视网快速扩张，但乐视网的诸多业务都处于发展阶段，不仅不能为企业的发展提供资金支持，反而需要企业提供大量资金支持。乐视网并没有单独的风险管理部门。

从 2013 年起，乐视网董事长兼 CEO 贾跃亭开始通过减持等一系列资本运作来为乐视网提供资金，这表明乐视网的资金链已经出现隐忧，但乐视网依然疯狂扩张，**未高度重视企业财务危机问题**。

2015 年，乐视网开始大举进入汽车和房地产等重资产行业，乐视网的资金链愈加紧张。

2016 年，对乐视汽车的超额投资所引发的巨额资金缺口暴露出乐视网其他业务的隐患。

2016 年 12 月 6 日，乐视网因巨额资金缺口紧急停牌，乐视网已摇摇欲坠。

随后，在短短 4 年时间里，乐视网就欠下了 700 亿元的债务。贾跃亭面对庞大债务，选择逃往美国。

1. 案例分析

（1）内部原因。

①未制定资金管控策略。

乐视网处于快速发展阶段时，为获取更多的利润，选择了花费巨额资金来购买更多的版权，如体育比赛版权、电影版权、电视剧版权等。为此，乐视网不但花费了自有资金，而且还动用了超募资金。这导致了乐视网在后续发展中面临过大的财务压力。

后来，乐视网通过发行债券、银行贷款、股本融资等多种途径，共获取了高达 725 亿元的融资。据乐视网披露，资金都在经营活动中消耗殆尽。

②多元化扩张战略激进。

乐视网多元化扩张战略是财务危机爆发的主要原因。乐视网根本没有制定合理、可行的资金策略，在出现资不抵债时仍然大肆扩张，致使大量资金被损耗，却没能真正实现乐视网的做大做强。

③未设置单独的风险管理部门，抗资金风险能力较差。

据乐视网披露的信息，董事会下从没单独设立风险管理部门。在开展新业务之前，假如企业没有制定科学的资金预算与资金使用规划，同时未能够根据计划来实现资金的筹集，企业财务风险就难以得到有效的识别、控制与解决，一旦在经营活动中出现资金短缺问题，就会爆发严重的财务危机，甚至导致资金链濒临断裂。

④关联方幕后股东同源，财务报表合并粉饰。

因为关联方的实际控制人均为贾跃亭，乐视网早在 2016 年就开始通过关联方进行金融交易，不仅导致乐视网的公司账面上出现了大量的应收账款和预付账款，而且通过关联方利益输送，对子公司进行做亏处理，试图将母公司净利润最大化以粉饰报表，致使资金链断裂加剧，造成无法及时收回关联方的应收账款，无法及时支付供应商的欠款。内部紧张的现金流导致乐视网出现了严重的社会声誉危机，品牌形象受损。严重的信用危机的爆发也导致乐视网后续的发展举步维艰。

在（2021）京 74 民初 111 号北京金融法院民事判决书中，一审乐视网被判赔 20.40 亿元，被告贾跃亭就乐视网投资者的损失，被判与被告乐视网承担连带赔偿责任。

⑤应收账款过多。

从乐视网公开披露的信息可知，2013—2017 年乐视网的应收账款始终处于较高的水平，并且存在上涨的趋势。过多的应收账款会造成企业的应收账款资金滞留，进而对企业的偿债能力和资金运转产生影响。

截至 2021 年，乐视网大部分应收款项仍未收回，已经出现了财务困难，对上游供应商存在大量欠款无法支付，大量债务违约被起诉付款问题导致公司现金流极度紧张，危及公司信用体系，致使融资渠道不畅，不利于筹资活动的进行，对公司经营构成不利影响。

除上述内部原因外，公司管理混乱、高管贪腐、债务率过高以及投资过度等，也是乐视网的风险因素。

（2）外部原因。

①乐视网的版权成本。

除了内部高成本运营、肆意扩张导致资金链紧张外，乐视网支付的大额版权费也是加剧资金链断裂的一个重要外在原因。

针对传媒视频网站，我国于 2009 年出台了多个改革政策，进而提高了网络视频版权的价格。乐视网在此背景下的版权成本不容忽视。

②无法再获得外部投资、融资。

乐视网过度提前对外投资，使其不能再获得外部新的资金，陷入了严重的财务危机。

2. 风险防控策略

（1）建立现金流预警体系。

为避免现金流带来的风险，企业应以所涉及的各个账户资金流动情况为依据，设置安全线，以便在资金波动超出安全线时发出预警，把控现金流危机。

（2）重视现金流指标分析监控。

建立现金流预警体系只是第一步，接下来重视现金流指标分析监控才是重中之重。

企业可借助现金流风险度量理论，对偿债能力、收益质量、获取现金能力等指标进行动态分析、管控，完成对现金流风险的识别。

（3）谨慎担保。

替人担保通常有三种原因，一是自我保护意识不强，二是碍于人情面子，三是经济利益诱惑。

避免担保风险的最好办法就是直接拒绝。实在推托不掉的，建议担保时一定要知道为谁担保，考察被担保人的诚信度和真实度，核实对方的经济状况；要知道担保什么，明确借款金额、期限、用途及担保范围；要掌握担保人享有的权利和义务，比如一般责任还是连带责任，要考虑自己的偿还能力，避免不必要的资金风险。

（4）谨慎无序扩张。

为什么一些好企业会猝死？原因在于扩张阶段占用了大量的资金，这些资金在一段时间内不能很快回笼，如果一开始准备不够充分，就会很快陷入被动。乐视网无序扩张就是一个令人警惕的例子。

企业一定要控制好扩张的节奏，做好融资计划。在每一个阶段的储备资金还没有到位的情况下，宁可牺牲发展速度。

（5）现金为王。

现金是企业的"血液"，在经济风险越来越大的今天，企业需要时刻保持健康的现金流。一般要做到以下四点：

①确保投资规模与企业的资金实力相匹配。

②确保债务与权益比例平衡。

③确保投资回报期间与债务偿付期间相匹配。

④确保充足的现金储备。

(6)赊账有度。

赊账在各个生态产业的很多环节是常见的，赊购原材料或设备等的同时也被客户拖欠货款，有些企业在这种经营状况下如履薄冰、勉强度日。此时，一旦资金不能及时回笼，就会加大资金链断裂的风险。

因此，在允许赊账的情况下，一定要设定一个合理的额度值，在客户方面一旦超过风险额度值就要断然停止供货，否则很容易陷入资不抵债的困境。

(7)优化资本结构，合理防范资金链风险。

乐视网的资本结构表明其对债务资本的负债较大，而权益资本结构占比较小，这使其面临较高的财务风险。企业要把控好权益性融资和债务性融资的差异，避免潜在的资金链风险。

(8)建立资金链控制机制，降低财务风险。

企业资金链断裂是造成企业破产的重要因素。为了避免此类问题，降低企业财务风险，企业应建立资金链控制机制。例如：在银行贷款运行项目中，企业应针对还款周期、利息等问题制定相应措施，避免拖延贷款等问题对项目经济效益的影响，降低企业财务风险及项目风险，保障企业经济效益。通过制定与执行相应问题的对策，保障企业资金链的通畅，减少财务风险的形成。

(9)建立内部监督审计机制。

企业可组织各部门主要负责人成立专门的现金流风险管理委员会或风险管理部门，制定风险管理制度，根据资金波动情况，协同商讨现金流风险的解决办法。同时，设置专门的内部审计部门，负责内部现金流的监督审计，在发现内部现金流风险的第一时间进行解决。

(10)夯实已有业务，合理制定企业发展战略。

已有业务是否拥有足够的"造血"功能，或未来是否能够创造足够的资金回报是企业首要考虑的问题。在资金链充裕的情况下，审慎考虑下一步的扩张计划，尽量做到夯实已有业务，再谋发展扩张，稳健有序才能保证企业资金链的稳定，从而保障企业的长远发展。

四、企业财税合规的风险与防控

财税风险是指在企业经营活动中涉及的财务和税务方面的风险，包括财务不规范、税务不合规、虚开发票等问题引发的风险,不容轻视。

(一)财务不规范,涉嫌抽逃出资的风险与防控

【案例2-41】
公司财务管理不规范

▲案件概况

A公司股东作出股东会决议,同意增加注册资本600万元,由股东甲以货币方式认缴。甲向A公司账户汇款600万元,备注为企业入资(增资)。后来,甲将其持有的股权全部转让给B公司,在股权转让协议中明确约定,甲已经实缴了其认缴的出资。

在股权转让过程中,会计师事务所出具了《财务尽职调查报告》,其中载明:公司为了业务的发展需要,实务中对于每一个业务部都开设了一张个人银行卡用于日常业务,而该个人银行卡中的资金余额期末作为现金列示,建议公司优化现金管理,同时改进财务核算方式,建议将个人银行卡的资金反映为备用金核算。

A公司将甲起诉至法院,认为甲将增资600万元汇入公司账户后,先后以劳务费等名义向公司出纳乙的个人银行卡转账合计210万元,向甲的个人银行卡转账80万元。A公司认为,以上转账行为是甲抽逃出资的行为,且乙予以协助,要求甲和乙予以共同返还290万元。对此,甲、乙表示,按照当年A公司的财务惯例,允许公司员工或者业务员开设个人银行卡进行对外招待等公司活动,甲、乙的个人银行卡不是用于个人目的,而是用于A公司经营等各项活动,不存在抽逃出资事实。

▲判决结果

法院认为,在判断是否抽逃出资的问题上,需要以款项流向为基本依据并结合其他事实予以综合判断。本案中,A公司提交的证据可以证明A公司向乙转账210万元以及向甲转账80万元的事实。

其中,对于向乙转账,根据乙提交的证据并结合《财务尽职调查报告》,不足以认定为抽逃出资。对于向甲转账80万元,甲未依法在举证期限内提交款项流向以证明实际用途,应承担不能举证的后果。A公司提交的证据不能证

明在向甲转账 80 万元的过程中乙存在协助行为，也不能证明存在故意协助抽逃出资，故其要求乙承担责任，法院不予支持。综上，判决甲返还出资 80 万元并支付利息；驳回 A 公司的其他诉讼请求。

1. **案件分析**

本案中的企业是一人有限责任公司，没有依法建立相关财务、会计制度，公私账户资金往来频繁，导致财务混乱，股东最后不能证明公司财产独立于股东自己的财产，当法院要求一人有限责任公司提交财务会计报告、审计报告时，一人有限责任公司几乎无法提交以上材料，最终由于财务治理不规范而被判决对公司债务承担连带责任。

本案提醒创业者：

①尽量不要开一人有限责任公司，更不要误以为"公司的也是我的"而公私不分，从而陷入抽逃出资、侵占公司财产等法律纠纷。

②在以货币方式完成出资时，股东不应简单理解为把资金直接汇入公司账户即可，因为采用此种方式有可能被公司认定为借款或者在财务科目上计入"往来账款"或"其他应付款"等债权债务科目。股东转入投资款时，应在备注处注明款项为"投资款"，然后监督会计将该资金计入该股东的"实收资本"科目。最好让会计师事务所出具验资报告，敦促股东履行出资程序和出资义务。

2. **合规建议**

①刚开始注册的公司，全部股东应从公司实际经营战略、计划、方向等角度出发，结合自身实力、能力，确定注册资本金金额以及出资时间，避免随意盲目夸大注册资本金额度，随着公司的发展壮大，再追加注册资本或增资扩股。这样既可保障股东如实出资，又可适时匹配公司经营发展需求。

②已成立的公司，应在法定允许的按年过渡期结束前，准确评估自己五年内是否能够出资，做好相应验资、减资或注销公司的准备。这样不仅能避免股东资格被剥夺，还能避免因铤而走险的抽逃出资背上更严重的法律责任。

③检查借款、往来账款、其他应付款等会计科目以往的验资情况，看看是否有虚假出资、抽逃出资等情形，若有，尽快清理，避免风险扩大。

④如实出资后，要求法定代表人在出资证明书上签字，加盖公司公章，确

保股东资格安全稳定，并检查公司章程是否有同步更新，最后去工商登记部门登记，避免疏漏引发风险。

⑤在公司经营中，确保公司资金和个人资金"公私分明"是非常重要的，公司应设立独立的银行账户，用于处理公司的所有资金往来。个人资金和公司资金不应混用或共用同一个账户。记录每一笔资金的来源和去向，让会计记入账簿，做账报税，定期编制财务报告，详细披露公司的财务状况、经营成果和现金流量，避免涉税风险和债权人追责的法律风险。

（二）企业内外两套账的风险与防控

【案例 2-42】

内外两套账被税务局罚款逾 5.1 亿元

▲案件概况

经查，某公司账务体系和财务运行模式分"外账""内账"两套进行财务核算，内账叫经营账，外账叫税务账。经营账反映了公司真实的资金使用情况、盈利及资金状况，税务账少计了收入、虚增了成本，所表现出来的是收入更少、成本更高、盈利更少，进而达到少缴税的目的。在税务局检查该公司有问题的税务所属期间，该公司在外账上少计收入、多列支出以及进行虚假的纳税申报，造成少缴税款合计 247333015.44 元〔其中：营业税 35738.33 元（少计收入）、增值税 12304.76 元（少计收入）、印花税 714.80 元（少计收入）、城市维护建设税 3363.01 元（少计收入）、土地增值税 148852870.87 元（洲河湾、熙河湾项目虚开发票虚列开发成本）、企业所得税 98428023.67 元（虚列成本、少计收入以及进行虚假纳税申报）〕。

该公司股东袁某某个人 2016 年至 2020 年向公司借款纳税年度终了未归还 175302099.66 元，且未用于公司生产经营，根据《财政部　国家税务总局关于规范个人投资者个人所得税征收管理的通知》（财税〔2003〕158 号）规定，依照"利息、股息、红利所得"项目计征个人所得税，应代扣代缴个人所得税 35060419.93 元，未代扣代缴。

▲处罚结果

根据《中华人民共和国税收征收管理法》（简称《税收征收管理法》）第

六十三条第一款"纳税人伪造、变造、隐匿、擅自销毁账簿、记账凭证，或者在账簿上多列支出或者不列、少列收入，或者经税务机关通知申报而拒不申报或者进行虚假的纳税申报，不缴或者少缴应纳税款的，是偷税。对纳税人偷税的，由税务机关追缴其不缴或者少缴的税款、滞纳金，并处不缴或者少缴的税款百分之五十以上五倍以下的罚款；构成犯罪的，依法追究刑事责任"的规定，对该公司在账簿上少计收入、多列支出以及进行虚假的纳税申报，造成少缴税款247333015.44元（其中：营业税35738.33元、增值税12304.76元、印花税714.80元、城市维护建设税3363.01元、土地增值税148852870.87元、企业所得税98428023.67元），处少缴税款2倍的罚款，即罚款494666030.88元。

根据《中华人民共和国个人所得税法》第一条、第二条、第三条、第八条，《中华人民共和国税收征收管理法》第六十九条，《国家税务总局关于贯彻〈中华人民共和国税收征收管理法〉及其实施细则若干具体问题的通知》（国税发〔2003〕47号）第二条规定，对公司未履行法定代扣代缴义务，造成应扣未扣股东袁某某个人向公司借款纳税年度终了未归还且未用于公司生产经营的"利息、股息、红利所得"个人所得税35060419.93元，处以0.5倍的罚款，即17530209.97元，以上罚款金额共计512196240.85元。

1. 内外账

内账即内部管理账，又叫经营账，是会计人员以及公司其他人员用的，是真实反映公司经营状况和业绩的账目。一般来说，刚起步的小型公司会直接让老板的亲信来做这个记账。

外账又叫税务账，是我们上报税款给国家税务部门时所用到的报表。偷税漏税的行为通常体现在这个外账账簿上。一般来说，报账的收入小于真实收入，报账的费用大于真实的费用，这样利润少了，企业所要缴纳的企业所得税也就少了。

内账与外账最大的区别在于：内账要记录少申报的收入以及对应的成本、费用等，以及外账不允许列支的部分费用，比如白条，或者送礼的灰色支出之类的费用。内账应该是外账的一个补充，在外账不存在虚开虚列的情况下，结合在一起应该是企业的真实经营状况。

因此，一旦企业涉及内账、外账，必然有一套是假账。

2. 企业内外两套账的风险

两套账的行为不仅会导致企业的财务风险，还会在税务管理方面引发一系列问题。

常见的假账包括：低级假账，简单粗暴，生搬硬套，虚构经营活动，凭空记账；中级假账，"犹抱琵琶半遮面"，至少有一些凭证作为佐证，如合同、现金流等；高级假账，"假作真时真亦假"，拥有全套的佐证，相关方都能证明业务的真实。

其实，内外两套账的风险极大，违法成本很高。

《会计法》第三条规定："各单位必须依法设置会计账簿，并保证其真实、完整。"第五条第二款规定："任何单位或者个人不得以任何方式授意、指使、强令会计机构、会计人员伪造、变造会计凭证、会计账簿和其他会计资料，提供虚假财务会计报告。"

《税收征收管理法》第六十三条第一款规定："纳税人伪造、变造、隐匿、擅自销毁账簿、记账凭证，或者在账簿上多列支出或者不列、少列收入，或者经税务机关通知申报而拒不申报或者进行虚假的纳税申报，不缴或者少缴应纳税款的，是偷税。对纳税人偷税的，由税务机关追缴其不缴或者少缴的税款、滞纳金，并处不缴或者少缴的税款百分之五十以上五倍以下的罚款；构成犯罪的，依法追究刑事责任。"

因此，如实地进行财务记录以及建立真实的会计账簿并依法保存是企业的法定义务，使用虚假的财务凭证、建立虚假的会计账簿以及出具虚假的财务会计报告是法律明确禁止的。

金税四期，不仅在税务方面，而且在非税业务方面，实现了对业务更全面的监控。同时，搭建了各部委、银行等参与机构之间信息共享和核查的通道，实现了企业相关人员手机号码、企业纳税状态、企业登记注册信息核查三大功能。也就是说，**即使是高级假账，能够做到以假乱真，也可能在金税四期智慧管税下无所遁形。**

3. 企业内外两套账的风险防范

①投资者和企业经营者要有财务风险意识，不认可做假账，同时重视财务

规范管理。

②企业应聘请具有严格的责任意识和高度的职业道德的会计人员。

③企业应建立健全内部管理制度，规范财务报告、审核、内部审计和财务监督等各个环节，确保财务数据真实、准确、完整。

④企业应请专业、独立的审计师对财务报表进行审计，发现问题及时纠正，防止假报。

⑤企业要设置完善的内部控制制度，建立多层审批、监督和反馈机制，设定风险预警机制，定期开展内部审计，减少人为失误和疏忽，提高财务管理的透明度和规范性。

⑥企业应找专业机构对员工进行财务知识的培训，让其了解财务造假行为的危害性和违法性，并意识到遵守财务纪律的重要性。落实内部审计制度，加强对企业内部财务的管控。此外，定期开展税务风险自查，切实识别风险点，及时发现并纠正问题。

（三）虚开发票的风险与防控

【案例2-43】

虚开全电发票被税务稽查

▲案件概况

2023年6月28日，国家税务总局公告深圳市警税联合破获一起虚开全面数字化的电子发票（全电发票）案件，摧毁犯罪团伙1个，抓获犯罪嫌疑人8人。

经查，犯罪团伙控制15户空壳小规模纳税人企业，在没有真实业务交易的情况下，涉嫌对外虚开生活服务类全电发票814份，价税合计金额754.61万元。

深圳市税务局稽查局有关负责人表示，将进一步发挥税务、公安、检察、法院、海关、人民银行、外汇管理等部门联合打击机制作用，聚焦团伙式、跨区域虚开发票违法犯罪行为，始终保持高压态势，积极营造更加规范公平的税收环境。

1. 案件分析

对于团伙式、跨区域虚开发票违法犯罪行为，税务稽查机构始终保持严查严管的高压态势。为积极营造更加规范公平的税收环境，税务稽查监管机制已从单向监管转向综合协同监管，即税务、公安、检察、法院、海关、人民银行、外汇管理等部门联合打击机制。

税务稽查是税务管理中的常见行为。企业如果收到税务机关的稽查通知，需要高度重视该风险的存在。因为如果出现问题，不仅要面临罚款，还可能影响企业的信誉和声誉。对此，我们要积极配合税务机关的税务稽查工作，按照法律规定，提供必要的财务、税务等相关资料，依法缴纳税款，并及时调整税务风险点，消除税务隐患。

2. 风险防控策略

全电发票推广后，我国将从"以票管税"迈入"以数治税"新阶段。

现在把全电发票改成数电发票，更加强调数字化的票税底座，凸显金税四期"以数治税"的核心：运用大数据、云计算、人工智能、移动互联网等现代信息技术，以税收大数据为驱动力，全面推进税收征管数字化升级和智能化改造。

因此可以说，营改增之前"玩票"是钱的问题，营改增之后"玩票"可是引火烧身的问题，切不可盲目冒险。因为查账必查票、查税必查票、查案必查票，在企业经营中财务人员的底线是不要虚开虚抵发票。无论财务人员还是企业经营者，始终牢记三句话"开好票""做好账""报好税"，建议如下：

①无论财务人员还是企业经营者，多学习财税知识，重视企业和个人的税务风险点，了解金税四期税局的查税方式方法及虚开发票后果，对税务一定要有高度的认知，心存敬畏，知道风险点在哪里，千万不能踩国家的这些税务底线，千万不要抱有侥幸心理。

②交易前对销售方作必要的了解，了解销售方的经营范围、经营规模、是否具备一般纳税人资格等，是否有被查记录，评估虚开发票风险，警惕虚开发票。

③通过银行账户将货款划拨到销售方银行账户，确保三流一致。

④收到发票时，仔细核对增值税专用发票上注明的销售方名称和印章、货

物数量、货物金额及税额等全部内容是否与实际相符。如果发现异常，应暂缓申报抵扣，并及时向税务机关查证核实。

⑤购进货物要注意取得和保存相关证据，一旦对方虚开增值税专用发票给自身造成损失，可以依法向对方追偿。

⑥如果发现发票与实际经营业务不符，若支出真实且已实际发生，应当第一时间要求对方补开、换开发票、其他外部凭证。

补开、换开后的发票、其他外部凭证符合规定的，可作为税前扣除凭证。

注意：如果发票对应年度企业所得税汇算清缴期已经结束，企业应当自被税务机关**告知之日起 60 日内补开、换开符合规定的发票、其他外部凭证**。

⑦无法重新获取发票时，留存"善意取得"的证据。

"善意取得"虚开发票的，不以偷税论处，同时无须缴纳滞纳金。因此，无法重新获取发票时，一定要留后手，即"善意取得"的证据。

⑧"善意取得"的关键性证据有三点：一是相关业务真实性的资料，如购销沟通记录、送货单等；二是资金未回流证明；三是未支付手续费。

⑨无法重新获取发票时，税务处理一定要合规。

增值税处理。尚未申报抵扣的，暂缓抵扣；已经申报抵扣的，一律先作进项税额转出。

尚未申报办理出口退税的，暂不办理退税；已经办理出口退税的，税务机关可按所涉专票注明的税额作进项转出处理或追回退税款。经核实，符合现行增值税进项税额抵扣或出口退税相关规定的，企业可继续申报抵扣或重新办理出口退税。

税法依据：《国家税务总局关于异常增值税扣税凭证管理等有关事项的公告》（国家税务总局公告 2019 年第 38 号）。

所得税处理。企业在补开、换开发票、其他外部凭证的过程中，因对方注销、撤销、依法被吊销营业执照、被税务机关认定为非正常经营户等特殊原因无法补开、换开发票、其他外部凭证的，可凭以下资料证实支出的真实性后，其支出允许税前扣除：**一是无法补开、换开发票、其他外部凭证原因的证明资料（包括工商注销、机构撤销、列入非正常经营户、破产公告等证明资料）；二是相关业务活动的合同或者协议；三是采用非现金方式支付的付款凭证；四是货物运输的证明资料；五是货物入库、出库内部凭证；六是企业会计核算记录以及其他资料。其中，第一项至第三项为必备资料。

如果企业在规定的期限内未能补开、换开符合规定的发票、其他外部凭证，并且未能提供相关资料证实其支出的真实性，则相应支出不得在发生年度税前扣除。

企业应在税务机关规定的期限内调增发生年度的企业所得税应纳税所得额，并做企业所得税更正申报。

税法依据：《国家税务总局关于发布〈企业所得税税前扣除凭证管理办法〉的公告》（国家税务总局公告 2018 年第 28 号）。

（四）未区分"自产"与"视同自产"的风险与防控

【案例 2-44】

未区分"自产"与"视同自产"的出口退税

▲案件概况

A 公司是一家新能源汽车电池生产企业。2023 年初，A 公司与国外客户签下一批大额采购订单。由于出口订单量增长极快，A 公司自身生产能力不足，在客户要求交货期限内，无法足量产出。于是，A 公司从母公司购入一批价值约 1000 万元的相同型号电池，并将电池出口销售给客户。在申报出口退（免）税时，A 公司未区分自产货物与外购货物，全部按照自产货物进行了申报。

税务人员在审核出口退（免）税数据时发现，A 公司出口退税额激增，出口销售规模与产能不匹配。经核实外购货物的有关合同、凭证等资料，税务人员认为，该外购货物符合"视同自产货物"条件，但企业财务人员未申报"视同自产"业务类型。经税务人员辅导，企业财务人员在申报出口退（免）税时，正确填报业务类型代码，A 公司成功申报并享受了出口退税约 130 万元。

近期，由于国外新能源汽车电池市场需求暴涨，不少新能源汽车电池出口企业在短期内产能供应不足，于是通过国内采购来补充出口销售。在这种情况下，一些企业未能准确区分"自产"与"视同自产"，导致出口退税风险。

《财政部　国家税务总局关于出口货物劳务增值税和消费税政策的通知》

（财税〔2012〕39号）规定，生产企业出口自产货物和视同自产货物及对外提供加工修理修配劳务，以及列名生产企业出口非自产货物，免征增值税，相应的进项税额抵减应纳增值税税额，未抵减完的部分予以退还。非列名生产企业出口的非视同自产货物，适用增值税免税政策。适用增值税免税政策的出口货物劳务，其进项税额不得抵扣和退税，应当转入成本。

也就是说，如果A公司未准确申报"视同自产"业务类型，按照税法规定，其本次出口的外购货物将按照免税申报进行处理，对应的进项税额须转出，税费成本将大幅提高。生产型新能源汽车企业，要根据自己的实际经营情况，准确将自产货物和非自产货物进行区分。如非自产货物符合"视同自产"条件的，在办理免抵退税申报前，应提前咨询税务人员，并根据要求提供资料，避免因错误申报而导致出口货物不能适用出口退（免）税办法的情况，减少不必要的税款损失。

（五）出口退（免）税的风险与防控

【案例2-45】

出口退税附加税费计算错误，补缴税款并缴纳滞纳金

▲案件概况

B公司是一家生产型出口企业，主要从事新能源汽车零配件和整车生产出口业务。主管税务机关在日常风险分析中通过报表勾稽关系比对，发现B公司存在未将当期增值税免抵税额纳入城市维护建设税和教育费附加计征范围，造成少缴相应的城市维护建设税和教育费附加的风险。

▲法律后果

通过税务机关的风险提醒，纳税人自查了出口业务发生以来的增值税免抵税额情况，补缴税款并缴纳滞纳金共计80余万元。

实务中，一些生产型新能源汽车出口企业在办理出口退（免）税后，对城市维护建设税等附加税费的相关政策把握不到位，导致附加税费计算错误，引发后续风险。

对很多新能源汽车企业来说，出口退（免）税业务比较新。在办理具体业务时，一些新能源汽车企业往往容易忽略附加税费的相关政策，想当然地认

为，免抵增值税的附加税费在出口环节也能免除。

需要注意的是，《财政部 税务总局关于城市维护建设税计税依据确定办法等事项的公告》（财政部 税务总局公告 2021 年第 28 号）规定，城市维护建设税、教育费附加，以纳税人依法实际缴纳的增值税、消费税税额（简称"两税税额"）为计税依据。依法实际缴纳的两税税额，指纳税人依照增值税、消费税相关法律法规和税收政策规定计算的应当缴纳的两税税额（不含因进口货物或境外单位和个人向境内销售劳务、服务、无形资产缴纳的两税税额），加上增值税免抵税额，扣除直接减免的两税税额和期末留抵退税退还的增值税税额后的金额。换句话说，增值税免抵税额，应纳入城市维护建设税和教育费附加计税基础。

根据增值税免抵退税有关规定，当期应退税额和免抵税额的计算如下所示。

①如果当期期末留抵税额的绝对值小于等于当期免抵退税额：

当期应退税额＝当期期末留抵税额；

当期免抵税额＝当期免抵退税额－当期应退税额；

当期计算附加税的计税依据为当期免抵税额。

②如果当期期末留抵税额的绝对值大于当期免抵退税额：

当期应退税额＝当期免抵退税额；

当期免抵税额＝0；

当期计算附加税的计税依据为 0。

新能源汽车出口热潮给企业带来了一波新机遇。建议相关财务人员关注各税种间的逻辑勾稽关系，准确理解政策，把握好征免界限，防范"连环式"引发的税务风险。

（六）出口企业未及时办理经营模式变更的风险与防控

【案例 2-46】

出口企业未及时办理经营模式变更

▲案件概况

C 公司是一家蓄电池生产企业，其注册地在深圳甲工业园区。2022 年，因甲工业园区进行翻新改造，再加上C公司业务规模不断增长，现有厂区已经无法满足其生产需要。于是，C公司将生产部分整体迁往惠州市，并在当地注册成立新公司，只在甲工业园区保留办公场所，并将原公司类型变更为贸易型。由于忙于搬迁事宜，C公司未及时到主管退税机关申请变更退（免）税办法。税务人员在进行日常征管时发现，C公司已由生产型变更为贸易型。经税务机关辅导，该公司在发生新的出口业务前，及时办理了变更申请，避免了不及时变更退（免）税办法可能带来的损失。

1. **案件分析**

个别新能源汽车企业随着业务规模的不断增长，现有厂区已经无法满足生产需要，于是选择将生产场地整体外迁，企业原有经营模式由生产型转为贸易型。值得注意的是，出口退（免）税企业经营模式发生变更的，应申请变更退（免）税办法，经主管税务机关批准变更的次月起，按照变更后的退（免）税办法申报退（免）税。

企业经营情况发生变化，须及时申请变更退（免）税办法。原执行免退税办法的企业，在批准变更次月的增值税纳税申报期内，可将原计入出口库存账的且未申报免退税的出口货物向主管税务机关申请开具《出口转内销证明》。原执行免抵退税办法的企业，应将批准变更当月的免抵退税申报汇总表中"当期应退税额"填报在批准变更次月的增值税纳税申报表"免、抵、退应退税额"栏中。企业按照变更前退（免）税办法已申报但在批准变更前未审核办理的退（免）税，主管税务机关对其按照原退（免）税办法单独审核、审批办理。对原执行免抵退税办法的企业，主管税务机关对已按免抵退税办法申报的退（免）税应全部按规定审核通过后，一次性审批办理退（免）税。

2. **风险防控策略**

建议新能源汽车企业，经营模式发生变更的，应及时申请变更退（免）税办法，并将批准变更前全部出口货物按变更前的退（免）税办法申报退（免）税，变更后不得申报变更前出口货物退（免）税。

（七）出口退（免）税办法变更前未"清算"的风险与防控

【案例 2-47】

出口退（免）税办法变更前未"清算"

▲案件概况

A 公司原本是一家生产型出口企业，主要生产汽车滤清器。后 A 公司变更为商贸型出口企业。在变更经营模式后，A 公司又将原生产型企业期间生产的价值约 10 万美元的滤清器出口境外。此后，A 公司财务人员在不知情的情况下，前往税务局申请办理变更企业类型及企业退（免）税办法。在办理备案变更时，经税务人员提醒，A 公司财务人员才了解到，公司仍有未申报出口退（免）税的出口货物。税务人员同时提醒，企业申请变更退（免）税办法的，变更前全部出口货物要按照原退（免）税办法申报退（免）税，变更后将不得申报变更前出口货物退（免）税。

1. **案件分析**

企业类型不同，适用的出口退（免）税计算方法也不同。生产型出口企业适用免抵退税计算方法，而商贸型出口企业适用退（免）税计算方法。

根据《国家税务总局关于〈出口货物劳务增值税和消费税管理办法〉有关问题的公告》（国家税务总局公告 2013 年第 12 号），企业应将批准变更前全部出口货物按变更前的退（免）税办法申报退（免）税，变更后不得申报变更前出口货物退（免）税。

A 公司在变更经营模式后，未及时进行出口退（免）税备案变更，又进行了货物出口。根据规定，A 公司若在办理出口退（免）税办法变更前，未及时对变更前出口的 10 万美元滤清器申报出口退（免）税，变更后，将不得申报变更前出口货物退（免）税，由此，A 公司将面临 10 万美元出口货物对应出口退税额的损失。

2. **风险防控策略**

企业要根据自己的实际经营情况，及时、准确地办理出口退（免）税备案。

若企业的经营模式发生改变，应在经营模式变更后30日内，到主管税务机关办理出口退（免）税备案变更。在办理备案变更前，首先要确保变更前的出口货物已完成出口退（免）税申报。在具体办理时，要根据企业的实际经营情况，关注发生变化的项目，特别是企业类型、退（免）税办法等。要注意避免备案变更导致出口货物不能适用相应退（免）税办法的情况，减少不必要的损失。

（八）出口忽视备案单证管理的风险与防控

【案例2-48】

出口忽视备案单证管理

▲案件概况

C公司是一家商贸型出口企业，主要从事鞋类产品出口。主管税务机关在进行日常走访调研时，抽查了C公司2020年的部分出口退（免）税备案单证，发现C公司在2020年出口的部分防疫物资，以离岸价报关出口，而在备案单证中，并无相应运输依据，且该部分出口货物已申报出口退（免）税。接到主管税务机关限期改正的要求后，C公司与厂商及运输公司进行了沟通，但依旧无法取得相应凭据。最终，C公司按照规定，用负数申报冲减原退（免）税申报数据，改为免税申报。

1. **案件分析**

纳税人发生出口货物、视同出口货物及对外加工修理修配劳务，实行备案单证管理。纳税人应在申报出口退（免）税后15日内，将备案单证妥善留存，并按照申报退（免）税的时间顺序，制作出口退（免）税备案单证目录，注明单证存放方式，以备税务机关核查。

根据《国家税务总局关于发布〈出口货物劳务增值税和消费税管理办法〉的公告》（国家税务总局公告2012年第24号）相关规定，出口企业应在申报出口退（免）税后15日内，将所有出口退（免）税货物的单证备案完毕，以备主管税务机关核查。若未按规定进行单证备案，不得申报退（免）税，适用免税政策。已申报退（免）税的，应用负数冲减原申报。对于未按规定装订、存放和保管备案单证的，可以按照《税收征收管理法》第六十条规定，由税务机关责令限期改正，"可以处二千元以下的罚款；情节严重的，处二千元以上一万元以下的罚款"。

此外，《国家税务总局关于进一步便利出口退税办理 促进外贸平稳发展有关事项的公告》（国家税务总局公告 2022 年第 9 号）明确提出新增出口企业承付费用的国际货物运输代理服务费发票的备案，以及明确将出口企业承付运费的"国内运输单证"修改为"国内运输发票"。《国家税务总局关于进一步便利出口退税办理 促进外贸平稳发展有关事项的公告》（国家税务总局公告 2022 年第 9 号）的发布进一步明确，如果未按规定进行单证备案或提供虚假备案单证，将会对企业造成非常严重的后果，具体如表 2-1 所示。

表 2-1 未按规定备案的情形及要求

序号	情形	要求
1	未按规定进行单证备案	不得申报退（免）税，适用免税政策，分类管理等级降级
2	提供虚假备案单证	征税、行政罚款
3	拒绝提供备案单证或不配合管理	出口企业分类管理等级降级（或被直接降为四类）

2. 风险防控策略

①出口企业的购销合同（包括：出口合同、外贸综合服务合同、外贸企业购货合同、生产企业收购非自产货物出口的购货合同等）。

②出口货物的运输单据（包括：海运提单、航空运单、铁路运单、货物承运单据、邮政收据等承运人出具的货物单据，出口企业承付运费的国内运输发票，出口企业承付费用的国际货物运输代理服务费发票等）。

③出口企业委托其他单位报关的单据（包括：委托报关协议、受托报关单位为其开具的代理报关服务费发票等）。

④纳税人可以自行选择纸质化、影像化或者数字化方式，留存保管上述备案单证。选择纸质化方式的，还需在出口退（免）税备案单证目录中注明备案单证的存放地点。

税务机关按规定查验备案单证时，纳税人按要求将影像化或者数字化备案单证转换为纸质化备案单证以供查验的，应在纸质化备案单证上加盖企业印章并签字声明与原数据一致。

（九）出口退税的风险与防控

【案例2-49】

骗取出口退税获刑10年，罚金861万元

▲案件概况

2018年底，魏某在岳阳市云溪区成立了工艺品公司，主要经营假发的出口销售。魏某父母在河南省开工厂做假发生意，她的公司也因此获得了一系列的资源和便利条件，但好景不长，公司效益欠佳。不久，魏某发现，按照有关政策，如果生产假发使用的原材料是牦牛毛等农产品，在出口时即可享受退税优惠，吃上国家的"红利"。这让她嗅到了"致富"之道。

经查明，魏某为了获取高额退税资格，通过"借货出口"的形式，把叶某（另案处理）公司不具备退税资格的低价化纤制假发包装成自营生产的高档动物毛制假发，并虚开牦牛毛收购发票充当进项，之后将货物出口至五个国家。同时，为了营造银行流水，形成完整的运作闭环，在案涉出口货物售出后，魏某又通过地下钱庄将出口国汇来的美元冒充货款汇入工艺品公司账户，最终通过"配票"的方式，将上述资金汇入货物真实所有权人叶某的账户。2021年12月13日，岳阳市云溪区检察院以涉嫌骗取出口退税罪对魏某提起公诉。

▲法律后果

2022年6月20日，法院作出一审判决，对检察机关的量刑建议全部予以采纳，判处魏某有期徒刑11年，并处罚金861万元，对于骗取的出口退税款860余万元予以追缴。魏某不服，提出上诉。

2023年3月31日，该案二审开庭。庭审中，对魏某提出的多个上诉理由，检察官从事实和法律上予以一一驳斥。岳阳市中级人民法院判处魏某有期徒刑10年，并处罚金861万元。

1. 骗取出口退税罪的量刑标准

在骗税刑案中，购销合同、出入库凭证、记账凭证、发票、航空运单、出口报关单、出口退税汇总申报表、税收收入退还书等客观证据资料一般都来源于税务稽查取证程序。出口退税税额、进项发票取得数额、采购付款金额、出口收汇金额、各项客观数据的匹配对应一般也来源于稽查局的梳理确认，也就是说，最终认定各个犯罪主体对多少退税款金额承担刑事责任，大多依据税务稽查统计的各项数据表确认。

根据《最高人民法院关于审理骗取出口退税刑事案件具体应用法律若干问题的解释》（简称《退税案件解释》）及《中华人民共和国刑法》，骗取出口退税罪的刑期分为三档，具体的量刑标准分别为：

①骗取国家出口退税款5万元以上50万元以下的，为刑法第二百零四条规定的"数额较大"，处五年以下有期徒刑或者拘役。

②骗取国家出口退税款50万元以上250万元以下的，为刑法第二百零四条规定的"数额巨大"，或造成国家税款损失30万元以上并且在第一审判决宣告前无法追回的，或因骗取国家出口退税行为受过行政处罚且两年内又骗取国家出口退税款数额在30万元以上的，或具有情节严重的其他情形的，处五年以上十年以下有期徒刑。

③骗取国家出口退税款250万元以上的，为刑法第二百零四条规定的"数额特别巨大"，或造成国家税款损失150万元以上并且在第一审判决宣告前无法追回的，或因骗取国家出口退税行为受过行政处罚且两年内又骗取国家出口退税款数额在150万元以上的，或具有情节特别严重的其他情形的，处十年以上有期徒刑或者无期徒刑。

④构成骗取出口退税罪的，应并处骗取税款一倍以上五倍以下罚金，或者没收财产。

2. 风险分析

出口退税是我国多年来赋予企业的一项重要政策福利，若不合规，将存在很大的风险。有些企业利用规章制度的漏洞，虚构出口商品，骗取国家出口退税款。如果企业存在这种虚假申报的行为，一旦被税务机关查实，不仅会被罚款，还会失去退税的资格，更会被刑事处罚、经济处罚。

根据《退税案件解释》，"假报出口"是指以虚构已税货物出口事实为目的，具有下列情形之一的行为：

①伪造或者签订虚假的买卖合同。

②以伪造、变造或者其他非法手段取得出口货物报关单、出口收汇核销单、出口货物专用缴款书等有关出口退税单据、凭证。

③虚开、伪造、非法购买增值税专用发票或者其他可以用于出口退税的发票。

④其他虚构已税货物出口事实的行为。

具有下列情形之一的，属于刑法第二百零四条规定的"其他欺骗手段"：

①骗取出口货物退税资格的。

②将未纳税或者免税货物作为已税货物出口的。

③虽有货物出口，但虚构该出口货物的品名、数量、单价等要素，骗取未实际纳税部分出口退税款的。

④以其他手段骗取出口退税款的。

此外，有进出口经营权的公司、企业，明知他人意欲骗取国家出口退税款，仍违反国家有关进出口经营的规定，允许他人自带客户、自带货源、自带汇票并自行报关，骗取国家出口退税款的，以本罪论处。

3. 风险防控策略

①对于外贸企业，防范涉税风险首先要做到合规经营，保证货物、资金、票据等符合相关要求，同时根据相关法律规定，及时备案登记。

②国家鼓励出口，出口退税也要符合国家出口退税的相关管理规定才能申报取得出口退税款。国家禁止出口企业从事"四自三不见"的"买单"或"假自营、真代理"的出口业务，上述出口业务容易被骗税的犯罪分子利用，同时按出口退税的相关规定，该业务属于违反出口退税管理规定的行为，税务机关是不予退税的。企业可通过建立风险内控机制，确保出口业务真实合法、程序合规，进而防范涉税风险。

③现行出口退税管理政策规定，出口企业对出口过程中形成的相关单据要严格保存，以备税务机关核查。单据包括外贸企业购货合同、出口货物装货单、出口货物运输单据等，保存期限为五年。备案单证要齐全，未按规定保管、单证不齐、单证虚假均属于违反出口退税管理规定的行为，税务机关是不予退税的。

④在发生骗税争议时，外贸企业应积极寻求权利救济途径。根据相关法律规定，税务机关有权在作出税务稽查结论之前就处理方案与当事人进行沟通，

并要求当事人进行陈述、申辩。因此，企业在税务稽查结论作出前，处于检查阶段时，应当积极协调有关部门，抓住每次陈述和申辩的机会。如果税务机关拟向企业作出处罚的决定，企业应充分利用听证权。检查程序结束，税务机关作出处理、处罚决定之后或者税务机关作出不予退税决定之后，建议企业充分利用行政复议、行政诉讼的救济途径。

⑤在涉及骗税犯罪时，司法机关对骗税案件的侦办往往是从货物流、资金流、单票据流等方面入手，重点对进销项发票进行核查。即在进项发票方面，上溯追查上游供货企业是否存在低价高开或虚开情况，在销项发票方面，则通过单价、总价判断是否存在高报出口骗取出口退税嫌疑，进而根据发票开具情形、是否出现资金回流等情况调查整个交易链条中收购、生产、销售的流程是否正常。

因此，外贸企业应当妥善保存能够证明自身存在真实货物交易、真实出口的材料。同时，外贸企业应积极寻求专业人士的帮助，最大化地帮助企业挽回损失，维护企业的出口退税权益。

（十）跨境电商的税务风险与防控

【案例2-50】

跨境电商税务风险

▲案件概况

国家税务总局江苏省税务局网站显示，主播"柯柯baby"关联公司常熟市一柯网络科技有限公司（简称"一柯网络"）偷税被罚款219.98万元。不含税经营收入仅为3558万元，补缴税款约440万元。

▲税局处罚结果

一柯网络隐匿销售收入，少申报缴纳相关税费。分析一柯网络与某电商平台对接收款和结算的电子账户，发现：2019—2021年，一柯网络经营收入（不含税）为35583304.69元，其中2019年6207423.59元，2020年17091536.66元，2021年12284344.44元。一柯网络2019年多申报经营收入413429.18元，2020年隐匿经营收入7034122.16元，2021年隐匿经营收入4827537.69元。

一柯网络多列成本并抵扣进项税额，少申报缴纳相关税费。一柯网络通过某电子账户支付的部分经营支出共计 5012149.37 元，其中 2020 年 2143587.47 元，2021 年 2868561.90 元。上述支出未取得扣除凭证，未税前列支。2020—2021 年，一柯网络投资人成立两户个体工商户——×××文化传媒工作室、×××传媒工作室以解决部分费用无发票列支问题，并筹划利用税负差少缴所得税。两户个体工商户在 2020—2021 年开具给一柯网络网络直播服务费发票，合计开票金额 582 万元，税额 58180 元。

一柯网络未按规定代扣代缴个人所得税。一柯网络 2019—2021 年经营用的电子账户的结余资金为投资人本人、家庭成员及相关人员支付与企业生产经营无关的消费性支出及财产性支出合计 7138457.00 元，未按规定代扣代缴个人所得税。

1. 案件分析

近年来，跨境电商迅猛发展，这一领域存在着多种税务风险。一方面，因为跨境业务的特殊性，跨境电商企业较难确定自己的税务义务，容易作出违规行为。另一方面，由于跨境业务涉及多个国家的税收规则，如果企业不了解和掌握国内外税务法规，容易导致税务风险。因此，我们要及时了解相关政策，加强信息搜集与分享，增强企业的税务意识，减少企业的税务风险。

跨境电商企业常见的税务风险包括：

①采购环节的税务风险。企业在采购过程中，如果供应商没有提供增值税进项发票，那么企业在出口环节就需要承担采购时供应商应缴纳的 13% 的增值税。这不仅会增加企业的成本，还会因利润虚增影响企业享受税收优惠政策。因此，很多企业可能会买单报关，导致无法正常报关出口和收汇；也可能会购买进项发票，造成虚开增值税发票的涉税风险。

②资金往来与外汇风险。跨境电商企业在采购环节如果使用地下钱庄或第三方支付收汇至个人账户，可能会被视为"可疑交易"，并由银行上报至外汇管理局进行调查。如果企业无法合理解释款项来源，该款项可能会被视为个人所得，需要缴纳大量个税。

③利用 1039 政策的风险。跨境电商采购多无发票，常利用 1039（市场采购贸易，海关监管方式代码为"1039"）政策出口，即在市场集聚区成立个

体户出口。年销售额达 5000 万元且无发票时，税务代理机构可能会建议注册 10 家不同法人的个体户，但这可能导致暴力节税而被处罚。

④高管薪酬与税务筹划风险。跨境电商企业的很多高管，比如股东、操盘手、业务精英等，工资都非常高，年收入可能达到 100 万元。如果按照正常的工资和提成发放，则税负很高。跨境电商企业听从他人或代理机构的建议让企业高管成立个体户，而高管为了省税也套用个体工商户优惠税率，与公司建立业务往来，通过非真实服务费的方式进行资金往来强行降低税负。

⑤资金风险。跨境电商企业由于采购无发票，出口环节若也完全交给国际物流公司搞定，利用私人账户收款、分散收入等形式节税，会导致涉税风险。很多老板不理解个人账户收款怎么会带来资金风险。资金风险主要体现在非法换汇、洗钱等方面。个人账户收款是因为跨境电商/外贸企业没有报关，在海关那里没有任何出口记录，而资金回款又是境外收回来的，如果资金来源解释不清，或不能提供对应的证据证明，税局、公安那边也会稽查，到时这块的风险就更严重。

⑥收入与成本申报的风险。如果卖家利用私户、支付宝、第三方收款工具等来隐匿部分收入，或存在大额收款迟迟不开发票，或给客户多开发票等，这些行为都会被严查。

同时，虚列成本，如咨询费、会议费、差旅费异常；工资多报或少报；买发票，多结转成本，后期补发票等。

⑦利润异常的风险。资产负债表与利润表有较大出入，引发税务预警。

⑧利用"税收洼地""阴阳合同"等逃避税款的风险。某些公司利用当地增值税、企业所得税有奖励的政策，利用当地个人所得税核定征收的政策，通过注册空壳公司、虚构业务等方式，转移利润，逃避纳税义务，一旦被发现，将面临严重的法律后果。

⑨其他违法行为风险。虚开发票、"三假"（假企业、假出口、假申报）行为、库存异常、故意用现金/个人卡发工资等均属于税务局重点稽查的违法行为。

2. 风险防控策略

①要慎用 1039 政策出口的个体户方案，仔细研读政策内容，不能乱套用。
②跨境电商税务核定征收方案要慎用，不同国家和地区的税收政策和法规

各不相同，因此在开展跨境电商业务前，需要深入了解目标市场的税收政策和法规，帮助企业预估成本和风险，并采取相应的措施。

③许多国家和地区为鼓励跨境电商业务提供了税收优惠政策。要搞清楚到底能不能核定、能核定多少，要合理利用税收优惠政策。通过详尽了解并合理利用它们，减少税务风险和成本。

④建立完善的税务管理制度。企业应该建立完善的税务管理制度，确保税务申报和缴纳的及时性、准确性和合规性。同时，企业还应该积极与当地税务部门沟通，及时了解相关政策和法规的变化。

⑤高管的工资、分红，少用亲朋好友的卡，该缴税的还是要缴，可以事前规划，合法做税筹。

⑥要了解目标市场的相关法律法规，包括贸易政策、质量要求、知识产权保护等，以避免不必要的法律风险。

⑦跨境电商企业应该选择多种支付方式，以降低资金支付风险。建议企业建立合规的资金回款渠道，如通过第三方支付合规回款到企业公账、通过香港公司合规回款到企业公账、通过银行机构回款至企业公账等。

五、企业人力资源管理的风险与防控

这部分内容主要以《企业内部控制应用指引第3号——人力资源》所定义的维度简述企业人力资源的风险：一是内部控制视角下的人力资源风险分析，二是合规管理视角下的人力资源六大合规风险，三是法律视角下的人力资源流程风险防范。

无论是企业内部控制体系还是合规管理体系，抑或合法性管理构建过程，抑或三者融合一体化的建设，都离不开企业董事、监事、高级管理人员，都离不开由企业董事、监事、高级管理人员组成的机构。这些人员或机构一旦管理不善，则会引发人力资源风险。一方面，在企业内部控制实现过程中，从内部规章制度、业务流程方面得以体现；另一方面，企业内部人员在行使公司赋予的权利及履行职责、义务过程中产生的冲突风险，在与外部相关方合作、交互过程中产生的利益风险，均让内部控制和合规管理之间相互依存、相辅相成。以上这些都要符合法律上的合法性。

1. 内部控制视角下的人力资源风险点

为了有效促进内部控制在企业顺利实施并保证其实施质量，至少应从以下几个方面关注人力资源风险：

①人力资源匮乏或过剩，结构不合理、开发机制不健全，导致企业发展战略目标难以实现。

②人力资源激励约束制度不合理、关键岗位管理不完善，导致人才流失或关键技术、商业秘密泄露，可能引发利益冲突、竞业限制、不正当竞争风险。

③人力资源退出机制不当，导致劳动争议仲裁及诉讼或因员工发表不当言论、泄露商业秘密、不正当竞争引发企业商誉受损的风险。

④制定的政策及管理行为侵害员工利益，就会有违反法律法规规定的风险。

2. 内部控制视角下的人力资源风险防控策略

①人力资源需求科学合理，岗位职责和任职要求明确规范。

②招聘、离职程序规范。

③加强职业培训和专业培训，提高员工道德素养和专业能力。

④人力资源考核制度科学合理，引导员工实现企业目标。

⑤设定科学合理的薪酬制度，吸引人才和留住人才，并符合国家法律法规要求，薪酬发放标准和程序规范。

⑥政策及管理行为在程序、实体两方面均符合法律法规及公司规章制度的要求。

此外，在企业识别内部风险的过程中，还应当关注董事、监事、经理及其他高级管理人员的职业操守、员工专业能力等人力资源因素带来的风险，以及各级管理人员是否在授权范围内行使职权和承担责任。

3. 合规管理视角下的人力资源风险点

（1）聘任与招录风险。

聘任与招录风险，一方面是程序方面的合规风险，另一方面是个人资格或资质、能力能否满足公司经营管理、职务、岗位需求的能力风险。

（2）决策与履职风险。

首先，从董事、监事、高级管理人员的特定身份来看，一方面《公司法》

对其任职资格作了严格的限定和要求，另一方面法律明确了其不得利用职权收受贿赂或者其他非法收入，不得侵占公司的财产，以及其他诸多禁止性行为。

其次，从决策过程来看，一旦制约和监督机制缺失，个人单独决策和不受约束的权利行使，均将可能产生损害公司利益的履职不当风险。

而从《中华人民共和国劳动法》（简称《劳动法》）的角度看，与公司具有劳动关系的员工（包括高级管理人员），如在行使职权、履行职责的过程中，违反公司规定，或者严重失职，营私舞弊，给用人单位造成重大损害，均将受到公司规章制度的惩罚，其薪酬、职级甚至劳动关系均将可能因此受到不利影响。

（3）考核风险。

对于企业人力资源群体的考核，因其身份的不同，考核方式有所不同。

从公司治理的层面来看，对于董事、监事各自履职的情况，根据公司股东会及公司章程规定，结合法律关于其任职资格及禁止行为的规定决定其是否能顺利任职至期满。其中，董事、监事对被诫勉、考核不称职，几乎没有抗辩的机会和能力。

但是，从传统意义上的人力资源管理而言，考核更多地体现为在劳动关系下的职业素养及专业能力的评价。一般而言，对于加薪、晋升等正面考核结果，被考核者难有异议；但从相较于其他人的公平以及基于公司利益的角度考虑，正面考核仍然应受到监督和审视，否则会出现个人受益、公司受损的情形。

在现实生活中，更多的争议和冲突出现在对劳动关系下的个人进行降级、降职、降薪等负面考核结果，个人很容易借助《劳动法》赋予的权利，提交司法部门重新审视上述考核结果是否合法、合规。而且，一种更明显的趋势是，越来越多的案例表明，在司法审判中更有可能介入合理性审查，重新审视公司基于经营、管理需要所进行的考核，从而让公司面临诉讼风险。

（4）舞弊风险。

无论从内部控制角度还是从合规管理角度看，反舞弊都是重要的、不可或缺的"独立项"。但事实上，舞弊的产生不仅仅是因为个人职业素养和道德失范，更是因为管理中出现了制度黑洞。

因此，反舞弊的意义在于规范企业高级管理人员、中级管理人员和普通员工的职业行为，严格遵守相关法律、行业规范和准则、职业道德及企业规章制度，树立廉洁从业和勤勉敬业的良好风气，防止发生损害企业及股东利益的行为。

从舞弊的预防和控制层面来看，采取适当的行动防止舞弊，或者在发生舞弊行为时将其危害控制在最低限度内，建立健全内部控制机制并使之有效实施，是企业预防的主要路径。

结合现实中的诸多案例，发生舞弊的重灾区正是反舞弊工作的重点，例如：

①未经授权或者采取不法方式侵占、挪用企业资产，谋取不当利益。
②财务报告、信息披露等方面存在虚假记载、误导性陈述或者重大遗漏。
③董事、监事、经理及其他高级管理人员滥用职权。

（5）利益冲突风险。

根据《公司法》的要求，董事、监事、高级管理人员应当遵守法律、行政法规和公司章程，对公司负有忠实义务和勤勉义务。而从《劳动法》的角度来看，对于与公司建立劳动关系的员工，更应遵守公司规定，不得有任何徇私舞弊的行为。因此，利益冲突问题的核心是公司利益和与公司利益追求不符甚至相悖的个人利益之间的冲突。

从《公司法》的角度来看，董事、监事、高级管理人员对公司负有忠实义务，不得擅自披露公司秘密，不得擅自利用职务便利为自己或者他人谋取属于公司的商业机会，自营或者为他人经营与所任职公司同类的业务，不得与本公司订立合同或者进行交易等，违反上述禁止性规定所获得的个人收入应当归公司所有。

以保护劳动者利益为宗旨的《劳动法》，规定了劳动者对公司负有保密义务、竞业限制义务。当然，虽然从《劳动法》的角度来看对于公司利益的保护比较单薄，但毕竟正视了个人基于私利可能会损害公司利益所产生的风险。

（6）退出风险。

从内部控制的角度来看，在人力资源引进、使用和退出的全部流程中，前者似乎更为重要。但从合规管理的重点来看，人力资源的退出环节往往会成为高风险节点。

4. 合规管理视角下的人力资源风险防控策略

首先，规章制度内容要符合法律规定。规章制度体现的是用人单位管理者意志，但这种意志仍然受到国家法律法规的制约。规章制度内容应是法律法规的细化，不能与法律相抵触，更不能违法，损害劳动者的合法权益。实践中，有的企业规章制度规定在本单位工作满一年才享有年休假、入职要交保证金等，这些都是违反法律规定的。规章制度内容不仅要合法，还要具有合理性。企业不能超越合理权限对劳动者设定义务。

其次，规章制度的制定程序合法。规章制度必须经过法定程序制定，才具有法律效力。尤其是涉及职工切身利益的制度或重大事项，其规章制度的制定须经职代会或全体职工讨论，提出方案和意见，与工会代表或者职工代表平等协商确定制度内容。在规章制度实施的过程中，工会或者职工认为用人单位的规章制度不适当，有权向用人单位提出，通过协商作出修改完善。

最后，规章制度制定后须公示。规章制度是劳动者在工作中要遵循的行为规范，应对其适用对象进行明示，未经明示，劳动者无所适从，对其不具有约束力。企业在规章制度公示的过程中，要注意保存公示的证据，比如将员工手册作为劳动合同附件，在劳动合同中约定"劳动者已经详细阅读，并愿遵守用人单位的各项规章制度"，或者将员工手册交由员工阅读，并且在阅读后签字确认。公示的目的是让劳动者能够知悉该规章制度。一般而言，公示应采用正规、公开、可以较长时间持续的方法。为便于日后在劳动争议处理中举证，用人单位应保存公示和告知劳动者的证据。

5. 法律视角下的人力资源流程风险点

（1）入职和录用管理制度。

录用条件存在就业歧视导致的风险：试用期不能合法解除劳动合同或被劳动行政部门处罚。

录用时收取押金、**保证金或扣押证件等**导致的风险：由劳动行政部门责令退还并处以罚款。

（2）试用期管理制度。

试用期以后签订劳动合同存在的风险：超过一个月仍未订立书面劳动合同的，应向员工支付双倍工资；超过一年仍未订立书面劳动合同的，应当订立无固定期限劳动合同。

随意约定试用期期限存在的风险：超过法律规定约定试用期的，按照超过法定试用期的期间以全勤工资为基数向员工支付赔偿金。

根据《中华人民共和国劳动合同法》（简称《劳动合同法》），劳动合同期限在三个月以上的，可以约定试用期。也就是说，固定期限劳动合同能够约定试用期的最低起点为三个月。劳动合同期限三个月以上不满一年的，试用期不得超过一个月；劳动合同期限一年以上不满三年的，试用期不得超过两个月；三年以上固定期限和无固定期限的劳动合同，试用期不得超过六个月。

将试用期从劳动合同期限中剥离出来存在的风险：试用期应计算在劳动合同期内，否则会被视为连续两次订立劳动合同。

试用期工资低于最低工资存在的风险：试用期工资不得低于本单位相同岗位最低档工资或者劳动合同约定工资的80%，并不得低于单位所在地的最低工资标准；否则，劳动行政部门将责令改正并可要求支付赔偿。

试用期不给员工办社会保险存在的风险：试用期也是劳动合同期限的组成，一旦建立劳动关系，企业就应依法缴纳社会保险；否则，员工可以解除劳动合同并要求经济补偿，社保行政部门也可以责令缴纳。

任意延长试用期存在的风险：未经协商或虽经协商但约定的试用期长于法律规定的试用期的，按照超过法定试用期的期间以全勤工资为基数向员工支付赔偿金。

续订劳动合同时再次设定试用期存在的风险：同一用人单位和同一劳动者只能约定一次试用期。再次设定试用期的，按照超过法律规定约定试用期处理，按照超过法定试用期的期间以全勤工资为基数向员工支付赔偿金。

试用期随意辞退员工存在的风险：在试用期内，只有员工不符合录用条件和存在其他过错性事由时，才可以解除劳动合同。否则，将按照违法解除劳动合同处理。此时，员工可以要求用人单位继续履行劳动合同，也可以要求用人单位支付双倍经济补偿。

（3）劳动合同变更制度。

随意调岗调薪存在的风险：变更劳动合同应当经双方协商一致。只有当员工不胜任工作或客观情况发生重大变化时，用人单位才可按照规定和公平合理原则适当变更。随意调岗调薪，员工可以要求用人单位继续按原劳动合同约定的岗位和薪资履行。

随意调整工作地点存在的风险：变更劳动合同应当经双方协商一致。只有当客观情况发生重大变化时，用人单位才可按照规定和公平合理原则适当调整工作地点。随意调整工作地点，员工可以要求用人单位继续按原劳动合同约定的工作地点履行。

（4）离职与退工管理制度。

超过法律规定要求提前通知期存在的风险：除另外签订有培训服务协议外，员工提前30天通知即可解除劳动合同。要求员工提前更多时间通知方可办理离职手续的规定违反法律规定。根据《中华人民共和国劳动合同法》第三十八条规定，员工可以用人单位的规章制度违反法律法规规定、损害劳动者权益为由，解除劳动合同，并要求支付经济补偿。

不及时办理退工手续存在的风险：单位应当在解除或终止劳动合同时出具相关证明，并在15日内为员工办理档案和社会保险关系转移手续。不及时办理退工手续，对员工造成损失的，应当承担损害赔偿责任。

（5）商业秘密保护制度。

竞业限制无补偿存在的风险：约定竞业限制但未约定竞业限制补偿金或虽有约定但是未依约支付补偿金的，竞业限制协议不发生效力。员工可不受竞业限制条款相关约定的约束。

竞业限制期限超过法定期限存在的风险：竞业限制期的上限为两年，超过期限无效。

（6）培训管理制度。

随意定义培训性质存在的风险：由用人单位出资的专业技术培训才能约定培训服务期。就入职培训、内部培训等约定服务期的协议无效。

不当约定服务期存在的风险：服务期应与培训费的额度和效应期间相关联，过短或过长的服务期会失去服务期约定的初始意义。

（7）薪酬管理制度。

销售人员无底薪存在的风险：销售人员付出正常劳动的，应当领取不低于当地最低工资标准的底薪。否则，销售人员可以解除劳动合同，并要求支付经济补偿。劳动行政部门可责令支付最低工资。

加班费任意规定存在的风险：加班费应依据法规政策规定和双方约定的工

资基数计算，不得随意规定加班费数额。否则，员工可以解除劳动合同，并要求支付经济补偿。劳动行政部门可责令支付依法或依约计算的加班费。

随意扣减工资存在的风险：在没有法定或约定理由和相应规定的前提下，企业随意扣减工资违反法律规定。员工可以解除劳动合同，并要求支付经济补偿。劳动行政部门可责令返还违法扣减的工资。

随意扣减年终奖存在的风险：如果企业将年终奖作为员工薪酬而非福利，或是明确为当然福利，则不可以随意扣减年终奖。否则，员工可以此为由解除劳动合同，并要求支付经济补偿。劳动行政部门可责令返还违法扣减的年终奖。

（8）考核管理制度。

不当使用末位淘汰制度存在的风险：末位淘汰是典型的人力资源管理办法。但是淘汰程序不符合法律的程序性规定，则会构成违法解除劳动合同。员工可以选择要求用人单位恢复劳动关系，也可以选择要求用人单位支付双倍经济补偿。

任意进行考核评估存在的风险：尽管考核是企业的自主权利，但这种考核应当基于公正性考虑。企业随意对员工进行考核而导致员工实质待遇降低的，员工可以要求恢复原待遇。

考核不合格即予辞退存在的风险：考核不合格被证明不能胜任工作的，经由培训或调岗程序以后仍不能获得考核合格的，企业可以解除劳动合同。但企业仅以考核不合格而直接解除劳动合同，则构成违法解除劳动合同。员工可以选择要求用人单位恢复劳动关系，也可以选择要求用人单位支付双倍经济补偿。

（9）其他常见侵权性条款。

不得结婚、怀孕与生育的规定存在的风险：不得以工作需要为由要求在特定时间内员工不得怀孕或生育，或是在无碍保密原则的前提下禁止员工之间结婚。否则，就构成规章制度违法，员工可以解除劳动合同并要求用人单位支付经济补偿。

不公平的惩处存在的风险：过于严格的处罚规定如果涉及薪资降低、劳动合同解除等员工的切身利益，如果被认定为显失公平，则会被认为是违法处理，要承担相应的法律责任。

（10）程序性不当或瑕疵事项。

民主讨论程序不当。规章制度没有经过民主程序或民主程序存在不当安排的，可能导致缺乏有效的民主程序证据，造成员工在发生争议时不认可规章制度效力的潜在法律风险。

未经职代会或者全体职工讨论。涉及职工切身利益的制度须经职代会或全体职工讨论，提出方案和意见，与工会代表或者职工代表平等协商确定制度内容。未履行上述程序，会造成员工在发生争议时不认可规章制度效力的潜在法律风险。

公示或告知程序瑕疵。规章制度如果没有进行公示或主动告知员工，或在操作程序上存在瑕疵，会造成员工在发生争议时不认可规章制度效力的潜在法律风险。

（11）常见的劳动合同法律风险。

①劳动合同的订立。

未及时订立劳动合同。应在用工之日起订立书面劳动合同，超过一个月不订立，用人单位应支付双倍工资；超过一年未订立，视为已建立无固定期限劳动合同。

对入职材料未交齐的新进员工，可先签订书面劳动合同，用人单位以交齐入职材料为录用条件，到时不能提供符合要求的入职材料，用人单位在试用期可合法解除劳动合同。

未及时续订劳动合同。在征求员工续订劳动合同意向后，应提前或在到期日及时订立书面劳动合同，否则会被视为自劳动合同到期日起订立书面劳动合同，用人单位应承担相应的法律责任。

②劳动合同的履行与变更。

单方面调整岗位、薪资和工作地点。很多企业在劳动合同中抽象约定，企业可以根据生产经营需要调整员工的岗位、薪资和工作地点，这种约定实际上并无具体意义。即便劳动合同中有这样的规定，在具体处理时亦需充分说明其合理性。

单方面变更劳动合同。企业只有在与员工协商一致、员工不能胜任工作和客观情况发生重大变化等情况下才可以单方面变更劳动合同。如果企业随意变更劳动合同，导致员工切身利益受损，员工除了可以要求按照原劳动合同约定履行外，还可以要求企业赔偿相关待遇差额。

③劳动合同的解除与终止。

协商解除。协商解除劳动合同，需要签订协商解除劳动合同书并就相关交接事项进行明确约定。另外，员工和企业哪一方动议协商解除，与是否需要支付经济补偿有紧密关联。协商解除不注意相关细节和操作程序，将会被认定为违法解除或不当支付经济补偿金。

劳动者单方解除。除非另外订立培训服务协议，员工只要提前30天通知用人单位，即可单方解除劳动合同。如果企业存在规章制度违法、未依法缴纳社会保险、未按照劳动合同约定提供劳动保护或者劳动条件等过错事项的，员工可以随时解除劳动合同，并可以要求支付经济补偿金。

过错性解除。过错性解除应当保留员工过错相关的书面证据，依据法律规定的程序通知工会，并将解除劳动合同书交由员工签收或进行公示。如果在实体和程序环节存在瑕疵，会影响解除行为的合法性。

非过错性解除。非过错性解除除了应当举证员工存在非过错事项的情形外，还应根据法律规定的要求提前30天通知或额外支付相当于一个月工资的代通知金。非过错性解除情形下，尽管企业并不存在过错，但仍需支付经济补偿金。另外，依据客观情况发生重大变化而解除劳动合同的，还应特别注意履行"协商变更不成"的程序，因为直接解除会存在程序上的瑕疵。

经济型裁员。应当特别注意经济型裁员的条件要求和人数规定。需要指出的是，经济型裁员时应特别注意提前30天征求工会或全体员工意见，并向劳动行政部门备案。

不得解除或终止。对于解除或终止情形，应首先核实不属于《劳动合同法》规定不得解除或终止的情形，避免出现违法解除的情形而导致不必要的法律后果。

法条链接

《劳动合同法》第四十二条　劳动者有下列情形之一的，用人单位不得依照本法第四十条、第四十一条的规定解除劳动合同：

（一）从事接触职业病危害作业的劳动者未进行离岗前职业健康检查，或者疑似职业病病人在诊断或者医学观察期间的；

（二）在本单位患职业病或者因工负伤并被确认丧失或者部分丧失劳动能力的；

（三）患病或者非因工负伤，在规定的医疗期内的；

（四）女职工在孕期、产期、哺乳期的；

（五）在本单位连续工作满十五年，且距法定退休年龄不足五年的；

（六）法律、行政法规规定的其他情形。

④违约金事项。

保密协议。在订立保密协议时，应特别注意，根据《劳动合同法》规定，保密协议不能直接约定违约金，否则约定的违约金条款无效。但可以在预期评估和公平原则的基础上约定赔偿金的范围和计算方法。

培训服务期协议。培训服务期协议所涉及的培训应属于用人单位出资的专业技术培训，且违约金与培训费用应符合对等原则；若违约金过高，超过培训费的违约金数额不发生法律效力。

竞业限制协议。竞业限制的人员通常限于高级管理人员和高级技术人员，竞业限制期限不得超过两年，如果员工离职后，用人单位没有依照约定支付竞业限制补偿金，则竞业限制协议不生效。

⑤赔偿金事宜。

与工资、经济补偿金有关的赔偿。企业不当使用试用期的，应以试用期满月工资为标准，向员工支付赔偿金。企业违法解除劳动合同时，员工可以要求企业按经济补偿金的双倍标准支付经济补偿。

按实际损失额计算的赔偿。因违法行为给员工带来损失，企业应按实际损失额支付赔偿。

企业解除与终止员工劳动合同应给予员工的补偿方式可参考表2-2进行补偿。

表2-2 企业解除与终止员工劳动合同的经济补偿

解除与终止劳动合同		条件	期限	赔偿金
协商解除	用人单位提出	不论何种类型的劳动合同，也不需要任何条件	无要求	需支付
	员工提出	可以协商解除	无要求	无须支付

续表

解除与终止劳动合同		条件	期限	赔偿金
用人单位解除的情形	即时通知解除（过失性解除劳动合同）	试用期内不符合录用条件	随时	无须支付
		严重违纪	随时	无须支付
		造成重大损失	随时	无须支付
		兼职，对本职工作有严重影响或经提出拒不改正的	随时	无须支付
		以欺诈、胁迫手段或者乘人之危订立劳动合同	随时	无须支付
		被追究刑事责任	随时	无须支付
用人单位解除的情形	预告通知解除（非过失性解除劳动合同）	患病或非因工负伤，在规定的医疗期满后不能从事原工作，也不能从事另行安排的工作	提前30天或支付一个月工资	需支付
		不能胜任工作，经培训或调岗后仍无法胜任的	提前30天或支付一个月工资	需支付
	即时通知解除（过失性解除劳动合同）	劳动合同无法履行且无法达成变更劳动合同协议	提前30天或支付一个月工资	需支付
	裁员解除	企业破产；企业经营困难；企业转产、重大技术革新或者经营方式调整；客观情况发生重大变化	履行法定程序后可以裁员	需支付
员工解除的情形	提前30天通知解除	不论何种类型的劳动合同，也不需要任何条件	提前30天通知	无须支付
	提前3天通知解除	在试用期内	提前3天通知	无须支付
	随时通知解除	未提供约定的劳动保护和条件	随时通知	需支付
		未按时足额支付劳动报酬	随时通知	需支付
		未依法缴纳社会保险费	随时通知	需支付
		规章制度违法，损害劳动者利益	随时通知	需支付

续表

解除与终止劳动合同		条件	期限	赔偿金
员工解除的情形	随时通知解除	以欺诈、胁迫的手段或者乘人之危订立劳动合同	随时通知	需支付
		法律法规规定的其他情况	随时通知	需支付
	无须通知立即解除	以暴力、威胁或者非法限制人身自由的手段强迫劳动	立即解除，无须通知	需支付
		违章指挥、强令冒险作业	立即解除，无须通知	需支付
劳动合同终止	劳动合同期满	用人单位不同意续订		需支付
		用人单位降低劳动条件续订劳动合同，劳动者不同意续订		需支付
		用人单位维持或者提高劳动条件续订劳动合同，劳动者不同意续订		无须支付
	劳动者开始享受基本养老保险待遇			无须支付
	劳动者死亡、被法院宣告死亡或者失踪			无须支付
	用人单位被宣告破产			需支付
	用人单位被吊销营业执照、责令关闭、撤销或者用人单位决定提前解散			需支付
不得解除或需逾期终止的情形（《劳动合同法》第四十二条、第四十五条）		从事接触职业病危害作业的劳动者未进行离岗前职业健康检查，或者疑似职业病病人在诊断或者医学观察期间的		
		在本单位患职业病或者因工负伤并被确认丧失或者部分丧失劳动能力的		
		患病或者非因工负伤，在规定的医疗期内的		
		女职工在孕期、产期、哺乳期的		
		在本单位连续工作满十五年，且距法定退休年龄不足五年的		
		法律、行政法规规定的其他情形		

6. 人力资源流程合法性风险防控策略

企业人力资源流程合法性风险防控策略如下：

（1）规章制度生效流程。

规章制度只有在满足内容**合法**并经由**民主**程序和**公示**程序这三个法定条件的前提下，才发生法律效力。规章制度合法有效的证明责任在于用人单位，因此除了规章制度的内容须合法合规以外，用人单位在制定规章制度的过程中，还应保留好职工大会、职工代表或者全体员工参与制定规章制度，以及告知全体员工已生效制度的相关证据。

（2）员工入职管理流程。

应特别注意员工劳动关系相关情况的调查核实。对于特别重要岗位的员工入职，甚至需要进行背景调查，比如核实其相关资质证书、解除或终止劳动关系的证明、是否存在竞业限制的情形等。在员工入职之前，应让其填写入职申请表，就本人相关信息的真实性作出声明，防止虚假陈述等欺诈入职的行为，为之后的劳动人事管理消除隐忧。同时，在员工报到的当天，即要求员工与公司订立书面劳动合同，以避免员工不订立书面劳动合同而带来的责任和风险。

（3）员工离职管理流程。

离职管理流程是发生劳动争议比较频繁的一个部分。特别是对于过错性解除而言，用人单位应该注重掌握有关证据，在程序操作上做到足够细致和规范，避免造成违法解除劳动合同而遭受经济补偿的风险。在离职管理流程中的过错性解除部分，相关步骤应细化为以下几个方面：

①发现员工严重违纪。

②掌握有关证据。

③制作解除劳动合同通知书。

④通知工会。

⑤交由员工签收或进行公示。

⑥进行工作交接。

⑦出具解除或终止劳动合同的证明。

六、商业秘密泄露的风险与防控

商业秘密是企业的无形资产和核心竞争力。技术、客户数据、财务信息等对于企业的竞争力和市场地位至关重要。当这些商业秘密受到侵权时，企业面临的风险和损失是很严重的。比如：

①企业核心技术被窃取。商业秘密被侵权可能导致企业的核心技术被窃取，这将直接影响企业的研发能力和创新能力，进而影响企业在市场上的竞争地位。

②客户数据被泄露。商业秘密被侵权可能导致企业的客户数据被泄露，客户信任度受到影响，进而影响企业的市场声誉和客户关系。

因此，企业应该采取措施来保护商业秘密，避免商业秘密被侵权带来的风险和损失。这些措施包括加强内部保密管理、签署保密协议、加强员工保密意识、建立完善的知识产权保护体系等。同时，企业还应该建立商业秘密被侵权的应急预案，及时采取有效措施保护企业的利益。

1. 常见的侵犯商业秘密的行为

①以盗窃、利诱、胁迫或者其他不正当手段获取权利人的商业秘密。

②披露、使用或者允许他人使用不正当手段获取权利人的商业秘密。

③违反约定或者违反权利人有关保守商业秘密的要求，披露、使用或者允许他人使用其所掌握的商业秘密。

2. 企业常见的商业秘密泄露途径

（1）在职员工泄密。

一般而言，内部在职员工的泄密行为主要有两种：一种是在职涉密员工因为经济利益诱惑等因素，故意将企业的商业秘密占为己用或用于销售、交换等；另一种是涉密员工在工作中因保密意识淡薄或未严格执行企业保密制度而无意中泄露商业秘密。其中，第一种是较为普遍的商业秘密泄露途径，特别是企业的客户信息，已成为经营信息类商业秘密侵权案件的重灾区。

（2）离职员工泄密。

主要是指涉密员工在离职期间因经济利益诱惑等因素擅自下载、复制属于企业的商业秘密,在加入与原企业存在竞争关系的单位或自己成立公司或与他人合作经营企业时,仍使用原企业商业秘密并谋取经济利益。此种情况,在商业秘密侵权案件中也较为常见。

(3)业务合作方泄密。

一般而言,企业在日常经营活动中难免需要与其他公司、组织等进行合作,而当企业与合作方开展涉及商业秘密的项目时,合作方就有可能获悉属于该企业的商业秘密。如果合作方保密管理制度不完善、保密措施不健全,则有可能导致属于该企业的商业秘密被泄露。

(4)外部人员窃密。

主要是指企业的竞争对手,甚至有意针对企业的商业间谍等,通过收买企业的内部人员尤其是涉密人员探听,甚至使用盗窃、贿赂、欺诈、胁迫、电子侵入或其他不正当手段获取企业商业秘密。

明知或者应知前述所列行为,获取、使用或者披露他人的商业秘密的各方,经查证后可以侵犯商业秘密罪论处。法律后果如下:

①给商业秘密权利人造成重大损失的,处三年以下有期徒刑或者拘役,并处或者单处罚金;造成特别严重后果的,处三年以上七年以下有期徒刑,并处罚金。

②给商业秘密权利人造成损失数额在五十万元以上的,属于给商业秘密权利人造成重大损失,应当以侵犯商业秘密罪判处三年以下有期徒刑或者拘役,并处或者单处罚金。

③给商业秘密权利人造成损失数额在二百五十万元以上的,属于刑法规定的造成特别严重后果,应当以侵犯商业秘密罪判处三年以上七年以下有期徒刑,并处罚金。

综上,企业在日常需做好商业秘密保护,一旦被侵犯,就要拿起法律武器。

【案例 2-51】

离职员工擅用原公司客户名单信息

▲案件概况

肖某原是深圳某科技公司(以下简称"深圳科技公司")员工,主要负责公司业务与发货事宜,能接触到公司的客户信息。在职期间,其委托骆某注册东莞某科技公司(以下简称"东莞科技公司"),并在离职后以该公司的名义联系其从原公司所知悉的客户,销售与原公司相同的产品。深圳科技公司认为,肖某等人侵犯了其公司的商业秘密,向法院提起诉讼。

▲法院判决

法院经审理认为,案涉客户名单信息属于深圳科技公司的商业秘密,肖某违背保密义务,向东莞科技公司披露,而后者明知肖某曾是深圳科技公司的员工,仍利用其披露的客户信息与客户进行交易,两者具有共同侵权的故意。骆某作为东莞科技公司唯一股东,未能证明其与公司之间财产相互独立,需承担连带责任。最终,法院判决三被告向深圳科技公司赔偿经济损失 25000 元。

【案例 2-52】

工程师、经理"里应外合"盗用图纸

▲案件概况

东莞某机械有限公司(以下简称"机械公司")是一家生产、研发冲孔机的知名高新技术企业。何某生、段某华、王某华等人曾在该公司担任工程师、经理等重要职位。2015 年,他们合谋窃取了公司的冲孔机图纸,做局部微调意图区分,并让王某华留在该公司工作,留意公司动向。待图纸设计完成后,他们找到深圳某电子有限公司(以下简称"电子公司")的赵某、胡某林成立冲孔部,并以该公司的名义生产销售冲孔机。

2018 年,机械公司向公安机关举报,何某生等人被立案查处。截至案发时,电子公司已生产并销售冲孔机 14 部,给机械公司造成经济损失 1009 万余元。

▲法院判决

法院经审理认为,7 名被告人以盗窃手段获取并使用他人的商业秘密,造成特别严重的后果,已构成侵犯商业秘密罪。最终,7 人被判刑,其中 6 名主犯被判处有期徒刑四年至二年,并处罚金 200 万元至 10 万元不等。

【案例 2-53】
主管、经理合伙"另起炉灶"侵犯商业秘密还阻挠执行

▲案件概况

杨某、蒋某、郭某原是东莞大朗某电子厂(以下简称"大朗电子厂")工程部主管、五金部工模主任、采购部经理。在职期间,三人另成立公司,离职后利用在大朗电子厂掌握的生产工艺流程、客户和供应商信息等,生产与老东家同类型产品,并销售给大朗电子厂客户,四年下来,利润额达 978 万余元。

之后,大朗电子厂提起民事诉讼,主张杨某等人侵犯其商业秘密,获法院支持。但三人仍不"收手",又以他人的名义成立新公司,将设备及员工转移后继续生产经营,并且在法院执行人员前来执行时还多番阻挠,再次转移公司资产。

▲法院判决

最终,法院以侵犯商业秘密罪和拒不执行判决、裁定罪对杨某、蒋某数罪并罚,判决有期徒刑五年三个月,并处罚金 350 万元;以侵犯商业秘密罪,判处郭某有期徒刑四年,并处罚金 150 万元。

3. 风险防控策略

①根据企业自身情况合理确定商业秘密的范围,要从充分保护企业相关信息的角度出发合理确定范围。总的原则是,企业在日常经营管理的过程中,可以考虑将具有经济价值的所有信息,包括纸质文件和电子文件列为商业秘密。

②加强对商业秘密及其载体的管理。明确构成商业秘密的技术信息、经营信息等具体范围,采取相应保密措施,在科技研发、人员流动、项目合作、合同履行等过程中,注意对商业秘密进行固定留存和专门保护。

③加强对涉密人员的管理。可与员工签订保密协议或在合同中约定保密义务,通过章程、培训、规章制度、书面告知等方式,对能够接触、获取商业秘密的员工、前员工、供应商、客户、来访者等提出保密要求,根据岗位职责设置访问权限、软件监管等,要求离职员工登记、返还、清除、销毁其接触或者获取的商业秘密及其载体,继续承担保密义务,筑起企业商业秘密的"防火墙"。

④严格控制接触商业秘密人员保密范围的实质就是控制接触范围。企业保密的基本原则，就是把商业秘密知悉范围控制在不影响科研、生产和经营正常运行的最低限度内。企业的一切保密管理行为都要把目标放在有效控制商业秘密的接触范围上，把重点放在知悉范围内人员的管理上。

⑤构建商业秘密保护体系。可根据企业需求和发展特点，采取引进第三方服务机构等方式，量身定制商业秘密保护措施和管理制度，有针对性地防范风险，以及在风险发生后，为企业维权诉讼等应对工作提供有力支持。

⑥与知悉商业秘密人员签订保密协议是必不可少的保护措施。

⑦应特别注意防范离职员工泄露商业秘密。企业重点人员，如技术总监、生产技术骨干、销售总监或销售骨干人员等离职时，商业秘密泄露的风险最大，需要采取特别防范措施。可以参考如下：

首先，要求并确认离职人员将所有从企业获得可能涉及商业秘密的文件、电脑等物品全部交回。其次，与离职人员签订保密协议和竞业禁止协议，约定违约责任，并按照国家规定全额支付保密费用和竞业禁止补偿金。最后，建立回访制度。重点人员离职两年内，企业应每半年回访一次，或采取其他方法了解其就业及工作情况，以便及时发现隐患，解决问题。

七、企业知识产权侵权与保护的风险与防控

1. 知识产权客体

《与贸易有关的知识产权协议》（TRIPS 协议）中知识产权主要包括：著作权与邻接权、商标权、地理标志权、工业品外观设计权、专利权、集成电路布图设计权、未披露的信息专有权、植物新品种权等。《民法典》中指出知识产权客体包括作品、发明、实用新型、外观设计、商标、地理标志、商业秘密、集成电路布图设计、植物新品种等。

知识产权的法律风险逐渐成为企业经营过程中的常见风险，随着大量知识产权纠纷在各类媒体上的宣传，越来越多的企业意识到知识产权侵权风险贯穿于企业经营活动的全过程。

2. 知识产权的风险

按经营过程划分，知识产权的相关风险包括：

①企业在进行新的知识产权研发时，可能因为对于相关技术信息的检索不够，在科研项目开始和进行时也没有发现，造成与他人重复开发，自己企业所研究出来的成果因为侵权而无法使用；或者在研发成果出来后，没有做到足够的知识产权保护和管理，导致成果泄露，被对家企业抄袭或者抢先申请相关的知识产权保护，致使自己企业不能直接使用。

②在进行知识产权研发时，没有做好利益分配，知识产权归属混乱，造成各知识产权人发生归属纠纷。

③委托他人进行知识产权制造却没有分清归属、对知识产权的使用没有作出限制，保密措施没有达成协议，造成企业和知识产权制造商产生纠纷；企业内部上下级单位没做好保密建设和使用保护，造成知识产权流失风险。

④在采购的时候没有和供应商进行知识产权协定，存在对第三方知识产权人造成权益侵害的风险。

⑤在进行自家产品的销售时，可能对他人的商标或者营销方案广告等造成侵权，没有做好知识产权保护和总体建设，都会造成风险。

按知识产权的类型划分，知识产权的相关风险包括：

①商业软件侵权的风险。

②商标侵权的风险。

③字体侵权的风险。

【案例 2-54】

商业软件侵权行政处罚

▲案件概况

上海市文化市场行政执法总队（沪总）版罚告字〔2017〕第 0393 号《行政处罚事先告知书》中记载上海德马未经软件著作权人奥腾有限公司许可，复制、安装、使用 AltiumDesigner 软件的行为构成侵权，鉴于上海德马在案发后能积极整改，购买了正版软件，获得了合法授权，取得了著作权人的谅解，减轻了违法行为的危害后果和影响，具有《中华人民共和国行政处罚法》第二十七条第一款第（一）项减轻处罚情形，应当依法减轻处罚，责令上海德马停止侵权并罚款 13200 元。

▲法律依据

依据《计算机软件保护条例》第十八条及《最高人民法院关于审理著作

权民事纠纷案件适用法律若干问题的解释》第二十一条的规定，计算机软件用户未经许可或者超过许可范围商业使用计算机软件的，就构成侵犯著作权。若发生侵犯计算机软件著作权的行为，根据我国现行法律规定，侵权人应承担停止侵害、消除影响、赔礼道歉、赔偿损失等民事责任；损害社会公共利益的，著作权行政管理部门可以进行行政处罚；触犯刑法的，可以依据侵犯著作权罪、销售侵权复制品罪的规定，依法追究刑事责任。

【案例2-55】

商标侵权司法纠纷

▲商标侵权行政处罚案件概况

在成高市监处〔2022〕51010922000043号处罚中，成都××餐饮有限公司于2021年10月底因店内升级，更换一批新的包间引导牌、消火栓指示牌、禁烟指示牌、杜绝浪费指示牌、卫生间指示牌、谢绝自带食品指示牌及包装门牌等带注册商标标识的"××®"文字商标的店内装饰，经查，当事人曾对"××®"文字商标进行注册申请被驳回，也未被授权使用，其行为构成《中华人民共和国商标法》（简称《商标法》）第五十二条中的"将未注册商标冒充注册商标使用"，最终对××餐饮有限公司处以10000元罚款。

▲商标侵权民事纠纷案件概况

在安踏体育与天矛体育和纤伽服装商标侵权案件中，法院经审理认为，两被告生产销售的被控侵权的标识与其拥有商标专用权的"T-MAO"图文商标在弧度、方向、粗细、大小等方面均做了改变，将图案进行突出，文字占比有所减小，与安踏涉案商标在隔离状态下进行比对后，两者图形相似，容易导致相关公众混淆。法院判定两被告立即停止侵权行为，并赔偿安踏体育50万元。

▲法律依据

《商标法》第十条列出了各种禁用词汇，该条中列举的内容不仅不能获准注册，更不能在商业中使用，否则将面临《商标法》第五十二条中"使用未注册商标违反本法第十条规定的，由地方工商行政管理部门予以制止，限期改正，并可以予以通报，违法经营额五万元以上的，可以处违法经营额百分之二十以下的罚款，没有违法经营额或者违法经营额不足五万元的，可以处一万元以下的罚款"的风险。

【案例2-56】

字体侵权的风险

▲案件概况

在江苏省高级人民法院（2012）苏知民终字第0161案中，青蛙王子公司在其生产、销售的"城市宝贝"儿童护肤系列产品的注册商标中，使用汉仪公司享有著作权的秀英体。对于上述"城市宝贝"注册商标，青蛙王子公司委托设计公司进行设计，没有对上述字体的授权情况进行核实。法院认定青蛙王子公司未经授权，在其产品上擅自使用汉仪公司拥有著作权的秀英体单字，构成著作权侵权，判令停止使用"城市宝贝"四个单字，并赔偿汉仪公司经济损失4.8万元。

▲法律依据

《中华人民共和国著作权法》（简称《著作权法》）并不存在"字体"这样一种专门的作品形式，实践中也一般以"美术作品"保护。

《著作权法》第五十二条规定了侵权责任，主要有承担停止侵害、消除影响、赔礼道歉、赔偿损失等民事责任。而第五十四条对赔偿损失作出了明确的规定："侵犯著作权或者与著作权有关的权利的，侵权人应当按照权利人因此受到的实际损失或者侵权人的违法所得给予赔偿；权利人的实际损失或者侵权人的违法所得难以计算的，可以参照该权利使用费给予赔偿。……权利人的实际损失、侵权人的违法所得、权利使用费难以计算的，由人民法院根据侵权行为的情节，判决给予五百元以上五百万元以下的赔偿。"

《北京市高级人民法院关于侵害知识产权及不正当竞争案件确定损害赔偿的指导意见及法定赔偿的裁判标准》（2020版）对侵犯字体的计算赔偿标准作出如下规定：被告未经许可复制、发行、放映、通过信息网络传播涉案美术作品的，无其他参考因素时，每幅美术作品的赔偿数额一般为800元至3000元；被告未经许可将涉案美术作品用于报刊广告、平面印刷的广告宣传品、户外广告、店面广告、电视广告、宣传片、网络广告等，可以比照前述规定的基本赔偿标准，酌情提高1-5倍确定赔偿数额；将涉案美术作品制作为商品、作为企业标识进行使用、作为商品的包装装潢等，可以比照前述规定的基本赔偿标准，酌情提高1-10倍确定赔偿数额。

3. 外观专利和实用新型专利侵权的防控

专利侵权行为会承担以下法律后果：

①民事法律后果，行为人应就其侵权行为对受害人承担赔偿损失、赔礼道歉等民事责任。

②行政法律后果，专利执法部门应当对侵权行为责令改正并予公告，没收违法所得，可以处违法所得五倍以下的罚款。

③刑事法律后果，构成犯罪的，应当承担相应的刑事责任。

本条重点分析专利行政法律后果，法律依据如下：

《中华人民共和国专利法》（简称《专利法》）第六十五条规定："未经专利权人许可，实施其专利，即侵犯其专利权，引起纠纷的，由当事人协商解决；不愿协商或者协商不成的，专利权人或者利害关系人可以向人民法院起诉，也可以请求管理专利工作的部门处理。管理专利工作的部门处理时，认定侵权行为成立的，可以责令侵权人立即停止侵权行为，当事人不服的，可以自收到处理通知之日起十五日内依照《中华人民共和国行政诉讼法》向人民法院起诉；侵权人期满不起诉又不停止侵权行为的，管理专利工作的部门可以申请人民法院强制执行。进行处理的管理专利工作的部门应当事人的请求，可以就侵犯专利权的赔偿数额进行调解；调解不成的，当事人可以依照《中华人民共和国民事诉讼法》向人民法院起诉。"

【案例 2-57】

外观侵权行政处理

▲案件概况

请求人某知名企业向南宁市市场监管局投诉某酒业有限公司在第 20 届中国广西—东盟食品糖酒会上公开展览、宣传真龙系列饮品，该产品外包装含有侵犯请求人"包装盒（海韵）"外观设计专利权（专利号 ZL202030020599.1）相似的设计，其行为侵犯了请求人的专利权。

▲行政裁决结果

经调查取证，南宁市市场监管局对被请求人涉嫌侵权的证据进行了固定，并委托鉴定机构就涉案专利及涉嫌侵权产品是否侵犯涉案外观设计专利权出具了《专利侵权鉴定意见书》。2022 年 11 月 21 日，南宁市市场监管局作出行政裁决，认定被请求人侵权行为成立，责令被请求人立即停止对侵权产品的销售及许诺销售行为。

展会是专利侵权纠纷易发、高发领域，如何高效、全面维护专利权人的合法权益是展会专利保护的难点。本案中，南宁市市场监管局将展会专利保护与行政裁决有机衔接，根据展会期间请求人的投诉发现涉嫌侵权行为后，及时启动专利侵权纠纷行政裁决程序，在展会持续期间固定侵权相关证据，避免证据灭失，同时转入专利侵权纠纷行政裁决程序，充分保证了双方当事人的权利，真正做到了维护专利权人的合法权利，有效制止了侵权行为，是展会专利保护与行政裁决有机衔接的典型案例。

法律规定，外观设计专利权被授予后，任何单位或者个人未经专利权人许可，都不得实施其专利，即不得为生产经营目的制造、许诺销售、销售、进口其外观设计专利产品。

在外观设计专利侵权判定中，被控侵权产品与涉案专利产品属于同类产品是判定是否构成侵权的前提。外观专利涉嫌侵权的要求如下：

①外观设计专利权被授予。

②行为人未经专利权人许可，实施制造、许诺销售、销售、进口其外观设计专利产品。

③专利权人因前述行为产生了实际损失。

④其他要求。

本案涉嫌侵权的产品是饮品包装，而涉案专利是香烟包装，两者是否属于同类产品存在较大争议。办案人员结合涉案专利和被控侵权产品的洛迦诺分类号，以及实际使用场景来综合认定两者是否属于同类产品，对类似案件的处理有一定的借鉴意义。

发现外观专利和实用新型专利被侵权，可以选择以下的解决途径：

①协商与和解。专利权人和被控侵权人均可自行协商或在其他第三方的调解、斡旋下达成和解协议，解决纠纷。

②行政裁决或协调。专利权人在侵权人侵权事实和证据充分确凿的情况下，可向专利局等有关行政部门举报，由其采取行政措施，对侵权人的侵权行为进行调查核实后作出行政处罚。在行政裁决过程中，有关专利行政部门基于有关当事人的申请，可对专利侵权的民事责任进行调解。

③向法院起诉。专利权人在发现侵权人侵犯其专利权后，亦可径自向侵权行为地、被告所在地等相关人民法院提起民事诉讼，要求停止侵权行为、赔偿经济损失等。

4. 图片侵权的风险与防控

【案例 2-58】

图片侵权纠纷

▲案件概况

原告梵某公司是案涉作品的著作权人，其授权睿某公司将该作品作为商品宣传图使用于天猫店铺的商品详情页中。梵某公司发现，天某公司的商品宣传图，无论是图案、文字的排列布局、色彩搭配，还是元素的布置与安排、主体人物姿态造型、光线调控等方面均与梵某公司的作品构成实质性相似，梵某公司认为天某公司侵犯了案涉作品的著作权，遂诉至法院。

梵某公司起诉请求判令：天某公司立即停止侵权行为；天某公司赔偿梵某公司经济损失 3588 元；天某公司在其天猫专卖店首页发布声明并道歉十五日；天某公司支付梵某公司为制止侵权行为所支付的公证费 800 元；天某公司承担本案全部诉讼费用。

天某公司辩称：天某公司的宣传图片仅与梵某公司的作品在构图上存在相似，但二者存在极大的不同，不构成实质性相似。

▲判决结果

广州互联网法院判决：

①天某公司在判决生效之日起立即停止实施侵害梵某公司案涉作品著作权的行为，删除被诉侵权图片。

②天某公司在判决生效之日起十日内赔偿梵某公司经济损失 3588 元。

③天某公司在判决生效之日起十日内赔偿梵某公司维权合理开支 800 元。

④驳回梵某公司的其他诉讼请求。

本案中，梵某公司主张其案涉权利图片的独创性主要体现在两点：其一，整体图片所包含的照片中各元素的布置与安排、主体人物姿态造型、光线调控等；其二，照片（图案）、文字的排列布局、色彩搭配等选择、编排。对此，法院认为：案涉权利图片主要采取图文结合的方式，其中的"图"主要是以台灯、人物、场景、植物、装饰为主要元素进行的摄影创作,体现了作者对于拍摄角度、明暗光线、距离和光圈以及拍摄场景的个性化安排或选择,具有独创性,构成摄影作品;其中的"文"主要是对台灯性能的一种描述,并配合照片本身进行解释说明,本身不构成作品。但"图"与"文"的选择、相对位置、编排顺序,"图"的比例、张数、位置,以及"文"所使用的字体样式、颜色、大小、排列等整体具有一定的独创性,符合《中华人民共和国著作权法》第十五条规定的汇编作品的定义,即汇编若干作品、作品的片段或者不构成作品的数据或者其他材料,对其内容的选择或者编排体现独创性的作品,为汇编作品。

梵某公司取得了案涉作品的著作权登记证书,结合照片拍摄底稿、授权睿某公司在天猫店铺商品详情页中使用作品的事实等证据,在无相反证据的情况下,可以认定梵某公司是案涉作品的著作权人。

被诉侵权图片从整体的选择、编排到"图""文"各部分内容均与案涉作品构成实质性相似。即使被诉侵权图片中的照片由天某公司自行拍摄,整张图片由其自行制作完成,付出了一定的智力投入,但该投入明显模仿自案涉作品,不具有独创性。案涉权利作品先于天某公司通过天猫店铺对外公开,天某公司具有接触的可能性。故天某公司构成著作权侵权。

图片侵权的风险分析如下:

与字体侵权相似,图片侵权是随着企业自媒体宣传、网络销售等兴起而逐步增多的。过去,图片侵权主要表现在印刷品和包装物等传统媒介上,而现在,图片侵权行为越来越多地发生在网上。作为知识产权律师,每年都收到大量图片侵权的咨询,微信公众号、短视频号、官网、网店等作为重灾区,大部分是专门的图片公司进行维权,要价从一张图片几千元到几万元不等,动辄几张、十几张、几十张图片涉嫌侵权。

关于维权主体,相关报告显示排名前十位的原告主要集中于国内图片公司和个人权利人,排名前五位的图片公司的案件数量占全部图片类案件的43%。相关报告进一步说明存在"个别图片公司或者律师甚至专门从事图片维权诉讼,主动锁定图片权利人,利用专业软件检索到侵权行为后再向图片权利人寻求授权,以提起诉讼的方式获取不正当商业利益。这种维权方式已经成为这些图片公司的主要经营方式和部分律师开发客户和案源的主要渠道"的现象。

关于赔偿额度，相关报告中指出绝大部分案件，原被告均未针对如何确定损害赔偿进行举证，法院判决多使用法定赔偿的方式确定损害赔偿数额。有单幅摄影作品的最低损害赔偿额为 300 元、最高为 4000 元、中位数为 800 元、平均值为 867 元等判决案例。

值得注意的是，本案的图片侵权类型属于商业侵权。要注意不能攀附性使用他人的商业图片，此类图片独创性强、商业知名度高，因此赔偿额较高。

比如在浙江省高级人民法院（2022）浙民终 741 号判决书中，认定被诉侵权复制品与涉案作品构成实质性相似。鉴于涉案美术作品具有一定的创新性和艺术美感，对侵权产品的销售具有一定的贡献，以及在沃隆公司使用涉案美术作品作为坚果包装且知名度较高的情况下，各被诉侵权人采用与涉案美术作品近似的侵权复制品作为包装生产、销售同类产品，攀附意图较为明显等原因，最终判定各被告自判决生效之日起十日内赔偿沃隆公司经济损失及为制止侵权所支出的合理费用合计 500 万元。

图片侵权的风险防控策略如下：

①不在文章配图中使用含有名人肖像的剧照、截图及二次创作图片。

演艺明星们在影视剧和综艺中贡献了许多精彩表演，将这些瞬间截图下来作为配图能让文章更具有可读性，但同时，侵权被诉风险也极高。

知名演员葛优就是代表，他在《我爱我家》中贡献了"葛优躺"名场面，那张瘫倒沙发、双眼涣散的图片被广为传播，也因此催生出无数网络侵权责任纠纷案件。粗略统计，葛优对"葛优躺"表情包提起的诉讼多达数百起，其主张无一例外得到法院支持，平均每案判赔额在 4000 元以上。

②不在文章配图中使用动漫形象的表情包。

在微信即时社交场景中，我们可以用到精彩多样的动漫形象表情包，这种使用是受到微信官方和表情包权利人鼓励的，多数表情包可免费使用，但这并不代表我们可以在微信公众号和头条号、搜狐号、百家号等自媒体平台的图文中使用，特别是基于商业目的的使用。

③不转载图片版权情况不明的他人公众号文章。

很多时候，公众号小编为了节省时间，更倾向于转载他人发表的文章，特别是大号的爆款文章，殊不知，这种情况会让侵权风险更大、更不可控。

在一些案例中，被告抗辩意见是：被控侵权文章是我们转载自×××公众号，不应承担侵权责任。

毫无疑问，这类意见不会被采纳。大多数公众号侵权案件都是转载他人文章而导致的侵权，究其原因，无非是侥幸心理：大号用这些图片，说明肯定是有授权的，使用起来应该没问题。

但不管转载来源是否得到了授权，都不影响转载者未经授权的事实和侵权状态。

④避免使用"公共图片库"的图片。

当下，市面上存在不少免费的图库，微信公众平台在编辑后台也开通了"公共图片库"，但这些"公共图片库"并不代表没有风险。上传者未必是初始权利人，侵权风险依然存在。

⑤不要使用商业主体的产品类图片。

在（2019）鄂01民初199号案中，某光学配件厂商在网站中使用同业竞争者的产品图片作为介绍，因两方图片从拍摄角度、整体外观上完全一致，被法院认定侵害著作权，同时构成不正当竞争。

八、公司决策制度不规范的风险与防控

有句俗话是这么说的：在股东吵架案件中，抢控制权是第一选择。

所以，在公司管理过程中，公司决议背后隐藏的深层问题是股东、董事之间争夺控制权。如果公司决策程序不规范导致公司决议无效或者被撤销，或者因决策过程中缺乏法律意识和法律思维，决策程序不合法、不规范，导致公司决策失误带来风险，将不利于公司发展，也不利于维护公司股东的利益。

【案例2-59】

决策机制不按章程约定而无效

▲案件概况

2020年3月，网上药店健客网涉嫌销售假冒伪劣口罩的行为被立案。出人意料的是，举报人竟然是健客网的大股东——苏某。

既然是健客网的创始人也是企业的大股东，苏某为什么要举报自家公司呢？

作为健客网的创始人，苏某从 2011 年开始就不再参与公司的经营管理事务，将该权利交给公司刚刚引入的职业经理人——谢某。在苏某看来，自己做了很好的股权架构设置，谢某持有公司 45%的股份，成为仅次于自己（苏某持股 55%）的第二大股东。在过去很长一段时间，苏某认为这个规划让大家各得其所。

好景不长，安稳的日子在 2019 年 7 月戛然而止。根据苏某的阐述，他是从广东健客医药有限公司的法定代表人马某那里得知公司经营存在异常的。公司因从贵州某医药公司采购了 4000 多万元来路不明的药品，遭到了东莞市食药监部门处罚。谢某利用个人账户走账，流水达数亿元。苏某还发现公司的公章有问题。苏某曾多次向谢某询问事情原因，但谢某并没有将详细情况告知苏某。

而在谢某看来，苏某和马某等人一直以来在外面接私单，他们的行为侵害了公司的利益。谢某出于维护公司利益的角度展开维权。2019 年 9 月 6 日，马某涉嫌盗窃罪被黄埔公安分局刑拘。10 月，马某等人被黄埔区检察院批捕。

▲判决结果

2021 年 9 月，黄埔区法院对马某一案作出一审判决。黄埔区法院判处马某犯破坏生产经营罪，免于刑事处罚。

而马某的二审判决书显示，广州中院审理表示，关于马某及其辩护人提出谢某损害公司利益的问题，经查，谢某是否存在损害涉案公司利益的行为，不属于本案的审理范围，马某可依法通过其他法律途径予以解决。

1. 案件分析

股东之间的纠纷其实存在于很多企业当中。内斗罗生门外表看起来是股东吵架，然而背后的复杂程度可以牵扯到股东知情权、分红权之争，更有甚者是对公司决策权的争夺。

首先，是两位股东对各自股权的认定存在偏差。苏某认为，根据内地工商登记的股权结构，健客网虽然经历过几次融资，但他始终是公司的创始人、大股东，工商登记资料显示健客网的主体运营公司及服务公司的大股东均为苏某，且持股比例超过 50%。同时，他作为监事，有权接管公司，有权罢免谢某的职务。

然而，根据谢某提供的文件资料和相关证人证言，法院曾对健客网的公司机构及股东关系进行了认定。法院审理认定，马某、苏某、谢某均为公司的股东之一，投票权比例分别为 1.03%、26.64%、27.76%。可见谢某的投票权实际上是超过苏某的。

其次，在公司管理决议方面，谢某作为公司管理者，负责公司的日常经营管理是经所有股东投票决定的，苏某、马某一方没有权力私自解除谢某的职位。苏某若要罢免谢某的职位，需通过召开股东大会或提起民事诉讼的方式，而他"强行接管公司"，实际上是个人意气用事、缺乏正当性的行为。

2. 风险防控策略

（1）对公司的股权结构以及表决权进行合理的设计。

股东的股权份额与表决权可以一致，也可以不一致，而股东会和董事会决议的作出往往与表决权有关系，这就要求在股权设计时要有一定的考量：

①对于股东会或者董事会不能规定全体一致通过方可形成决议，否则，一旦出现股东意见不一致，容易形成公司僵局。

②对于决议的规定不可设计高于 2/3 表决权或公司章程规定更高的表决权，否则，在后续需要融资、增资扩股或者股权转让时，难以通过表决，形成公司僵局。

③如果股东会或董事会经过两次召集无法达到召开会议的条件或者虽然能召开会议但无法达成决议时，可赋予某个股东或者董事最终决定权，解决一般的表决事项，但公司的重大事项仍然需要按照《公司法》的要求来进行。

④在制定章程时考虑得再周全，还是有可能出现无法预料的事项。所以无论表决权如何进行分配，都要规定一条，如果股东会或者董事会两次召集无法达到召开的条件或者虽可以召开会议但是无法达成决议时，可以要求解散公司。这样可以为解决公司僵局提供一条出路，不至于等到出现公司僵局而想要解散公司时面临困境。

（2）设计股东的退出机制。

在公司股东人合性基础丧失的情况下，让部分股东退出或许能够更好地解决公司的困境，还可以使有经营能力的股东得到更好的机会。在出现公司僵局的情况下，任何股东都可以向其他股东发布收购股权或者出让股权的请求，收到请求的股东应该在一定时间内作出表示，若过期未表示，股东按所持股份的比例受让或接受被收购。保障在出现公司僵局后,股东能顺利退出。

(3) 合理的股东会或董事会会议程序设计。

为了防范矛盾下会议达不到召开条件的情况,可以在章程中做如下设计:

①章程中对于通知送达的方式可设定多样化的接收途径,规定常住地址、常用邮箱、常用联系方式等均可作为接收地址。会议通知一旦按照规定的方式进行送达,则视为股东或董事收到了相关的通知,这样可以解决送达通知难的问题。

②章程中可以规定收到通知的股东若未按照相关的通知出席会议,也未按照规定委托他人代为出席,则视为弃权。但对于此规定要严格限制,此规定适用于出现公司僵局后,详细的章程设定还需要股东以及专业人士商定。

九、公司业务执行不规范的风险与防控

企业在经营过程中业务执行不规范,可能面临以下法律风险:

①罚款。企业在违反法规或规范实践时,可能会受到罚金极高的行政处罚。

②刑事责任。如果企业违反刑法,后果非常严重,相关责任人会受到刑事处罚。

③民事赔偿。企业违反法规和规范实践可能会对他人造成损失,相关责任方需要承担民事赔偿的责任。

④声誉受损。公司若未能遵守法规和规范实践,可能会导致公司的声誉受损,进而影响商业活动。

在经济合同订立、生效、履行、变更、转让、终止及违约责任的确定过程中,如果不注重执行,容易带来极大的风险。比如履行合同不符合约定要承担违约赔偿责任,企业给代理人授权不明却签订合同要承担法律责任。又如买卖合同在履行过程中审查不严格造成付错款的风险、技术转让合同中没有制约对方的关键条款造成技术成果不能实现或者商业秘密泄露的风险、借款不按合同执行导致背负违约责任支付违约金的风险等。下面以案例提醒公司在执行业务时要注意规范流程,避免风险。

【案例 2-60】
合同执行不规范的风险

▲案件概况

甲与乙签订《借贷协议》。在该协议落款处，甲在贷款方处签字，乙在借款方处签字并捺印，担保人处加盖 A 公司的公章和法定代表人的人名章。协议签订后，甲分三笔向乙转账合计 100 万元。由于乙未按期还款，甲起诉至法院要求乙偿还借款本息，并要求 A 公司承担连带保证责任。A 公司辩称，借款协议上的 A 公司公章系乙私自加盖。对此，乙也予以认可。

▲判决结果

法院根据查明事实，A 公司公章和人名章并非 A 公司法定代表人所加盖，甲也显然没有尽到债权人应有的注意义务，故甲与 A 公司之间的保证合同无效，其要求 A 公司基于有效的保证合同关系而承担保证责任，本院不予支持。但是，A 公司对合同无效存在过错，应当承担相应的赔偿责任。

1. 案件分析

众所周知，公司作为法律拟制的主体，其本身无法实际实施任何行为。公司在开展业务中，只有借助于法定代表人和委托代理人才能实施法律行为。在此过程中，公司法定代表人或委托代理人就可能实施一些不规范行为，从而给公司和自己带来法律风险，引发法律纷争，其主要原因有：

一是公司未建立严格的内部审批和用章制度。公司的业务执行制度具有层级化的特征。有些公司在执行具体业务时，由一线工作人员逐级向上汇报取得批准后，再加盖公司公章对外签订合同等。有些公司在没有相关领导批准的情况下，业务员可以容易地加盖公司公章。还有些公司的公章保管非常随意，正如上述案例所述，公司的公章可由他人随意加盖，导致公司不得不承担法律责任。

二是对公司法定代表人的法律地位没有形成正确认识。很多惯性思维错误地认为法定代表人可以代表公司做任何决策、签订任何合同。但是，《公司法》等针对某些重要事项限制了法定代表人单独决策的权限，且法律也允许公司通过公司章程来限制法定代表人的权限。因此，公司作为一个由众多股东组成的组织，可以通过股东会决议或在章程中规定法定代表人在对外签订协议时，公司未经依法决议对外提供担保原则上是无效的。虽然上述案例协议无效，但由于公司存在过错，仍要承担一定的赔偿责任。这就要考验管理细则了，最正确的做法是法定代表人未经公司依法决议就不得对外担保，这能在根本上杜绝公司法律风险。

2. 风险防控策略

为了避免发生业务执行中的法律风险，建议：

①一是公司应当根据自身的具体情况，建立完善的内部审批和用章制度并严格执行。

②根据自身的产品特点约定质量保证范围，并约定质量异议提出的期限。

③履行合同前应当进行充分的尽职调查，了解对方的信誉度、经营状况、资信等情况，以确保合同的签订能够避免双方利益冲突和合同违约的风险。

④合同条款应当明确、详细，各方权利及义务应当清晰规定，确保合同的可执行性和可执行性清晰。

⑤履行合同过程中应当及时、准确、全面地记录相关事项和交易过程，确保在出现纠纷时能够及时、有效地解决问题。

十、法人人格混同的风险与防控

在财产、业务、人事等方面互相介入，容易出现法人人格混同的情形，其最大的法律后果是股东与公司之间、关联企业之间对债务产生连带责任。

【案例 2-61】

法人人格混同使关联企业对债务产生连带责任

▲案件概况

广东省某县级小型房地产开发公司实际控制人为张某，该公司获得了县中心区域的一个商业楼宇开发项目，并将项目所占建设用地向银行抵押贷款，银行向该公司发放了1亿元资金的贷款。后房地产开发公司将1亿元贷款转给张某成立的投资公司（实际控制人为张某）。房地产开发公司委托广州市某建筑设计有限公司（以下简称"设计公司"）对该项目进行建筑工程设计，后拖欠设计款项500万元。该项目在建设过程中资金链断裂，造成工程建设未至封顶就长期停工。设计公司因设计费用支付无望诉请至法院。

后经原告提供线索，法院调查发现，此两家公司的资产往来频繁，也没有任何正式业务来往依据、借贷合同及收据凭据等，甚至两家公司的实际控制人均为张某，亦不能分清两家公司往来的某笔款项的来源和用处。

设计公司以财产混同为由，向法院申请追加房地产开发公司、张某为共同被告，对债务承担连带责任。

▲判决结果

法院经审理认定，张某滥用股东权利，将两家公司的财产、业务、办公地址及人员等方面进行混同，判决三被告向设计公司承担连带责任。

1. **案件分析**

在实务中，中小微型公司的人格混同现象比较普遍。本案中被告房地产开发公司就是管理比较混乱的小型公司，公司实际控制人张某无视贷款专款专用的要求，将房地产开发公司的银行贷款转入其开设的投资公司。两家公司不仅财产混同，而且在办公地址、业务、人员等方面均存在"你中有我、我中有你"的混同现象。

公司的人格独立是其作为法人独立承担责任的前提。《公司法》第三条第一款规定："公司是企业法人，有独立的法人财产，享有法人财产权。公司以其全部财产对公司的债务承担责任。"公司的独立财产是公司独立承担责任的物质保证，公司的独立人格突出地表现在财产的独立上。当关联公司的财产无法区分，丧失独立人格时，就丧失了独立承担责任的基础。《公司法》第二十条第三款规定："公司股东滥用公司法人独立地位和股东有限责任，逃避债务，严重损害公司债权人利益的，应当对公司债务承担连带责任。"

本案在实际控制人张某的操作下，两家公司名义为独立公司，实际上相互之间在财产、业务、人员等方面的界线非常模糊，人格互为混同，房地产开发公司将房地产项目的贷款转为投资公司之用，但对为该房地产项目服务的设计公司的债务却无力清偿，严重损害了债权人的利益，张某的行为违背了法人制度设立的宗旨，违背了诚实信用原则，故三被告应对设计公司的债务承担连带清偿责任。

2. **风险防控策略**

公司享有独立的法人人格是股东承担有限责任的前提，如果公司不具有独立性，则股东就不能享受有限责任的权利。实务中，公司的资产、人员、财务与股东或者股东成立的其他公司不分，往往会导致公司丧失独立性。如果出现财产混同，债权人有理由认为公司与股东或关联公司不具有独立能力，当公司不能承担责任时，股东或关联公司就应当负连带责任。实务常见的导致公司人格混同的情形有：

①股东个人财产、家庭财产与公司财产不分，公司账务管理混乱，各方使用同一账户或多个相同账户，构成财产混同。

②公司被控股股东支配或操纵，公司业务与其他关联公司业务不分，存在大量的、不公允的关联交易，构成业务混同。

③一套人马几块牌子，各个公司表面上独立，但实际上财务不分、人员不分、资产不分，构成人员混同。实务中关于法人人格混同的案件一般比较复杂，需要根据案件具体情况分析，其中最直接的一点是，财产混同是判断公司与股东之间是否存在人格混同的重要标准。没有独立财产的企业是没有独立人格的。公司财产是否独立是首先要考虑的标准。

公司实际控制人滥用权利，造成公司法人的人格混同，是破坏公司的治理制度及损害债权人利益的违法行为，依据《公司法》第二十条第三款规定："公司股东滥用公司法人独立地位和股东有限责任，逃避债务，严重损害公司债权人利益的，应当对公司债务承担连带责任。"也就是说，当实际控制人、大股东滥用公司独立法人的人格，谋取私利，损害债权人或社会公共利益之时，维权一方可通过否认公司的法人人格制度，来直接追责滥权的实际控制人或大股东。

因此，无论有限公司的规模是大是小，作为大股东和实际控制人，仍应保持该公司的独立性，尤其在财产方面，务必避免与股东个人财产、家庭财产或其他公司的财产进行混同，要依据《公司法》、公司章程及财务会计规则进行财务核算和支出，要尽量保持公司人员、资产、财务、机构、业务等的独立性，依据《公司法》、公司章程治理公司。

十一、滥用股东权利的风险与防控

滥用股东权利，是指公司股东故意违反法律或章程的规定，不正当地行使股东权利的行为。日常中，如股东利用公司独立法人人格规避义务、股东与公司的人格高度混同、公司股权资本显著不足、应当行使表决权时拒绝行使、行使知情权窃取商业秘密为自身谋取不正当利益等。而如何避免公司股东滥用权利损害公司及其他股东，以及债权人的合法利益，需要企业在日常经营管理活动中特别关注。

【案例2-62】

股东滥用股东权利掌控掌握证章印照，实际控制业务、资金和财产

▲案件概况

2018年，C公司决定投资一家开发和生产停车场智能管理系统的高科技公司，于是安排该公司某部门经理王某作为新公司（以下简称"D公司"）发起人，负责设立D公司。为激励王某勤勉经营D公司，C公司安排王某以认缴方式持D公司30%的股权，其余70%的股权由C公司持有，D公司的注册资金及投资款总额800万元均由C公司实际投入，除此之外，C公司还无偿向D公司投入了价值500万元的机械设备用于生产。出于对王某的信任，C公司全权委托王某经营和管理D公司。王某不仅担任D公司法定代表人，还掌管了D公司的公章、法定代表人印章、财务印章、营业执照等证照。D公司如期成立并开展研发和经营工作，但是D公司成立3年后，C公司突然发现，D公司不仅在生产经营中没有取得预期盈利和给股东分红，而且王某还不断地要求C公司增加资金投入，这引起了C公司管理层的警觉。经过初步调查之后，C公司发现王某在收到C公司的设备和投资款项之后，并没有真正投入到D公司的经营之中，而是以他人的名义另设立了一家经营同样业务的公司（以下简称"E公司"），将D公司的大部分业务人员、资金和设备等资源，采取多种方式转移至E公司，导致D公司不仅没有达到预期的投资经营目标，而且一直处于严重的亏损状态。

2022年初，C公司要求王某召集股东会议，后又自行以大股东身份要求召开临时股东会，拟通过股东会决议罢免王某D公司董事长的职务，要求其交出D公司的证章印照，核查D公司的全部财务资料和银行流水记录。但是王某拒不同意召集股东会、拒不参加股东会、拒不交出证章印照、拒不提交D公司的财务资料。C公司无法通过协商途径解决，于是自行按照章程的规定召开临时股东会并作出决议，聘请公证机关对决议内容进行公证。但是C公司凭股东会决议的公证书，请求工商机关变更王某D公司法定代表人身份、重新刻制D公司印章均未被受理。工商机关说明需要持有D公司法定代表人签字、营业执照方能申请法定代表人变更，如果没有，则需要人民法院的生效判决和协助执行书作为依据。为此，C公司无奈向某区人民法院起诉王某，要求其交还D公司的印章证照。

▲判决结果

经过一审、二审后，法院终审判决王某向C公司交还D公司的证章印照。期间，王某不仅拒不执行，而且还利用D公司的证章印照，歪曲事实起诉C公司和C公司的大股东。但人民法院认为该股东会决议虽由D公司的股东会通过，但不能代表D公司的行为，而C公司须持加盖D公司印章的撤诉申请书，才能代表D公司的意志。为此，C公司无奈只能申请该人民法院中止该案审理，以待另案（交还D公司证章印照案件）取得胜诉结果。

一审、二审时间长达近两年，最后判决结果C公司胜诉，判令王某向C公司返还D公司的印章证照，但王某仍不配合。为此，C公司只得向法院申请强制执行该判决。但在执行过程中，王某不配合并失联，导致判决依然无法执行。后执行法院告知申请人C公司只有在法院认定执行不能的条件之下，才能出具协助执行通知书给工商登记部门，以重新办理D公司的证章印照。在长达近3年的时间里，维权过程可谓是历经多个法律程序，百折千回，但C公司至今没有取得D公司的控制权，也没有追究到王某损害D公司和股东利益的法律责任。

1. 公司股东滥用股东权利的风险

本案就是典型的公司实际控制人滥用权利，通过掌握公司的证章印照，实际控制公司的业务和资金、财产等，设立自行控制的关联公司，通过多种手段和形式，转移公司的人员、业务和资产等资源，致使公司遭受严重的亏损和资产流失，严重损害公司和股东的权利。C公司要维权，首先要取得D公司的控制权，才能更换D公司的法定代表人，从而调查D公司的业务、财务流转支出等真实情况，才能撤回D公司对C公司及C公司大股东的诉讼，取得王某损害C公司和C公司大股东利益的关键证据。无论是民事案件还是刑事案件，证据是关键。本案也反映出在公司实际控制人滥用权利及争夺公司控制权的纠纷中，存在着取证难、程序复杂且冗长、执行难的问题。对此，在《公司法》中，也着重提出了"完善公司组织机构设置及其职权相关规定""完善董事、高级管理人员的责任"，说明立法者已注意到上述实务难题。

2. 公司股东滥用股东权利的风险防控策略

作为公司管理者，要解决上述案例中的问题，就要有综合解决的思维，并不存在可解百病的某一妙招，必须在综合完善公司治理和准确判断案情的基础上，才能够避免公司实际控制人滥用权利，遇到具体案件之时，方可采取适当的法律措施。对此，企业家或公司经营者要注意在以下三个方面下足功夫：

①建立并完善公司的治理结构，依照《公司法》、公司章程，建立公司股东会、董事会、经理、监事等管理机构并有效地运作，以制度管理公司，对管理者的权利进行有效制约和监督，这不仅是公司投资者必须承担的责任，也是对投资者自身保护的必要措施。

②大股东必须保持对公司适当的控制权，避免股东权利和公司管理失控。大股东需要建立股东会决策制度，还要对管理层进行考核、监督和制约，保持对掌握公司印章和财务资料等核心部门的必要控制。

③在遇到股东滥用股东权利的案件时，维权一方要注意收集关键证据，如股东会决议、会议记录、通知公告、公司财务资料、微信聊天记录等，视听资料也可以作为证据保存。注意调查工作的手段和方式，调查工作要保证合法性，必要之时可聘请公证机构进行公证，或者聘请律师进行见证。要注意及时提起权利的主张，比如，认为股东会议违法或违反章程的，应在会议召开后60日内提出诉讼主张撤销。

《公司法》第二十条规定："公司股东应当遵守法律、行政法规和公司章程，依法行使股东权利，不得滥用股东权利损害公司或者其他股东的利益；不得滥用公司法人独立地位和股东有限责任损害公司债权人的利益。"很显然，股东享有法律规定的权利，但也要遵守法律规定的义务，不得滥用其权利，损害公司、其他股东及债权人的利益。作为权利受侵害的公司、股东或债权人，要认清某些股东滥用权利的本质，善于利用法律途径来维护自身的权利，如此方能不至于觉得股权关系纷繁复杂而束手无策。实务中，出现较多股东滥用权利的情形有以下几种：

①大股东利用优势地位损害小股东的利益，如拒不向小股东公布财务状况、拒不向小股东分配红利、拒不召开股东大会等。

②股东利用实际控制公司的权利，转移公司的财产和业务至自己另行设立的其他公司，将所在公司的人员、资产和业务掏空转移，损害公司其他股东和债权人的利益。

③控股股东利用对公司的控制权，使公司完全丧失独立性，不仅过度从事关联交易，还任意在关联公司之间进行资产转移，构成财产混同，以此转移公司财产或逃避公司债务。例如，在执行程序中，某些被执行人公司的实际控制人为了逃避债务，有预谋地将公司完全掏空，使公司成为一个无履行债务或判决能力的空壳，再另行设立相同或相似的公司继续经营。

依据《公司法》相关规定，公司股东滥用股东权利给公司或者其他股东造成损失的，应当依法承担赔偿责任。公司股东滥用公司法人独立地位和股东有限责任，逃避债务，严重损害公司债权人利益的，应当对公司债务承担连带责任。但是在实务中，如何取得直接、有效的证据是最关键的，否则难以追究侵权者的责任。另外，还要注意在股东滥用权利案件中挪用、侵占公司资金等刑事责任风险。

十二、企业负面舆情应对与风险防控

企业发展到一定程度，不可避免地会出现负面事件，如消费者的投诉、媒体的负面报道和社交媒体上的负面评论等。尤其在互联网与移动互联网时代，人人都可以成为自媒体，人人都可以评价，网络舆情越来越难以控制，如果得不到及时、有效的处理，将会对企业造成极大的影响，比如损害企业声誉、伤害品牌形象、影响销售业绩等。

📄【案例2-63】

小米应对被造谣的负面舆情

2022年3月，有传言称，监管层对当前科创板、创业板在审涉及小米产业链的项目做了排查，小米产业链IPO政策受限。

3月29日，小米回应："该自媒体背后操作者凌建平长期对我司持续进行造谣抹黑，误导公众认知，损坏我司形象。此前，我司已对其提起诉讼。对于这类恶意造谣、刻意曲解的抹黑攻击行为，我们将坚决诉讼到底，用法律武器维护我司合法权益。"

对此传言，证监会表示，未对小米产业链相关企业出台 IPO 限制性政策，也未开展专项排查。证监会坚持市场化、法治化方向，依法依规开展发行上市审核注册工作，依法公平对待各类企业，确保政策预期稳定。希望市场各方不信谣、不传谣，共同营造和维护良好的市场环境。

▲判决结果：

4 月 25 日，北京市互联网法院民事裁定支持小米的请求，裁定自媒体凌建平删除侵权文章，并要求裁定送达后立即执行。

1. 案件分析

对于小米这个舆情事件，不少科技圈大 V 都站出来表示，作为自媒体人应该坚持自己的底线和原则，而不是"恰烂饭"。小米的维权行为给一些自媒体敲响了警钟。对恶意造谣、刻意曲解的抹黑攻击行为应零容忍。

目前，"黑公关"已经有一套成熟的操作流程，稿件大都从公众易关注的热点切入，夸大标题、曲解事实、观点激进，以煽动网民情绪、带节奏。

网络"黑公关"具有隐蔽性强、深度取证难、控制难度大、维权成本高、传播速度快而范围大、实施主体分散、损失难以估算等特点。企业必须加强舆情监测，及时获取最新的舆情动态，建立应对"黑公关"完整的流程，为开展各项相关工作提供科学的决策依据。

2021 年底，中央网信办部署开展"清朗·打击流量造假、黑公关、网络水军"专项行动。重点打击以在网上发布负面信息为由，对他人敲诈勒索，牟取不当利益的行为；整治蹭炒社会热点，炮制"热文""爆款"，刻意煽动网民情绪进行恶意营销的问题；集中处置恶意假冒、仿冒或者盗用组织机构及他人账号发布信息内容，以吸引关注或实现炒作目的的问题；严肃查处网站平台及相关工作人员收受财物，为企业或个人删除负面信息的问题；打击商家编造竞争对手负面信息或误导性信息，有组织地炒作发布、助推上升热度，损害企业合法权益的行为。

2. 企业负面舆情危机管理流程

公关危机随时都可能发生，如何快速发现相关舆情，尤为重要。

《数字中国发展报告（2021年）》显示，中国目前有9.31亿社交媒体用户。社交媒体允许每个人发表意见或评论。这就意味着，危机可能在企业没有拥有和掌控的渠道上发生。公关团队可能还未注意到危机的发生，危机就已经在该渠道上开始发酵升级并影响到企业的声誉和销售。

（1）源头防控为主，建立危机防范意识。

来自大环境的负面舆情是企业无法掌控的，而来自内部的负面舆情是企业可以规避的。所以，企业先要练好"内功"，合法合规经营，始终保持过硬的产品品质，建立全面的服务体系，铲除负面及有害信息滋生的土壤，防患于未然。

（2）建立舆情预警、监测机制。

舆情信息的防控工作重在先知先觉、提前预警，企业需要及时了解公众对公司或产品的评价。品牌PR或者舆情工作人员应该对一些敏感的舆情信息保持高度的警惕和敏锐感知，发现后第一时间上报，防止负面舆情发酵、公关危机升级。

（3）建立舆情分析研判和分析机制。

这是一个互联网信息爆炸的时代，舆情信息呈几何倍数式增长，舆情发展复杂多变。面对纷杂、真假难辨的信息，政府和企业都需要借助大数据进行定位抓取后，对相关舆情信息进行甄别，研判舆情风险，再判断如何开展后续舆情应对工作。

研判舆情风险是甄选辨别舆情信息的必要步骤，也是舆情应对的关键环节。研判舆情需要根据多重因素和各项数据，初步判定舆情发展走势，为舆情应对提供参考方向和一些具体建议。

④建立舆情管理应对机制。

3. 舆情危机的分析和评估

不是所有的负面评论都能形成公关危机，让品牌声誉受损。专业的公关人员会根据对企业或品牌的影响程度来分析、评估危机的严重程度。提前评估危机等级，可以帮助企业更好地进行危机管理，以免造成资源浪费。

（1）低敏危机。

这里指不需要公关人员立即采取任何行动的情况，如某个竞争对手遭遇公关危机，但不一定会影响到自身的正常经营。但是，同处一个行业，竞品也有可能会以某种方式影响到自身的业务。

（2）一般危机。

这里指可能破坏消费者对企业或品牌的信任、影响企业销售等情况，比如在几百条正面评论中，夹杂着几条负面评论。那么，公关人员应该引起注意，但不必召集公关危机团队采取行动。

4. 舆情危机的处理原则

处理舆情危机有五大原则：

①及时响应是舆情处理的第一原则，企业需在 24 小时内对舆情事件给予反馈。

②积极承担责任。企业需积极回应公众的关切和疑问，消除公众的疑虑和不满，积极承担责任。

③真诚诚信。企业要以真诚诚信的态度面对舆情，不断增强公众的信任度。

④系统应对。时时关注舆情发展的情况，系统地处理舆情危机，统一口径，不要顾此失彼。

⑤请权威机构证言，必要时可以要求公司法务部门予以协助。

当企业发生舆情危机时，应牢记以上舆情危机的处理原则，快速反应，确定第一负责人，了解舆情事件的整体情况，积极处理，制定公关方案。必要时，也可找外部公关公司合作。舆情危机处理完毕后，不要忘记后续对企业声誉进行修复。

第四节　公司解散退出风险的管和控

公司解散清算的主要目的是在符合法律规定或约定的情形下，通过合法的清算程序使公司的权利义务归于消灭，有序退出市场。如果公司解散未经合法的清算程序，可能会侵犯公司、股东、债权人等民事主体的合法权益，最终使清算主体承担相应的民事责任。

在《民法典》正式施行后，公司解散清算制度在《民法典》《公司法》

《规定(二)》的共同规范下,形成了较为完整的体系。

《民法典》首次明确界定了清算义务人与清算组两个主体范围,并分别规定了不同的承担责任的情形。作为公司和清算主体,有必要了解不同的清算主体在公司解散清算过程中的风险点,避免因不清楚相关法律规定或不当操作而承担法律责任,从而保障公司相关利益主体的合法权益,帮助公司合法、有序终止法人资格,退出市场。

一、公司注销程序不规范的风险与防控

跟以往相比,公司注销流程越来越快捷,登记材料更少,手续更简化,时间更快速,但同时也出现了退出方式混乱、退出标准不统一、滥用简易程序的乱象。很多企业股东或管理人以为公司注销登记后,法人终止,公司存续期间的债权债务就归于消灭。《规定(二)》明确了公司注销并未真正、彻底地实现其解散的意愿和终止的目的。因此,公司未经清算即办理注销登记的,债权人可以主张追究有限责任公司股东和股份有限公司控股股东的民事责任。由于股东的上述违法行为导致公司无法进行清算的,股东应当对公司的全部债务承担责任。

若公司已经清算并予以注销,但清算程序、实体不合法或不当,注销后仍然存在未了结的债务等,股东依然存在一定的法律风险和责任。公司清算不合法或不当的情形主要有未按照法定程序、方式通知债权人,未按照法定顺序清偿债权债务,遗漏债权债务,怠于清算导致部分账目无法查清、恶意处置财产等。

更有甚者,公司注销被登记机关予以撤销,公司主体资格重新恢复,相关责任人受到行政处罚。

【案例2-64】
公司注销后股东承担连带赔偿损失

▲案件概况

2019年,甲在北京市大兴区西红门的某美容美发店内办理会员储值卡,存入共计20000元。该美容美发店的股东为乙和丙。办卡后,甲从未进行过任何消费。2020年底,甲去该美容美发店消费,却发现已经更换了经营者。甲

在工商部门查询得知，原来的美容美发店已经在 2020 年 10 月 21 日办理了注销登记。因此，甲将股东乙和丙起诉至法院，要求二人连带返还 20000 元。诉讼中，乙和丙表示，由于市场环境差，美容美发店的经营受到巨大影响，无法正常经营下去，所以决定解散美容美发店并注销登记，而且整个注销流程都是按照工商局的要求办理并提交了材料，所以不同意承担责任。

▲判决结果

法院认为，甲所提交的证据能够证明其向美容美发店付款 20000 元的事实，双方已成立事实上的服务合同关系。《最高人民法院关于适用〈中华人民共和国公司法〉若干问题的规定（二）》第十一条规定："公司清算时，清算组应当按照公司法第一百八十五条的规定，将公司解散清算事宜书面通知全体已知债权人，并根据公司规模和营业地域范围在全国或者公司注册登记地省级有影响的报纸上进行公告。清算组未按照前款规定履行通知和公告义务，导致债权人未及时申报债权而未获清偿，债权人主张清算组成员对因此造成的损失承担赔偿责任的，人民法院应依法予以支持。"法律规定，有限责任公司的清算组由股东组成。乙和丙未提供证据证明其作为公司股东和清算组成员已履行书面通知义务，故应对甲的损失承担赔偿责任。对于甲的损失数额，乙和丙未证明甲有消费行为，本院认可其损失数额为 20000 元。综上，判决乙和丙向甲连带赔偿损失 20000 元。

1. **案件分析**

经调研，发现因公司注销程序不规范而发生后续法律纠纷的主要原因有：一是主观上对注销程序的重要性没有给予足够重视。很多公司股东把注销程序理解为一种形式要求，轻率地认为注销程序仅仅需要向市场监管总局等有关部门按部就班地提交相关申请即可。然而，在公司注销阶段，法律最关心的是对公司债权人利益的保护。但是，公司股东恰恰没有认识到这一点，再加上股东们对《公司法》等相关规定缺少认识，这就导致他们没有依法履行对公司债权人的保护程序。在上面介绍的案例中，乙和丙就是在美容美发店因市场环境差而无法正常经营的情况下决定解散公司并办理注销登记的，虽然他们按照要求提交了相关材料，但因为没有考虑到众多消费者的权益，最终被判决承担法律责任。二是妄图通过注销公司登记恶意逃避债务。实践中，有部分公司股东在公司经营不善、存在大量外债的情况下，简单地认为只要注销公司登记就可以一劳永逸地避免清偿债务。在员工起诉公司劳动争议纠纷中，有不少涉及公司股东注销公司登记。这种"耍小聪明"的行为充分表明，这些公司股东错误地把公司这种企业形式以及有限责任这种法律制度当作了谋取不正当利益的"挡箭牌"，严重地违背了法律规定，无益于纠纷的解决，而且导致公司的股东等人员承担个人责任。

2. 风险防控策略

规范的公司治理需要贯彻于公司存续的始终。即既要确保公司解散决议的效力，又要确保公司清算工作的审慎，还要确保公司清算程序的合法。如果公司的经营状况不良，或者基于其他考虑，不能或者不愿意再继续存续下去，法律允许公司办理注销登记。对此，提出以下建议：

（1）清算义务人的法定化以及清算组成立的时效化。

《公司法》第二百三十二条规定，公司因本法第二百二十九条第一款第一项、第二项、第四项、第五项规定而解散的，应当清算。董事为公司清算义务人，应当在解散事由出现之日起十五日内组成清算组进行清算。

从上述的法条可以看出清算义务人的法定化以及清算组成立的时效化两个要素。

一是规定了清算组由董事组成，但是公司章程另有规定或者股东会决议另选他人的除外。二是清算义务人应当在解散事由出现之日起十五日内组成清算组进行清算。

（2）切实开展清算工作。

《公司法》第二百三十四条规定，清算组在清算期间行使下列职权：

（一）清理公司财产，分别编制资产负债表和财产清单；

（二）通知、公告债权人；

（三）处理与清算有关的公司未了结的业务；

（四）清缴所欠税款以及清算过程中产生的税款；

（五）清理债权、债务；

（六）分配公司清偿债务后的剩余财产；

（七）代表公司参与民事诉讼活动。

因此，随着清算义务人的法定化，责任人需要特别注意及时履行清算义务、在规定的时间内组建清算组，清算组要切实开展清算工作，按法定要求行使清算职权，还要确保清算程序的合规性，充分披露和告知，准确处理债权债务，避免利益冲突，保留相关文件和记录，注意诉讼时效等。

（3）履行书面通知与登记义务。

根据《公司法》第二百三十五条规定，清算组在公司清算过程中确实需要履行一系列的书面通知义务，并采取相应的风险防范措施。在实践中，很多公司仅仅关注是否履行了登报公告，但没有书面通知已知债权人，导致承担责任。因此，建议清算组履行书面通知的义务，并注意以下事项：

①及时通知债权人。清算组应当自成立之日起十日内，通过书面形式通知已知的债权人。这是确保债权人能够及时得知公司清算信息、保护其合法权益的重要步骤。

②公告通知。对于无法通过书面方式直接通知的债权人，清算组应当在六十日内在报纸上或者国家企业信用信息公示系统上进行公告。公告内容应包含公司清算的信息，以便债权人能够及时了解。

③提供申报债权的期限和方式：清算组在通知和公告中，应明确债权人申报债权的期限和方式，以便债权人能够按照规定的时间和方式申报债权。

④建立债权申报和登记制度。清算组应建立完善的债权申报和登记制度，对债权人申报的债权进行登记和核实，确保债权的真实性和合法性。同时，应妥善保管相关材料，以备后续查验。

⑤避免在申报债权期间进行清偿。在债权人申报债权的期间内，清算组应暂停对债权人的清偿工作，避免债权人的权益受损。如有特殊情况需要清偿的，应经过债权人会议或人民法院批准。

⑥保持与债权人沟通。在清算过程中，清算组应保持与债权人的沟通联系，及时解答债权人的疑问和关切，确保清算工作顺利进行。同时，应定期向债权人报告清算工作的进展情况，以便债权人了解清算工作的最新动态。

根据《规定（二）》第十一条规定，清算组必须将公司解散清算事宜书面通知全体已知债权人。实践中，很多公司仅仅关注是否履行了登报公告，但没有书面通知已知债权人，最终导致承担责任。

所谓已知债权人就是在公司解散时对公司享有债权的人。为了不遗漏已知债权人，就需要公司在清算过程中认真梳理相关合同和交易记录。

二、公司股东怠于清算的风险与防控

有限责任公司的股东在其认缴出资范围内承担有限责任，在公司资不抵债时可以申请破产，因此，股东只需要承担出资额范围内的有限责任。但是，如果公司出现解散事由，因不及时清算、注销，导致公司无法清算进而损害债权人利益，股东因怠于履行清算义务需对公司债务承担连带清偿责任。

【案例2-65】

公司被工商局吊销营业执照后未履行清算破产程序的股东承担连带责任

▲案件概况

1996年6月，物资公司A（以下简称"A公司"）与某房地产公司B（以下简称"B公司"）签订《房地产开发合作合同》，约定由A公司提供建设用地，B公司负责出资、建设和交付工程，双方合作开发某贸易大厦项目（以下简称"大楼"）。该大楼的建设用地、建设手续均以A公司和B公司共同的名义进行，在合作期间，由于B公司的老板张某与A公司产生纠纷，B公司在未完成大楼的全部建设工程时，就停止了对大楼的施工建设。该大楼工程除主体完成之外，外墙、内部装修、水电系统、电梯、消防等项目均未达合同验收标准。A公司一再催促B公司交楼，但遭B公司拒绝。双方纠纷在拖延数年之后，A公司竟然发现B公司已经人去楼空。大楼由于不具备使用条件、未交付、未验收，一直处于"烂尾"状态，长达十余年，经济损失高达数亿元。在此期间，B公司被工商管理机关吊销营业执照，B公司一直未清算，也没有申请破产。2009年8月，A公司就B公司未按约向其交付大楼一案，向某区人民法院提出诉讼。

▲判决结果

2010年10月，某区法院作出一审判决，认定B公司构成违约，判决B公司于判决生效之日起6个月内完成大楼的建设、验收工作，并将大楼交付给A公司。后该案二审法院维持原判。二审判决生效之后，由于B公司无履行能力，A公司申请人民法院强制执行该判决，但也没有能够得到履行。

2018年9月，A公司再次起诉B公司及该公司总经理、法定代表人张某、并认定张某为该项目实际控制人，并提出要求判令 B 公司承担延迟交付大楼的违约责任，赔偿 A 公司代为建设、验收该大楼的费用等。

2010 年 12 月，B 公司被工商管理机关吊销营业执照之后，张某作为 B 公司的实际控制人，未对公司履行清算义务，由于其怠于履行义务，致使 B 公司财产遭到重大损失，应对 B 公司造成 A 公司的损失承担连带赔偿责任。该案经某中级人民法院审理之后，于 2020 年 9 月判决认定 B 公司承担违约交付该大楼的责任，判令赔偿 A 公司代为完成建设大楼的各项损失，对于追究清算责任人的问题，认为清算责任涉及股东内部责任，与该案合同关系并不是同一法律关系，不宜在该案中合并审理，建议另循法律途径解决。后该案由某高级人民法院维持原判。

1. 案件分析

当投资者设立的公司需要结束营业或者出现法定解散的事由时，股东或者公司实际控制人应依法履行清算公司的义务，这是投资者的法律责任。如果未依法成立清算组，或者故意拖延、拒绝履行清算义务，导致公司财产贬值、流失、毁损或公司账册、重要文件等灭失而无法进行清算的，公司控股股东或者实际控制人将面临直接承担公司全部债务的风险；除非股东能够举证证明其"怠于履行义务"的消极不作为与"公司主要财产、账册、重要文件等灭失，无法进行清算"没有因果关系。

上述案件中，B 公司作为合作建设一方，理应按照合同约定完成大楼的建设、验收和交付义务，法院认定 B 公司构成违约，应承担违约赔偿责任是正确的；但由于 B 公司已无实际履行能力，如果仅追究 B 公司，则无法追索到实际损失，为此将 B 公司的实际控制人张某以故意不履行 B 公司清算责任为由，列为共同被告。根据《规定（二）》第十八条规定："有限责任公司的股东、股份有限公司的董事和控股股东未在法定期限内成立清算组开始清算，导致公司财产贬值、流失、毁损或者灭失，债权人主张其在造成损失范围内对公司债务承担赔偿责任的，人民法院应依法予以支持。"本案中，法院虽然未支持原告 A 公司的全部诉讼请求，但并非认定张某无责任，只是从程序性上考虑两条法律关系不宜列为共案。从本案的案情和证据来看，B 公司的实际控制人在公司被吊销营业执照之后，未在法定期限内成立清算组，未积极履行义务保护

B公司的财务资料和财产，造成公司财产流失、灭失等，成为无任何履行能力的空壳公司，直接造成债权人A公司重大损失。因此，张某依法应对B公司债务承担赔偿责任。

2. 风险防控策略

做事讲究"有始有终"，开公司同样要做到"依法成立，终止解散时依法清算注销"。根据《公司法》第一百八十三条规定，当法定的公司解散事由出现之时，公司的股东负有在法定期限内成立清算组进行清算的义务。作为公司股东、实际控制人怠于履行清算义务的，依法应承担法律责任。根据《规定（二）》第十八条、第十九条规定，未在法定期限内成立清算组，或者怠于履行义务，导致无法清算的，股东或实际控制人应对债权人的损失承担赔偿责任。上述法律规定已经突破了股东的有限责任，并不以股东出资范围为限。因此，若股东未依法履行义务，应赔偿债权人实际损失。实务中，某些公司股东或实际控制人急于与公司撇清关系，未经合法清算程序就采取简易程序直接将公司注销，但这样做事与愿违，债权人不仅可以直接起诉股东本人，还可以以其未履行清算责任为由，突破有限责任范围要求股东履行赔偿责任。

现实中，投资者往往未注意清算公司的法定义务，或者是出于投机取巧的侥幸心理，为谋取不当利益而不履行清算公司的法定义务。例如某些投资者未经合法清算程序，就匆忙将公司注销，认为公司注销后，公司债权债务关系就已经终结，以前公司欠下的债与股东无关。实则不然，《规定（二）》第二十条规定："公司解散应当在依法清算完毕后，申请办理注销登记。公司未经清算即办理注销登记，导致公司无法进行清算，债权人主张有限责任公司的股东、股份有限公司的董事和控股股东，以及公司的实际控制人对公司债务承担清偿责任的，人民法院应依法予以支持。公司未经依法清算即办理注销登记，股东或者第三人在公司登记机关办理注销登记时承诺对公司债务承担责任，债权人主张其对公司债务承担相应民事责任的，人民法院应依法予以支持。"据此，公司未经清算而办理注销登记，股东仍应对公司债务承担清偿责任。

某些公司出现严重亏损或实际控制人为了逃避公司债务，席卷完公司的财产、业务等资源之后，直接将公司弃之不顾，导致公司未年检而被吊销营业执照，失去继续经营的资格（但公司主体资格依然存在），这些股东就将吊销的公司"挡在前面，形成保护墙"来躲避追责。对于债权人而言，要刺破公司的面纱，否定公司人格从而追究股东赔偿责任，需要有足够和充实的证据，这使得取证难度加大。为了解决上述问题，《公司法》在第二十条对企图利用公司独立人格来逃避责任的行为作出了明确规定，最高人民法院通过的《全国法院民商事审判工作会议纪要》中也对此提出了明确要求。实务中，以否定公司人格来追究股东责任的案例日益丰富、股东责任愈加明晰。另外，《公司法》修订草案二审稿亦针对上述问题提出了对策，关于公司被吊销营业执照、责令关闭或者被撤销的，如果满三年未清算完毕，公司登记机关有权通过统一的企业信息公示系统予以公告注销公司；被强制注销公司登记的，原公司股东、清算义务人的责任不受影响。依法清算是投资者需要重视和恪守的法律责任和义务，应引起高度重视。

三、清算义务人未依法清算的风险与防控

清算义务人主要包括有限责任公司的股东、股份有限公司的董事和控股股东，范围较窄。

清算义务人未依法清算的情形有：

①公司被吊销营业执照后，清算义务人拒不履行清算义务或消极履行清算义务，导致资产流失，债权因超过诉讼时效或债务人财产状况恶化等而无法实现。

②清算义务人未按法定程序进行清算，如未通知所有债权人或未刊登清算公告、在未清偿公司债务的前提下对股东进行分配等。

③清算义务人在清算过程中转移执业资产或以明显不合理的低价变卖企业财产，销毁隐匿公司财务账册，致使企业资产状况不明。

④清算义务人未经依法清算，即向工商部门出具虚假的清算报告，骗取工商部门办理企业注销登记。

前三种清算义务人未依法清算的表现形式主要有五种：

①未在法定期限内成立清算组开始清算，导致公司财产贬值、流失、毁损或者灭失。

②怠于履行义务，导致公司主要财产、账册、重要文件等灭失，无法进行清算。

③恶意处置公司财产给债权人造成损失。

④未经依法清算，以虚假的清算报告骗取公司登记机关办理法人注销登记。

⑤公司未经清算即办理注销登记，导致公司无法进行清算。

以上五种表现以"是否造成无法清算的后果"作为区分标准，法律分别规定了赔偿责任和清偿责任。

清算义务人承担民事责任的情形：未在法定期限内成立清算组开始清算，导致公司主要财产、账册、重要文件等灭失的；清算义务人与企业法人财产混同的；未全面履行出资义务的；等等。

【案例2-66】

公司丢失财务账册或拒绝提供，董事担责

▲案件概况

中兴公司是一家股份有限公司，成立于1994年，法定代表人为王某，公司董事分别为王某、张某、苏某某、刘某某、高某、柳某、李某。

2000年，中兴公司因未能偿还一笔借款合同，被法院判决向债权人建设银行支付本息1000万余元。在随后的执行程序中，法院发现中兴公司已无可供执行财产。随后，建行长安支行将该项债权转让给信投公司。后中兴公司因未向工商部门提交年检报告，被吊销营业执照。

2017年，信投公司将中兴公司原董事王某、刘某某、张某、苏某某、高某、柳某等起诉至北京市海淀区人民法院，以被告作为公司董事未尽清算义务为由，请求被告就中兴公司未清偿的1000万余元债权承担连带责任。

▲判决结果

一审认为，股份有限公司董事负有清算义务，中兴公司经查已无可供执行财产，原告亦已经证明中兴公司无法展开清算，诸位被告作为董事无法提供公司账册、财产、重要文件，庭审中均不清楚有关信息，对中兴公司无法清算存在过错，应对适用《规定（二）》第十八条就公司未清偿的债务承担连带责任。

苏某某、柳某等被告不服，提起上诉。苏某某辩称，公司清算发生于2008年，此时《规定（二）》还未出台。但一审认为，《公司法》已然规定

了股份公司董事的清算义务，因此，驳回苏某某的上诉。至于柳某的上诉，因二审期间其与原审原告达成和解，故撤销原判。

1. **案件分析**

公司被吊销营业执照是《公司法》规定的公司解散的情形之一，应当依法进行清算。股份有限公司的董事是清算义务人，负有保存公司主要财产、账册、重要文件的义务。《规定（二）》第十八条规定："有限责任公司的股东、股份有限公司的董事和控股股东因怠于履行义务，导致公司主要财产、账册、重要文件等灭失，无法进行清算，债权人主张其对公司债务承担连带清偿责任的，人民法院应依法予以支持。"该规定明确股份有限公司的董事怠于履行清算义务（"不作为"）致使公司无法清算应当承担清偿责任。

董事有妥善保管公司账册的义务。作为正常注册成立的公司，均应具备清算条件。在无法清算时，股东应当承担更高的证明责任。执行终本裁定只能证明人民法院在执行中未查找到公司的财产，并不意味着公司的财产在清算前已经全部灭失，亦不能理所当然地得出公司即使及时清算，债权人的债权亦无法获得清偿。本案中，据王某、苏某某、柳某陈述，其均不清楚公司的主要财产和账册的情况，因此法院认定其二者之间存在因果关系。此外，公司财产、账册、重要文件等保管工作属于公司内部经营管理问题，公司债权人无从得知。据此，考虑到举证责任分配的公平性，并综合考量当事人的举证能力，债权人仅需举证证明无法清算的事实状态即可。王某、刘某某、张某、苏某某、高某、柳某等存在过错，信投公司无需进一步举证。综上，王某、刘某某、张某、苏某某、高某、柳某等应对中兴公司的债务承担连带清偿责任。

2. **风险防控策略**

①在公司设立时或经营过程中，不参与公司经营管理的股东应注意公司的法人人格是独立的，公司的财产并非股东个人财产，不可将公司财产据为已有或私自处分且不作财务处理。

②股东应妥善保管公司账册、重要文件，这不仅是股东在公司自行清算、法院强制清算阶段的义务，也是股东在破产阶段的义务。企图通过隐匿、销毁公司账册进而逃避债务的做法是行不通的。

③在股东协议中，或在股东会决议中，确定负责公司账册、重要文件管理

的股东或其他人员,明确股东是否参与经营,以便在被债权人追索时作为抗辩的证据。

④公司出现解散情形,股东应及时成立清算组进行清算。公司因故解散的,应在解散事由出现之日起十五日内成立清算组,开始清算。

⑤当公司开展清算工作时,意味着股东应按法定程序成立清算组,提供资料、配合清算人履行清算程序。

依据《中华人民共和国档案法》(简称《档案法》)等法律法规的相关规定,结合清算工作实际需要,确保账册的完好与平安是清算义务人的法定义务。

四、股东未穷尽救济途径的风险与防控

公司解散的原因有很多,同时法律赋予了公司股东向法院提起解散公司之诉的权利。但是这项权利不能任意行使,股东解散公司之诉的请求并非理所当然地被法院予以支持。公司解散之诉作为《公司法》赋予公司股东要求司法强制干预解散公司的手段,必须同时满足公司经营管理**发生严重困难**、**继续存续会使股东利益受到重大损失**、**通过其他途径不能解决**这三个条件。因此,当股东提供的证据不足以证明已经穷尽了内部的救济手段,亦不能证明公司目前存在的僵局通过其他途径不能解决时,其要求解散公司的诉讼请求法院将不予支持。

【案例2-67】

未穷尽救济,股东提起解散公司之诉的,法院不予支持

▲案件概况

原告诉称,自公司成立之日起,两名第三人实际控制和管理公司,未按公司章程和法律规定进行经营,公司管理混乱,亏损严重,且从未公开账目,给原告造成极大的经济损失及潜在风险。鉴于公司目前陷入停产,公司事务处于瘫痪,经营管理发生严重困难,继续存在会使股东利益受到重大损失,故请求法院判令解散公司。

▲法院判决

一审法院驳回原告的诉讼请求。

原告不服一审判决，提起上诉。二审法院维持一审判决。

1. **案件分析**

公司解散之诉是股东穷尽其他救济途径之后的最后选择，当公司纠纷可以通过其他诉讼和非诉讼程序处理时，股东请求解散公司的，人民法院依法不予支持。

本案中，股东在对公司的经营惯例上不作为，令公司亏损严重、发生经营困难，股东之间冲突亦是该过程的体现，应当积极寻求公司内部的治理机制化解矛盾冲突，想办法把公司扭亏为盈。而未采取任何救济措施就解散公司，意味着公司经营主体的终结，不符合"通过其他途径不能解决的"司法解散的前置性条件。股东之间开始产生矛盾损害股东的利益后，应先通过公司自治等方式解决。因此，未穷尽救济方式而直接采取公司司法解散方式处理争议，在股东发生矛盾初期即提起解散公司之诉的，不应予以支持。股东纠纷可采取内部解决方式（如知情权、分红请求权、股权退出机制等）来解决的，不宜解散公司。

2. **风险防控策略**

资金困难是企业经营过程中常见的问题。除了股东们团结一致直面困难、解决困难外，还可以考虑通过如下方式来缓解企业资金困难：

①优化生产流程，提高生产效率，降低生产成本。

②加强采购管理，优化财务结构，寻找合适的供应商，降低采购成本。

③加强人力资源管理，优化人员结构，降低人力成本。

④加强品牌建设，提高品牌知名度和美誉度，增强消费者的信任度和忠诚度。

⑤发掘新的市场需求和机会，开拓新的销售渠道，扩大市场份额。

⑥加强客户服务，提高客户满意度和忠诚度，增加客户回头率。

⑦加强资金管理，加快资金周转速度，降低资金占用成本。

⑧优化资产负债结构，缩短债务期限，降低债务成本。

⑨加强预算管理，合理制定预算计划，防止资金浪费和盲目投资。

五、解除股东资格的法定程序风险与防控

股东是股份公司或有限责任公司中的出资人或者投资人,因此股东在公司中具有一定的身份和地位,这种身份和地位被称为股东资格。股东资格一般是通过公司章程、工商登记、股东名册、出资证明书等获得。同时,股东资格也意味着股东需要承担相应的义务,主要是指在出资范围内对公司的债务承担责任。

1. 《公司法》规定股东享有的权利

①资产收益、参与重大决策、选择管理者、表决。

②查阅公司相关文件。例如,公司章程、股东名册、公司债券存根、股东大会会议记录、董事会会议决议、监事会会议决议、财务会计报告等。

③分红、优先认购等。

2. 解除股东资格的条件

①完全不履行出资义务或投资后抽逃全部出资的股东适用解除股东资格,部分未履行出资义务或部分抽逃出资的股东不适用解除股东资格。

②解除股东资格的对象只能是有限责任公司的股东,不适用于股份有限公司的股东。

③股东会决议解除股东资格前,公司应当督促股东在合理期限内缴纳出资或者返还抽逃出资,股东未在合理期限内缴纳出资或者返还抽逃出资的,可以通过股东会决议解除股东资格。

应当注意的是,以上三个条件缺一不可,欠缺任何一个条件,解除股东资格的程序都可能涉嫌违法剥夺股东权利的情形。

【案件 2-68】

小股东解除大股东的股东资格

▲案件概况

A 公司成立于 2009 年,原注册资本为 100 万元,两位自然人股东宋某和高某分别持股 60%、40%,同时,该两位股东已全额完成认缴出资。2012 年 9 月,A 公司拟增加 9900 万元注册资本,并由 B 公司认缴上述全部增资。根据

验资报告，截至 2012 年 9 月 14 日，A 公司已收到 B 公司缴纳的 9900 万元。增资后，各股东股权比例为：B 公司 99%、宋某 0.6%、高某 0.4%。

随后，股东宋某发现 2012 年 9 月 14 日，B 公司通过六家案外公司将 9900 万元资金汇入其在上海新开设的银行账户；同日，B 公司将上述 9900 万元资金汇入 A 公司的验资账户；9 月 17 日，将验资账户中的 4900 万元及 5000 万元分别汇回上述六家垫资公司中的两家。

股东宋某发觉后，多次要求其补足出资。A 公司亦于 2013 年 12 月 27 日向 B 公司发送了《催告返还抽逃出资函》，要求 B 公司补足抽逃出资，否则将解除其股东资格。

后经临时股东会会议，拟决议解除抽逃出资的 B 公司的股东资格。股东会表决情况如下：同意 2 票，占总股数的 1%，占出席会议有效表决权的 100%；反对 1 票，占总股数的 99%，占出席会议有效表决权的 0%。表决结果，提案通过。各股东在会议记录尾部签字。

2014 年 4 月 7 日，A 公司向 B 公司发函，通知解除其股东资格。B 公司不认可股东资格被解除，故宋某作为 A 公司股东诉至法院。

▲案件判决

一审法院认为：

在 A 公司于 2014 年 3 月 25 日召开的审议事项为解除 B 公司股东资格的股东会会议上，投赞成票的股东宋某、高某认缴出资比例共为 1%，享有 1% 的表决权，投反对票的股东 B 公司认缴出资比例为 99%，享有 99% 的表决权，依据 A 公司章程约定，该审议事项应不通过。

综上，一审法院驳回了原告的诉讼请求。

二审法院认为：

在系争股东会中，B 公司不享有表决权。系争决议已获其他股东 100% 表决权同意并通过，该决议应认定为成立有效。**B 公司的股东资格被依法解除**。

3. **案件分析**

由于公司股东享受法定的股东权利，无论是普通决议还是特别决议，只要决议程序合法或符合章程，均受法律保护。

这个案例告诉我们，股东再小，面对拒不返还抽逃出资的大股东，也有权通过法律武器维护自己的合法权益；股东再大，也务必按照法律法规办事，切莫倚仗大股东的身份为所欲为，否则终将自食其果，悔之晚矣。

此外，通过上述案例，我们看到一审法院和二审法院在判决上产生了截然不同的结果。究其原因，是《公司法》在解除股东资格的相关程序上规定不够清晰，导致不同法院对法律条文的理解存在差异，进而得出不同的判决结果。当然，二审法院的裁判值得称赞。因为其从法理的角度，严谨地论证了在解除股东资格的股东会决议中，为什么抽逃全部出资的股东是不享有投票权的，并最终保护了公司和小股东的合法权益。

可见，公司建立合理的股东退出机制是解决股东退出困境的必然选择。

4. 风险防控策略

建立股东退出机制要注意三个方面的风险：

①强化磋商机制。商仍然要强调以磋商方法解决股东分歧。如果磋商不能解决，则应遵循《公司法》和公司章程的程序解决争议。作为实际控制人，控股股东要善待中小股东，尊重他们的参与权、表决权，保障知情权、利润分配权等合法权益，尽量避免不必要的争议。

②明确未出资和未全面出资股东的失权和退出。预先在投资协议和公司章程中规定未出资和未全面出资股东的失权制度和退出机制。特别是，公司章程需要约定公司的投票权按实际出资的金额来执行，以限制未实际出资或未全面出资的股东控制股东会。对于新增股东，也要在增资协议中明确约定相关义务。

③设定违约退出条款与合理回购。对于存在违法或违约、违反公司管理制度、业绩承诺等股东具备需要退出的情形，需要预先在双方协议中作出违约退出约定，对该股东已完成的出资部分，要以合理对价进行回购，在公司章程和相关制度中也要作出相应规定，以承诺、制度为前提，以磋商为方式，从而达到其配合办理退出股东会的手续。

第三章

医美行业经营风险的管和控

在日常生活中，我们接触到的美容通常分为两种：第一种是生活美容，即专业人士使用专业的护肤化妆品和专业的美容仪器，运用专业的护肤方法和按摩手法，对人体的肌肤进行护理和保养。第二种是医疗美容。《医疗美容服务管理办法》规定，医疗美容是指运用手术、药物、医疗器械以及其他具有创伤性或者侵入性的医学技术方法对人的容貌和人体各部位形态进行的修复与再塑。

2023年5月4日发布的《关于进一步加强医疗美容行业监管工作的指导意见》，着重强调跨部门综合监管，在现有法律法规框架下，从登记管理、资质审核、"证""照"信息共享、通报会商、联合抽查检查、协同监管、行刑衔接等多个维度同时发力，构建贯通协同、高效联动的行业监管体系。

这意味着医美企业除了经营风险，合规风险也越来越严。本篇从医美行业资金、财税、法务等维度展开论述医美行业风险，提醒医美机构按照法律法规要求，在管理和运营中严格遵守法律法规，保证产品质量、人身安全、隐私保护以及正确宣传，避免产生不良后果和法律纠纷。

第一节　医美企业的资金风险与防控

据企查查检索，至 2023 年 7 月，我国有 10.3 万余家医美相关企业。医美行业充满活力，既体现了我国经济社会发展和生活水平的提高，也体现了人们对美的追求能得到更好的满足。中国发展成为全球第二大医疗美容服务市场。相关数据显示，中国轻医美用户市场规模达到 1813 万人，但随着医美行业快速发展，该行业经历高速发展后乱象丛生，风险是显而易见的。

一、非法吸收公众存款的风险与防控

医美企业比较重营销，有不同的商业模式，如免费医美服务、以客户名义贷款消费再返现、与客户签订充值消费卡买卖合同、预存充值消费返利等。承诺在一定期限内还本付息是最常见的商业模式。

非法集资行为是违法行为，其风险主要包括损失资金、涉及法律风险、影响信用等。一定要注意这一块的风险。

【案例 3-1】

免费模式下的非法吸收公众存款

▲案件概况

2018 年 9 月，邓某某出资设立的美某某公司经营出现困难，急需大量的资金回笼，补充即将断裂的资金链。邓某某决定将经营模式转变成"募集整容模特，可以免费整容"的免费模式，借助免费整容的噱头，吸引更多的资金流。

2018 年 10 月初，美某某公司正式对外推出该模式。免费模式推出后，林某某、施某某等人组成的渠道部团队采用由门诊部制定的话术，例如"与其花钱做广告，不如向客户让利，让客户成为模特，免费整容"等，通过微信发朋友圈、口口相传等方式向大众推广。

其中，林某某是社会公众人物，在美某某公司中担任形象代言人以及其中一个渠道团队的负责人。林某某发挥自身的影响力，迅速推广了免费模式，吸引了许多客户参与进来。

如果客户有意愿参加免费整容，团队就会详细和客户讲解整个免费模式，并邀约客户到美某某公司与面诊部的咨询师对接。咨询师在接待客户时，会指出客户的面部或者身材需要改善的地方，尽可能地向客户推荐更多的整容项目。待客户表示参与免费模式后，咨询助理会在客户手机上查询客户的芝麻信用以及各个贷款平台的贷款额度。咨询师会根据这个额度来报价，向客户推荐对应价格的医疗美容项目。免费模式各项目的价格远高于该门诊部同样项目自费模式的价格。

收取客户一次性支付的费用后，如果客户通过各贷款平台支付（占绝大部分比例），则由美某某公司向部分贷款平台支付5%～15%的手续费，之后再扣除客户参加相关整形项目的手术费、差旅费、检查费以及医生收取的费用后作为营业收入。在客户做完手术后几天内将该营业收入的10%～30%作为约定的提成支付给渠道团队或者任何介绍客户参加门诊部免费模式的内外部人员，再支付咨询师1%左右的提成。剩余的款项由邓某某统一支配，主要用于分期归还客户的本金和利息，美某某公司运作的水电费、员工工资等各项费用，以及邓某某个人还贷和消费。

经审计，自报贷款金额累计6600多万元，造成实际损失共计人民币4000多万元。

▲法律后果

经审查，检察机关认为，邓某某、林某某等20人在未经有关部门批准具有吸收公众存款资格的情况下，以免费提供整形为代价，向社会吸收公众资金，扰乱金融管理秩序，其行为构成非法吸收公众存款罪。邓某某作为美某某公司的实际控制人、老板，在整个共同犯罪中起主导作用，系主犯；其余人员在本案中起到帮助、辅助作用，系从犯。经释法说理，20名犯罪嫌疑人对犯罪事实供认不讳，均自愿认罪认罚。最终，检察机关以非法吸收公众存款罪对邓某某、林某某等20人提起公诉，并根据各犯罪嫌疑人的角色定位、发挥作用等不同情况，结合其认罪态度以及退赃退赔情况，予以相应的量刑建议。

最终，法院以非法吸收公众存款罪分别判处主犯邓某某有期徒刑七年，并处罚金人民币 45 万元；判处从犯林某某等 19 名被告人有期徒刑一年十一个月至两年十一个月不等的刑罚，各并处罚金人民币 4 万元至 20 万元不等。

1. **案件分析**

本案中，邓某某等人与美某某公司在吸引客户参加免费模式的过程中，虽然使用了存在一定欺诈成分的话术（名义上是为了推广，实际是为了集资），但被害人对于免费项目的核心权利与义务均明知，而且邓某某等人不具有虚构事实或者隐瞒真相的行为，有部分客户已经完成整形手术，且大部分资金用于返还客户的每月鼓励金。

在日常生活中，许多商家都会通过开展各种免费、回馈客户等形式的让利活动来推广产品或服务，提高知名度。这个案子为什么定性为非法吸收公众存款罪呢？主要是由于美某某公司的资金链断裂，导致不能继续归还先前向被害人承诺的本金及利息。

《中华人民共和国刑法》第一百七十六条规定："非法吸收公众存款或者变相吸收公众存款，扰乱金融秩序的，处三年以下有期徒刑或者拘役，并处或者单处罚金；数额巨大或者有其他严重情节的，处三年以上十年以下有期徒刑，并处罚金；……单位犯前款罪的，对单位判处罚金，并对其直接负责的主管人员和其他直接责任人员，依照前款的规定处罚。"

2. **风险防控策略**

要防范非法吸收公众存款罪，我们首先要认识此类案件的特征，此类案件往往具备四大特征，分别是非法性、公开性、利诱性、社会性。

①非法性是指"未经有关部门依法批准，或者借用合法经营的形式吸收资金"，这一特征可谓是检察院认定被告人构成非法吸收公众存款罪的"万能钥匙"。

②公开性是指"通过媒体、推介会、传单、手机短信等途径向社会公开宣传"。

③利诱性是指"承诺在一定期限内以货币、实物、股权等方式还本付息或者给付回报"。利诱性的本质就是"保本+高收益"。

④社会性是指"向社会公众，即社会不特定对象吸收资金"。

风险防范建议包括：

（1）敬畏法律，远离非吸。

非法吸收公众存款是严重违法行为，不仅违反了《中华人民共和国刑法》等相关法律法规，还可能导致企业及其主要责任人面临刑事追究和严厉的法律制裁。因此，企业的商业运营模式必须清晰、合法，避免使用任何模糊或误导性的宣传手段来诱导公众投资。本案中，利用"免费整容"的噱头吸引资金，实际上通过贷款平台支付高额费用，这种模式极易被认定为非法吸收公众存款，从而给企业带来严重的法律风险。因此，企业在经营过程中必须严格遵守国家法律法规，不得擅自开展未经批准的金融业务。在涉及资金筹集、投资等金融活动时，企业必须确保拥有合法的经营许可或牌照，确保资金的募集和使用过程合法合规，从而保护自身免受法律制裁，并维护企业的声誉和信誉。

（2）征得有关部门同意。

常见的正规融资渠道包括银行贷款、融资租赁、股权融资、债权融资等。企业集资须经有关部门审核同意，申请企业先要填写《集资申请书》，并由具有法人地位、有一定经济实力的经济实体对该企业承担保付责任。有关部门严格审核批准后发给《企业集资批准书》，申请企业方可开始集资。

（3）公开透明，接受监督。

在集资过程中公开透明是基本原则。公开透明有助于保障集资方及投资方的知情权，并积极主动接受银行、融资担保协会等相关部门及民众的监督。

（4）通过转让股权、转让合伙份额等方式，合法规范融资。

只要股权转让或合伙份额转让的程序符合法律规定，就属于合法行为，应受法律保护，且股权受让人或合伙份额受让人在享有一定权利的同时，必须承担相应的义务。

（5）积极履约，切莫携款潜逃或肆意挥霍。

在集资过程中，作为集资方一定要秉持契约精神，积极履行约定，一方面要保证资金用于正常的生产经营活动，另一方面要积极兑现自己的承诺，履行还款义务，切莫只为追求一时的快感让自己身陷囹圄。

（6）聘请军师，且全员学习非法集资的法律风险，避免踩坑。

企业需组建自己的法务部，做好"危机公关"，同时，一定要聘请专业的法律人员做幕后军师，对资金募集进行全程指导，全员预防非法集资的风险。

二、资金链断裂的风险与防控

很多企业已进入微利时代，大部分连锁企业以连锁店数量比质量更重要的扩张思路来迅速发展，但大规模并没有带来高盈利，一边开店一边沦陷的现象层出不穷，扩张期间现金流出现净流出，造成了偿还贷款和支付货款困难。

在服务医美企业的十年时间里，我们发现有很多老板在短时间内就能开出门店来，后续有三种现象。一种是做得红红火火，一种是半死不活，还有一种是不久就关门大吉。部分医美连锁企业是因为在经营中未能真正意识到资金统一管理的重要性，允许其连锁门店自主进行部分采购并直接付款，使得分散在各门店的沉淀资金增多，降低了资金的使用效率，各门店库存缺乏统一调控，造成资金没法得到很好的利用，发挥不了资金流价值，甚至出现资金安全问题。

虽然业务充满不确定性，但是通过有效的资金管理，如熟知各项风险并进行防范、通过财务预算及财务分析模型做投资回报率分析，能有效避免盲目投资、运营过程资金风险无法动态管控的问题。

【案例 3-2】

连锁发廊资金链断裂

▲案件概况

银色美发店事件被社会公众知晓是在 2022 年春节过后不久。经多家媒体报道后，银色美发店的会员发现越来越多的门店关店歇业，尚在营业中的门店也在门口张贴出了"非本店充值会员，消费时需刷一半卡付一半现金"的通知。再后来其门店陆陆续续地注销营业执照、关店、改换门头招牌。至此，银色美发店从郑州市销声匿迹，留下了拖欠众多店员工资和大量会员的巨额未消费的储值卡余额这么一个烂摊子。

此前就顾客关心的问题，银色美发店通过微信公众号"呼吸银色"发表《致歉信》，除了阐明公司近来存在的问题之外，还向市民保证"自己永不会跑路，正在努力解决关于会员卡正常消费的问题"。

1. 案件分析

我们认为，从消费者维度来看，银色美发店应当按照承诺履行合同，而不应强行要求消费者额外支付现金。对于严重侵害消费者权益的行为，消费者可以向市场监管部门或消费者保护协会进行投诉。商家拒不整改的，消费者可以据此主张结算退卡，甚至诉至法院请求股东或负责人承担赔偿责任。因此，只要消费者证据充分并维权，店家的法律责任是逃不掉的。

先不谈法律风险的问题，下面论述资金链对企业持续存活的至关重要性。

无论是医美企业还是其他连锁门店或企业，资金链是企业正常生产经营运转所需要的基本循环资金。现金—资产—现金（增值）的循环，是企业经营的过程，企业要维持运转，就必须保持这个良性循环不断运转。常见的企业资金风险有以下这些：

（1）存货、应收账款大量增加，占用营运资金。

现金存款不足，但货物和应收账款不断累积，此时企业的资金链会非常紧张，往往会波及上游原料供应商的资金链，上游企业的应收账款将很难收回。

（2）大量逾期担保。

企业为其他个体或者单位做了担保，一旦受信人无法履行其债务责任或发生逾期，企业必须履行担保责任。正常经营的企业会因为承担过多担保责任而出现资金链断裂。

（3）盲目扩张与多元化。

企业在经济景气时盲目扩大经营规模，甚至涉猎陌生领域，但扩张投入的资金远超收入，增量的投资回报以及新产业的投资回报往往与预期现金流相距甚远，给企业的资金链带来严重的风险。

（4）资产价格泡沫破碎。

企业所持有的资产价格泡沫破碎，使资产负债表的资产价值严重缩水，财务状况迅速恶化，变现能力与水平的下降使企业到期债务不能清偿的风险显著增加。

（5）融资结构不合理。

严重的短贷长投会给企业的资金链带来沉重的压力，一旦与盲目投资或多元化结合在一起，就会引起财务风险倍增效应，若外部环境再发生突变，银根收缩，极易引起资金链断裂。

（6）高财务杠杆与大量民间借贷。

高财务杠杆意味着企业存在大量尚未偿付的债务，在财务危机时期，借入大量民间借贷无异于饮鸩止渴。

（7）严峻的外部经济环境的冲击。

金融危机、欧债危机等严峻的外部宏观经济环境往往会对企业的资金面产生相当负面的影响，包括使企业的收入急剧减少、银根紧缩、供应商催要货款等。

（8）公司治理因素。

公司的治理不完善，实际控制人可能会对公司实施掏空行为，使公司的资源消耗殆尽；公司治理不完善还会使得决策过程缺乏制衡，决策错误的概率就会增加，从而导致企业失败。

2. 风险防控策略

资金链断裂危机是企业经营中的一个重要问题，如何应对资金链断裂危机是企业经营者需要重视的问题。未雨绸缪，建议参考如下资金管理策略：

①提前做好资金规划，量入为出，避免出现资金链断裂的情况。

②做好现金流规划，尽可能考虑风险因素，对有可能出现的问题制定可行的应对预案。

③控制现金流的占用，做好采购规划，以销定产，压缩流动资产库存，加强应收账款的风险管理，提升资金周转率。

④积极扩大销售，提高利润率。

⑤注意防范投资风险，做好预算管理，尤其要避免一次性大量付出资金。

⑥建立完善的资金管理制度，定期审计资金流向。

⑦建立完善的财务报表，定期报告财务状况，及时发现资金链断裂的信号，及时采取有效措施，防止发生资金链断裂危机。此外，还应该定期审计财务报表，以确保财务报表的准确性，有效防止资金链断裂危机。

⑧建立风险预警机制，及时发现资金链断裂的信号，及时采取有效措施，防止发生资金链断裂危机。

⑨建立资金池，将资金集中管理，有效防止发生资金链断裂危机。

⑩条件允许的话，考虑权益性资金介入，进行资产重组，如收购、并购、破产、拍卖等。

第二节 医美企业的财税风险与防控

中国有着千亿规模的医美市场,但在这一行业,纳税不规范是普遍现象。一个重要的原因是机构客源主要来自渠道,机构直接面对消费者不开发票,渠道分账、私卡收款后通常无法开具发票或无开票纳税意识,也是最大的风险诱因。

2021 年 4 月,国家税务总局稽查局根据中共中央办公厅、国务院办公厅发布的《关于进一步深化税收征管改革的意见》,提出要聚焦重点行业和领域,重点查处虚开(及接受虚开)发票、隐瞒收入、虚列成本、利用"税收洼地"和关联交易恶意税收筹划,以及利用新型经营模式逃避税等涉税违法行为,医疗美容和直播平台都在重点查处的范围内。这意味着,将出现"税+警""税+卫""税+市监"等联合执法的局面。

本节依据有效法律法规,结合和一团队对医美企业服务的经验,分析医美行业的财税风险,如会计账簿设置混乱、发票管理混乱、非免税类目错用增值税免税政策,私户收款、渠道分账未依法扣缴个人所得税等,旨在帮到医美企业投资者和经营者做好财税风险管理,在合法的前提下,优化税收负担。

一、不设置会计账簿或设置混乱的风险与防控

不设会计账簿,或者分内外账设置,是医美企业的常见现象。首次通过说服教育、指导约谈等方式,教育、引导、督促当事人提升法律意识和主体责任意识,当事人承诺及时改正的,签订《告知承诺书》并立即改正或者限期改正可以免于处罚。但是,当事人拒不改正或再犯的,结合违法的情节、危害程度,会被依法处罚。

1. 不设置会计账簿的风险

依法建账是会计核算中的基本要求之一。依法建账是会计工作中的重要一环,是如实记录和反映经济活动情况的重要前提。否则,会面临以下法律后果。

违法依据：《中华人民共和国会计法》第三条"各单位必须依法设置会计账簿，并保证其真实、完整"。

罚款依据：《会计法》第四十二条第一款第（一）项"违反本法规定，有下列行为之一的，由县级以上人民政府财政部门责令限期改正，可以对单位并处三千元以上五万元以下的罚款；对其直接负责的主管人员和其他直接责任人员，可以处二千元以上二万元以下的罚款；属于国家工作人员的，还应当由其所在单位或者有关单位依法给予行政处分：（一）不依法设置会计账簿的"。

2. 会计账簿设置混乱的风险

①会计账簿设置混乱致使企业经营者不能准确了解公司的真实经营状况，无法准确获得企业在日常经营管理过程中产生的各项财务数据，从而影响企业经营者和管理人员作出正确的发展规划和经营决策。

②会计账簿设置混乱会为企业经营发展带来财税风险，甚至会给企业造成一定数额的经济损失。如：固定资产、成本、存货没有被系统地去盘点，占用资金；企业往来账的各项交易活动并没有及时入账，多付账款；少付账款有违约金；多交税金、不交税被行政处罚；等等。

③账外经营，隐匿收入，构成偷税风险。

④涉嫌伪造、变造会计凭证、会计账簿，编制虚假财务会计报告的风险。

⑤构成逃税罪的风险。

【案例 3-3】

"大综合一体化"执法监管被罚

某行政执法局披露，其联合财政局运用"大综合一体化"执法监管数字应用，开展财政领域数字化"综合查一次"专项联合执法检查。

在检查过程中，执法人员发现某医美公司未依法设置会计账簿、未设置会计机构，也未聘请会计人员设置会计账簿进行会计核算。鉴于当事人的行为违反了《会计法》第三条的相关规定，执法人员对其立案调查。

3. 风险防控策略

（1）梳理旧乱账。

采用梳理旧乱账的方式解决企业账目混乱问题，财务人员需要收集应清理会计期间的会计凭证、总账、明细账、会计报表等旧账资料。同时，还要检查旧账会计期间企业各项经济业务的会计处理事项，从而重新调整、更正、补充旧账会计期间错误的会计分录和账务处理，然后在此基础上重新分摊成本、结转损益、编制报表。

（2）建立新账。

选择此种方式处理公司账目混乱问题的最大好处是让公司的会计核算有一个全新的、规范的起点。

建立新账需要遵循以下操作步骤：清产核资→确定成本→试算平衡→调整批准→期初余额→后续调整→计税基础。企业建立新账，需按照上述流程完成操作，此后便可重新实现规范记账报税。

有条件的单位要配备专职复核，人员少的可以采取相互复核或自我复核的方式进行复核。复核必须从编制记账凭证、记账凭证汇总、记账、结账、报表层层复核。这是预防发生错误的最基本方法。

（3）健全规范合理的财务管理制度并聘请专业财务人员进行企业账务处理。

要使账目混乱问题得到根本解决，企业必须有规范合理的财务管理制度，同时还要聘请专业财务人员处理账务工作。若不具备上述条件，可以将记账报税工作委托给专业代理记账公司来做，确保得到专业、优质的处理和解决结果。

二、发票虚开、管理混乱等导致的风险与防控

企业发票管理不当体现在发票快递丢失无人跟进、普票误开专票未认证抵扣、已开票未及时付款造成滞留票、发票损坏未上报等，这些容易造成企业税务统筹困难、发票滞留、发票清算困难、发票管理成本大等问题。轻者面临税务教育和经济处罚，重则面临刑罚。企业对于发票的管理一定要重视，切不可因为疏忽或管理不当让企业陷入风险增加企业成本。常见情况包括以下几种：

（1）不能抵扣进项税额。

《中华人民共和国增值税暂行条例》第九条规定："纳税人购进货物或者应税劳务，取得的增值税扣税凭证不符合法律、行政法规或者国务院税务主管部门有关规定的，其进项税额不得从销项税额中抵扣。"

（2）不能扣除分包款。

《纳税人跨县（市、区）提供建筑服务增值税征收管理暂行办法》第六条规定："纳税人按照上述规定从取得的全部价款和价外费用中扣除支付的分包款，应当取得符合法律、行政法规和国家税务总局规定的合法有效凭证，否则不得扣除。"

（3）企业所得税不能税前扣除。

根据国家税务总局发布的《企业所得税税前扣除凭证管理办法》第十二条规定，企业取得私自印制、伪造、变造、作废、开票方非法取得、虚开、填写不规范等不符合规定的发票，以及取得不符合国家法律、法规等相关规定的其他外部凭证，不得作为税前扣除凭证。

（4）土地增值税不能税前扣除。

根据国家税务总局公告2016年第70号规定，"营改增"后，土地增值税纳税人接受建筑安装服务取得的增值税发票，应在发票的备注栏注明建筑服务发生地县（市、区）名称及项目名称，否则不得计入土地增值税扣除项目金额。

（一）为他人公司虚开增值税专用发票的风险与防控

【案例3-4】

为他人公司虚开增值税专用发票

▲案件概况

两名"90后"会计，3年虚开增值税专用发票2.57亿元。A和B是受雇于付某成立的厦门某医疗美容有限公司的两名会计，在明知厦门某医疗美容有限公司和厦门其他23家公司没有实际货物交易的情况下，协助付某记录"内账"、虚构合同、资金走账、编造虚假内部凭证，为他人开具增值税专用发票合计2.57亿元。

▲法院判决

鉴于A和B的犯罪事实及后果，最终法院判决两人犯虚开增值税专用发票罪，各判处有期徒刑7年。

1. 风险分析

依据《刑法》相关规定，为他人公司虚开增值税专用发票的风险包括：

①虚开增值税专用发票或者虚开用于骗取出口退税、抵扣税款的其他发票的,处三年以下有期徒刑或者拘役,并处二万元以上二十万元以下罚金。

②虚开的税款数额较大或者有其他严重情节的,处三年以上十年以下有期徒刑,并处五万元以上五十万元以下罚金;虚开的税款数额巨大或者有其他特别严重情节的,处十年以上有期徒刑或者无期徒刑,并处五万元以上五十万元以下罚金或者没收财产。

③个别给国家带来巨大损失、情节特别严重者,会被判处无期徒刑,并没收财产。

2. 风险防控策略

①开票时一定要按照实际商品开具,不得变更名称,不能按照客户不合理的要求开具。

②不得虚开发票,要按照实际金额开具发票,保证三流一致,即发票、货物、资金三个方面保持一致。

③作为医美企业,一定要保证所开具的商品有对应的进项发票,不得虚开、随意开票。

④商品名称一定要选择合适的税收分类编码,不得随意选择。

⑤专用发票商品名称比较多的,一定要规范开具销货清单,而且销货清单必须在开票系统中打印。

⑥打印发票的时候,一定要规范地打印到发票上,不能出格,不能打印不完整(有些打印机由于设置的原因,往往后面打不全)。

⑦专用发票在传递过程中,不能损坏、污染。

⑧坚决杜绝虚开发票,避免被补税、交滞纳金、罚款,情节严重会触犯刑法。

(二)让他人为自己公司虚开发票的风险与防控

【案例 3-5】

让他人为自己公司虚开发票

▲案件概况

佛山 B 五金制品有限公司及其公司负责人李某在明知供应商不能开具增值

税专用发票或没有发生实际购销业务的情况下,让他人为自己公司虚开增值税专用发票,财务总监余某将发票全部入账并申报抵扣税款,涉案的税款数额高达 400 余万元。

▲法院判决

法院判决佛山 B 五金制品有限公司犯虚开增值税专用发票罪,判处罚金人民币 600 万元,负责人李某犯虚开增值税专用发票罪,判处有期徒刑十二年,财务总监余某犯虚开增值税专用发票罪,判处有期徒刑六年。

本案中,公司负责人入狱,财务总监连带遭殃,连争取善意取得虚开发票的机会都没有。

综上,在所有的虚开发票的案子中,投资者或经营者和财务人员是不可能置身事外的,很多会计、出纳竟然还用自己私人的银行卡违规做资金回流的账户,违法风险非常大。因为在金税四期的大环境下,每一张通过新系统开具的发票都在总局大数据平台的监控范围之内,虚开发票被查出的概率非常高,所以千万不要心存侥幸。

因此,我们给到的风险防范建议如下:

①知法,经常学习涉税法律,增强发票的风险意识。

②守法,敬畏法律后果,守住法律底线。自己绝不能虚开发票,更不能接受或要求他人为自己虚开发票。

(三)介绍他人虚开增值税专用发票的风险与防控

【案件 3-6】

介绍他人虚开增值税专用发票

▲案件概况

2009 年 11 月至 2010 年 3 月期间,上官某某在没有真实货物交易的情况下,经人介绍,通过王某某为他人虚开增值税专用发票,并收取票面价税合计 10%左右的开票费,从中获取好处。上官某某共为他人介绍虚开增值税专用发票 71 份,金额 690 余万元,税额 117 万元,价税合计 800 余万元。上官某某从中非法获利 12000 元。

▲法院判决

经审理认为,被告人上官某某在没有真实货物交易的情况下,共为他人介绍虚开增值税专用发票 71 份，税额 117 万元，数额较大，其行为已构成虚开增值税专用发票罪。鉴于被告人认罪认罚、其家属代其退缴全部违法所得，判处被告人有期徒刑 4 年，并处罚金 10 万元。

1. 风险分析

很多人认为只有实施了为他人虚开增值税专用发票的行为才是违法行为，其实不然。根据我国《刑法》规定，虚开增值税专用发票不仅包括为他人虚开、为自己虚开、让他人为自己虚开的行为，也包括介绍他人虚开的行为。本案被告人介绍他人虚开增值税专用发票，致使相关企业少缴税款，造成国家税款损失，危害国家税收征管秩序，被判负刑事责任。在虚开发票案件中，经常有自然人作为"中间人"在虚开和接受虚开的企业之间牵线搭桥，从中收取"中介费""开票费"，一旦这种无本生意越做越大，他们的罪责也会越来越重。介绍他人虚开发票属于虚开发票的情形之一，不管是职业中介虚开赚取中介手续费，还是个别临时帮忙介绍促成虚开（无论有没有收取好处费），都属虚开，最终都将受到法律严惩。

2. 风险防控策略

目前已有大量案例将虚开介绍人认定为虚开增值税专用发票罪的从犯，结合表 3-1 所列案件，可以看出裁判理由内容并不完全一致。

表 3-1 2016—2020 年虚开介绍人被认定为虚开增值税专用发票罪从犯的部分案件

案号	判决要旨
（2020）浙 10 刑初 62 号	虽存在介绍行为，但未参与具体虚开发票行为，就现有在案证据，被告是否从中获利难以认定，故被告人在介绍虚开增值税专用发票的共同犯罪中起到次要作用，系从犯
（2019）浙 09 刑终 60 号	虽然存在联系虚开增值税专用发票的上家的介绍行为，且为资金回流提供部分银行转账的相应帮助，但未参与开票方与受票方开票事宜的商定，从中获利仅 2 万元，系从犯
（2021）粤 06 刑终 592 号	被告人系应受票公司的要求为其寻找上家，介绍行为表现出从属性、被动性，系从犯

续表

案号	判决要旨
（2017）浙 0482 刑初 502 号	虚开介绍人牟利证据不足，其仅为双方传递信息，起到次要作用，系从犯
（2016）鄂 0281 刑初 73 号	虚开介绍人造成国家税款损失，且获利，但只提供信息，系从犯

综合分析可知，发票的犯意是否由介绍人提起很重要。

第一，虚开的犯意。虚开增值税专用发票的介绍人是否主动教唆他人进行虚开，是否与开票方有共谋，是否参与开票方的谋划，以及是否主动询问教唆受票方等。

第二，介绍人的身份。介绍人是不是职业中介或以介绍开票为业，介绍人与开票方和受票方之间是主动招揽还是被动帮忙的关系等。

第三，介绍人实施的具体行为。在联络撮合虚开的上下游之外，介绍人是否还提供帮助走账、垫资或者担保等其他行为。

第四，介绍人的获利情况。介绍人在虚开犯罪中是否获利，获利数额的大小以及获利在犯罪上下游中的分配占比。

综合以上标准进行判断，如果虚开介绍人在共同犯罪中所起作用较小、参与程度较低，则理应将这种类型的介绍人认定为虚开增值税专用发票罪的从犯，但都要承担刑事法律责任。因此，我们要以此为戒，不介绍他人虚开增值税专用发票。

（四）接受他人为自己虚开发票的风险与防控

【案例 3-7】

接受他人为自己虚开发票

▲案件概况

佛山 R 钢化玻璃有限公司于 2018 年购买包装纸、透明封箱胶等生产用原材料，接受了广州、中山等公司虚开的增值税普通发票共 10 份合计超 100 万元，并于收到当月列入企业成本。

经营风险管和控

▲法律后果

税务机关根据《企业所得税税前扣除凭证管理办法》第十二条、《国家税务总局关于纳税人虚开增值税专用发票征补税款问题的公告》规定，要求佛山 R 钢化玻璃有限公司调增 2018 年度企业所得税应纳税所得额。佛山 R 钢化玻璃有限公司最终补缴企业所得税 39.78 万元并加缴相应的滞纳金 8.3 万元。

1. 风险分析

取得的虚开发票不能作为成本在税前列支，这会给企业带来不必要的经济损失。而且根据相关规定，受票方利用他人虚开的专用发票，向税务机关申报抵扣税款进行偷税的，应当依照《中华人民共和国税收征收管理法》及有关规定追缴税款，处以偷税数额五倍以下的罚款；利用虚开的专用发票进行骗取出口退税的，应当依法追缴税款，处以骗税数额五倍以下的罚款；利用虚开的专用发票进行偷税、骗税，构成犯罪的，税务机关依法进行追缴税款等行政处理，并移送司法机关追究刑事责任。

2. 风险防控策略

（1）合作对象的尽调和选择。

纳税人在交易前对交易对方应作必要的了解，通过对交易对方经营范围、经营规模、企业资质等相关情况的考察，评估相应的风险。一旦发现供货企业提供的货物有异常，就应当警惕，作进一步的追查，可以要求供货企业提供有关的证明材料，对有重大疑点的货物，尽量不要购进。

（2）健全涉税证据链。

健全涉税证据链，主要通过库存商品账、生产成本账和有关凭证，审查购进的货物是不是对方购进或生产的货物。如果对取得的发票存在疑问，应当暂缓付款和申报抵扣有关进项税额，及时向税务机关求助查证。尤其对大额购进的货物或者长期供货的单位，更应当作重点审查。

（3）加强发票审核。

发票与实际业务不符的（开票内容、数量、金额、供应商等），不予报销。

（4）严格报销制度。

发票报销不能只附一张发票，还应附一些证明业务真实发生的资料（如合同、购货申请单、出入库单等）。

（5）审核供应商。

对供应商进行必要的审核，包括经营范围、规模、资质等，避免接受有疑点的货物（如货物不在供应商经营范围之内或货物数量明显超出其生产经营能力等）。

（6）通过银行付款。

通过银行付款给合作的供应商，避免支付现金（可能会造成把款项付给A公司，实际收款的是B公司）。

（7）留痕的审核和查验。

和有风险的企业合作，对受票时进行的每一个查验步骤都要通过电脑截屏、复印、电话录音等方式留存证据，以便将来发生争议时，可以证明自己确实已经履行了对取得发票的查验义务。

（8）发现后的处理方式。

尚未抵扣的，一律不能抵扣；已经抵扣的，需要做进项税额转出；尚未办理出口退税的，暂不办理；已办理出口退税的，做进项税额转出或退回税款。

（五）开发票时变更品名的风险与防控

【案例3-8】

变更品名的虚开发票

▲案件概况

深圳C企业在给员工发放的福利品记作其他集体福利支出时，将真实品名改成"办公用品""住宿费"，涉及发票金额80多万元。经调查核实，原来深圳C企业会计考虑到集体福利支出取得增值税专用发票后不能抵扣进项税额，企业所得税税前扣除也会受到扣除比例限制，因此要求销售方将集体福利支出虚开成品名为"办公用品""住宿费"的发票，这样既可以抵扣进项税额，又可以在企业所得税税前全额扣除。

▲法律后果

税务机关根据上述调查结果，要求深圳C企业补缴少缴的税款，加收滞纳金，并对其进行了罚款和纳税信用降级。

1. 风险分析

所谓的变名虚开增值税发票，是指具有真实交易，但是票面开具品名（服务）与实际交易不符。常见的"变名"开票有三种情况：一是在适用相同税率的商品（服务）中由A变名为B，例如消费的"餐饮"开票为"住宿""会务费"，购买的烟酒变更为"办公用品"；二是为了增加抵扣金额，减轻企业税负，将劳务工资变名为材料费用；三是将销售货物等高税率的增值税项目开具为销售服务等低税率的增值税项目。

在大多数案例中，"变名"开票的行为主观上没有逃缴增值税的故意，客观上也无少缴增值税的可能（有少缴企业所得税等税的后果）。但是，违反了相关税法及《刑法》有关规定，必然面临如下三重法律风险：

第一，税负增加的风险。因为企业之间的真实交易不仅可以抵扣增值税税额，还可以在企业所得税税前列支。但是，"变名"开票行为违反了发票的管理规定，破坏了增值税管理制度。因此，既不能抵扣也不能在税前列支。已经抵扣或列支的，还要转出后补缴增值税和企业所得税，相应的城建税、教育费附加等也需要补缴。

第二，行政处罚的风险。税务机关将会对虚开发票的企业在补缴税款的基础上，加收滞纳金、行为罚款、税收罚款等。当然，一旦受到税务机关行政处罚，纳税人在银行贷款、工程投标、乘坐相关交通工具方面可能受到一定的影响。

第三，刑事追责的风险。"变名"开具发票的行为一般会被认定为虚开发票的行为，但后果会比普通的虚开发票更严重。依据《刑法》规定，可能受到刑事处罚。因此，提醒企业投资者、经营者以及财务人员不要忽视"变名"开具发票的刑法后果。

本案中，将发放的福利品用便于报销的物品名称代替不符合报销要求的实物名称，触犯了《中华人民共和国发票管理办法》（简称《发票管理办法》）。《发票管理办法》第十九条规定："所有单位和从事生产、经营活动的个人在购买商品、接受服务以及从事其他经营活动支付款项，应当向收款方取得发票。取得发票时，不得要求变更品名和金额。"变名开票属于开具与实际经营业务情况不符的发票。上述案例中的"变名"开票行为是以少缴税款为目的的，属于虚开发票的行为。

2. 风险防控策略

①了解交易对方的经营范围、生产能力、企业规模、企业资质、纳税信用等级等相关信息，并进行核实，尽量选择经营规范，具备一定规模、资质的企业进行合作。

②交易前签订正式合同，对双方的权利与义务及相应的违约责任尽量明确约定，列出开票内容，重视对交货方式、付款方式、发票凭证及相应的违约责任进行明确约定。

③必须按照规定开具或收受发票，发票内容如实地反映真实的业务情况，以免因小失大。

（六）接收发票不合格的风险与防控

【案例 3-9】

接收的发票不合格

▲案件概况

某市税务局对 G 公司进行税务稽查时，发现该公司存在大量取得的发票不符合规定的现象。其中 2017 年度的房租 990 万元，取得的是一般计税增值税税率为 11% 的专票。

▲法律后果

由于出租方会计开票时太大意，在发票备注栏漏填了不动产的地址，而 G 公司的财务也不注意发票是否合规就接收了，从而导致 G 公司 98.11 万元的进项税额无法抵扣。

1. 案件分析

也许 G 公司的财务也没有想到，发票基本信息不符合规定（备注栏漏填不动产的地址）带来了如此大的麻烦。取得专用发票后，财务人员要注意查验发票的基本信息是否符合规定。

发票的基本内容包括发票的名称、发票代码和号码、联次及用途、客户名称、开户银行及账号、商品名称或经营项目、计量单位、数量、单价、大小写金额、开票人、开票日期、开票单位（个人）名称（章）等，当然，也包括票面的备注栏。在这个案例中，由于发票的备注栏少填了几个字，公司面临损失近百万元的风险，就是粗心大意惹的祸了。企业取得的未按规定进行备注的发票属于不合规的票据，将不能作为有效支出凭证。

2. 风险防控策略

①核对合同约定的业务事项、开票内容、开票金额，然后复核发票的相关事项是否一致，还要对税负率进行检查、复核，避免收受票据任何一个环节出现错误。

②货物验收环节尽量考虑选择在销货方处进行，不仅可以避免货物运到后验收发现质量瑕疵再退货造成运费损失，还可以核实货物生产并发出的真实地址，避免出现所购买货物并非销售方所有的情形。

③在转账付款前，再次核实对方出库单上的企业名称及提供的银行账户是否与发票上注明的销售方及开户银行信息相符，核实法定上必须备注的事项；若出现不符，应引起警惕，作进一步核实。

④在对方要求现金付款时，谨慎答应，尽量选择对公账户付款，留下付款痕迹。此外，对交易过程中的各类交易原始凭证，应做到妥善保存，从而保障自身合法权益。

⑤重视对交易过程中有关凭证证据的收集和保管，一旦发现对方存在疏忽，及时维权；若对方故意隐瞒有关销售和开票的真实情况，恶意提供虚开增值税专用发票，可以依法向对方追偿由于提供虚开增值税专用发票而带来的经济损失，同时对取得虚开发票事宜积极应对。

⑥每年结账前或者汇算清缴都应对整个年度的发票，尤其是大额发票进行复核，有问题及时退票、换票，避免公司的损失，若不可退还，及时进行账务调整处理，并对涉及少缴税款进行主动补缴，要注意税款所属期应选择正确。

⑦经税务机关通知得知取得虚开发票后，积极配合检查，准确、及时提供相应材料，可缩短检查期限，减少滞纳金，同时争取从轻处罚。

三、私卡收支的涉税风险与防控

医美机构的客户主要是个人消费者，但个人消费者的发票意识薄弱，一般不会主动要求医美机构开具发票。渠道分账大部分无法取得合法有效的进项发票，比如给外聘专家和部分员工报酬等都没有发票，导致私卡收支现象较为普遍。这会引起不少风险隐患，应注意规避：

在增值税及附加方面，应全额申报渠道收入（经登记取得"医疗机构执业许可证"的机构，提供的医疗服务收入免征增值税）。逾期未按规定申报免税的，除按规定补报免税外，还应接受主管税务机关作出的处罚。

在企业所得税方面，企业应全额申报渠道收入，并将销售返点金额确认销售费用、佣金及手续费，但由于未取得合规的税前扣除凭证，不得在企业所得税税前扣除（若取得发票，佣金支出的扣除限额仅为合同金额的5%）。逾期未按规定申报免税的，除按规定补报免税外，还应接受主管税务机关作出的处罚。

在个人所得税方面，支付给个人的渠道费用，医疗美容机构具有按照劳务报酬代扣代缴个人所得税的义务。

根据《中华人民共和国税收征收管理法》第六十三条的规定，纳税人"不列、少列收入，或者经税务机关通知申报而拒不申报或者进行虚假的纳税申报，不缴或者少缴应纳税款的，是偷税。对纳税人偷税的，由税务机关追缴其不缴或者少缴的税款、滞纳金，并处不缴或者少缴的税款百分之五十以上五倍以下的罚款；构成犯罪的，依法追究刑事责任"。

【案例3-10】

杭州古名私卡收款未入账并少计利息偷税

▲案件概况

涉事的公司为杭州古名文化艺术策划有限公司（简称"杭州古名"）。信用中国显示，该公司分支机构千和医疗美容诊所利用9个个人银行账户收取服务款，9个账户共收到款项53亿余元，扣减保证金和已作收入申报等事项的金额5.8亿余元，共计隐匿收入超过47.55亿元。其中，2017年3.01亿元、2018年7.88亿元、2019年10.14亿元、2020年13.11亿元、2021年1—11月13.42亿元，均未计入财务账，且并未对上述收入中的增值税应税项目和免税项目进行分别核算，现已无法进行区分，应按规定申报纳税。

在此期间，该公司通过账户中隐匿收入孳生的利息收入约为2879.68万元。杭州市税务局对该公司隐匿收入、少缴税款的行为定性为偷税。

▲税局处罚结果

杭州市税务局对该公司少缴的企业所得税约 1.47 亿元处百分之六十罚款，罚款金额合计约 8827.27 万元。

【案例 3-11】

武汉五洲莱美私卡收款不申报纳税

▲案件概况

根据国家税务总局湖北省税务局官网信息，经国家税务总局武汉市税务局稽查局检查，发现在 2016 年 1 月 1 日至 2019 年 12 月 31 日期间，武汉五洲莱美整形美容医院有限公司（简称"武汉五洲莱美"）采取偷税手段，不缴或者少缴应纳税款 1701.89 万元。

▲税局处罚结果

依照《中华人民共和国税收征收管理法》等相关法律法规规定，对其处以追缴税款 1701.89 万元的行政处理、处以罚款 850.95 万元的行政处罚。

【案例 3-12】

广东涵美私户收款虚假申报被罚

▲案件概况

广东涵美医疗美容医院有限公司（简称"广东涵美"）在 2019—2021 年存在将提供服务取得的收入记入私人账户，在账簿上不列收入，进行虚假的纳税申报，造成少缴增值税及附加、少缴企业所得税的税收违法行为。

最后经核实确认，该公司 2019 年收取的美容服务费中刷卡收款 792757.00 元（入私人账户）、现金收款 5052.00 元、微信收款 660728.60 元、支付宝收款 437980.40 元。2019 年应申报收入 1841279.61 元，其中已申报 526201.94 元，未申报 1315077.67 元。

2020 年收取的美容服务费中刷卡收款 1426810.00 元（入私人账户）、现金收款 7280.00 元、微信收款 2125361.00 元、支付宝收款 1189045.00 元。2020 年应申报收入 3147142.23 元，其中已申报收入 1024855.76 元，未申报 2122286.47 元。

2021 年收取的美容服务费中刷卡收款 1600057.00 元（入私人账户）、现金收款 75917.00 元、微信收款 2125361.00 元、支付宝收款 1189045.00 元。

2021年应申报收入4940970.30元，其中已申报988403.50元，未申报3952566.80元。

▲税局处罚结果

广东函美医疗美容医院有限公司将提供服务取得的收入记入私人账户，在账簿上不列收入，进行虚假纳税申报的违法行为属于偷税。广东函美医疗美容医院有限公司少缴税款合计151517.14元，对广东函美医疗美容医院有限公司偷税行为处以0.5倍罚款，即75758.57元；广东函美医疗美容医院有限公司少扣缴税款合计455866.90元，对广东函美医疗美容医院有限公司未代扣缴行为处以0.5倍罚款，即227933.45元。合计罚款303692.02元。

1. 私人账户收支的风险分析

从上述三个案例可以看出，公私账户混用现象及风险一般如下：

①资金从公司账户转给自然人股东私人账户。如果账面直接作为分红，但公司没有履行代扣代缴义务，股东没有缴纳分红的个人所得税，则构成了偷税；如果账上挂了往来科目，但年度终了没有还回来（报销也可以），也没有缴纳个人所得税，则可能会构成偷税。

②公司的经营收入由客户直接打到股东个人账户。如果股东个人没有将该部分款项交还给公司而据为己有，则公司和股东个人均可能构成偷税。

③资金从公司账户转给高管或员工。如果公司没有履行代扣代缴义务，员工没有申报缴纳个人所得税，则可能构成偷税；如果员工以没有真实业务支撑的发票报销，则可能构成虚开发票，严重的话涉嫌刑事犯罪。

从涉嫌偷逃税的风险来说，医疗美容主要是人工服务，个人报酬支付占比较高。个人所得税劳动所得实行最高边际税率为45%的累进税制，收入越高税率越高，缴纳税金越多，代扣代缴义务容易被回避，后果越严重，有可能涉嫌：

①洗钱。洗钱是银行监管的重点。根据规定，银行等金融机构应就可疑支付交易和大额支付交易相关情况及时报告人民银行，如果发现明显涉嫌犯罪需要立即侦查的，还应立即报告当地公安机关。

②职务侵占和挪用资金。利用职务上的便利，挪用或者非法占有本单位资金的，可能会触犯《刑法》第二百七十一条、第二百七十二条之职务侵占罪、

挪用资金罪。

③人格混同。可能会被认定为股东和公司人格混同，股东个人需要对公司债务承担连带责任，从而失去了有限责任制对股东个人的保护。

④偷税。这是最常见的，有可能是将企业的经营收入通过私户收款而构成企业偷税，也有可能是通过公转私少缴个人所得税而构成个人偷税，情节严重的可能触犯逃税罪。

根据《税收征收管理法》第六十九条规定："扣缴义务人应扣未扣、应收而不收税款的，由税务机关向纳税人追缴税款，对扣缴义务人处应扣未扣、应收未收税款百分之五十以上三倍以下的罚款。"

2. 风险防控策略

首先，我们需要做到以下五点：

①建立涉税业务顶层设计，即设置"防火墙"。

在医疗机构与销售团队、渠道之间设置公对公的合作模式，或者至少有一方能享受税收优惠的公私税收优惠的合作模式，实在条件不符合，至少要设置三道"防火墙"。

②对医疗机构经营合规的制度梳理及业务指导。

医疗机构经营合规包括机构/医生资质合规、药械合规、医疗行为合规、财税合规、劳动关系合规等。

③医疗机构与销售团队合作业务模式合规。

根据实际合作内容，明确双方权利义务，厘清双方的法律关系，通过合作协议确定各自的权利义务，设置相应的税收主体，各自自行负责并承担自己的税收责任。

④销售团队计酬模式合规。

对于多层次计酬的销售团队，需要完全规避"金字塔"、超过两层计酬、团队层级及人数管理等涉嫌"传销"等模式。

⑤财税规范。

所有业务全面选择合适的合作方式，签署书面业务合同、款项公账往来、全额报税纳税、开具发票、真实交易等，必须做到"发票流、资金流、合同流、业务流"统一对应。

其次，微信、支付宝、私户收付款虽然存在风险，但如果我们能够做到以下几点，也可以用微信、支付宝、私户进行收付款：

①以公司的名义开通微信、支付宝账号。

以公司的名义开通的微信、支付宝账号属于对公账户，与银行账号的性质是相同的，可以正常地进行交易。

②个体工商户单独设置微信、支付宝账号。

个体工商户是允许以个人账户收款的，但为了与家庭消费相区分，建议单独设置一个微信、支付宝账号用于收付款，避免公私不分。

③个人账户收取款项及时转入对公账号。

有些时候个人账户收取款项较方便，但为了避免漏计收入，应及时将收入转入对公账户。

④保存账单及收付凭证。

支付宝、微信的账单、收付凭证同银行等金融机构的收付凭证具有相同的效力，企业应该定期打印保存。

⑤及时索取凭据。

个人用微信、支付宝付款应该及时索取凭证以抵扣进项税或用于成本费用的入账。

需要注意的是，微信、支付宝支付属于非现金支付方式，通过"其他货币资金"科目来核算。企业只要做好管理规范，正常申报收入，缴纳税款，是可以有效规避风险的。

企业可通过构建数字化、规范化业务流程管理，全面提升内外协同效率，降低经营成本。

由于具体到各个渠道的医美情形不一，合规化就需要从宏观角度把控，关键之处在于交易模式合规化改造和法律文书条款的设计，以及细节的执行。因此，医美企业可以与了解医美行业、熟悉财税实务操作、清楚政策监控走向，并且能娴熟运用法律法规的税务师事务所、法律团队合作，让他们来进行整体的风险把控，以便企业可以合法享受国家的税收优惠政策。

四、滥用免增值税政策的风险与防控

医美机构的业务范围通常包括提供各类医美服务、美容服务以及销售院线类美容产品等。

部分医美机构的财务人员由于对税收法规理解存在偏差，未对上述各类营业收入准确划分应税及免税收入，而将收入全额按照医疗服务适用的增值税免税政策进行处理。

税务部门对医美机构的税收管理应加强与医疗卫生、市场监管、物价等部门的联系，严格按照规定对医美机构的业务实质进行判定。医美机构应根据《医疗机构管理条例》《医疗美容服务管理办法》以及各地相关的政府指导价格，正确进行涉税处理。

【案例 3-13】

滥用增值税免税项目被举报

▲案件概况

中国税务报 2023 年 3 月 7 日报道，某市税务部门举报中心接到一起举报，市民王某来信反映某医疗美容机构向其违规提供名为"法式精塑"鼻部手术的服务，未开具增值税发票，涉嫌侵害消费者权益和偷税，希望有关部门协调查处。举报材料中还附有该医疗美容机构的营业执照、服务合同、手术告知书、付款凭证及产品销售收据等资料。

检查人员在随后的核查中发现，被举报的医疗美容机构是一家经由卫生部门核定颁发"医疗机构执业许可证"的门诊机构，无二类手术资质，却违规向王某提供了在全麻状态下操作的"法式精塑"鼻部手术服务，并推荐其在术后购买了多种护理产品。由于王某对手术效果不满意，在与该医疗美容机构多次协商未果后，分别向医疗卫生、市场监管和税务部门举报该医疗美容机构的违规行为。

检查人员进一步核查确定，该医疗美容机构已将上述医美服务收入全部归集为增值税免税项目并向税务部门申报。

1. 案件分析

从服务内容上看，"法式精塑"鼻部手术是不是医疗服务范围中明确的手术？有关服务合同中的"法式精塑"虽然与《全国医疗服务价格项目规范》中的"鼻尖、鼻翼、鼻梁"等修复整形手术名称不同，但从该规范中对这类手术"消毒铺巾—设计切口—实施麻醉"等细节描述来看，两者在操作标准和规范性上基本一致。由此，笔者认为，税务人员判断有关业务的法律事实应基于有关行业主管部门的专业性认定。事实上，在卫生主管部门的帮助下，检查人员查实"法式精塑"鼻部手术就是"鼻尖、鼻翼、鼻梁"修复整形手术。

从价格规范上看，如果主管卫生部门没有认定这起案例存在收费高的情况，在税务执法中则可考虑不在价格上将"检查费""化验费"等与手术中植入的假体进行严格区分。一是根据《中华人民共和国价格法》（简称《价格法》）规定，在必要时可以实行政府指导价或者政府定价的商品和服务价格共五类，主要是关系国计民生的重大项目。这说明在市场经济条件下，一般商品和服务的价格由经营者自主制定、通过市场竞争形成。二是从医疗服务实质上来说，硅胶等假体属于向消费者提供医疗服务时的耗材，并不是直接向消费者销售的产品，消费者无法自行使用，两者在增值税语境下并非同一个概念。当地物价部门对鼻部等手术规定为自主定价，其中应涵盖假体耗材部分。三是双方已签订的基于自主定价的合同、付款凭证等证据证实双方对有关服务价格已形成民事法律关系中的合意，因此符合"相关部门制定的医疗服务指导价格（包括政府指导价和按照规定由供需双方协商确定的价格等）"中免税要素的定义。

从业务整体上看，术后销售护理产品是否免税，要看其与手术是否直接相关。《销售服务、无形资产、不动产注释》中明确规定，医疗服务是指提供医学检查、诊断、治疗、康复、预防、保健、接生、计划生育、防疫服务等方面的服务，以及与这些服务有关的提供药品、医用材料器具、救护车、病房住宿和伙食的业务。笔者认为，该注释的关键在于"与这些服务有关"，这个"有关"应当认定为与医疗服务直接相关。本案中，涉事机构在术后向消费者销售的护理产品，如果合同中列明是与术后康复有直接关系的必需品，则应当视为手术服务的一部分予以免税处理，否则，应当按销售商品申报缴纳增值税。

2. 风险分析

在服务过的企业案例中，我们发现很多医美机构存在超许可范围提供医疗服务的情况，在会计处理和纳税申报时，对于应税项目和免税项目没有严格按照《全国医疗服务价格项目规范》等规定进行区分，大部分经营管理者认为只要有资质就是免税的。但实际上，根据增值税相关规定，享受增值税免征政策的医疗服务收入需满足：

①医美机构需登记取得"医疗机构执业许可证"。

②医美机构按照不高于地（市）级以上价格主管部门会同同级卫生主管部门及其他相关部门制定的医疗服务指导价格（包括政府指导价和按照规定由供需双方协商确定的价格等）为医美消费者提供《全国医疗服务价格项目规范》所列的各项服务。

③为就医者提供的是《全国医疗服务价格项目规范》所列的各项服务。

综上，我们关注风险时，不可忽略的四个关键词：医疗机构、资质、医疗服务、价格。

虽然，实操中缺乏明确的医疗服务指导价格，但是，相较于定价问题，税务机关在判断医美机构取得的收入是否可以享受增值税免税政策时，通常会关注其是否按照不高于地（市）级以上价格主管部门会同同级卫生主管部门及其他相关部门制定的医疗服务指导价格（包括政府指导价和按照规定由供需双方协商确定的价格等）执行，关注其是否针对医疗服务收入及非医疗服务收入进行分别核算，并就非医疗服务项目收入适用正确的增值税税率，计算缴纳增值税，还会关注对于免税收入对应的增值税进项税额是否会做进项转出处理。对于无法准确划分不得抵扣的进项税额的，需以免税项目收入占全部销售收入的比重作为系数，乘以全部无法划分的进项税额计算进项转出金额。

综上，医美机构提供的有些服务不可以享受财税〔2016〕36号文免税政策的服务，无论其是否在许可范围内，在境内提供的增值税应税行为，如果不是免税项目，就一定是应税项目，要征收增值税。

3. 风险防控策略

①及时办理"医疗机构执业许可证"。

②了解《医疗免税目录表》，判断提供的服务或商品是否属于《全国医疗服务价格项目规范》，根据主营业务准确划分免税收入和应税收入，避免错误享受免税优惠。

③兼营免税、应税项目的，应当分别核算免税、应税项目的销售额，正确行使免税销售额。比如单独销售化妆品业务，以吸引顾客为目的的少数生活美容业务，不符合财税〔2016〕36号文件规定的医疗服务，均应当严格申报缴纳增值税。

④健全免税证据链，如产品的进项票、医生与顾问的合作协议、客户手术

合同等，对其符合免税条件的医疗服务收入的相关协议和收据的服务明细尽量明确，避免因混淆被一并补税。

⑤年度终了关账前、次年汇算清缴结束前，聘请专业服务机构帮助企业及时发现潜在的问题，做好风险评估与判断工作，在可能的税务稽查出现之前就及时以最低成本化解风险。

⑥建议广大医美企业尽快推行内部财务税务合规体系，如果自身在专业知识上有所欠缺，可以通过聘请外部机构的方式，帮助企业建立一套完善的财税管理制度，树立税务合规管理意识，从源头上杜绝税务风险。

⑦在发生较大的税务争议时，建议聘请专业的中介机构（包括税务师事务所、有财税背景的律师事务所与会计师事务所等），就文件的理解与适用，在加强与税务机关合法合理沟通方面，为企业争取最大的税收效益，降低潜在损失，一旦避免不了，争取首次免罚。

⑧医美企业在经营活动过程中，应以合法纳税为原则，充分利用国家的税收优惠政策，通过调整不科学的运营架构及股权涉税顶层架构，设计合理的结算方式和交易结构合法进行税务规划，达到为企业增资减税、规避税务风险的目的。

建议医美企业制作风险自查清单以规避风险（如表3-2所示）。

表3-2 医美企业风险自查清单

序号	自查项目	自查内容
1	工商登记	经营范围内是否登记了医美项目，是否通过将经营范围登记为生活服务业、商务服务业、科技服务业、信息咨询业及其他行业，游离于卫健委等部门监管之外
2	股权架构	公司股权架构、股东的关联公司及分支机构情况，分支机构是否已作备案登记
3	税务资格	是否具备一般纳税人资格，是否按时申报，是否非正常户
4	场地产权	房产是自有还是租赁，有没有产权证照和租赁协议。一方面用于检查企业列支折旧、摊销费用是否真实；另一方面看企业是否有经营实体，是否存在在优惠区域内设立信箱公司，只享受政策优惠，并无经营实体的现象

续表

序号	自查项目	自查内容
5	合同印花税	是否和顾客签订合同,及时足额缴纳印花税
6	私户收款	以现金、个人微信、支付宝转账,还有预付卡、不开票的收入,需核实是否如实在账面予以记载,是否存在隐匿收入的情形,若有,请及时改正
7	预收账款	民营医疗机构可以一次性充值分期消费,预收款、预付卡充值款如何进行账务处理,是否长期挂账,是否按规定时间和金额确认收入
8	混业经营税	医美机构混业经营、混合销售较为普遍,销售和服务的税率是不同的,要检查混业经营税率是否正确,在计算缴纳增值税时是否分别核算,适用税率是否正确,多缴企业吃亏,少缴会带来涉税风险
9	应税和免税	财税〔2016〕36号文规定,针对"医疗机构提供的医疗服务"免征增值税。适用该政策时,需核实企业提供的服务是否满足其限制条件,是否混淆应税和免税的范围
10	医保和自费	医保和自费项目是否正确区分,药品或者相关的医疗器材有些进入了医保目录,有些未进入医保目录。是否进入医保目录只是看药品或器材是否为集中谈判集采后进入,并不意味着进入医保目录支付的就一定属于医疗服务内容享受免税待遇。此外,对财税〔2016〕36号文中"与医疗服务有关的"判断标准,医美机构是从严还是从宽把握,也属于高发税务风险点
11	其他收入	是否收到子公司、分公司和分支机构的管理费、加盟费、特许权使用费等,未计入其他收入
12	股利分红	是否收到股息、利息、红利、投资收益,未计入其他收入
13	政府补贴	收到的政府的各种优惠和返还,是否已并入收入缴纳所得税。例如,是否通过关联交易转移利润到税收洼地,是否通过往来科目在子公司、分公司、分支机构和总公司之间挂往来未计入其他收入,代扣代缴个税手续费的返还是否入账,招商引资政策奖补的资金是否入账,异地注册经营收到的异地政府返还是否挂往来未计入其他收入

续表

序号	自查项目	自查内容
14	租金税	商业用房出租的租金是否全额计入收入申报缴纳增值税、所得税，适用税率是否正确，有无从低适用税率偷逃增值税
15	用票规范	使用票据是否规范
16	开票规范	发票开具是否规范
17	稀释报价	有无单项收费、重复收费、自立项目收费等以稀释单项报价，单张开票。是否涉及混业经营、混合销售、应税免税区分问题。有无将应税的医美项目分割开票作为免税处理
18	租赁服务费	是否将房屋出租的租赁服务改为仓储服务开票。即使未隐匿收入，改变税率也属于偷税
19	进项票	进货是否符合"4+7"带量集中采购、"两票制"，取得的进项发票是否规范
20	采购不开票	有无因集中采购医疗器械和美容美妆产品量大、议价能力较强，为降低采购价格，双方达成一致不开发票，上游供应商偷税，下游医美机构无正规发票入账，同时达到逃避药品流向监管的目的
21	劳动合同	是否和所有员工签订劳动合同，不签是要支付双倍工资的
22	购买社保	是否给员工及时足额缴纳社保
23	工资申报	工资奖金支出是否规范、是否据实列支、是否足额报税
24	个税扣缴	是否按规定代扣代缴个人所得税
25	虚列工资	是否有虚列人员、分解工资收入、降低个人所得税税负的现象
26	偷逃个税	是否通过灵活用工平台代开发票，将员工工资薪金、专家劳务报酬转换为经营所得，帮助偷逃个税
27	劳务费税	非驻场开飞刀的医师，差旅费、劳务报酬和提成如何发放，是否存在帮助开飞刀医师偷逃个税的问题
28	流动顾问费	流动性较大的美容顾问和导购，提成如何发放，以何种性质入账，是否真实

续表

序号	自查项目	自查内容
29	渠道支出	渠道成本和获客成本中的广告支出、平台佣金、带金销售、老带新回扣、网红探店等费用，是否取得合规发票入账
30	虚开发票	在已入账的发票中，有无取得虚开的发票入账。如通过灵活用工平台虚增人员报酬而取得虚开发票等
31	大额支出	账面大额咨询费、信息费、会议费、租赁费等支出是否真实，发票是否合规
32	律师费	律师费是否取得合规发票入账
33	赔款	行业特色的美容失败赔款支出如何支付，账面以什么凭证列支
34	废弃物	是否及时足额缴纳医疗废弃物环保税
35	销售费畸高	销售费用畸高现象是否具有合理性，是否存在极为反常的毛利率非常高、净利率非常低的现象
36	小微免税	有无注册多个个体工商户或者小微企业，将收入化整为零分解，或者按照收款渠道分解，享受小微企业免税政策，同时降低企业所得税或个人所得税的税负
37	技术转换享受税收优惠	有无注册多个个体工商户或者小微企业，将工资、奖金、股息、利息、管理费、加盟费、特许权使用费以及其他无法取得发票的渠道支出、商业贿赂、带金销售等灰色支出，转换为个体工商户或小微企业经营收入，开具发票入账，开票方享受小微企业免税政策，同时降低企业所得税和个人所得税的税负
38	洼地税收	有无总部注册在税收洼地，利用关联交易向税收洼地转移利润
39	分/子公司费用	有无跨地区注册多家子公司、分公司和分支机构，成本、费用、借款利息等是否在多家分公司之间重复列支
40	研发费用	归集的研发费用是否符合文件定义，包括是否将非研发人员人工费归集入研发费用，是否对经营用与研发用耗材无法做合理区分，或将不属于研发使用的耗材归入研发费用
41	高新技术企业税收优惠	是否符合高新技术企业的标准。研发费用、知识产权申报、科技人员占比等指标是否符合高新技术企业的认定要求

续表

序号	自查项目	自查内容
42	扣非	是否存在扣非后净利润大幅上升现象
43	大额资产收购和转让	是否存在不具有合理商业目的的资产大额收购和转让
44	大额预收账款	核实是否存在账龄为1年以上的大额预收账款，或预收账款占主营业务收入的比重20%以上，延迟缴纳税款的情形
45	销项虚开	企业向个人（自然人）提供服务，却将发票开具给公司，导致服务购买方与开票方不一致，存在虚开发票的风险
46	进销存	进销存数据库，往往是企业核算成本的重要依据，建立进销存数据库能够相对保证成本的准确性，避免虚增成本，虚构医疗耗材消耗数量，导致库存为负值的现象

第三节　医美机构的法律风险与防控

医疗美容行业的法律合规要求日益严格。在医美机构经营过程中，存在由于企业外部的法律环境发生变化，或由于包括企业自身在内的各种主体未按照法律规定或合同约定行使权利、履行义务，而对企业造成负面法律后果的可能性。

2023年5月4日，市场监管总局等十一部门联合印发了《关于进一步加强医疗美容行业监管工作的指导意见》对医美行业进行规范。因此，医美行业的强监管时代已经来临。本节将通过梳理近年医美企业典型的民事、行政处罚、刑事案例，分析医美行业的法律风险，并针对机构人员资质、产品药品合规、医疗质量管理、医美虚假广告等合规问题提出合规管理建议，供医美机构法律合规制度建设参考，以期对从业者有所帮助。

一、未办资质经营的风险与防控

按照有关规定，医疗美容机构须取得"医疗机构执业许可证"后方可开展执业活动。据艾瑞咨询 2022 年中国医疗美容行业研究报告，八成消费者表示在做医美项目之前已经确认过该机构有医疗资质。由此证明，无论是消费者的消费意识催使，还是大部分医美投资者或经营者对相关风险的敬畏，大部分医美机构都会办理资质后再经营。但也有部分医美机构选择铤而走险，不是未办理资质，就是资质越界经营。一旦被查，罚金很重，因而建议注意此项风险的防控。

【案例 3-14】
医美机构无证擅自执业被罚没 35 万元

▲案件概况

信用中国网站公布的行政处罚信息显示，东莞市善悦医疗美容诊所有限公司未取得"医疗机构执业许可证"擅自执业，于 2022 年 10 月 11 日、13 日为顾客周某实施中医穴位埋线的医疗项目，于 2022 年 10 月 23 日为顾客杨某实施有针水光针和下巴填充玻尿酸等医美项目。

▲法律后果

东莞市东城街道综合行政执法办公室指出，该公司未取得"医疗机构执业许可证"擅自执业，违反了《中华人民共和国基本医疗卫生与健康促进法》第三十八条第二款的规定，依据《中华人民共和国基本医疗卫生与健康促进法》第九十九条第一款的规定，给予没收违法所得 19800 元，并处 331000 元罚款的行政处罚。

1. 风险分析

越范围执业是医美行业乱象的表现形式之一。《医疗美容服务管理办法》第二条第四款规定："医疗美容科为一级诊疗科目，美容外科、美容牙科、美容皮肤科和美容中医科为二级诊疗科目。"第十七条规定："美容医疗机构和医疗美容科室应根据自身条件和能力在卫生行政部门核定的诊疗科目范围内开展医疗服务，未经批准不得擅自扩大诊疗范围。美容医疗机构及开设医疗美容科室的医疗机构不得开展未向登记机关备案的医疗美容项目。"

据官方媒体新闻报道，美容店、美容院、工作室都存在大量的无证经营、超出范围经营等现象，不仅违反相关法律规定，还为销售水货、假货医美产品提供了便利。因此，本案是一个行政处罚案，该机构未取得"医疗机构执业许可证"擅自执业，在医疗服务、配药、注射手法等方面均存在巨大隐患，对消费者造成很大的风险，因而被处罚的金额较大。

2. 风险防控策略

①展开医疗美容服务前，先向行政管理部门提交办理资质的资料，取得合法有效的经营资质再向消费者提供相关服务。

②医美机构经营者应拒绝触碰法律红线，仔细审查自己的许可资质准许的经营范围和执业范围，对于超过范围的服务内容，拒绝订立合同、拒绝提供服务。

③不因客源减少、人力成本高、开店成本巨大等而将"医疗机构执业许可证"转让或出借给其他机构，避免行政处罚，避免承担连带责任。

二、虚构医疗机构资质、医生资历的风险与防控

据不完全统计，全国医美机构超过3万家，而拿到美容外科主任医生证书的医生不超过5000人。实践中，由于医生少、需求大，一些医疗机构以所谓名医名师、专业医疗资质等噱头，为医疗美容效果背书。通过虚构、夸大医生资历、医疗机构资质荣誉等方式，给消费者以服务品质保证的假象，因而被各级市场监管部门屡查屡罚。因此，提醒医美机构要注意这方面的风险。

【案例3-15】

虚假宣传医疗机构资质、医生资历

▲案件概况

2021年11月4日，执法人员在现场检查时发现，当事人在经营场所悬挂灯箱宣传其聘请的两位整形医生梁某和李某。其中称梁某为"中华医学美容协会理事、中国医师协会整形专科会员"，称李某为"中华医学会整形外科协会会员、中国吸脂与脂肪移植专家组成员、国际医师协会美容外科分会荣誉会

员、中国医师协会美容与整形医师分会专科会员"。经查，上述信息均系当事人杜撰。

▲法律后果

当事人的行为违反了《中华人民共和国反不正当竞争法》（简称《反不正当竞争法》）第八条第一款的规定，依据《反不正当竞争法》第二十条规定，责令当事人立即停止违法行为，并处罚款20万元。

1. **虚构医疗机构资质、医生资历的风险**

随着医美行业市场规模不断扩大，医疗美容机构的市场机会越来越多，但要持续经营下去，其中关键的一点在于有专业的美容医师。根据《中华人民共和国医师法》第八条以及第十三条的规定，医生从业需要考取医生资格证。否则，依据《医疗机构管理条例实施细则》第八十一条规定，"任用非卫生技术人员从事医疗卫生技术工作的，责令其立即改正，并可处以三千元以下罚款"。《医疗美容服务管理办法》对医疗美容服务机构、主诊医师、护理人员资质等有严格规定。因此，医美机构需要按照法律要求对医师执业实行聘用，根据实际情况进行宣传。

本案是一个行政处罚案，该机构通过向消费者虚假宣传医生的资质、履历及荣誉，在很大程度上涉及消费者的人身安全，很可能会侵害不特定人群的健康权、生命权等合法权益，因此被处以20万元的罚款。

2. **风险防控策略**

①学习《中华人民共和国医师法》《医疗机构管理条例》《医疗美容服务管理办法》等相关法律法规，密切掌握市场监管部门对广告专项整治的动态，及时发现违法行为并立即改正，避免被罚。

②对医生资质、荣誉等宣传用语的风险进行评估，做好充足的证据支撑准备与危机处理预案。一旦发生争议，及时做好反馈处理及投诉安抚，避免官方介入。

③严格遵守《反不正当竞争法》，在商业营销过程中，不作虚假或者引人误解的商业宣传。

三、使用水货/假货针剂或山寨设备的风险与防控

医美设备价格高昂是部分医美创业者望而生畏的问题。部分医美机构为了降低成本，会购买低劣的设备，以次充好。另外，由于针剂产品自身易携带、隐秘性强、流动性高的特点，部分医美从业人员为获取更高的利润，会选择给患者使用走私、造假的针剂。即使流通采购的最终核查为正品，但如果采用非法渠道购买，也无法保证针剂的活性和安全性，导致效果风险和行政处罚风险。

【案例 3-16】
非法渠道购进药品和使用未依法注册医疗器械被罚

▲案件概况

2022 年 6 月 6 日，浙江省嘉兴市市场监督管理部门收到嘉兴市公安局南湖分局移送函，对嘉兴市柏惠医疗美容门诊部有限公司从非法渠道购进药品和使用未依法注册医疗器械注射用透明质酸钠凝胶有关情况开展调查。经查，涉案货值金额 53918 元。当事人从非法渠道购进药品的行为违反了《中华人民共和国药品管理法》第五十五条规定，使用未依法注册第三类医疗器械的行为违反了《医疗器械监督管理条例》第五十五条规定。

▲法律后果

2022 年 9 月 19 日，嘉兴市市场监督管理局依据《中华人民共和国药品管理法》第一百二十九条规定和《医疗器械监督管理条例》第八十六条第一款第（三）项规定，对当事人作出没收涉案产品、罚款 467200 元的行政处罚。

1. 使用水货/假货针剂或山寨设备的风险

由于医美项目更新换代快，医美机构会把国外如韩国、日本流行的医美项目传入国内，但无论是医疗产品还是医疗器械，无论是国产药还是进口药，都应当经国务院药品监督管理部门批准，获得药品注册证书。内地（大陆）及港澳台药品为《医药产品注册证》，进口药品为《进口药品注册证》，销售的进口药品均须取得相应的国家批准文件，或者经过国家药品监督管理局审批。否则，就违反了"医疗器械经营企业、使用单位不得经营、使用未依法注册

或者备案、无合格证明文件以及过期、失效、淘汰的医疗器械"的规定,还有可能构成妨害药品管理罪、涉嫌走私罪。

本案是公安局移送过来的行政处罚案,很明显既违反了行政法律,也违反了刑事法律。站在管理部门层面,本案后果很严重,如果不按非法渠道处理,就意味着当事人客观事实上的非法渠道购进药品的违法行为得不到应有的惩罚,违法成本为零,由此易引起该种违法行为的泛滥。因此,罚金46万余元。站在医美从业者层面,也许是毫无意识的违法犯罪行为,也许是明知故犯,但无论何种,代价都是惨重的。无意识的相关风险可能会有以下三种情形:

①不知道是非法渠道购进的;
②从有证企业购进但没索取票据的;
③不可抗力导致票据遗失,或保管不当导致找不到。

后两种情形,均可产生从合法渠道购进却不能现场提供票据的现象,不能按非法渠道购进论处,故要定性为非法渠道购进必须排除这两种情形。

2. 风险防控策略

①药品或器械要从持有许可证企业的合法渠道购进,不能从无证的个人手中购得。

②选择有资质的企业供应商或渠道,即购进药品或医疗器械,不仅要对供应商资质、许可证、审批文件、备案证等进行严谨的审核,而且应索取、查验、留存供货企业有关证件、资料,索取、留存进货凭证。

③对凭证具体内容进行审核,供货企业开具的销售凭证上标明的供货企业名称、药品名称、生产厂商、批号、数量、价格等内容与商品实际匹配,才能证明自己没有违法,才能避免法律风险。

四、涉嫌虚假广告的风险与防控

"打广告本属商业行为,无可厚非,但如果是虚假宣传、过度宣传、导向不正的医美广告,就越过了法规底线。"全国人大代表庹庆明表示。

广告主发布医疗美容广告,必须依法取得《医疗广告审查证明》,广告经营者、广告发布者设计、制作、代理、发布医疗美容广告,必须依法查验《医疗广告审查证明》,并严格按核准内容发布。2021年11月1日,国家市场监督管理总局发布的《医疗美容广告执法指南》，被不少人称为"史上最严"医美广告执法。

发布广告的医美机构必须具有"医疗机构执业许可证"，取得《医疗广告审查证明》，尤其在医疗、药品、医疗器械的广告中不得使用"推荐官""体验官"等广告代言人以自己的名义或者形象来为医疗美容做推荐证明。否则，按照违法广告处理，将被行政机关处罚。希望相关从业者在发布医美广告时能够引起重视。

【案例 3-17】

发布违法医疗美容广告

▲案件概况

赣州德尔美客医疗美容门诊部有限公司发布含有"全国鼻修复中心""技术强——拥有行业 1300 多位权威专家""整体的功能恢复、安全的生态材料、顶级的专家服务、先进的技术、PRP 强效的青春魔法药水、先进的消毒技术、安全的美容技术、便捷的注射美容"等内容的广告。

▲法律后果

赣州德尔美客医疗美容门诊部有限公司违反了《中华人民共和国广告法》（简称《广告法》）的相关规定。2021 年 2 月，赣州市市场监督管理局依法对当事人作出罚款 15 万元的行政处罚。

1. 涉嫌虚假广告的风险

医美行业需要提供相关的宣传资料、图片、视频等，用于吸引消费者关注和购买。但是，如果这些宣传材料不真实、不准确、不全面，就会对消费者形成误导，就会违反《广告法》。有下列情形之一的，被视为虚假广告：

①商品或者服务不存在的；

②商品的性能、功能、产地、用途、质量、规格、成分、价格、生产者、有效期限、销售状况、曾获荣誉等信息，或者服务的内容、提供者、形式、质量、价格、销售状况、曾获荣誉等信息，以及与商品或者服务有关的允诺等信息与实际情况不符，对购买行为有实质性影响的；

③使用虚构、伪造或者无法验证的科研成果、统计资料、调查结果、文摘、引用语等信息作证明材料的；

④虚构使用商品或者接受服务的效果的；

⑤以虚假或者引人误解的内容欺骗、误导消费者的其他情形。

综上，本案很明显属于第5种，使用绝对化词语，因此被罚15万元。

2. 风险防控策略

①按照法律法规要求，严格审核和使用所有宣传图片、文字、视频等材料，保证宣传内容真实、准确、完整，避免因虚假宣传产生法律纠纷。

②不触犯《广告法》的底线，不使用"国家级""最高级""最佳"等用语。

③广告使用数据、统计资料、调查结果、文摘、引用语等引证内容的，应当真实、准确，并表明出处。

④引证内容有适用范围和有效期限的，明确表示。

⑤不利用网站、自媒体等网络手段，对医疗美容机构资质荣誉、医生资质资历、医疗美容产品及美容功效等内容，通过展示、演示、说明、解释或者推介等方式，进行虚假商业宣传。

⑥不通过虚假交易、组织虚假交易、虚构经营数据信息、虚假预订、虚假抢购等营销方式，进行虚假商业宣传。

⑦不在医疗美容产品包装、标签或说明书中，对法律、行政法规规定必须标注内容之外的其他信息，进行虚假标注宣传。

五、医美侵权责任纠纷的风险与防控

医美机构在提供医疗美容服务时，如果医疗美容失败，造成医疗事故，双方可以协商赔偿问题，协商不成的通过法律仲裁解决，法律仲裁解决不了的，可以向法院提起诉讼。请求赔偿范围一般包括医疗费、住院费、误工损失及精神损失。

医疗侵权责任的构成要件有四个：

①医疗侵权行为主体是医疗机构与医务人员。

②医疗侵权行为的归责原则是过错原则。

③有损害事实的发生（财产损害、人身损害等）。

④医疗过失行为与患者所受的损伤后果有因果关系。

医美机构要特别关注此项风险,避免钱、财、物、声誉的损失。

【案例 3-18】

邹某与某医美机构侵权责任纠纷

▲案件概况

邹某曾在湖南某医院实施眼袋整形术,术后其认为自己下睑皮肤松弛。经了解,邹某得知北京某医美机构主刀医生师出名门,经验丰富,遂于 2015 年 12 月来到该医美机构进行了双侧下睑修复术。术后,邹某出现双侧下睑局部凹陷、疤痕畸形,外眼角畸形短小圆钝等症状。此后,邹某先后六次在其他医院进行修复,但仍无改善。邹某认为该医美机构的修复手术对其造成了损害,遂诉至法院要求该医美机构赔偿其医疗费、误工费、精神损害抚慰金等损失,并要求适用《中华人民共和国消费者权益保护法》(简称《消费者权益保护法》)三倍赔偿其手术费。

▲法律后果

法院遂判决该医美机构按照 60% 的过错责任比例赔偿邹某各项损失共计 74948 元。

1. 风险分析

本案被法院认定为典型的因医疗美容虚假宣传和诊疗不规范行为引发的侵权责任纠纷。首先,从医美双方属性来看,客户为了满足个人对"美"的追求的生活需要而接受美容服务,具有消费者的特征;医疗美容机构的经营目的是通过医疗美容服务获取利润,其接受就医者支付的服务对价,具有经营者的特征,故类似纠纷可以适用《消费者权益保护法》。其次,医疗美容纠纷在证据审查上应适用医疗损害责任纠纷相关规定,在责任承担上,对欺诈等行为适用《消费者权益保护法》中的惩罚性规定。最后,鉴定机构已确定了本次诊疗行为对邹某造成的损害后果,确定该医美机构对损害后果承担主要责任。因此,本案判决该医美机构按照 60% 的过错责任比例承担赔偿责任。

2. 风险防控策略

①医美机构和医生要积极学习相关法律知识,了解风险,避免触犯法律红线。

②在术前强而有力地执行手术流程和术前告知，书面签署内容包括手术风险、术后恢复等告知，让患者提前有心理准备。

③在聘用人才时，严格选择有资质、有能力的医生，除了能给消费者更优质的服务外，还能通过监管部门的督查和检查。

④严格遵守相关的手术流程和安全规定，保证医师的操作技能和经验，并要求医师向患者进行真实、全面的风险告知工作，避免因为操作不当产生人身安全风险而引起法律纠纷。

⑤建立有效的投诉机制，出现问题及时安抚患者，及时处理患者投诉，保护患者权益。

第四章

电商/主播经营风险的管和控

随着网络的飞速发展，网络电商直播已经成长为一个庞大的产业，但诸多问题也逐渐凸显。本章旨在介绍电子商务平台、电子商务经营者、直播间运营者、直播营销人员、直播营销活动的同时，进一步在资金、财务、税务、法律、人力资源、股权等六个维度分析各种问题引发的风险，并提出风险防控建议，以期对从事电商直播营销活动各主体之间的纠纷解决提供指引。

第一节 直播带货的法律风险

由于直播带货具有新颖、生动、有趣的销售模式，受到屏幕前众多网友的追捧，致使直播购物已成为消费者购物的重要方式之一。与此同时，流量造假、直播售假、不正当竞争、商标侵权等行业乱象开始层出不穷。面对这些挑战，若企业未及时建立合规机制，可能轻则会被深陷法律纠纷、行政罚款，重则被封号、公开谴责，甚至可能被追究刑事责任。

因此，基于互联网行为规范的要求，以及主播具有容易触犯法律、自证清白难等特点，本节简要总结并梳理了直播带货中各方的法律关系，盘点了相关的案件加以分析，并提供了相关的风险防范策略。旨在提醒电商平台、带货主播团队、商家、MCN机构重视"直播带货的法律风险和防控"。

一、直播带货相关法律责任主体

从直播带货的产业链条可以看出，参与直播带货的法律责任主体至少包括商家、主播、MCN机构、直播平台、直播间运营者、网络直播带货者，其中网络直播带货者又分为品牌自播者和第三方代播者。参与直播带货的营销主体身份不同，其应承担的法律责任也不同。

1. **商家**

在直播带货的语境下，商家以推销商品或者提供服务为目的，委托主播或MCN机构、直播平台等设计、制作、发布广告，属于《广告法》意义上的广告主以及《中华人民共和国电子商务法》（简称《电子商务法》）中规定的平台内容经营者。

2. **主播**

①属于广告经营者的情形。广告经营者是指接受委托提供广告设计、制作、代理服务的自然人、法人或者其他组织。若广告主委托主播个人（不通

过 MCN 机构）为其直播推销商品或服务，主播属于广告经营者。

②属于广告代言人的情形。广告代言人认定的关键在于其在直播中的表现能否让观众感受到其利用自身人格特征对产品进行推销。主播在直播间以其自身的人格影响力为商家推销产品或服务，应认定为广告代言人。

③在直播带货的责任承担中，关键在于明确商品的销售者，即主播。商品的销售者或平台内容经营者是最终承担责任主体。

3. MCN 机构

在直播电商生态中，MCN 机构扮演着中介的作用，对主播进行培养并将优秀的主播输送到各直播平台。因此，若广告主与主播所签约的 MCN 机构签署广告协议，MCN 公司就属于广告经营者的身份。在实践中，大多数情况是这样。

4. 直播平台

①结合直播带货的现实模式场景，直播平台有：淘宝、京东、抖音、视频号、斗鱼等平台。

②直播平台属于为商家、主播或 MCN 机构发布广告的组织，应属于广告发布者的角色。

③广告发布者是指为广告主或者广告主委托的广告经营者发布广告的自然人、法人或者其他组织。同时，直播平台为广告主提供网络经营场所、交易撮合、信息发布等服务，属于电子商务平台经营者的角色，应按照《电子商务法》履行责任和义务。

5. 直播间运营者

这里是指在直播营销平台上注册账号或者通过自建网站等其他网络服务，开设直播间从事网络直播营销活动的个人、法人和其他组织，具体指"×××直播间"运营者。

6. 网络直播带货者（品牌自播者和第三方代播者）

品牌经营者自行开设直播账户进行直播销售行为的，称为自播。第三方运营者代品牌经营者直播进行销售行为的，称为代播。

二、商家、主播、MCN 机构、平台所涉及的相关法律法规

《中华人民共和国消费者权益保护法》《中华人民共和国价格法》《中华人民共和国商标法》《中华人民共和国专利法》《规范促销行为暂行规定》《网络直播营销行为规范》《互联网直播营销信息内容服务管理规定（征求意见稿）》《直播电子商务管理规范》《关于防范金融直播营销有关风险的提示》《关于加强网络直播规范管理工作的指导意见》《网络直播营销管理办法（试行）》《网络表演经营活动管理办法》《互联网文化管理暂行规定》《互联网直播服务管理规定》《国家广播电视总局关于加强网络秀场直播和电商直播管理的通知》《中华人民共和国网络安全法》《中华人民共和国电子商务法》《网络交易监督管理办法》《网络信息内容生态治理规定》《全国人民代表大会常务委员会关于维护互联网安全的决定》《互联网信息服务管理办法》《中华人民共和国刑法》《化妆品监督管理条例》《中华人民共和国食品安全法》《认证证书和认证标志管理办法》《中华人民共和国企业所得税法》《中华人民共和国个人所得税法》《中华人民共和国税收征收管理法》《中华人民共和国广告法》《中华人民共和国反不正当竞争法》《中华人民共和国产品质量法》等。

三、直播带货行为存在的主要法律风险

直播带货并不是一种单一的法律行为，其可能涉及例如买卖合同的民事法律关系、价格监管的行政法律关系、发布虚假广告情节严重的刑事法律关系等多重法律关系。因此，对于直播带货行为主要存在的法律风险，下面将从民事、行政和刑事三个方面来进行梳理和分析。

1. 民事法律风险

（1）侵犯消费者合法权益的民事责任风险。

依据《消费者权益保护法》等法律规定，商家如果欺骗、误导消费者，提供的产品或服务与直播网络购物合同约定不一致，侵害了消费者的合法权益，则应当承担修理、重作、更换、退货、退款、赔偿损失等违约责任。若主

播在直播过程中对产品或服务作出承诺，其应在承诺的范围内与商家一起承担连带责任。

（2）构成不正当竞争行为的民事责任风险。

直播带货常出现的虚假宣传、欺骗和误导消费者等不正当竞争现象已经引起了社会的广泛关注。依据《反不正当竞争法》，商家作为商品经营者，不得对其商品的性能、功能、质量等作虚假或者引人误解的宣传，欺骗、误导消费者。如果商家违反规定，给消费者造成损害的，应当依法承担赔偿损失等民事责任。

（3）侵犯知识产权的民事责任风险。

商家、主播等有时为了产品或服务的销售量能快速增长，会在直播带货过程中销售仿冒其他知名品牌商标的产品，这种"搭便车"的行为不仅误导了消费者、侵害了消费者的知情权，同时也严重侵害了他人的商标权。针对直播带货中侵犯知识产权的问题，相关主体应依据《中华人民共和国商标法》（简称《商标法》）等法律规定承担赔偿责任。

2. 行政法律风险

（1）电子商务违法行为的行政责任风险。

《电子商务法》对电子商务平台经营者等相关主体的法律义务和责任作了规定。例如，直播平台作为电子商务平台经营者，不仅应当审查商家的相关经营资质，还应当定期核验更新等。如果直播平台未履行审核义务，就属于电子商务违法行为，将面临市场监督管理部门的行政处罚。

（2）广告违法行为的行政责任风险。

广告以虚假或者引人误解的内容欺骗、误导消费者的，构成虚假广告。依据《中华人民共和国广告法》（简称《广告法》）规定，发布虚假广告除应对消费者承担民事责任外，商家、主播等营销主体还应承担缴纳罚款、停业整顿等行政责任。

（3）价格违法的行政责任风险。

商家、主播等常常在直播中采用虚假的或者使人误解的价格手段诱骗消费者进行交易，例如先抬高售价后再故意进行限时折扣等。针对直播带货活动中的价格违法问题，商家、主播应依据《中华人民共和国价格法》（简称《价格法》）等法律规定承担限期改正、罚款、停业整顿等行政责任。

（4）违反税法的行政责任风险。

自 2021 年开始，税务部门接连公开多起网络主播偷逃税案件，严打网络主播偷逃税的势头持续推进。

相关法律明确提出要加强平台管理主体责任的落实，要求平台每半年向网信、税务部门报送存在直播营利行为的网络直播发布者个人身份、直播账号、网络昵称、取酬账户、收入类型及营利情况等信息。也就是说，一旦违反税法，责令限期改正、补缴税金、罚款、收取滞纳金，情节严重抗税、恶意逃税、多次被罚的，还要被追究刑事责任。

3. 刑事法律风险

当前形势下，国家严打直播带货的行业乱象。《关于加强网络直播营销活动监管的指导意见》提出，要加大案件查办工作力度，一旦发现违法行为涉嫌犯罪的，应及时移送司法机关。因此，相关营销主体应当重视直播带货中可能涉及的刑事法律风险。直播带货中常见的刑事罪名有以下这些：

（1）虚假广告罪。

广告主、广告经营者、广告发布者违反国家规定，利用广告对商品或服务作虚假宣传，情节严重的，构成虚假广告罪。虽然《刑法》条文未将广告代言人即主播列为虚假广告罪的犯罪主体，但如果主播的身份与广告主或广告经营者的身份存在重合，又或者与法律规定的犯罪主体串通、共同实施虚假广告行为，就可能会因虚假广告罪被追究刑事责任。当然，有些时候，主播的行为虽然客观上作了不真实的广告宣传，但不具有主观故意欺骗的意图，不能以本罪论处，需要结合具体案情具体分析。

（2）销售假冒注册商标的商品罪。

销售假冒注册商标的商品罪，从犯罪行为上看包括两种具体行为，即假冒注册商标的行为和销售假冒注册商品的行为。本罪不仅侵犯了消费者的合法权益，更是侵犯了他人的商标专用权，扰乱社会市场经济秩序。在直播带货过程中，常常有商家、主播等销售假冒注册商标的商品且非法获利金额巨大，较易构成本罪。

（3）生产销售假药、劣药罪。

依据《最高人民法院 最高人民检察院关于办理危害药品安全刑事案件适用法律若干问题的解释》规定，明知他人生产、销售假药、劣药，仍提供广告宣传等帮助行为的，以生产、销售假药、劣药罪共犯论处。在直播带货行为中，如果商家、主播等销售所含成分与国家药品标准规定成分不符的药品，可能会构成生产、销售假药、劣药罪。

（4）诈骗罪。

如果商家、主播等主体利用直播，以非法占有为目的发布虚假信息，骗取消费者财物，其行为可能会构成诈骗罪。例如，主播通过抽奖、虚假承诺等方式，直接骗取粉丝钱财。需要特别说明的是，即使主播并没有直接参与到诈骗行为实施的过程中，但若主播宣传推广了诈骗信息且导致他人遭受财产损失，那么也有可能因推广诈骗信息而被认定为诈骗罪的帮助犯。

（5）税收犯罪。

按行为手段可分为：欺骗型犯罪，如偷税罪、骗取出口退税罪、虚开增值税专用发票罪等；暴力型犯罪，如抗税罪；伪造型犯罪，如伪造增值税专用发票罪；非法出售、购买型犯罪，如非法购买增值税专用发票罪；利用职务型犯罪，如徇私舞弊不征、少征税款罪。

（6）洗钱罪。

利用电子商务洗钱。犯罪分子利用虚假或真实的电子商务行为作掩护，利用网络银行结算的快捷性、客户身份识别的模糊性以及兑付保密制度存在的安全漏洞，采用匿名方式在电子商务系统中进行账户之间资金的非法转移。

第二节　电商企业资金管理的风险与防控

筹资活动是企业资金活动的起点，也是整个经营活动的基础。很多电商企业因为有多平台销售，所以如果核算不准确，就会带来一定的资金风险，加上电商企业在"双11""6·18"及过年等特别的时间节点上需备大量货品带来的资金压力风险，销售大、结算周期长的资金压力风险，退货占用资金的风险，赠品积压占用资金的风险，银行严管提现的风险，公私账户混用的风险等，并发出财务杠杆、财务融资成本过高，导致公司财务风险较高，加上巨额广告投入、大量的人力成本、为促销采取低价策略，导致电商企业资金压力巨大，甚至资不抵债、资金链断裂，或大股东失去控制权等问题。本节就上述问题引用案例展开论述，旨在提高电商企业对资金流管理的风险意识。

一、资金核算不准确的风险与防控

电商企业一旦在多个平台销售，资金核算的工作量就会变大。加上直播带货时，一般商家会有多个品牌、多个账号，在多个平台结算，每个平台结算的时间点都不同，工作量变大。资金核算环节有收入、成本和利润等的核算，包括退货的核算、供应商账期及支付时间的核算、推广推流费的核算、人员工资绩效提成的核算等，一旦出错，或者效率跟不上，不仅影响资金运转，而且会涉及资金安全和关联等问题。当然，大部分电商企业会使用系统工具，但一般只能解决部分环节。因此，我们观察到部分电商企业的资金链断裂，不是因为没订单，也不是因为账面亏损，而是因为账面除了收入外，库存、成本、利润、费用等都和实际不一致，导致投资者或经营者对资金运转的决策产生错误，进而带来不少风险。本项旨在通过案例及论述提醒电商企业注意资金核算的风险防范。

【案例 4-1】

呆萝卜资金链断裂

▲案件概况

呆萝卜 2015 年成立于安徽合肥，是一家互联网生鲜电商平台，致力于为老百姓提供社区生鲜零售服务。创新采用"线上订线下取，今日订明日取"的预售制模式，通过 App 和线下社区门店结合，为消费者提供涵盖蔬菜水果、米面粮油、肉禽蛋奶、日用百货等热门商品。

平台通过原产地直采、自建仓储、冷链配送等服务消费者。消费者通过呆萝卜 App 下单后，由平台集中采购、分量分拣处理，再在夜间配送到相应的社区门店，消费者在当地所在门店按预约时间到店取货即可。

2018 年，呆萝卜门店拓展加速。2018 年末，呆萝卜将直营和加盟调升为全部自营。2018 年 8 月，呆萝卜宣布完成天使轮融资。

2019 年 6 月，呆萝卜已经完成了 1 亿美元的 A 轮融资，由高瓴资本领投，

DST 跟投。

截至 2020 年 1 月 31 日，呆萝卜 App 上的余额高达 6326 万元，覆盖用户 200 多万。

2020 年，呆萝卜经营出现困难，陷入倒闭风波，最终没能引入重整投资人，停止营业，并向合肥中院申请破产重整。3 月，案件获法院受理。

1. 风险分析

呆萝卜事件，很多人从不同维度解读。但不管如何，都离不开很现实的资金核算问题。因为尽管现金流在某一段时间很充足，但从其 2019 年 11 月通过官方微信公众号发表的声明，承认"由于经营不善导致资金紧张，公司日常经营受到重大影响"可以看出，表层是现金流经营不善导致资金紧张，实际是定价策略、成本管控、资金管控、快速扩张等导致资金链断裂。

成本环节关系到核算，一般生鲜电商的成本要占到总价的 30%—40%，而生鲜批发的毛利才 10%—20%，行业大概率都存在高额的成本，让生鲜电商很难盈利。按财务核算逻辑推理，生鲜零售本身就是一门难做的生意，具有易腐蚀、到货损耗高等特点。毛利本身就低，生鲜生产损耗费用 10%—15%，物料包材费用 1.5%—2%，配送费 3%—5%，综合费用率 14.5%—22%，然而生鲜领域 20% 左右的毛利润，并不能覆盖生鲜的运营成本，更别说后台费用以及合伙人 8% 的销售额分成。一旦无度扩张，资金链就会断裂。

据钛媒体 App 不完全统计，在 2022 年倒下的电商平台有 14 家（注：本次定义的"倒下"涵盖公司破产、倒闭、跑路、平台关停、停摆等），包括曾被资本热捧的每日优鲜、寺库，背靠巨头的十荟团、小鹅拼拼，早已名存实亡的易趣网、丰趣海淘等。

综上，电商企业除了重视自身经营中存在的产品、组织、模式等问题外，更应该关注资金核算和应用，无论产品定价还是运营，都应做好财务盈亏分析及资金链健康管理。

幸存者兴盛优选则在 2022 年 8 月陆续撤出山西、江苏、浙江、河北和安徽五省，2022 年 11 月又关停了河南、山东、四川、重庆四省市的业务，目前仅保留湖南、湖北、广东等少量优势省份的门店，维持区域经营。可以看出，兴盛优选在财务核算以及资金管控层面是有所作为的。

2. 风险防控策略

①具有极高的风险意识，让资金核算致力于提高业务的经济效益，重视资金的增值，对资金的管理要到位，比如合理规划资金结构等。

②扩张、开设分店前，需要进行全面预算，预测盈亏，并对可行性进行论证，避免资金调度不合理导致资金短缺或空置。

③在做好产品品质的同时，做好产品定价，除了关注产品成本、运营费用外，还要关注材料损耗、其他费用的占比，做盈利预测，不要过于关注竞争对手的价格，要在有净利润的前提下做产品定价。若消费力不强或者售价不足以支撑支出，不建议盲目开店。

④准确核算，前提是正确记录进货成本，否则可能会导致销售毛利率计算错误，进而造成电商企业对市场定位和产品定价的偏差，最终导致企业的销售收入和盈利受到影响。

⑤及时对账是电商企业保证资金核算准确的重要措施。这有助于避免资金运转错误和出现漏洞。

⑥设立科学、完整的现金流计划，及时掌握电商企业的实际现金流情况，对风险进行监测和分析，并及时适应现金流的变化。同时，电商企业投资者或经营者应当关注经营过程中所涉及的现金流情况，定期审查现金管理制度的有效性以及计划与实际现金流的变化情况。这样可以提高电商企业的资金使用效率，并加强对现金流的掌控及其安全性。

⑦会计人员需严格规范电商企业的账务核算和记账方面的操作，遵循会计准则，在规范的财务管理体系上进行日常的账务操作和稽核。同时，电商企业投资者或经营者应该确保资金安全，积极采取措施防范风险，针对涉及现金流的环节严格把关。

二、库存黑洞引发的资金风险与防控

电商企业一般会在多个平台上销售产品。京东的商品促销电商节定在每年的 6 月 18 日，而天猫的商品促销电商节则定在每年的 11 月 11 日。首先，此时的电商商家要提前备货，可能导致产品积压、库存过多、库存贬值、吞噬利润等库存黑洞，占用了大量的资金；其次，一旦产生大量产品的囤货滞销，会造成大量的现金流沉淀而难以变现；最后，平台结算账期会占用电商企业的不少资金，电商企业可能会出现资金周转不灵或资金压力。

因此，电商企业应建立合理的资金结构，事前做资金预算，科学分配资金，解决好资金尚未回笼时的资金周转问题；事中做好资金周转率测算，避免资金周转率低［资金周转率＝本期主营业务收入÷［（期初占用资金＋期末占用资金）÷2］］，如管好库存避免备货补货不合理占用大量资金。这样，在很大程度上能避开因库存问题产生的大部分资金风险。

【案例4-2】

跨境通存货黑洞

跨境通宝电子商务股份有限公司（以下简称"跨境通"），前身是成立于1995年的百圆裤业，主营服装业务。

2011年12月8日在深圳证券交易所A股市场上市。

2014年全资收购深圳市环球易购电子商务有限公司（以下简称"环球易购"）100%股权，正式进入跨境电商行业。

2015年更名为跨境通。

2019年底，跨境通的存货金额为30.37亿元，而计提存货跌价准备为25.89亿元。这就意味着，原先总价值为30.37亿的存货贬值至不到5亿元，相当于每件商品均二折出售。

2020年，跨境通陷入现金流泥沼，无力如期支付巨额货款，开始和供应商打起了漫长的拉锯战。

2021年，跨境通最核心的子公司环球易购传出破产重组的消息，被大量供应商上门索要货款。

2022年，跨境通负债总额已达到25.39亿元。

2023年，跨境通发布的关于第一大股东部分股份被司法拍卖的提示性公告显示，广东省深圳市中级人民法院将于2023年7月27日，在京东网司法拍卖平台上，公开拍卖公司持股5%以上股东杨建新的股份11051200股。

天眼查信息显示，跨境通近年的司法纠纷高达252例，其中有不少诉讼来自资金纠纷，主要是跨境通欠款。原告主体以玩具公司、物流公司等供应商为主。如今的跨境通背负巨额债务、股份面临拍卖、子公司环球易购声名狼藉，从高高在上的"跨境一哥"跌落神坛，后续能否翻身，现在还不得而知。

1. 风险分析

跨境通崛起于数十亿元库存的走量效应，但也被数十亿元库存压垮。

追溯跨境通背后的原因，主要是由于海量库存积压，一方面资金难以变现，无力如期支付巨额货款；另一方面又要花钱促销新品、库存商品，导致存货周转受阻、库存贬值、利润暴跌、资金链断裂等一系列连续反应。在欧美市场销售规模下降以及存货滞销导致跨境通资金周转紧张，进而影响推广节奏，大量存货因错失最佳销售时机而积压。

同样从铺货赛道中闯出来的有棵树电商，一面面临存货高企之痛，一面忍受库存贬值之伤。其2022年在售SKU为19.05万款，数量达1648.33万个，尽管较2021年砍掉了近1/3，但存货高企的压力并未缓解。2023年有棵树财报披露，库存商品账面余额约5.57亿元，计提存货跌价准备余额高达3.68亿元，占存货比例66%之高。

当然也有异军突起、破解库存黑洞的电商企业。**易佰网络就是一个成功的例子，其搭建了一个IT系统，实现选品、采购、物流、销售、推广等全链路的数据化管理**。以其研发的智能备货系统为例，能在5—6个小时内完成上百万条FB链接及库存、20万—40万个SKU的全量数据计算，大幅提升了业务流程的运转效率。加上**通过自研IT系统实现四流合一、四流灵活运行**（供应链四流具体分为物流、商流、资金流、信息流），**易佰网络不断深化库存管理能力，避免被库存黑洞拖垮**。

成也存货，败也存货。

大多数国内电商企业，尽管没有跨境电商资金回笼周期长，但是每年的"6·18""双11"促销周期仍然要提前备货，占用大量的资金。若市场需求判断失误（毕竟国内厂商普遍存在产品研发能力薄弱、缺乏创新意识的软肋，往往习惯于仿款抄款，进而诱发同质化竞争），国内电商企业也会造成库存滞销、资金遭到占用的负面效应。

2. 风险防控策略

尽管存货过大会造成资金链断裂，但电商企业可以采取以下策略来应对风险。

①多元化资金来源。电商企业应积极寻求多元化的资金来源，如银行贷款、股权融资和债务融资。这样可以降低电商企业对单一资金渠道的依赖，增加应对资金链断裂的弹性。

②资金管理优化。加强财务管理和预算控制，应用资金管控系统，确保资金有效利用和合理分配。建立预警机制，及时发现和解决潜在的资金问题，以保持资金链稳定。

③合作伙伴关系维护。电商企业应加强与供应商之间的沟通与合作，建立长期稳定的合作关系。及时支付款项，与供应商建立良好的信任和互惠关系，以降低资金链断裂的风险。

④库存管理与预测。优化库存管理，确保存货水平适度，避免过高或过低的库存水平。同时，利用先进的预测和需求规划技术，准确预测市场需求，避免供需失衡导致资金链断裂。

⑤惯例上把计划、开发、仓储等多部门同供应商紧密配合，最终贯彻"**小批量、多批次、低成本快速试错**"的管控策略，从而提升产品从开发上线、采购销售到库存管理的整体周转效率。

⑥应用科学合理的库存管理系统。对各个环节进行数字化处理，兼备端到端的数字化能力、透明化的管理系统，以及高效的生产渠道，由此快速洞察并响应市场需求，对任一链路的风险及时作出解决方案。能够比传统预测模型更准确地识别趋势和预测消费者的需求。因此，可以显著减少浪费和库存过剩。

三、退货占用资金的风险与防控

退货是《消费者权益保护法》给消费者的法定权利，也是电商企业无可回避的义务。据官方数据统计，2014—2021年，淘宝平台"退款问题""商品质量""退换货难"位列每年网络消费十大热点投诉问题，而2019—2021年，退款占比从21.21%上升至47.22%。

不止淘宝平台，京东和直播电商也都有一定的退货比例，2021年"双11"，京东的退货率约为10%，直播电商则高达60%。

为此，退货成为电商企业的难言之痛。因为退货不仅产生打包人工费、物流费、重新包装费和重新上架产品费等费用，占比高的话还会带来负面评价，影响店铺的评分、整体的权重，以及品牌商誉，更有可能造成资金周转压力。

尤其跨境出口商品，"退货难""退货贵"等问题令电商企业更痛。一方面需要国家加快落实出口退货便利化海关监管政策；另一方面需要行业规范、企业合规经营，保证出口货物合法性。

本项结合案例分析，旨在帮助电商企业在保护自身合法权益的前提下降低退货率，避免引发一系列的成本、资金风险等问题。

【案例 4-3】

38 元衣服退货纠纷

▲案件概况

原告深圳市某服饰公司在某电商平台经营一家店铺。被告石某通过该电商平台在原告处购买了一件 38 元的女装 T 恤后，以"七天无理由"申请退货，电商平台将货款直接退还给了被告石某。原告深圳市某服饰公司以该 T 恤已经穿洗过为由拒收。为此，双方在电商平台上多次互相投诉。原告因平台不仅扣划 38 元补偿给被告，还遭被告多次投诉影响信誉，一气之下，诉至临清市人民法院，要求被告退还货款 38 元，并赔偿快递费、打印费、误工费等共计 425 元。被告辩称衣服没有穿过，退衣服可以，退钱不可能。双方矛盾尖锐，各不相让。

▲调解结果

通过法官及法官助理的释法明理，多次沟通，原被告均认识到自己在该问题的处理上都有些冲动，不够理智，均同意作出让步，进行调解。最终，在开庭前，双方达成一致意见，衣服归被告所有，被告支付原告 76 元，并撤销在电商平台上对原告的投诉；原告也撤回对被告的起诉。该案圆满解决。

法律法规是有边界的，消费者和商家都要坚持诚信为本，防止权利的滥用。电商退货，有时候电商商家是弱势群体。就如本案，店家既要保证产品的质量，又要确保商品符合描述（如颜色、规格、尺寸等），还要在商品页面上传清晰的图片，让消费者更加充分地了解商品的外观和细节，减少退货率，更要在发货前对商品进行检查，提供优质的客户服务，及时回答消费者的疑问和问题，解决消费者的不满和疑虑，让消费者感受到良好的购物体验，从而减少退货率。电商企业要学习法律法规、平台规则，提交能够维护自身合法权益的相应的佐证，防止"无理由退货"变成"无底线退货"来损害自身商誉、提高经营成本，导致资金压力。

四、赠品积压占用资金的风险与防控

1. 风险分析

赠品是直播促销的重要环节，主播为了销售产品，会抛出"买一赠一""积分消费赠商品""买×就送×"等。因此，电商企业若对赠品采购得少，单价会很高，若采购得多，会因积压而占用大量的资金，资金周转能力下降，从而影响电商企业的经营。并且，赠品也需保证质量，否则会引来法律风险。

2. 风险防控策略

①赠品要有实用性，要让消费者觉得很值得。聪明的消费者一定会货比三家，若发现我们很实在，哪怕不会二次消费但一定不会给差评。

②赠品应该符合国家有关的质量安全标准要求，不能是假冒伪劣产品。因此，主播可以在促销环节让消费者再补交一定金额后才能获得，比如加1.99元、2.6元等，这样不仅刺激了消费者的低价购买欲望，增加了消费者的信任，而且还可以收回部分促销的成本。

③赠品承担三包责任，因此，赠品要专人专管、专人签字接收和发出，要做完整的记录及台账，在避免法律风险的同时，方便对消费者进行使用跟进，有二次开发消费者消费的机会。

④主播可以推出套餐销售，例如组合销售、礼品套餐等，以刺激消费者的购买欲望，快速促进库存销售。

⑤可以根据消费者的消费次数或消费额度来设计A、B、C三档赠品，一是避免同样的赠品购置太多而且无法刺激消费者的更高消费欲望，二是方便对消费者进行等级管理。

⑥赠品也要成本，也会造成资金紧张，因此要注意赠品预算的两种方式。一是直接按预计销售额的整体比例计算，二是在赠品带来的增量利润中划出一部分作为赠品。两种方式都可以用，科学、合理地预估赠品价值是必不可少的环节。

五、公私账户混用的风险与防控

电商企业的私户收款现象比较普遍。随着以数治税、金税四期系统的启用，多地税务局开始严查通过私人账户收款隐瞒收入的行为，各大网红的接连爆雷，让电商公司迎来"补税潮"。可以看出，电子商务经济已经被全面纳入涉税税务监管之中，特别是个人、个体工商户开办的网店，更加需要注重依法合规经营，避免私户收款隐匿收入、虚假纳税申报构成偷税而面临被追缴滞纳金与罚款，甚至被封号。

【案例4-4】
某电商企业支付宝收款被罚案

▲案件概况

杭州某电子商务有限公司2019年在淘宝网销售电子产品。近日，杭州税务部门对该电商对应的淘宝账户的支付宝收入和经管局盖章的账务报表查处，发现其取得含税销售收入21450755.74元（不含税销售额18981652.74元），其中已申报含税销售收入11599元，另有21439156.74元未按规定申报纳税。

▲法律后果

最终，杭州市税务局第二稽查局对其**追缴增值税**、**企业所得税和附加税并处罚款**：

①追缴增值税、城市维护建设税、教育费附加、地方教育费附加、企业所得税，共2801211.83元。

②追缴增值税、城市维护建设税、企业所得税税款各70%的罚款，共1874932.98元。

共计约467万元。

1. 风险分析

微信、支付宝收款，属于私户收款，涉税风险如下。

（1）增值税的风险。

不能作为进项抵扣，导致增值税增加。无法抵扣的原因：开专票时票面信息需要填列齐全，买卖双方通过微信、支付宝转账，则无法填写发票上的银行账号信息，从而导致无法开具增值税专用发票，没有增值税发票就无法抵扣进项税，导致增值税应纳税额增加。

（2）企业所得税的风险。

未能及时申报，有偷漏税的风险。具体原因：通过微信、支付宝收取货款，容易与个人消费记录混淆，从而导致部分微信、支付宝收款收入未申报增值税，这便存在偷漏税的风险。

（3）个人所得税的风险。

通过微信、支付宝给员工发放工资，存在漏报个税或刻意偷逃个税的风险。

（4）公司管理的风险。

经常使用微信、支付宝转账，容易导致款项账面不透明、企业交易资金流不清晰、资金无法受到监管、企业内部财务混乱，不利于企业长期发展。

（5）股东对债务承担无限连带责任的风险。

企业如果长期使用股东的个人账户来收付款，很容易造成公私不分，如果企业出现资不抵债，股东要承担无限连带责任，用个人资产偿还企业债务。

2. 风险防控策略

①私户收取的款项要及时转入对公账户，及时报税。

②保存收款记录等记载付款信息的凭证。

③公司款项与个人款项分开，避免资金混同。

④向个人账户付款时，要谨慎判断是否需要代扣代缴个税。

⑤出借给股东的款项要按时收回。

第三节　电商/主播的法律风险与防控

第51次《中国互联网络发展状况统计报告》显示，截至2022年底，我国网络直播用户已达7.51亿，占网民整体的70.3%。从这个意义上说，现在的中国的确已经进入了"全民直播时代"。庞大的市场，亟须制定行业标准进行规范。

网络直播的迅猛发展，给社会带来了机遇，也加剧了行业"内卷"。

作为主播，要在这样庞大的群体中脱颖而出，成为网红甚至大网红，的确相当有难度。按照平台的规则，越有点击量的内容越会被平台分配更多流量。于是，一些主播试图以极限工作时间来换取流量；也有些主播不惜以各种出格、出圈的内容博取关注，于是直播内容、画面出现了低俗下流现象，违法违规。为坚决有效遏制网络直播行业乱象，科学规范行业规则，促进网络生态持续向好的方向发展，国家出台了不少法律法规、规章等规范电商、主播的行为，责令网站切实履行主体责任、加强用户账号管理、积极传播社会主义核心价值观、营造健康向上主流舆论环境，采取有效措施遏制渲染演艺明星绯闻隐私、炒作明星炫富享乐、低俗媚俗之风等问题。

电商销售已成为主流消费平台，主播在享受时代红利的同时，也应严格遵守相关法律法规规定，否则，会涉及民事、行政、刑事等风险。本节引用有关电商、主播涉及高雷区的案例进行分析，旨在帮助电商企业、主播认识更多的法律风险，提前做好防范措施。

一、《视频直播购物运营和服务基本规范》之夸大宣传、虚假宣传的风险与防控

2020年5月，中国商业联合会媒体购物专业委员会发布《视频直播购物运营和服务基本规范》（以下简称《规范》），得到国家市场监督管理总局、中国消费者协会的大力支持，自2020年7月1日起施行。

《规范》规定了视频直播购物经营的范围、术语和定义、总体要求、从业人员、商品质量、运营管理、服务、监督管理等。

《视频直播购物运营和服务基本规范》出台的背景：

直播电商的部分主播存在对产品不负责任、虚假宣传、私下交易等问题。艾媒咨询分析师认为，这些问题导致用户交易存在风险，相关平台应重视对主播素质的管控并加强对主播群体的规范。

《规范》出台至今，很多平台机构、MCN机构，甚至商家都会咨询应该如何建立内部合规体系，而目前许多机构也开始或正在搭建适合自己的直播合规体系。对于电商企业、主播而言，规范经营、长治久安是唯一出路。规范建议如下：

（1）对主播的规范建议。

①对直播前的选品环节要严格把控，主播和机构不得推销法律、行政法规禁止生产、销售的商品，应认真核对商家资质、商品资质和相关文件资料。

②有必要为直播选品、直播销售和售后服务等环节提供指南。

③对于商家资质，《网络直播营销选品规范》强调重点审核加盖公章的供应商营业执照和行政许可批准证书。

④在商品资质方面，《网络直播营销选品规范》附上"直播电商选品常见行业商家商品资质要求"供主播和机构核对，以求其提供属于市场准入审批规范的商品或者服务。

⑤对于涉及配方成分的产品，直播销售前应随机选择直播商品样品送具有检测资质的第三方专业机构进行检测，以确保选品符合相关标准要求。

⑥销售的商品应符合法律法规对商品质量和使用安全的要求，使用性能、采用标准、允诺等应符合保障人身与财产安全的要求。

⑦商品中涉及商标、专利、认证等证书以及代言人证明等用于确认产品实际情况的其他必要文件资料的，应认真核对。

⑧涉及他人名义形象的，主播及机构需向权利方索要相关权利证明，必要时予以公示。

⑨在销售时，拒绝虚假宣传，如实描述商品信息，加强对直播间商品服务信息宣传语合规化的管理，不得对商品信息进行夸大。

⑩销售后积极处理反馈、投诉问题，如果遇到直播间推销的商品或服务存在与事先承诺不符的情况，主播和机构应当及时联系和告知供货商家，并协助商家积极采取救济措施。

⑪不做虚假夸大宣传，抵制低俗、庸俗、媚俗内容，确保产品售后有保障、服务过程可追溯等。

（2）对电商企业的规范建议。

①商品质量体系及采购合规体系的搭建及完善。

②从业人员管理及相关资质合规体系的搭建及完善。

③制定内部管理制度、员工手册等职责分工管理相关的内部规定。

④保护消费者权益相关合规体系的搭建及完善。

⑤服务外包相关合规体系的搭建及完善。
⑥内部监管合规体系的搭建及完善。
（3）对平台的规范建议
①各平台需结合自身情况，建设与入驻商家或合作的 MCN 机构、KOL 之间的合规体系。
②完善与各上下游合作方的合作协议内容。
③上述各合规体系的相关培训等。

二、《网络直播营销行为规范》之价格标注、比较价格、折扣价的风险与防控

为了规范网络直播营销活动，促进其健康发展，中国广告协会在前期工作的基础上，经过充分调研、征求意见，并得到国家市场监督管理总局有关单位、中国消费者协会的大力支持，依据《中华人民共和国电子商务法》《中华人民共和国消费者权益保护法》《中华人民共和国广告法》《中华人民共和国产品质量法》《中华人民共和国反不正当竞争法》等法律法规、规章和有关规定，制定了《网络直播营销行为规范》（以下简称《规范》），自 2020 年 7 月 1 日起施行。

这是国内第一个关于网络视频营销活动的专门自律规范，侧重为从事网络直播营销活动的商家、主播、平台、主播服务机构（如 MCN 机构）和参与营销互动的用户等主体提供行为指南，首次对网络主播行为进行系统性、全面性的规范。

对于商家，《规范》明确规定：
商家应具有与所提供商品或者服务相应的资质、许可，并亮证亮照经营。
对于主播，《规范》明确规定：
主播在直播活动中应当保证信息真实、合法，不得对商品和服务进行虚假宣传，欺骗、误导消费者。
主播向商家、网络直播营销平台等提供的营销数据应当真实，不得采取任何形式进行流量等数据造假，不得采取虚假购买和事后退货等方式骗取商家的佣金。

综上，《规范》涉及虚假广告、虚假宣传认定及市场监管部门认定考虑因素、侵犯知识产权行为避免方法、《中华人民共和国广告法》常见风险点规避（直播间言语行为规范）、选品问题与消费者保护注意事项，还涉及有奖销售注意事项（含直播抽奖、"锦鲤"、清空购物车等促销行为）、价格违法风险的避免（价格标注、比较价格、价格欺诈、最低价宣传）、网络安全与个人信息保护、直播数据真实性（虚构流量的查处）、直播流程、程序性需注意事项。此外，《规范》还涉及市场监管部门执法重点、执法趋势分析、实践中网络直播违法案件发现机制梳理、取证过程解析、处罚金额考虑衡量因素分析、事后处理与应对措施等。所以，无论是企业还是直播平台或者主播，都要考虑风险的方方面面。

【案例 4-5】

违反价格标注、比较价格、折扣价

▲案件概况

2022 年 7 月 16 日，浦江县市场监督管理局执法人员依法对位于浦阳街道人民东路的浦江县某电子商务商行开展监督检查。经检查，当事人在抖音网络平台设有服装销售直播间，通过该直播间宣传、销售其经营的服装类产品。

执法人员通过询问负责人及提取直播间信息等方式得知，当事人在经营过程中，采用在抖音平台上直播的形式打折销售服装类产品，但是其在直播过程中没有标明商品的销售价格，也未标明折扣活动的具体时间段，当事人涉嫌违反《中华人民共和国价格法》的相关规定，予以立案调查。

▲处罚结果

当事人的行为违反《中华人民共和国广告法》第二十八条第二款第三项规定，构成发布虚假广告的行为。另当事人作为经营者规定其单方享有最终解释权的行为违反了《侵害消费者权益行为处罚办法》第十二条第六项的规定。

根据《中华人民共和国价格法》第四十二条的规定，决定责令当事人改正并罚款 200 元。

1. 案件分析

虽然上述案件的处罚金额较低，但当事人在直播过程中没有标明商品的销售价格，也未标明折扣活动的具体时间段，没有对产品价格进行标注却有比较价格、折扣价，显然是违法的。

许多主播为了强调降价幅度很难得，有时会称"这个价格只在我们直播间有""这个价格今天才有"等。若宣称不真实，如商家在直播前、直播后的几天以直播售价出售商品，则上述行为可能被认定为价格欺诈，还有可能违反《中华人民共和国价格法》第十四条第四项"利用虚假的或者使人误解的价格手段，诱骗消费者或者其他经营者与其进行交易"的规定，以及《禁止价格欺诈行为的规定》第六条第三项"使用欺骗性或者误导性的语言、文字、图片、计量单位等标价，诱导他人与其交易"的规定。

2. 风险防控策略

①主播直播时，往往倾向于减价力度以显示优惠，此时应慎用原价。根据《国家发展改革委关于〈禁止价格欺诈行为的规定〉有关条款解释的通知》，原价是指经营者在本次促销活动前七日内在本交易场所成交，有交易票据的最低交易价格；如果前七日内没有交易，以本次促销活动前最后一次交易价格作为原价。

②主播对未销售过的商品开展促销活动，避免使用原价、原售价、成交价等类似概念。所谓的专柜价、吊牌价、正品零售价、厂商指导价，以及曾经展示过的销售价都不等同于原价，在直播中使用原价应当尤为谨慎。

③网络主播在商品宣传时务必谨慎使用"全网最低价""全年最大优惠力度"等词语，除非得到品牌方明确承诺并有相关证据加以证明，否则应当慎重使用上述及类似词语。"全网最低价""史上最低价""老板含泪最低价"风险较高、证明难度大，不建议使用。除了违反《规范》外，还存在如下违法风险：

第一，可能违反《中华人民共和国广告法》，构成使用绝对化用语的行为。

第二，可能违反《中华人民共和国反不正当竞争法》，构成引人误解的虚假宣传。

第三，可能违反《中华人民共和国价格法》，构成价格欺诈。

第四，可能违反《中华人民共和国消费者权益保护法》，构成消费欺诈。

④主播在直播带货中进行价格比较时，不管如何表述，都应该要做到以下两点：

一是在直播间或商品详情页中准确标明被比较价格含义；二是被比较价格应当真实，并可以提供真实依据，包括但不限于相应销售记录。

三、《国家广播电视总局关于加强网络秀场直播和电商直播管理的通知》之虚构事实获得打赏的风险与防控

为加强对网络秀场直播和电商直播的引导规范，强化导向和价值引领，营造行业健康生态，防范遏制低俗庸俗媚俗等不良风气滋生蔓延，国家广播电视总局于2020年11月发布《国家广播电视总局关于加强网络秀场直播和电商直播管理的通知》（简称《通知》）。《通知》规定开办网络秀场直播或电商直播的平台要切实落实主体责任，着力健全网络直播业务各项管理制度、责任制度、内容安全制度和人资物配备，积极参与行风建设和行业自律，共同推进网络秀场直播和电商直播活动规范有序健康发展。

《通知》规定，网络秀场直播平台要对网络主播和"打赏"用户实行实名制管理。未实名制注册的用户不能打赏，未成年用户不能打赏。

《通知》规定，网络秀场直播平台、电商直播平台要坚持社会效益优先的正确方向，促进网络视听空间清朗。现阶段，相关平台的一线审核人员与在线直播间数量总体配比不得少于1∶50。要切实采取有力措施不为违法失德艺人提供公开出镜发声机会，防范遏制炫富拜金、低俗媚俗等不良风气滋生蔓延。网络秀场直播平台要对直播间节目内容和对应主播实行标签分类管理，按"音乐""舞蹈""唱歌""健身""游戏"等进行分类标注。对于多次出现问题的直播间和主播，应采取停止推荐、限制时长、排序沉底、限期整改等处理措施。平台应对用户每次、每日、每月最高打赏金额进行限制。

【案例4-6】

虚构事实骗取打赏而坐牢

▲案件概况

2019年6月，席武涵向朱某2（另案处理）提供了虚构主播出身贫寒、生活困难的话术模板，以博得网友的信任和同情。之后，席武涵又招聘姚星媛进入朱某2的直播间做主播。

为吸引网友刷礼物，席武涵、朱某 2 虚构"李涵"的女子身份，谎称她是实习护士。朱某 2 利用该身份在陌陌上结识受害人朱某 1。朱某 2 使用"李涵"的 WX 号（用席武涵的身份证信息注册）与朱某 1 进行文字聊天，称自己是无工资的实习护士，在直播平台直播赚取生活费，诱骗朱某 1 进入直播间刷礼物。席武涵与朱某 2 还让姚星媛以"李涵"的身份与朱某 1 聊天，聊天内容是席武涵提供的话术模板。

朱某 1 信以为真，于 2019 年 8 月 20—25 日在直播平台打赏礼物共计人民币 66386 元。姚星媛曾因担心参与诈骗，提出离职，席武涵以合同未到期为由，不同意姚星媛离职。后姚星媛自首，并协助抓捕席武涵。

▲法律后果

法院判决：席武涵、姚星媛伙同他人以非法占有为目的，采取虚构事实、隐瞒真相的方法，通过电信网络骗取他人财物，数额巨大，其行为构成诈骗罪，对席武涵判处有期徒刑四年，对姚星媛判处有期徒刑一年六个月（缓刑二年）。

1. **案件分析**

本案一开始就是精心设计的骗局，结果是注定逃不过法律的制裁的。

网络打赏这种新型的互联网生态出现在网络直播世界。正当的、合法的、合理的网络直播礼物打赏，属于虚拟世界的正常互动交流。观众通过直播平台购买虚拟货币，再用虚拟货币兑换虚拟礼物，在观看主播直播时，将虚拟礼物打赏给主播。主播并不能即时获得观众打赏礼物对应的现金，而是在直播结束后由平台对虚拟礼物进行折算，按照事先约定的比例与主播进行分成。此行为属于互联网服务提供者的行为，应与用户建立网络服务合同关系。然而，本案的犯罪分子有合法道路不走，为了追求利益，吸引观众消费，实施欺骗行为，走上犯罪道路。

本案例是一则警示：对主播而言，为了吸引打赏，会使用各种各样的话术，但底线是不能违反法律、捏造事实、诱骗他人。

2. **风险防控策略**

直播打赏行为是直播平台的一种盈利途径，该途径为法律所允许，其本身不存在任何问题。只是由于现在直播平台众多、水平参差不齐，行业规范不够完整，才出现了很多不理性的消费，甚至出现了利用平台犯罪的情况。

为防范风险，直播平台相关人员除应多熟悉相关法律和行业规范外，还应注意以下几点：

①遵守法律法规。确保信息来源合法、内容合规，要二次审核。主播在直播过程中必须遵守国家法律法规，不得传播违法信息。

②坚守专业形象，不得使用低俗、夸大、诱导性、煽动性标题或者用语，不通过着奇装异服、在特殊地点直播等方式博人眼球，不得盲目跟风炒作、人云亦云、一味追逐市场热点、吸引眼球。不传播低俗、色情、暴力等不良信息，不引导观众作出不良行为。

③不进行虚假宣传。敬畏法律，不捏造事实，不诱骗他人，不得虚假宣传，不得误导观众。

④尊重他人。主播应尊重他人的权利和尊严，不得侵犯他人隐私和人身安全。

⑤保护未成年人。保护未成年人的合法权益，不得传播不良信息给未成年人。

⑥不侵犯知识产权。主播不得侵犯他人的知识产权，包括但不限于著作权、商标权、专利权等。

⑦保护个人信息。主播应保护观众的个人信息，不得泄露观众的个人信息。

⑧遵守平台规定。主播应遵守平台的规定，不得违反平台的规定进行直播。

⑨提高自我判断力。对有关公开言论可能对市场产生的影响进行审慎评估，不要轻易听信某些人说的"大家都这么干，这是合法的"，否则可能会身陷囹圄，得不偿失。

四、《互联网直播营销信息内容服务管理规定（征求意见稿）》之直播内容违法的风险与防控

《互联网直播营销信息内容服务管理规定（征求意见稿）》（国家互联网信息办公室于 2020 年 11 月 13 日发布）是根据《中华人民共和国电子商务法》

《中华人民共和国网络安全法》《网络信息内容生态治理规定》等法律法规和国家有关规定，结合实际情况制定的。国家互联网信息办公室会同有关部门起草了《互联网直播营销信息内容服务管理规定》，并向社会公开征求意见。

本征求意见稿提到，直播营销平台应当依据相关法律法规和国家有关规定，制定并公开互联网直播营销信息内容服务管理规则、平台公约。直播营销平台应当与直播营销人员服务机构、直播间运营者签订协议，要求其规范直播营销人员招募、培训、管理流程，明确直播营销信息内容生产、发布、审核责任。直播营销平台应当制定直播营销目录，设置法律法规规定的禁止生产销售、禁止网络交易、禁止商业推销宣传以及不适宜以直播形式推广的商品和服务类别。

主播在进行直播时，应做到：

①避免使用违法违规内容，如色情、暴力、赌博等内容，避免使用敏感词。

②直播内容要健康、正能量、合法合规，要与主播的定位和形象相符合。

③网络主播应当熟悉风险、敏感、禁用词库，提前准备好直播内容，避免出现无意义的语言或行为，避免在直播中出现违规现象。

五、《"十四五"电子商务发展规划》之出海的风险与机遇

2021年10月，商务部、中央网信办、发展改革委联合发布《"十四五"电子商务发展规划》（以下简称《规划》）。

据中国政府网报道，"十三五"时期，我国电子商务取得了显著成就：电子商务交易额从2015年的21.8万亿元增至2020年的37.2万亿元；全国网上零售额2020年达到11.8万亿元，我国已连续8年成为全球规模最大的网络零售市场；2020年实物商品网上零售额占社会消费品零售总额的比重接近四分之一，电子商务已经成为居民消费的主渠道之一；电子商务从业人员规模超过6000万，电商新业态、新模式创造了大量新职业、新岗位，成为重要的"社会稳定器"。这些数据充分说明，电子商务已经全面融入我国生产生活各领域，成为提升人民生活品质和推动经济社会发展的重要力量。《规划》提出

"鼓励模式业态创新"。模式业态创新既是电子商务发展的必然结果，也是重要的增量空间。

自2020年以来，习近平总书记在不同场合多次就发展电子商务作出重要指示，对发展农村电商、跨境电商、"丝路电商"等提出要求，明确指出电子商务是大可为的。关于跨境电商，《规划》在部署完善商务领域风险防控体系时，用专门一节的篇幅聚焦"防范对外贸易风险"，提出了健全贸易摩擦风险防控和应对机制，推动形成多主体协同应对工作格局，完善贸易摩擦监测预警与法律服务机制，探索建设应对贸易摩擦综合试验区等诸多务实的目标措施。旨在提醒电商出海企业在获得机遇的同时，也应该注意相关风险。

【案例4-7】

陈某委托跨境电商平台公司犯走私普通货物罪

▲案件概况

2017—2020年，被告单位H公司为降低进口成本，牟取非法利益，缩短通关周期，被告人陈某作为该公司负责人决定委托某跨境电商平台公司（均另案处理），将一般贸易进口的必须经商检机构检验的货物，伪报成无须检验的跨境电商贸易的货物，并以低报价格的方式走私入境。被告人陈某将涉案单证交给跨境电商平台公司，由跨境电商平台公司根据上述单证等信息伪造低价发票用于出区申报进口。经计核，被告单位H公司偷逃应缴税款共计人民币330675.21元。被告人陈某明知上述涉案货物系日本化妆品等必须经商检机构检验的进口商品，在涉案货物走私入境后，未经报检而擅自销售给国内货主共计17批次。

▲法律后果

法院判决被告单位H公司犯走私普通货物罪，判处罚金人民币10万元，犯逃避商检罪，判处罚金人民币3万元；被告人陈某犯走私普通货物罪，判处拘役3个月，犯逃避商检罪，判处有期徒刑6个月，并处罚金人民币2万元，决定执行有期徒刑6个月，缓刑1年，并处罚金人民币2万元。

法条链接

对于危害性比较轻微的逃避商检案件，海关通常会适用《中华人民共和国进出口商品检验法实施条例》第四十五条第一款的规定，对不如实提供进出口商品的真实情况，取得出入境检验检疫机构的有关证单，或者对法定检验的进出口商品不予报检，逃避进出口商品检验的进出口商品的收货人、发货人、代理报检企业或者出入境快件运营企业、报检人员，没收违法所得，并处商品货值金额5%以上20%以下罚款。危害性严重的，按最高人民检察院、公安部联合发布的修订后的《关于公安机关管辖的刑事案件立案追诉标准的规定（二）》第七十五条所规定的逃避商检罪的立案追诉标准立案追述："（一）给国家、单位或者个人造成直接经济损失数额在五十万元以上的；（二）逃避商检的进出口货物货值金额在三百万元以上的；（三）导致病疫流行、灾害事故的；（四）多次逃避商检的；（五）引起国际经济贸易纠纷，严重影响国家对外贸易关系，或者严重损害国家声誉的；（六）其他情节严重的情形。"需要提及的是，实践中出口逃避商检的涉刑风险要远大于进口逃避商检，不过本案就是典型的例外。

随着全球化深入发展，跨境电商逐渐成为一种重要的贸易方式。跨境电商给消费者带来更多选择和便利，同时也给商家带来机会和挑战。一笔外贸订单要经过八个环节：询盘谈判、签订合同、收款、备货生产、报关报检、订船订舱、出口退税、银行收汇。任何一个环节不注意都会产生风险，如下三大关键希望电商企业能高度重视：

（1）单证交易。

单证交易指的是用一套单证文件来代表货物。交易以这套单证为对象，谁拿到了这套单证，谁就是货物的主人。这样一来，货物尽量不动，单证则任意买卖转手，由单证的持有者决定何时以及如何最终处理货物。

这套单证，通常包括几个核心文件。

一是提单（即提货单 billofloading，缩写为 B/L）。

二是发票（invoice）。与普通发票的概念不同，外贸中的发票指的是自己制作的列明货物名称、数量和价格的一份署名文件。

三是装箱单（packinglist）。

四是其他说明货物情况的文件。如证明货物品质的检验证书，证明产地的产地证书等。

证据越全越好，避免涉嫌伪造单证进行欺诈。不过，欺诈本身在世界各国都是犯罪行为，自有相应的追究措施。

(2) 退税制度。

出口退税是外贸中的重要概念，也是目前外贸业务中利润的主要来源。正常情况下，国内采购或出口前的价格均为含税价，即已经缴纳了增值税的价格。而产品用于出口的话，这部分税就不应征收了，已经征收的可以按照程序部分或全部退返给出口商。

外贸交易通常货值比较高，相应的退税金也很可观。当然，国家对退税管理很严格，与外汇管理紧密结合。

因此，外贸利润在相当程度上来源于国家出口退税制度中的出口退税，这是外贸显著的特点之一，也与大多数外贸业务员的日常操作息息相关。

(3) 信用证交易。

在国际贸易中，买卖双方相距遥远，背景各异，货物筹备、交接以及货款的支付周期都很长。因此，商业信用就成了一个很大的难题。于是就产生了一种外贸特有的操作方式：信用证。信用证正是以外贸单证交易特性为基础而产生的。

国际贸易中的买卖双方事先商定交易条件，如品名、数量、质量标准、价格、交货时间等，然后买家找一家银行（通常就是买家的开户行，或有一定的担保）作为中间人，买卖双方不再直接进行钱货交易，而是分别与银行打交道。卖家不及时、不按质按量交货，就拿不到钱；买家不付钱，就拿不到货。有银行作保，只要卖家交了货，就一定能拿到钱。这种方式，既不占用买家资金，又给予卖家很好的信用保证。这份用以证明双方商业信用的文件，叫作信用证。

信用证是外贸中最重要的也是最常见的工具。国际商会为规范信用证的使用而制定了统一的标准《跟单信用证统一惯例》（UCP600），作为使用及仲裁的依据。

上述的资金、税收、信用相关的风险是企业重中之重，企业还应注意以下几类风险：

(1) 不同国家和地区法律不同导致的风险。

跨境电商涉及不同国家和地区的法律体系，商家需要了解和遵守相关法律法规，否则，将会面临一系列的法律风险。例如，在美国，商家必须遵守美国联邦贸易委员会的规定，否则，会面临被罚款的风险；在欧洲，商家必须遵守欧洲联盟的法律规定，否则，会面临被罚款或者撤销经营许可证的风险。

（2）交易风险。

因为涉及多种货币和支付方式，所以跨境电商的交易风险很高。商家需要确保交易的安全和可靠性，防止欺诈和强制交易。例如，商家需要采用安全的支付方式，如 PayPal、银行转账等，同时要谨慎处理消费者的投诉和退款。

（3）物流风险。

跨境电商的物流风险主要是由物流管理不善和运输问题引起的。商家需要确保产品能够及时送达，同时避免产品丢失或者损坏。例如，商家需要选择可靠的物流公司，对产品进行适当的包装和标记，同时要及时掌握运输情况。

（4）信任风险。

跨境电商的信任风险是指消费者对商家的信任度不高，从而导致购买意愿下降或者退货率上升。商家需要建立良好的声誉和品牌形象，为消费者提供优质的产品和服务。例如，商家需要及时解决消费者的问题和投诉，提供完善的售后服务，以提高消费者的满意度和信任度。

（5）国外买家要求赊货的风险。

很多企业一见到外商要货便头脑发热，没有留意到付款方式隐藏的风险。例如，有些买家让企业赊货品，货品卖得出再给钱，卖不出就积压着，把风险转嫁给企业。

建议跨境电商最好采用 L/C（LetterofCredit）信用证的付款方式，而且要由有声誉的银行开具信用证，因为在南美洲、中美洲等地区，可能3元、10元就可以到银行开信用证了。次之的付款方式为 D/P（付款交单）、D/A（承兑交单）。即使是关系比较密切的客户，也尽量不要采用赊货的方式。

（6）买家隐瞒申请破产保护事实导致的风险。

有些买家已经申请破产保护，但企业已经把货物运出，追讨不到货款，经过调查才发现买家根本无还款能力。但由于买家已经申请破产保护，企业根本无法控告这样的买家。

建议交易前先调查买家的信用，可以通过律师或信用评级机构调查、评估买家评级。

（7）买家签合同后修改信用证条款导致的风险。

有部分买家可能会在合同签订后修改信用证条款，例如修改货物数量、差额、质量等，或者改变产品质量要求。企业在发货后，可能没法符合信用证条款，因而无法收回款项。

企业必须小心所有合约，对于信用证条款的修订，可寻求专业律师协助。

六、《最高人民法院关于审理网络消费纠纷案件适用法律若干问题的规定（一）》以及《网络购买商品七日无理由退货暂行办法》之七日内无理由退货的风险与防控

2017年1月6日，国家工商行政管理总局发布了《网络购买商品七日无理由退货暂行办法》，自2017年3月15日起施行。旨在保障《中华人民共和国消费者权益保护法》七日无理由退货规定的实施，保护消费者合法权益，促进电子商务健康发展。

伴随网络经济的快速发展，网络消费纠纷案件快速增长，为正确审理此类案件，依法保护消费者合法权益，促进网络经济健康持续发展，最高人民法院审判委员会第1864次会议通过了《最高人民法院关于审理网络消费纠纷案件适用法律若干问题的规定（一）》（简称《规定（一）》），并于2022年3月15日起施行。《规定（一）》明确了涉及网络消费格式条款、七日内无理由退货、电商平台自营误导的法律后果等。

【案例4-8】

金镶玉和田玉男表七日退货纠纷

▲案件概况

在广州互联网法院处理的（2022）粤0192民初6906号案中，消费者买了一块金镶玉和田玉男表，表盘外镶嵌有一圈白玉。但是后来开箱发现手表没有塑封膜，表盘刻度"6"对应的外圈白玉处有一条状裂痕。商家出示了发货前的实物照片证据。而且商家声称，商品都是经过严格质检才能入仓，要经过配货—复合—包装3个环节的全检才能发货，发货前实图拍照确认商品是完好的。

▲法院判决

法院认定商家发货前的照片不具有唯一性，也就是不能证明照片中的手表

就是消费者购买的手表，证明力不够，而且商家并未以事先约定或在涉案商品实物中张贴声明的方式提醒消费者拆除塑封膜对退换货权利的影响，从商品检验的必要性来看，涉案商品组成部分含有玉器，拆开塑封膜以检查玉器成色等，属于检验商品的必要范畴，现被告并未提供证据证明拆封影响商品完好，影响二次销售，故不支持商家。

1. 七天无理由退货的商家风险防范建议

《中华人民共和国消费者权益保护法》规定：经营者采用网络、电视、电话、邮购等方式销售商品，消费者有权自收到商品之日起七日内退货，且无须说明理由，但消费者定作的，鲜活易腐的，在线下载或者消费者拆封的音像制品、计算机软件等数字化商品，交付的报纸、期刊，以及其他根据商品性质并经消费者在购买时确认不宜退货的商品，不适用无理由退货。

理论界对于七日无理由退货的权利性质存在不同看法：有认为属于形成权的，有认为属于解除权的，有认为应参考德国民法的"消费者撤回权"的，有认为属于后悔权的，还有认为应借鉴美国法冷静期制度的，等等。

从最高人民法院司法案例研究院近期的观点来看，七日无理由退货是一种消费者单方解除权。我们建议商家采取如下风险防范方案：

（1）对手冒充客人的不正当竞争风险防范。

我们在实务中发现，有些品牌竞争对手故意大量购买特定品牌的商品，然后在七天"大限"到来前进行大量退货，影响品牌排名和形象，从而造成同业经营者利益受损。这类行为已经构成不正当竞争，竞争对手作为消费者的主体身份也值得挑战。我们通常建议企业做好恶意维权名录搭建工作，通过退货量、物流信息追寻查验、交易信息查询等途径寻找共性，将相关信息记录在册，准确识别退货源头和主体身份，区分消费行为和竞争行为，在必要时可自行或委托专业机构通过行政或刑事举报、民事诉讼的方式形成有效反制。

（2）发货前的留痕。

对于高退货率的领域，发货前别用形式检查，我们建议从面向诉讼、面向争议的角度提高存证的有效性和精确度，比如每个员工的工作职责、关键包装前用录像设备拍摄端正清晰的带编号包装全程，并基于此进行做发货检查和存证。

（3）用好合理的包装设计。

通过合理的包装结构设计，在包装的必要环节做好提示，能够在一定程度上向司法或行政机构展示消费者试用或者拆封后不应退货的标准，有助于降低和化解退货影响二次销售。

【案件4-9】

七日无理由退货违法犯罪

▲案件概况

网购是不少年轻人购物的首选方式，特别是七日无理由退货这一条款，让很多买家少了后顾之忧。可有人却对此动起了歪心思。

浙江杭州临平新闻报道，2023年，"90后"女子樊某网购衣服、化妆品、包包等大量商品，利用七日无理由退货的服务规定申请全额退款却少退商品，骗取商家货品留作自用，直到事情败露被警方抓获。

在临平经营电商的赵女士向临平区公安东湖派出所报警：有人在网购平台通过退款骗取货品，给公司造成了2万余元的损失。接警后，东湖派出所会同犯罪打击部迅速响应。

经过缜密的侦查，很快锁定嫌疑人樊某。4月10日，在广西警方的协助下，办案民警跨越1500公里对嫌疑人实施抓捕。民警在前往嫌疑人落脚点途中敏锐地发现小区路边一名女子与嫌疑人樊某非常相像。民警上前出示证件后，核对其身份，发现她正是嫌疑人樊某，遂成功将其抓获。

经审查，樊某没有固定工作，日常活跃于短视频社交平台，有可观的粉丝数量，与粉丝互动频繁，是当地一名生活精致的网红。

2022年9月，樊某在一家网店下单了两件衣物，后来她申请退款，但只给商家寄回一件，没想到竟然收到了全额退款。

樊某欣喜，随即想是不是可以"如法炮制"。

她似乎找到了财富密码，自2022年9月至2023年3月，她在多个购物平台疯狂下单服装、化妆品、包、鞋子……

她以多买少退的方式赚取商家货品，直至被民警抓获时，涉案金额竟高达20余万元。

民警前往樊某住所，映入眼帘的是堆放满屋的货品。民警立刻清点赃物，并连夜对嫌疑人开展审讯。

据嫌疑人交代，自己是一名"90 后"网红，平时热衷于网购，本想薅羊毛赚点小便宜满足自己的虚荣心，没想到后来"上头"了，越陷越深，最终走向了犯罪的深渊。

▲法律后果

目前，樊某因涉嫌诈骗被临平区公安分局依法刑事拘留。案件正在进一步审查中。

2. 风险分析

本案中"90 后"女子樊某网购衣服、化妆品、包包等大量商品，利用七日无理由退货的服务规定申请全额退款却少退商品，骗取商家货品留作自用，直到事情败露被警方抓获。此案改变了消费者是弱势群体的局面。七日无理由退货成了部分违法分子的"盈利"方式，此类行为涉嫌欺诈、不当得利等。本案中樊某实施了虚构事实、隐瞒真相，骗取他人财物的行为，且数额较大，其行为已构成诈骗罪，依法应当承担刑事责任。因此，对于网购中购真退假申请直接退款的，应认定为诈骗；购真退假申请退款遭商家拒绝后，通过客服仲裁处分退款成功的，亦应认定为诈骗。

还有一些消费者使用外挂软件来薅商家羊毛。浙江消费者保护组织近日收到一起投诉：消费者刘先生称他在"双 11"期间参加了某商家举办的"秒杀免单"活动，但商家拒绝兑现。根据商家的活动规则，下单时间为 11 月 11 日 0 时 0 分 0 秒以后，付款间隔达到 2 秒及以上，按照付款顺序取前三名，原价 12999 元的洗衣机可享受免单。刘先生"幸运"地抢到了全部 3 台洗衣机，但商家认为他使用了外挂软件。

经宁波市海曙区消保委联合市场监管执法人员调查确认，有证据证明刘先生提前创建订单，采取机器刷单方式参加抽奖活动，不符合免单条件。

在外挂抢单类案例中，如使用者和开发者未经授权获取网购平台订单数据功能，可能涉嫌非法获取计算机信息系统数据罪；若删除、增加、修改网购平台订单数据，导致平台不能正常运行，则可能涉嫌构成破坏计算机信息系统数据罪。

此外，据媒体报道，某在校大学生利用肯德基 App 客户端和微信客户端之间数据不同步的漏洞，骗取肯德基套餐兑换券和取餐码，免费用餐并出售给他人牟利，还将"方法"传授给4名同学，造成肯德基品牌所有者百胜餐饮集团损失超20万元。最终涉案5人因犯诈骗罪、传授犯罪方法罪被判有期徒刑2年6个月至1年3个月不等，并处罚金。

可见，利用平台漏洞获取小利的人并不在少数。商家或主播发现有异常，及时报警，不仅能够借助法律追回损失，而且有利于阻止此类犯罪活动的增长。

七、《关于进一步规范网络直播营利行为促进行业健康发展的意见》之虚假营销的风险与防控

2022年3月25日，国家互联网信息办公室、国家税务总局、国家市场监督管理总局联合印发《关于进一步规范网络直播营利行为促进行业健康发展的意见》（以下简称《意见》）。

《意见》提出，网络直播平台要认真落实管理主体责任，加强网络直播账号注册管理和分级分类管理，每半年向网信部门、主管税务机关报送存在网络直播营利行为的网络直播发布者个人身份、直播账号、网络昵称、取酬账户、收入类型及营利情况等信息，配合监管部门开展执法活动。网络直播平台和网络直播发布者要维护网络直播公平竞争环境，**不得通过造谣、虚假营销宣传、自我打赏等方式吸引流量、炒作热度，诱导消费者打赏和购买商品。**

【案例4-10】

温州市鹿城区钱冠鞋商行虚构原价直播营销

▲案件概况

2022年10月23日，当事人在网络直播平台销售2022秋新款厚底老爹鞋女增高6cm百搭休闲运动鞋产品时，带货主播使用"欧洲那边是252欧元，折合人民币打完折也要1800多元……因为是源头厂家，这个价格已经是低于市场成本价"的话术对该产品进行介绍推销。该带货主播是当事人聘请的兼职主播，通过直播账号对其橱窗内关联的"钱冠严选"（当事人注册的抖音店铺）进行直播销售。经调查，当事人经营销售的百搭休闲运动鞋进价为130元/双、

实际售价为 179.9 元/双。当事人在抖音直播卖货时通过虚构的产品原价和不实的介绍话术来吸引诱导消费者下单购买。经对店铺后台进行统计，通过该带货主播链接下单涉案鞋款共 105 双，其中交易成功 21 双，待买家确认 1 双。因无法分辨订单是通过观看直播下单还是抖音账号下单，故违法经营额和违法所得均无法计算。

▲法律后果

温州市鹿城区市场监督管理局认为，当事人在直播卖货时虚构商品原价的行为，违反了《中华人民共和国价格法》第十四条第四项规定。根据《中华人民共和国价格法》第四十条第一款、《价格违法行为行政处罚规定》第七条和第十一条第一款规定，温州市鹿城区市场监督管理局决定责令当事人改正违法行为，处罚款 11000 元。

从本案可以看出，商家在对从未实际销售过的产品和服务进行促销时，不得使用原价这个概念，所谓的"欧洲那边是 252 欧元，折合人民币打完折也要 1800 多块钱"，毫无依据，却误导消费者。为此，我们建议主播参考如下风险防控：

（1）对法律要有一定认知，对法律要心存敬畏。

直播主播是直播带货的核心环节。主播除了要知道如何避免违反《中华人民共和国价格法》外，还需要同违反《中华人民共和国广告法》《中华人民共和国反不正当竞争法》中虚假广告、虚假宣传等有关规定有很高的认知。要懂得官方对违反"利用虚假的或者使人误解的价格手段，诱骗消费者或者其他经营者与其进行交易"规定的认定规则及相关法律后果。只有了解相关法律法规和行业标准，才能避免涉嫌相关风险。

（2）培训、考核。

在选用直播主播时，企业需要注重其道德品质和职业操守，避免因为直播主播的失误而导致商业损失。为了加强直播主播的素质，企业可以通过以下途径对直播主播进行培训：

①与专业培训机构合作，为直播主播提供专业素质培训和定期培训。

②对直播主播进行实时监管，确保直播过程合法合规。

③对直播主播进行考核和评估，将表现出色的直播主播纳入企业的优质资源库，为下一次直播做好准备。

(3) 加强商品质量管控。

商品质量是直播带货的核心竞争力。如果商品的质量无法得到保障,不仅消费者不会再次购买,还会对企业产生不良影响。因此,企业需要加强对商品的质量管控,确保商品的质量符合行业标准和消费者的需求。在直播过程中,企业需要及时回应消费者的疑问和反馈,并对商品的质量问题进行追溯和给予解决。

企业可以通过以下途径加强对商品的质量管控:

①建立完善的质量管理体系,对商品从生产、检验到销售的全流程进行管控。

②加强对供应商的管理,严格把控原材料和成品的质量。

③建立消费者反馈机制,对消费者提出的意见和建议要及时回应和解决。

(4) 提供高质量的服务。

向消费者提供高质量的服务是直播带货的一个重要因素。消费者在购买产品的过程中,需要的不仅仅是高质量的产品,还需要高质量的服务。因此,商家和品牌需要注重售后服务,对消费者的问题及时回复,提供贴心的售后服务,提高消费者的满意度。

八、《关于规范网络直播打赏加强未成年人保护的意见》之打赏/赠与的风险与防控

2022年5月,中央文明办、文化和旅游部、国家广播电视总局、国家互联网信息办公室等四部门联合发布《关于规范网络直播打赏加强未成年人保护的意见》,提出禁止未成年人参与直播打赏、严控未成年人从事主播、优化升级"青少年模式"、建立专门服务团队、规范重点功能应用、加强高峰时段管理等工作举措。

至2022年6月,以"主播、打赏、赠与"为关键词在中国裁判文书网检索发现,与女主播、"榜一大哥"关联度较高的有71份刑事判决书,另以"主播、打赏、诈骗"为关键词进行检索则有441份刑事判决书,案情多样,主要是观众希望撤回打赏,因而起诉主播或直播平台。

本部分通过对识别打赏人是否为未成年人进行分析,提出防控策略,旨

在帮助商家、主播在守法经营的同时，避免恶意利用未成年人打赏退款的风险。

【案例4-11】

未成年人超出其年龄、智力范围购买，监护人追回充值款

▲案件概况

原告张某某的女儿张小某，出生于2011年，为小学五年级学生。张小某于2022年4月19日晚上在原告不知情的情况下使用原告的手机登上某直播平台，在主播的诱导下通过原告支付宝账户支付给被告某数码科技有限公司经营的点卡专营店5949.87元，用于购买游戏充值点卡，共计4笔。

该4笔交易发生在2022年4月19日21时07分53秒至2022年4月19日21时30分00秒。原告认为，张小某作为限制民事行为能力人使用原告手机在半个小时左右的时间里从被告处购买游戏充值点卡花了5949.87元，并且在当天相近时间段内向其他游戏点卡网络经营者充值及进行网络直播打赏等消费10余万元，显然已经超出与其年龄、智力相适宜的范围，被告应当予以返还，遂原告诉至法院请求被告返还充值款5949.87元。

▲判决结果

审理法院认为：限制民事行为能力人实施的纯获利益的民事法律行为或者与其年龄、智力、精神状况相适宜的民事法律行为有效；实施的其他民事法律行为经法定代理人同意或者追认后有效。

本案中，原告张某某的女儿张小某为限制民事行为能力人，张小某使用其父支付宝账户分4次向被告经营的点卡专营店共支付5949.87元，该行为明显已经超出与其年龄、智力相适宜的范围，现原告对张小某的行为不予追认，被告应当将该款项退还原告。依据《中华人民共和国民法典》第十九条、第二十三条、第二十七条、第一百四十五条规定，判令被告返还原告充值款5949.87元。

1. 案件分析

当前，随着互联网的普及，未成年人上网行为日常化，未成年人网络打赏、网络充值行为时有发生。张小某被主播诱导，向某数码科技有限公司转账充值时仅10周岁，从转账充值的频率、金额来看，张小某的转账行为明显超出了该年龄段未成年人智力所能理解的范围，应认定为无效法律行为。因此，法院判决返还原告充值款。

为防止未成年人在参与网络直播过程中受到不良的影响甚至权利侵害，中央文明办、文化和旅游部、国家广播电视总局、国家互联网信息办公室联合发布《关于规范网络直播打赏加强未成年人保护的意见》，对有关未成年人保护提出了工作意见，明确"不得为未满16周岁的未成年人提供网络主播服务，为16至18周岁的未成年人提供网络主播服务的，应当征得监护人同意。对利用所谓'网红儿童'直播谋利的行为加强日常监管"。

如果未成年人的充值、打赏行为被认定为无效，是否可以要求网络服务提供者全部返还充值、打赏的款项？

这不能一概而论，要视情况而定。

就未成年人的监护人而言，要看未成年人的监护人是否对未成年人尽到了监护职责，未成年人是否在脱离监护的情况下实施付款行为。就网络直播服务提供者而言，要看是否结合其平台性质对用户的年龄限制进行明确约定和提醒，并切实采取充分的技术措施避免未成年人在没有法定代理人同意和陪伴的情况下，沉迷于网络直播甚至大额转账。同时，还要考虑未成年人的家庭经济状况、网络服务提供者与主播之间的关系等因素。

更准确地说，充值行为属于支付服务合同对价的第一环节，而使用道具进行打赏，则是履行具体服务合同的进一步选择。

本案裁判结合原告女儿张小某在相近时间内的其他充值、打赏行为，其母亲也明确拒绝追认，甚至起诉至法院等情况，认定案涉充值行为明显超出与张小某年龄、智力相适宜的范围，张小某的转账行为为无效法律行为。

2. 风险防控策略

未成年人进行的网络充值、打赏行为，主要因涉及无民事行为能力人、限制民事行为能力人订立合同的效力问题而引发争议。

如何证明相关打赏款项确为未成年人所付？这一点是平台拒绝退款的理由。

广州互联网法院审理了一起关于未成年人（小A）游戏陪练请求退还游戏充值款的案件，依法予以驳回。该案的特殊之处在于，从年龄来看，小A虽是未成年人，但以自己的劳动收入为主要生活来源，可视为完全民事行为能力人。通过劳动获取收入的过程体现了小 A 较高的认知能力、智力和沟通能力，实际上已经不逊于成年人，其在平台上的充值付费行为完全与其民事行为能力相匹配。从权利义务对等的角度来看，如果一方面允许小 A 在平台提供服务获得高额收入，另一方面又以小 A 是未成年人为由要求平台退还小 A 在该平台的消费款项，显然是不公平的。在此类复合型游戏语音交友平台上，若平台允许已满 16 周岁未满 18 周岁的未成年人使用，则需要从两方面进行考量：

（1）获取报酬。

若平台允许已满 16 周岁未满 18 周岁的未成年人成为"厅主""公会长"等可能从平台获取收入的角色，应当通过用户协议或其他平台服务协议，对有关未成年人权益保障的内容作出明确约定。

同时，建议平台按照《关于规范网络直播打赏加强未成年人保护的意见》要求未成年人的监护人出具电子"知情同意书"来保障双方合法权益。

（2）充值消费。

对于已满 16 周岁未满 18 周岁且从平台获取报酬的未成年人充值消费问题，平台应当区别对待。对于从平台获得报酬较多的用户（如该案），可以视其为成年用户，允许其正常充值消费。

综上，主播不要诱导未成年人消费是前提，若被请求充值退款、赠与返还等，要分辨清楚是不是未成年人消费。因为，也有少部分有恶意的成年人故意用自家孩子账号的情况。

《未成年人保护法》在第七十四条第二款明确规定："网络游戏、网络直播、网络音视频、网络社交等网络服务提供者应当针对未成年人使用其服务设置相应的时间管理、权限管理、消费管理等功能。"为直播平台的未成年人保护制度设定了明确的方向。

不可否认，这种法律的出发点是好的，目的是保护未成年人的合法权益，对他们这种挥霍家庭财产的行为给予一个纠错的机会。

但在现实中，有时候也造成了主播方是弱势群体，主要体现在以下几个方面：

①商家主播成本相对较高。主播获得打赏后的收入，要扣除税金、舰长礼物的成本、运营费用、平台费用、推广推流费等，一旦被恶意要求返还，可能会损失较大。

②有心之人利用退费机制获取免费体验。实务中，我们发现有家长故意使用子女账号，利用退费机制获取单纯的消费体验，这无形构成了一种情感上的欺骗。

③由退费机制衍生出的灰色产业链。有一些不良商家和平台利用未成年人退费机制，扮演未成年人从中谋取利益。这种行为不仅对主播造成了伤害，而且扰乱了网络秩序，应当予以相应的惩处措施进行抵制。

④部分不良主播利用话题伪科普误导观众。由于未成年人退费这一话题在当下引起了不少人的关注，舆论价值观会由于认知方面的局限而传播有误导性的言论，影响事件真相，造成不良影响。

⑤平台集中退费会给主播带来经济上的压力以及损失，平台对于受到未成年人退费的主播并没有给予一定程度上的补贴，没有履行相应的监管义务。

⑥对于精神损失难以得到弥补的主播来说，观众的支持和认可是他们得以继续进行下去的动力源泉，得到的除了经济上的收益，也有情感上的回馈和激励。若成年人用未成年人的账号恶意行使退费权利，对于已经投入精力和情感的主播来说是一种无可挽回的损失。

目前来说，很难避免这种风险，只能在一定程度上做好防控，如：

①在直播间明确标示"禁止未成年人打赏"，明确表示自己的反对态度，留存好平时的切片，若遇到法律纠纷可作为证据，表示主播"不知情"且"没有教唆未成年人打赏的行为"。

②如B站，在金仓鼠账户中留够一定量的用以周转的资金，以防遇到退款时需要把税后收入再打回去造成更多的额外损失。

③加强账号审核，如人脸验证、二级密码等。

④主播自身要守法，不能以诱导性的言行引诱未成年人购买或充值。

⑤经验证后，若真是未成年人超智力打赏或购买，及时退款，并做好跟进，避免造成商誉损失。

九、《中华人民共和国食品安全法》之标签的风险与防控

现行的《中华人民共和国食品安全法》（简称《食品安全法》）发布于2015年4月24日，并于同年10月1日生效。（2021年4月29日修正）

最早发布于 2009 年 2 月 28 日，并于同年 6 月 1 日生效。

本部分讨论主播和商家往往忽略标签的风险，旨在提醒注意防范。

【案例 4-12】
主播在直播平台销售，标签不合格被罚

▲案件概况

2021 年 1 月 19 日，黄山市市场监督管理局执法人员根据群众反映，对黄山市屯溪区九龙工业园凤山路 8 号仓库进行检查，发现仓库内堆满了不同品种的白酒，并且有工作人员正在打包白酒向外地寄件。经查，该仓库是株洲醉酒轩酒业有限公司租赁的。当事人在抖音和快手等互联网直播平台设立账号，推送酒类广告给平台客户，客户点击平台链接预订，由当事人将客户预订的产品数量、价格和收件地址发送给黄山仓库负责人，最终从黄山仓库通过物流发货，客户收到产品后付款。

▲法律后果

2021 年 4 月 21 日，黄山市市场监督管理局经调查认定，当事人在抖音和快手等直播平台设立账号，在黄山市租赁仓库发货销售的茅台镇纯粮酒违反了《中华人民共和国食品安全法》第六十七条的规定，构成了经营标签不符合《中华人民共和国食品安全法》规定的食品违法行为，依据《中华人民共和国食品安全法》第一百二十五条第一款的规定，对当事人没收违法产品和违法所得，罚款人民币 17.9 万元。

1. 风险分析

消费者在购买商品或服务时，享有安全权、知情权、自主选择权、求偿权、维护自身合法权益权、监督举报权等。因此，消费者可以通过查看外包装袋上食品的生产日期、保质期、保存期、生产商、生产地，是否有质量认证 QS 标识以及裸装食品是否新鲜等来辨别食品是否属于符合食品安全标准的合格食品。

根据《中华人民共和国食品安全法》，标签不合格的情况大致如下：

①食品成分标签不合格。某款饼干包装上标明为"无糖饼干"，但实际上含有大量的糖分。消费者购买时会被误导，可能导致疾病风险增加。

②产地标签不合格。某罐头上标明为"国产食品"，但实际上是进口食

品。这是虚假标注，可能误导消费者对食品的信任，也可能损害国内食品行业的发展。

③保质期标签不合格。某包装食品上标明保质期为一年，但实际上品质只能保持半年。这种虚假标注可能导致消费者在保质期过后仍然食用食品，增加食品中毒的风险。

④添加剂标签不合格。某种果汁标明不含添加剂，但实际上添加了防腐剂和色素等添加剂。这是虚假标注，可能误导消费者认为该产品更加健康。

⑤营养成分标签不合格。某种冷饮标明含有丰富的维生素C，但实际上维生素C的含量极低。这是虚假标注，可能误导消费者认为该产品具有更高的营养价值。

⑥不合理的食用建议标签。某种饮料标注为"适合所有年龄段人群饮用"，但实际上含有咖啡因成分，可能对儿童和孕妇等特定人群造成不良影响。这是不合理的食用建议，可能给消费者带来误导，增加食品安全风险。

⑦误导性健康宣传标签。某种食品标注为"能够治愈特定疾病"，但实际上并没有科学依据支持这种宣称。这种虚假宣传可能会误导消费者。

⑧虚假的有机食品标签。某种食品标注为"有机食品"，但实际上并没有通过有机食品认证。这是虚假标注，可能误导消费者认为该产品更加健康和环保。

⑨虚假的特殊人群适用标签。某种食品标注为"适合糖尿病患者食用"，但实际上含有高糖成分。这是虚假标注，可能给糖尿病患者带来误导。

因此，建议主播上架开售食品前，逐一核查，确保不存在以上问题。

2. 风险防控策略

目前，我们国家关于食品标签的法律法规主要有《中华人民共和国食品安全法》《中华人民共和国食品安全法实施条例》《中华人民共和国消费者权益保护法》《中华人民共和国广告法》《中华人民共和国商标法》等。商家主播一定要注意相关风险。

首先，《中华人民共和国食品安全法》第七十一条、第七十三条分别规定了标签内容具体要求，如不得含有虚假内容、不得涉及疾病预防和治疗功能等。

其次，《中华人民共和国广告法》明确规定食品的标签内容不能够有使用或者变相使用国旗、国歌、国徽及国家机关、国家机关工作人员的名义或者形象来进行宣传等广告情形。其中关键的是对一些极限用语的规定，如不能在食品标签上使用"国家级""最高级""最佳"等用语进行广告宣传。

除了不能用与"最"相关的词语以外，也不可以用与"一"有关的，如"中国第一""全球第一""独一无二"等。另外，如"永久""万能"等涉及虚假宣传的词语，都是不符合食品广告用语要求的宣称用语。

再次，食品标签不得含有民族、种族、宗教、性别歧视的广告内容等。

我们在做食品标签的时候，不要去使用这类有风险的词语，要规避这类风险。

最后，在以下六个维度进行检查：

①真实准确。

②科学性，如数据及成分。

③合法性，如不能够明示或者暗示具有预防治疗和保健功能。

④规范性，如使用简体规范的汉字，外文或拼音不能够大于相应的汉字（商标除外）。

⑤清晰性，标签信息的内容要清晰、醒目、持久，标签内容跟标签产品（包装物）不分离。

⑥标签全面、完整。

十、《网络商品和服务集中促销活动管理暂行规定》之虚构奖品/赠品的风险与防控

2015年9月2日，国家工商行政管理总局令第77号公布《网络商品和服务集中促销活动管理暂行规定》。

为规范网络商品和服务集中促销活动，保护消费者和经营者的合法权益，维护公平有序的网络商品和服务交易秩序，国家工商行政管理总局公布了《网络商品和服务集中促销活动管理暂行规定》（以下简称《暂行规定》），并于2015年10月1日起施行。

自此，电商平台在进行集中促销活动时如出现违反《暂行规定》的行为，可能会被查处。对于"双11"期间曾经出现的部分店家规定预售商品无质量

问题不得退换货且得到了交易平台的支持等问题,《暂行规定》作了明确要求:

①应当依照《网络交易管理办法》第十一条的规定提供商品或者服务的信息。

②应当在网店页面显著位置并以显著方式公示网络集中促销的期限、方式和规则。

③网络集中促销经营者的广告应当真实、准确,不得含有虚假内容,不得欺骗和误导消费者。

④附条件的促销广告,应当将附加条件在促销广告页面上一并清晰完整表述。

⑤在促销的商品或者服务销售完毕后,应当在促销页面、购买页面及时告知消费者。

⑥在促销活动中销售、附赠的商品应当符合《产品质量法》的规定。

⑦促销中附赠的商品,应依照《消费者权益保护法》和《产品质量法》的规定提供"三包"服务。

⑧在促销活动中赠送消费积分或者发放优惠券的,应当标明消费积分或者优惠券的使用条件、方法和期限。

⑨在促销活动中开展有奖促销的,应当符合《反不正当竞争法》的规定并公示可查验的抽奖方法。

【案例4-13】

虚假标注食品质量等级、保质期被罚

▲案件概况

2021年12月13日,北京市石景山区市场监管局接到举报,北京绿色安全农产品物流信息中心有限公司经营的珍珠菇、黑香米存在经营标签标注虚假保质期等违法行为。经查,当事人经营的珍珠菇在包装上标示有营养信息,但未按《食品安全国家标准—预包装食品营养标签通则》(GB28050-2011)规定标示核心营养素"蛋白质、脂肪、钠"的项目名称,对消费者产生误导。另查,当事人委托山东九谷坊食品有限责任公司生产的黑香米,标签标注"等级:一级""执行标准:Q/JJY001S""保质期:12个月"。

在山东省金山县市场监管局的协助下，查明该黑香米样品等级为二级，质量等级并非所标示的"一级"。同时，查明该黑香米执行标准为"《杂粮（粉）》（Q/JJY0001S-2008）"，并非其标注的"执行标准：Q/JJY001S"，且生产黑香米所用原料为延寿县鸿鑫米业有限公司生产的北裕仓黑米（规格：25kg/袋。保质期：6个月），生产过程并未改变食品的保质期。

因此，当事人经营的黑香米标签涉嫌虚假标注质量等级、执行标准和保质期。

▲法律后果

2022年2月24日，北京市石景山区市场监管局依法对北京绿色安全农产品物流信息中心有限公司经营标签标注虚假保质期等违法行为作出没收违法所得1.22万元，罚款34.54万元的行政处罚。

《暂行规定》明确指出以下行为不能做：

①商品的品名、用途、性能、产地、规格、等级、质量、价格或者服务的项目、价格等有关内容与实际不符。

②促销中提供赠品、免费服务的，标示赠品、免费服务的名称、数量和质量、履行期限和方式、安全注意事项和风险警示、售后服务等与消费者有重大利害关系的信息与实际不符。

③虚构交易、成交量或者虚假用户评价等不正当方式虚抬商誉，损害消费者和其他经营者的合法权益。

④销售、附赠国家明令禁止销售的商品，因促销降低商品质量。

⑤在促销活动中开展有奖促销时虚构奖品数量和质量，进行虚假抽奖或者操纵抽奖。

另外，《暂行规定》明令禁止在促销中虚构交易、成交量或者虚假用户评价等虚抬商誉的"刷好评"行为，以及"订金不退""预售商品不适用七日无理由退换货""赠品不提供三包"等侵害消费者权益的限制条款。违反上述规定的第三方交易平台和网店经营者将受到相应处罚。我们须牢记法律规定，尤其是禁止性规定，避免触碰法律红线。

十一、《侵害消费者权益行为处罚办法》之虚构交易的风险与防控

2015年3月15日,《侵害消费者权益行为处罚办法》正式实施。

本办法对网络购物等非现场购物进行了规范。采用网络、电视、电话、邮购等方式销售商品的经营者,如果收到消费者退货要求十五天后还不办理退货手续,或以消费者已拆封、查验影响商品完好为由拒绝退货的,视为故意拖延或者无理拒绝,将依法受到处罚。在网购中消费者符合法律规定要求退货的,电商经营者应及时办理退货手续以避免受到处罚。

本部分引用虚构交易、虚标成交量司法案例,提醒商家、主播注意相关的退赔风险。

【案例4-14】

虚构交易、虚标成交量,构成欺诈

▲案件概况

马某某在某平台开设账号运营直播间,A公司为某酒类专营店经营者。夏女士通过马某某直播间的链接下单购买了6瓶A公司销售的白酒,通过微信支付1197元,之后A公司向夏女士发货并开具发票。

收货后,夏女士认为:商品实际发货地与商品详情页标注的发货地不符,发货方A公司构成欺诈;马某某在直播间声称"上1000单就完事了""还有最后400单""还有最后100单"属于虚构事实,夸大销量;马某某在直播间声称涉案白酒市场价为六七百元一瓶,与实际市场价不符,属于虚假宣传。于是,夏女士将马某某与A公司起诉到北京互联网法院,请求法院判令撤销涉案订单,二被告退还价款、承担商品退回运费并进行三倍赔偿。

▲法律后果

法院经审理认为:

实际发货地与标注发货地不同不构成欺诈。电商产品可能从第一发货地分散到各地区进行仓储,商品详情页标注的发货地仅具有提示功能,本案中涉案商品从距离收货地更近的仓库发货,符合交易惯例。A公司对此也无欺诈故

意，不构成欺诈。

虚构商品市场价格构成欺诈。夏女士通过搜索平台同款白酒价格，主张涉案白酒的市场价在100元左右，马某某未能证明涉案白酒市场价确为直播间所称的"六七百元一瓶"，应承担举证不能的不利后果。因此，法院认定马某某就涉案白酒**市场价存在虚构行为，构成欺诈**。

虚构商品成交量构成欺诈。马某某在直播中声称上架了1000单涉案白酒，约2分钟后称还剩100单，提醒观众"注意手速"。夏女士提供的证据显示，涉案商品链接标注销售额为"已售37"，马某某和A公司**未提供证据证明**当晚直播间涉案白酒的即时销量达到900单，可以认定马某某**虚构交易、虚标成交量，构成欺诈**。

A公司需承担连带责任。A公司作为销售商，通过直播带货的方式推销涉案白酒，应对主播直播时对商品的描述负有审慎审查义务，应规范主播直播时的言论，对主播所作的宣传表述应当知晓，并应就主播进行商品宣传所产生的问题承担连带责任。A公司作为涉案合同的相对方，理应对涉案合同承担相应的民事责任。

最后，法院判决被告马某某与A公司退货退款、承担退货运费并支付三倍惩罚性赔偿。目前，该案判决已生效。

(1) 主播的风险防范措施。

提供商品推广营销服务的带货主播，应为自身在电商直播过程中与用户达成的约定、作出的承诺（包括但不限于服务、商品及赠品相关的约定或承诺）负责，不得发布虚假或者引人误解的信息，欺骗、误导消费者，不得实施虚构或者篡改交易量、关注度、浏览量、点赞量等数据流量造假的行为。

(2) 商家的风险防范措施。

经营网店的商家对直播带货活动负有注意和审核义务，应在发布前对主播将要分享的内容进行审核，并对主播相关行为所造成的问题承担连带责任。

(3) 平台的风险防范措施。

直播平台作为信息网络服务提供者，应加强管理，严格进行入驻资质审查，落实网络实名制信息备案要求，有效公示直播间、销售者主体信息，完善直播行业准入资质审查、直播间实时监控和纠纷处理机制。

十二、《中华人民共和国反不正当竞争法》之不正当竞争的风险与防控

《中华人民共和国反不正当竞争法》（简称《反不正当竞争法》）于1993年9月2日，第八届全国人民代表大会常务委员会第三次会议通过，1993年9月2日中华人民共和国主席令第十号公布，自1993年12月1日起施行。2017年11月4日，第十二届全国人民代表大会常务委员会第三十次会议修订。

《反不正当竞争法》是为了促进社会主义市场经济健康发展，鼓励和保护公平竞争，制止不正当竞争行为，保护经营者和消费者的合法权益而制定的法律。

作用包括：
①制止不正当的竞争行为，维护正常的经济竞争秩序。
②规范市场行为，维护市场秩序。
③创设和完善竞争环境，鼓励和保护公平竞争。
④保护经营者和消费者的合法权益和国家利益。

以下两个司法案例主要解析直播平台之间不正当竞争的风险，并提出防控建议。

【案例 4-15】

斗鱼 TV 主播走穴违反《反不正当竞争法》

▲案件概况

朱某（秋日）是斗鱼 TV 自行培养并捧红的签约游戏主播，随着粉丝数量不断增加，从 2014 年 10 月到 2015 年 9 月，其报酬由 2500 元月薪涨至 400 万元年薪。双方合同履行期为 5 年，约定在此期间主播不能擅自在其他直播平台进行直播活动。朱某在合同存续期间未经斗鱼 TV 允许，自行在全民 TV 进行直播活动。因此，斗鱼 TV 在 2016 年将朱某和全民 TV 一并告上法院，起诉对方侵犯其著作权并构成不正当竞争。

▲法律后果：

该案经过两审裁判，由湖北省武汉市中级人民法院于 2017 年作出终审判

决。审理过程中查明，全民 TV 是明知朱某为斗鱼 TV 的独家签约主播而仍旧与其合作。判决认为不存在侵犯著作权的行为，但是全民 TV 构成不正当竞争。

终审判决适用《反不正当竞争法》一般条款（第二条）的规定，认为全民 TV 的行为违反了直播行业特有的诚实信用原则和公认的商业道德，具有不正当性。终审判决被告存在不正当竞争行为。

【案例 4-16】

斗鱼与滕某、虎牙不正当竞争

▲案件概况

2018 年 7 月 25 日，甲方斗鱼鱼乐公司与乙方天津市滨海新区游梦星空科技有限公司、丙方滕某签订《解说合作协议》约定：乙方指派丙方在甲方指定的斗鱼平台进行解说，并由丙方担任本合同项下的协议主播，丙方在甲方指定的斗鱼平台解说类型为"英雄联盟"；合同履行期自 2018 年 7 月 1 日起至 2021 年 6 月 30 日止；在本协议期限内，任何情况下，未得甲方书面许可，乙、丙双方均不得违反本协议第 5 条任一独家性授权，不得单方提前解除本合同或与第三方签订与本协议任一合作事项类似的主播合约或在第三方平台直播（包括露脸开播或以公众所熟知的推广用名不露脸开播，发布解约或入驻第三方平台的微博、朋友圈、截图等），不得与第三方存在仍在履行期限内的类似主播协议；乙、丙双方违反本条任一约定的，或构成本协议其他重大违约行为的，则甲方有权解除本协议并要求乙、丙双方承担如下一种（以金额较高者为准）或多种违约责任，且乙方对丙方在履行本协议过程中任一行为承担连带责任，签约的任何第三方须对乙、丙双方依据本协议应承担的债务承担连带赔偿责任。

2019 年 2 月，虎牙公司、滕某通过新浪微博发布了滕某到虎牙公司运营的虎牙直播平台进行直播活动的消息。其后，滕某开始在虎牙直播平台进行直播并同时停止在斗鱼直播平台的直播活动。滕某在斗鱼直播平台进行直播的直播间，用户数量等数据明显减少。

北京名牌资产评估有限公司受斗鱼鱼乐公司的委托出具评估报告称，在评估基准日 2019 年 2 月 13 日，斗鱼鱼乐公司委托的斗鱼主播滕某合同期内转换至虎牙直播平台造成斗鱼经济损失价值的评估结果为人民币399.34万元。斗鱼鱼乐公司因公证、委托评估等事项已支出相关费用。

斗鱼鱼乐公司向法院诉请：确认虎牙公司的行为构成对斗鱼鱼乐公司的不正当竞争；判令虎牙公司立即停止以任何方式将滕某作为直播主播进行推广或录制、使用、发布（直播或转播）、播放其直播视频内容或开展相关相似的任何形式的合作行为；判令虎牙公司和滕某共同赔偿经济损失计人民币100万元；判令虎牙公司和滕某承担本案诉讼费用（包括但不限于诉讼费、保全费、公证费）。

▲法院判决

一审驳回斗鱼鱼乐公司的诉讼请求。案件受理费13800元由斗鱼鱼乐公司负担。

二审驳回上诉，维持原判。

1. 案件分析

（1）案例4-15分析。

法院对本案判决的理由有如下三点：

一是网络直播行业有其自身的竞争环境及特点，需要探求该行业公认的商业道德。不同于传统行业中参与市场竞争的是产品，网络直播行业中，主播本身是获取流量的"产品"。使用他人签约的主播，实质上就是直接攫取他人的竞争果实——不仅包括平台花费大量人、财、物所培养的优质主播资源，也包括平台通过激烈竞争和长期经营所积累的观众及流量。

二是全民TV违反了网络直播行业公认的商业道德。网络直播行业属于新兴市场领域，其中的各种商业规则整体上还处于探索当中，诸多竞争行为是否违反商业道德在市场共同体中并没有形成共识。但这并不意味着网络直播行业就可以无序竞争，商业伦理标准仍有迹可循。若竞争行为既损害了其他竞争者的利益，又无法促进市场效率，还扰乱了公平竞争的市场秩序，有损行业的发展，则应归于可责性的不正当竞争行列。

①在对行业效率的影响方面，挖角竞争对手的主播，所提供的仍是同质化的服务，并未促进行业效率的提升。

②在对竞争对手的损害方面，挖角行为跳过了自行培养阶段，不用付出培

养代价就直接使用竞争对手的主播资源，攫取了竞争对手本应拥有的竞争优势。

③在对竞争秩序及行业发展的影响方面，网络直播行业资金的投入相当大的比例用在主播的发掘及培养上，如果不加节制地允许市场主体任意使用他人通过巨大投入所培养的主播，以及放任主播随意更换平台，竞争主体将着力于直接攫取主播资源及其所附带的观众和流量，而不再对优质主播的发掘和培养进行投入，最终导致无序及无效竞争，整个行业发展放缓。

④在对消费者福利的影响方面，主播平台的更换并不会增加消费者的选择，若主播的培养者和资源投入者的利益不能得到保护，放任无序竞争，将可能导致投入的减少和行业发展的减缓，消费者的利益最终将受到损害。

三是《反不正当竞争法》介入具有必要性。互联网等新兴市场的新类型竞争行为大量涌现，使得《反不正当竞争法》区别于传统知识产权保护的独立功能而日趋重要。从网络直播行业的竞争特点看，合同法律规范由于不能约束第三方（竞争对手）而并不足以制止该类挖角行为。

随着主播跳槽引发的纠纷越来越多，从最近两年的司法实践来看，只要挖角平台没有采用不正当的手段，比如胁迫主播等，基本都被认定为市场行为而不具有《反不正当竞争法》意义上的可责性。主播跳槽、平台挖角已经屡见不鲜，那么挖角如何规避法律风险呢？

（2）案例4-16分析。

斗鱼鱼乐公司主张虎牙公司实施"恶意挖角""引诱主播跳槽"的行为构成不正当竞争，应对虎牙公司实施的相关行为及其具有非正当性的事实负有证明义务，但斗鱼鱼乐公司的证据不足以证明其诉讼主张。

首先，知名主播作为开展网络直播业务的重要经营资源，必然成为各网络直播平台经营者竞相争取的对象。判断网络直播平台经营者吸引、争夺主播行为是否属正当的市场竞争行为，主要应从该行为的手段、目的等是否具有合理性、正当性的标准加以判断。如出于真实的市场经营需要及加强自身竞争优势的目的，并仅以更高薪酬、更优待遇等常规的市场竞争手段吸引和影响知名主播的个人选择，则不宜被认定为不正当竞争行为。

其次，作为具备完全民事行为能力的成年人，滕某选择从事直播活动的平台的行为是基于其个人意愿的。虎牙公司并非涉案协议的当事人，涉案协议对其不具有合同约束力。

综上，斗鱼鱼乐公司主张虎牙公司实施不正当竞争行为的证据不足。法院通过综合考虑以下因素判断是否有违商业道德，即考虑被诉行为：

①对行业效率的影响。

②对竞争对手的损害程度。

③对竞争秩序及行业发展的影响。

④对消费者福利的影响。

法院最终认定虎牙公司、滕某的被诉行为均不构成对斗鱼鱼乐公司的不正当竞争。

案例4-16由湖北省武汉市中级人民法院裁判于2017年，判决被告存在不正当竞争行为；案例4-17由湖北省高级人民法院裁判于2022年，判决被告不存在不正当竞争行为。值得一提的是，案例4-17的一审也由湖北省武汉市中级人民法院裁判，湖北省武汉市中级人民法院一改2017年的裁判思路，认为该案中不存在不正当竞争行为。

如果仔细阅读两份判决文书，法院在认定挖角行为构成不正当竞争时，通常考虑以下几个要件：

①扰乱了市场竞争秩序。

②违反了诚实信用原则和商业道德而具有不当性或可责性。

③损害了消费者的合法权益。

④损害了其他经营者的合法权益。

2. 风险防控策略

直播时代，网络直播行业的竞争实际是平台主播资源的竞争。仅凭单方利益受损的情况，难以认定构成不正当竞争行为，还需平衡市场各主体权利。

但主播违约是有风险的，公司高管被挖角后又从原用人单位继续挖人时，原用人单位可以采取以下几种措施进行权利救济：

①高管在确定离职意愿但尚未正式办理离职手续时，出现从原用人单位挖角其他员工的，其行为可能违反《公司法》规定的信义义务和竞业禁止义务，原用人单位可依据《公司法》第一百四十八条的规定以该高管为被告向人民法院提起损害公司利益责任纠纷。

②高管从原用人单位离职并加入新用人单位后不再对原用人单位负有高管信义义务，但如果其利用在原用人单位工作期间掌握的商业秘密信息挖角其他员工，其行为可能属于《反不正当竞争法》规定的侵犯商业秘密行为，原用人单位可依据《反不正当竞争法》关于侵犯商业秘密的规定向高管及新用人单位提起反不正当竞争纠纷；如果高管及新用人单位在挖角员工时采取了不正当手段，**原用人单位可依据《反不正当竞争法》第二条的规定向高管和新用人单位提起反不正当竞争纠纷。**

③被挖角员工属于知晓或掌握原用人单位商业秘密的人员且其与原用人单位签订过保密协议，如员工离职后向新用人单位披露、使用其所掌握的商业秘密的，原用人单位**可依据《刑法》中关于侵犯商业秘密的规定向该员工和新用人单位提起侵犯商业秘密纠纷。**

④如果原用人单位与高管、被挖角员工签订了《竞业限制协议》或在《劳动合同》中约定了竞业限制条款，并且原用人单位已经向高管及被挖角员工支付了竞技补偿，原用人单位可依据《劳动合同法》第二十三条的规定向高管及员工提起竞业限制纠纷。

十三、《中华人民共和国电子商务法》之违法搭售的风险与防控

《中华人民共和国电子商务法》（简称《电子商务法》）由中华人民共和国第十三届全国人民代表大会常务委员会第五次会议于 2018 年 8 月 31 日通过，是为了保障电子商务各方主体的合法权益，规范电子商务行为，维护市场秩序，促进电子商务持续健康发展而制定的法规，自 2019 年 1 月 1 日起施行。

本部分分析搭售商品的行政处罚案例，建议电商、主播注意相关的风险。

【案例 4-17】

强制搭售被罚

▲案件概况

刘女士在山东某科技有限公司天猫店铺（官方旗舰店）购买了该店铺的主打商品，被强制捆绑销售了 4 款同类商品。该天猫店铺未在店铺详情页醒目

位置以显著方式提醒消费者注意其在搭售，同时将捆绑销售商品作为默认同意和不可取消的选项。

▲法律后果

临沂市某区市场监管局根据《中华人民共和国电子商务法》第七十七条规定，依法对该公司作出行政处罚决定，没收违法所得1万元，罚款人民币5万元。罚没款合计6万元。

1. 案件分析

《电子商务法》第十九条规定："电子商务经营者搭售商品或者服务，应当以显著方式提醒消费者注意，不得将搭售商品或者服务作为默认同意选项。"本案中的天猫店铺未在店铺详情页醒目位置以显著方式提醒消费者注意其在搭售，同时将捆绑销售商品作为默认同意和不可取消的选项，违反了此项规定。

《电子商务法》第七十七条规定："电子商务经营者违反本法第十八条第一款规定提供搜索结果，或者违反本法第十九条规定搭售商品、服务的，由市场监督管理部门责令限期改正，没收违法所得，可以并处五万元以上二十万元以下的罚款；情节严重的，并处二十万元以上五十万元以下的罚款。"可见，该公司依法应受行政处罚。

综上，本案的商家违法搭售店铺捆绑销售的商品平时的销量极低，而主打商品价格大幅上涨的行为不属于真正意义上的促销，因而被罚。

2. 风险防控策略

在2013年的"3Q大战"中，最高人民法院就在终审判决中对搭售作出了司法上的阐释，归纳其判决观点，可以总结出被认定违法搭售行为的要件为：

①搭售产品和被搭售产品是各自独立的产品。
②搭售者在搭售产品市场上具有市场支配地位。
③搭售者未为消费者提供选择权（包括回避搭售的方法）。
④搭售不具有正当理由。
⑤搭售具有排除、限制竞争的效果。

综上，电商、主播不必对搭售望而生畏，过往立法、司法和执法实践中均清晰释明具有"正当理由"的搭售并不违法。通过市场监管总局《禁止滥用市场支配地位行为规定》这一新规可以看出执法部门认识"正当理由"的基本思路为：

①符合行业惯例和交易习惯。

②为了满足产品安全要求必须实施相关行为。

③实现技术必须实施相关行为。

④其他具有正当性的理由。

因此，我们建议从以下几个方面进行风险防范：

首先，要充分研究销售部门提出的共同销售的产品是不是不同的产品，分析共同销售是否符合市场惯例、消费习惯，并权衡相关产品的共同销售是否会提高产品的使用效率。

其次，可以在外部专业法律人士的协助下，进一步研究共同销售可能的限制、排除竞争的效果，并能给出保证告知使用者、购买者回避共同销售的合理方案。

最后，从反制的角度出发，电商老板也可以与销售部门配合跟踪横向竞争对手相关产品的搭售策略，研究其合法性及合理性。

十四、《中华人民共和国广告法》之虚假广告的风险与防控

《中华人民共和国广告法》（简称《广告法》）于1994年10月27日发布，主要目的在于规范广告市场，维护消费者权益。

《广告法》2015年4月24日第一次修订。现行的《广告法》（2021年4月29日第二次修正）与之前相比，修改幅度较大，涉及面广，对原来的很多内容和规定进行了扩充和细化，体现了全面深化改革、切实调整政府职能、加强市场监管的要求。

本部分分析虚假广告被罚案例，旨在提醒主播注意此项风险，避免被罚。

【案例4-18】

直播口误19次的千万粉丝主播因虚假宣传被罚

2023年4月27日，西安市工商信息平台违法事实显示如下行政处罚信息：

行政处罚决定书文号：西市监处罚〔2023〕0139号

经营风险管和控

处罚类别：罚款

处罚决定日期：2023年4月27日

处罚内容：责令当事人立即停止违法行为，并处以罚款46万元

罚款金额（万元）：46

没收违法所得、没收非法财物的金额（万元）：0

暂扣或吊销证照名称及编号：

违法行为类型：虚假宣传

违法事实：经查，抖音账号"小贝饿了"（抖音账号名称：小贝饿了。抖音账号：xiaobeiele）关联主体为品飒传媒（西安）有限公司。带货主播程某某为品飒传媒（西安）有限公司员工。2021年经抖音商城介绍，当事人与温州市顶诺食品有限公司达成协议（按照协议，当事人的提成是销售额的10%），在当事人抖音账号"小贝饿了"销售温州市顶诺食品有限公司生产的"顶诺静腌牛排"。

当事人员工程某某2022年5月19日在直播带货过程中，先后19次将温州市顶诺食品有限公司生产的"顶诺静腌牛排"（外包装正面印有"静腌牛排""速冻生制调制肉制品"字样。配料表："牛肉、水、食用盐、白砂糖、味精、牛肉粉调味料、鸡粉调味料……柠檬酸钠、食用葡萄糖、雨生红球藻粉"等。产品标准代号：Q/WDN0007S。食品生产许可证编号：SC10333030400586）宣传为"原切牛排"。

原切牛排是不经辅料调理加工的牛排［可参考：中华人民共和国工业和信息化部发布的QB/T5442-2020《牛排》轻工行业标准。"原切牛排"是指以鲜、冻分割牛肉（带骨或不带骨）为原料，经修整、冷冻（或不冷冻）、切片（或不切片）、搭配（或不搭配）方便调料、包装等工艺制作的块状肉制品。"调理牛排"则是指以鲜、冻分割牛肉（带骨或不带骨）为原料，配以辅料调理加工，经修整腌制、成型、冷冻（或不冷冻）、切片（或不切片）、搭配（或不搭配）方便调料、包装等工艺制作而成的块状调理肉制品］，"小贝饿了"直播带货的"顶诺静腌牛排"因经过腌制，属于"调理牛排"范畴，并非当事人员工宣传的"原切牛排"。

另查明，当事人2022年5月19日共计销售3986单，每单定价178元，销售额为710539.93元（因退货等原因，实际销售数量1973单，销售额为

354807.7元）。

以上事实有当事人企业管理登记信息、情况说明、相关人员笔录、"顶诺静腌牛排"外包袋照片、直播带货视频光盘等证据材料证实，并有提供人的签名确认等为证，因而罚款46万元。

常见的网络直播中涉及虚假广告的情形主要有如下几种：

第一，直播宣传的产品成分、功能在真正的商品当中不存在，这是一种典型的虚假宣传行为，处罚相对较重。

第二，涉及商品的性能、功能夸大宣传。这是市场监管部门处罚较多的案件。主要判断的依据是"是否对购买产生实质性影响"。如果这些内容与实际情况不符，可能构成虚假广告。

第三，虽然有真实依据，但是真实依据有一定的限制，直播宣传未说明该限制的，可能被认定为虚假广告。如宣传"销量第一"，但是此"销量第一"系特定时间段和特定地区的，在直播中未明确说明限制条件。此类案件尽管有真实性依据，但是因为有一定的限制且真实依据与宣传不符合，可能被认定为虚假广告。

第四，13条禁止性规定的红线。具体包括：

①广告中禁止含有使用军旗、军歌、军徽，危害人身、财产安全，泄露个人隐私，色情、赌博等内容。

②禁止在大众传播媒介或者公共场所发布母乳代用品广告。

③禁止在大众传播媒介或者公共场所、公共交通工具、户外发布烟草广告。

④禁止利用不满十周岁的未成年人作为广告代言人。

⑤禁止在中小学校、幼儿园内开展广告活动，在中小学生和幼儿的教材、教辅材料、练习册、文具、教具、校服、校车等发布或者变相发布广告，公益广告除外。

⑥任何单位或者个人未经当事人同意或者请求，禁止向其住宅、交通工具等发送广告，禁止以电子信息方式向其发送广告。

⑦禁止医疗、药品、医疗器械、保健食品广告利用广告代言人作推荐、证明。

⑧除医疗、药品、医疗器械广告外，禁止其他任何广告涉及疾病治疗功

能，并禁止使用医疗用语或者易使推销的商品与药品、医疗器械相混淆的用语。

⑨禁止教育、培训广告对升学、通过考试等作出明示或者暗示的保证性承诺，明示或者暗示有相关考试机构或者其工作人员、考试命题人员参与教育、培训，利用科研单位、学术机构、教育机构、行业协会、专业人士、受益者的名义或者形象作推荐、证明。

⑩禁止招商等有投资回报预期的商品或者服务广告含有对未来效果、收益或者与其相关的情况作出保证性承诺，明示或者暗示保本、无风险或者保收益等。

⑪禁止在针对未成年人的大众传播媒介上发布医疗、药品、保健食品、医疗器械、化妆品、酒类、美容广告，以及不利于未成年人身心健康的网络游戏广告。

⑫在针对不满十四周岁的未成年人的商品或者服务的广告中禁止含有劝诱其要求家长购买广告商品或者服务、可能引发其模仿不安全行为的内容。

⑬公共场所的管理者或者电信业务经营者、互联网信息服务提供者对其明知或者应知的利用其场所或者信息传输、发布平台发送、发布违法广告的，应当予以制止。

十五、《中华人民共和国商标法》之直播带货场景下商标侵权的风险与防控

《中华人民共和国商标法》（简称《商标法》）于1982年8月23日第五届全国人民代表大会常务委员会第二十四次会议通过，1993年第一次修正，2001年第二次修正，2013年第三次修正，2019年第四次修正。

商标不仅有识别商品来源的功能，同时也具有保证商品品质、广告宣传等功能。本部分分享全国首例认定直播带货场景下的商标权民事案，以及商标侵权刑事案件，提醒主播在享受流量和利润的同时，要注重遵守商业规范，避免商标侵权带来民事赔偿甚至刑事风险。

【案例 4-19】

全国首例认定直播带货场景下的商标权民事案

▲案件概况

原告：某贸易公司

被告：某工艺品公司、某科技公司

某贸易公司通过授权获得"AGATHA"和两枚商标的独占许可使用权。

某工艺品公司未经授权，通过其在抖音直播平台的账号进行直播并销售带有涉案商标标识的两款手提包。

某贸易公司的品牌在全球有超过 250 个销售点，并且产品覆盖天猫、京东、网易考拉、唯品会等 7 个渠道 8 个平台的主流电商渠道。被告某工艺品公司涉案抖音账号中的主播在直播过程中销售涉案商品，直播页面下方显示"￥299 韩国狗狗包（一大一小）*2 可可推荐""已售 978"等信息；在直播过程中，主播对涉案商品进行了实物展示。

某贸易公司认为某工艺品公司的行为侵害了其商标权；某科技公司作为抖音平台运营商，未尽合理注意义务，应共同承担法律责任。故请求判令二被告共同赔偿经济损失 30 万元以及合理开支 10598 元。

▲法律后果

法院一审认为，涉案商品系侵犯商标专用权的产品，某工艺品公司销售涉案商品，违反了《商标法》第五十七条第三项规定，构成侵权。最终法院判决某工艺品公司赔偿某贸易公司经济损失 30 万元及合理开支 10598 元。本案宣判后各方均未上诉，一审判决已生效。

【案例 4-20】

直播带货因商标侵权获刑并处罚 40 万元

▲案件概况

"检察官，我们发现网上有直播间在卖我们品牌的假冒服饰，对我们企业经营造成了影响。"2019 年底，在大调研期间的一次走访中，上海市虹口区人民检察院接到辖区内一家知名服装企业的求助，称有网红主播在直播间销售假冒该企业品牌的服饰，**单场直播销售额就达 300 余万元**。

2020年8月28日，上海市公安局侦破了一起网红直播售假案，抓获正在直播带货的廖某等犯罪嫌疑人50余名。

经上海市杨浦区人民法院审理查明，被告人廖某于2017年7月24日与构美公司签订《主播合同书》等合作协议，成为该公司签约主播并由该公司配备相关人员组建直播团队，以用户名"默默mo7"在淘宝直播平台以直播方式为淘宝商家营销商品。被告人林某某、金某某先后于2018年3月19日、2020年5月28日入职构美公司成为廖某直播团队运营，主要负责对接商家、筛选直播商品、安排主播档期、协调团队工作等工作；被告人胡某于2019年9月5日入职构美公司成为廖某直播团队场控，主要负责协助商家管理直播后台链接、在直播时写尺码等工作；被告人赵某某于2020年5月13日入职构美公司成为廖某直播团队客服，主要负责售后和粉丝群维护等工作；被告人王某自2018年3月起担任被告人廖某的助理，主要负责协助主播进行直播、部分售后和粉丝群维护等工作。

2020年3月至8月，各被告人以直播团队的形式先后与"ADOL直白轻奢定制""ADOL直白高级定制""BLINGBLING卜莉卜莉""创昇服饰""创昇DC工作室2店""诸暨市安妮珠宝"等淘宝店铺合作，通过淘宝平台以直播的方式为上述店铺销售假冒BALENCIAGA、DIOR、CHANEL、BURBERRY、THOMBROWNE、CELINE、LOEWE、YSL、LV、梵克雅宝、卡地亚、劳力士、宝格丽、积家、欧米茄品牌的服装、饰品等商品。经审计，被告人廖某、林某某、王某、胡某参与销售假冒注册商标的商品的金额共计67万余元，被告人金某某参与销售假冒注册商标的商品的金额共计58万余元，被告人赵某某参与销售假冒注册商标的商品的金额共计60万余元。

▲法律后果

2021年3月26日，上海市虹口区人民检察院以涉嫌销售假冒注册商标的商品罪对廖某直播团队6人向法院提起公诉。6月29日，上海市杨浦区人民法院以销售假冒注册商标的商品罪判决：

被告人廖某犯销售假冒注册商标的商品罪，判处有期徒刑三年四个月，并处罚金人民币四十万元（已预缴）；

被告人林某某犯销售假冒注册商标的商品罪，判处有期徒刑三年二个月，并处罚金人民币五万元（已预缴）；

被告人金某某犯销售假冒注册商标的商品罪，判处有期徒刑三年，并处罚金人民币一万二千元（已预缴）；

被告人王某犯销售假冒注册商标的商品罪，判处有期徒刑二年六个月，缓刑三年，并处罚金人民币二万元（已预缴）；

被告人胡某犯销售假冒注册商标的商品罪，判处有期徒刑二年六个月，缓刑三年，并处罚金人民币一万元（已预缴）；

被告人赵某某犯销售假冒注册商标的商品罪，判处有期徒刑二年，缓刑二年，并处罚金人民币五千元（已预缴）；

违法所得予以追缴，查获的供犯罪所用的本人财物予以没收。

1. 案件分析

（1）案例4-19分析。

①商家侵权分析。

本案中被告某工艺品公司主张，其销售涉案商品取得案外人合法授权，那么其应当提供案外人信息，如个人身份信息、企业工商登记信息以及已经取得合法授权的证明，例如授权协议等。如果某工艺品公司以合法来源作为抗辩事由，则需要证明合法取得的途径和提供者，通常包括合同、发票支付的对价以及提供者的详细信息。而法院认为，结合涉案商标的图样、核定使用的商品类别、涉案商品及其价签上的被诉标识、某贸易公司未将涉案商标转授权给第三人等事实，以及某工艺品公司未提交充分的证据证明其行为符合《商标法》关于销售商免责的规定，某工艺品公司销售涉案商品，违反了《商标法》第五十七条第三项规定，构成侵权。

②直播平台的性质和责任的认定。

法院从判断平台经营者是否建立了直播带货准入机制，是否制定并公开了直播营销管理规范或平台公约，是否履行了对直播间运营者资质、商品等审核的义务，是否制定了负面清单，是否建立了知识产权保护规则，是否建立了必要的投诉举报机制，是否事后采取了及时且必要的处理措施，是否积极协助权利人维权等方面，来综合考察平台经营者是否已尽合理注意义务。据此，本案中认定某科技公司作为电商平台已尽到合理注意义务。

尽管从适用法律的角度来看法院的裁判似乎没有问题，但法院认为"平台电商服务具有特殊性,不应赋予平台过于严苛的事先审核义务"。对此,笔者持有不同的观点:正是因为直播方式具有即发性,更容易产生侵权的可能,所以事先审核义务就应更加严格。对于超出事先报备范围进行直播营销的,不管是否侵权,平台对其应当有事后处罚措施,才能有效防止侵权行为的发生,而非仅仅采用与一般电商平台同样的适用标准。

在本案中,被告公司抖音账号中的主播在直播过程中销售涉案商品,直播页面下方显示"￥299 韩国狗狗包(一大一小）＊2 可可推荐""已售978"等信息;在直播过程中,主播对涉案商品进行了实物展示,其身后有大量印有涉案商标图样的纸箱。经法院审理认定,被告销售侵犯注册商标专用权商品的行为,属于《商标法》第五十七条"销售侵犯注册商标专用权商品"所列行为,已构成侵犯注册商标专用权行为。

虽然被告通过《商标法》第六十四条的合法来源进行抗辩,但法院审理认为关于某工艺品公司是否符合《商标法》关于销售商免责的规定,根据《商标法》第六十四条第二款规定,"销售不知道是侵犯注册商标专用权的商品,能证明该商品是自己合法取得并说明提供者的,不承担赔偿责任",如销售商知道或应当知道其所销售商品侵犯他人商标权的,不能依据该规定主张免责。

就本案的判决,可以看出法院的考虑因素:

一是涉案商标具有一定的市场知名度。

二是原告公司商品的销售范围和渠道较广,被告公司核实涉案商品来源是否合法的成本较低。

三是被告公司通过涉案抖音账号进行直播营销已持续一年半,其对所销售商品的品牌、质量、价格以及供货来源等应具有一定的鉴别能力。

四是涉案商品的进货价格和销售价格均较低。

综上,被告公司主张其不知道涉案商品是侵权产品的抗辩缺乏事实依据,其被诉行为不能适用《商标法》第六十四条第二款,应当就其违反《商标法》第五十七条第三项规定的行为承担相应的法律责任。

(2) 案例4-20分析。

销售不知道是假冒注册商标的商品也是犯罪吗?

不是,同时具备以下两点才构成销售假冒注册商标的商品罪。

第一，"明知"，即明确知道所售商品是假冒注册商标的商品。

如何认定是"明知"？符合以下五种情形之一即可认定：

①造假。知道自己销售的商品的注册商标被涂改、调换或者覆盖的。

②惯犯。因销售假冒注册商标的商品受到过行政处罚或者承担过民事责任又销售同一种假冒注册商标的商品的。

③无授权。伪造、涂改商标注册人授权文件或者知道该文件被伪造、涂改的。

④便宜。无正当理由以明显低于市场价格进货或者销售的。

⑤逃避。被行政执法机关、司法机关发现销售假冒注册商标的商品后，转移、销毁侵权商品、会计凭证等证据或者提供虚假证明的。

第二，金额。销售金额在5万元以上，或者尚未销售的商品货值金额在15万元以上。

2. 风险防控策略

无论是短视频还是直播带货，都存在不少侵权风险。风险防范建议如下：

①自产自销的商品商标要及时注册。

②代销的商品要及时确认销售方是否有相应商品或服务的商标授权。

③一旦侵权，要积极应对。首先应该确认是否侵犯他人商标权。如销售的商品确实侵犯了他人商标权，应当立即停止销售。一旦被起诉，在停止侵权行为后，应该积极应诉，进行协商和解。如果产品来源合法，可以积极举证，减轻赔偿责任，减少因此带来的影响与损失。

④尚未注册的商标要认真检索，看是否与他人的在先权利冲突。

⑤不傍名牌、不搭便车，注册自己的品牌。

⑥注重对自己企业名称的全面保护，如将企业字号同时申请为商标，并在产品包装及广告宣传中突出使用，加深消费者印象，扩大社会影响。

⑦发现侵权行为即时停止。

⑧如要使用他人字号经营，事前应获得合法授权（如特许加盟）。

⑨聘请常年法律顾问监控、分析商标侵权风险。

十六、《中华人民共和国著作权法》之字体、图片、包装、音乐、视频、影视作品等侵权的风险与防控

《中华人民共和国著作权法》（简称《著作权法》）于1990年9月7日第七届全国人民代表大会常务委员会第十五次会议通过，2001年第一次修正，2010年第二次修正，2020年第三次修正。

《著作权法》的制定旨在保护文学、艺术和科学作品作者的著作权，以及与著作权有关的权益，鼓励有益于社会主义精神文明、物质文明建设的作品的创作和传播，促进社会主义文化和科学事业的发展与繁荣。

【案例4-21】

网店商品使用"上首软糖体"的字体侵权

▲案件概况

四川某数字技术有限公司（简称"数字公司"）是"上首软糖体"著作权的被授权许可使用权人。因该字体可爱萌动，晋江市某电商公司在其经营的网店商品详情图上使用了未经授权的"上首软糖体"字体进行商业宣传，共计45字。为此，数字公司一纸诉状，将该电商公司经营者告上法庭。

在开庭前，双方调解意愿明确，但承办人充分听取各方意见后，进行多次沟通，均以失败告终。电商公司认为，调解金额过高，其侵权字数不多，使用时间不足一年，无须支付如此高昂的费用，调解一时陷入僵局。

▲法律后果

承办法官根据双方提出的调解方案，结合现场沟通结果，充分释法析理，及时调整调解方案，最终将调解金额调整至5000元，同时电商公司停止在宣传页面使用被控侵权字体，一揽子处理数字公司起诉的3起同类案件，最终案件获得成功调解。

在个别案件中存在认为字库中的单字不符合美术作品的要求，法院认为"未达到最低限度的创造性"是由于涉案字体属于对已有书画作品的拆分组合。如在（2019）浙07民终1993号案中，法院认为其中"古"字源于方正字库方正黄草简体字体，"茗"字源于元代书法家赵孟頫的书法作品，将两字

进行组合,"古"字在"茗"字左边偏上,属于汉字书写的惯常手法。另外,将"茗"字偏旁草头的左侧小短横去除,虽然该表达方式并不常见,但是该创作仅仅是在复制他人书法的基础上略去其中一个笔画,创作程度较低。因而被法院认定被告不侵权。

又如在(2019)京 73 民终 1519 号案中,法院认为××公司主张涉案图样的独创点在于颜色的选择和文字的排布方式,但是这两点恰恰不属于显示其独创性的表达方式。一方面,横向排列相同大小的少量文字属于惯常设计,无法体现作者的创造性;另一方面,对于蓝色的选择并非一种《著作权法》意义上的表达方式。因而被法院认定被告不侵权。

还有在(2020)晋 01 民初 934 号案中,法院认为"××"二字字体与方正字库大标宋字体一致,其造型并无独特之处,并不具有《著作权法》意义上的独创性和审美意义,故其显然不属于平面的造型艺术的美术作品。因而被法院认定被告不侵权。

2015 年,电影《鬼吹灯之九层妖塔》中的 7 个字被法院宣判侵犯字体著作权,最终赔偿字体原作者 14 万元人民币。

综上,中国裁判文书网相关数据显示,10 年来国内字体侵权相关案件数量翻了 100 倍,每年因此产生的费用或达数亿元。

其中,字体侵权是重灾区,常出现在网络广告、海报、宣传语、商品包装、宣传视频、企业网站等。许多电商平台商户在宣传中使用标注字体的时候,很少会注意到所使用作品的著作权归属问题,直接使用从互联网搜索、下载的字体作商业宣传使用,构成著作权侵权。

用户可以通过权威网站一键检测电脑上已有的字体,并标出哪些是免费字体,哪些是商用需授权的字体。需注意以下几点:

①字体的免费授权对象。比如网上很多字体仅仅是对个人用户使用免费授权,但是针对商业使用则大多需要付费购买,对于这类字体一定要在使用前查看清楚授权协议。

②免费授权范围。很多字体的免费是有限范围内的免费,比如微软雅黑,在 Windows 系统中可以免费使用和展示,但是超出 Windows 范围使用(如在 App 中内置)是侵权的。

③免费的授权声明。一些字体虽然对商业使用授权免费,但是在商业使用

经营风险管和控

时仍然需要获得版权方的授权。比如方正字体中的方正仿宋，在方正字体官网中明确不收费，但是用户在商用时必须获得方正公司的书面授权（只是不需要缴纳授权费而已），否则仍面临侵权的风险。

④开源和免费的区别。在默认情况下，开源的字体是可以免费使用的，但是根据一些遵循 GPL（GNV 通用公共许可证）协议的字体版权说明，制作者要求用户使用该字体的作品也必须开源。如果你将这些字体应用在一些无法（或者不想）开源的商业作品上，那么就违反了字体使用协议，这种情况会面临侵权的风险。

另外，也可以在网站上搜索指定字体，查看该字体的版权范围，避免踩雷。

剪辑师较少关注字体版权的问题。

著名视频博主"毒角 Show"在 B 站有 300 多万粉丝，在抖音更是有 2000 多万粉丝，这样一位大咖应该有着相当专业的后期团队，但仍然难以避免字体侵权事件的发生。

商家、设计师、新媒体从业者以及其他会涉及版权的工作人员，可以使用"360 查字体"小工具，提前排雷，让工作更顺利。

但这个小工具也是不全面的，因为"360 查字体"只能判断收录在它数据库中的字体的版权情况，这一点我们需要格外注意。因此，它没有检测出来的字体不一定免费，但标注了免费可商用的字体我们都是可以放心使用的，除非该字体设计公司更新了版权信息。

当然，我们也可以购买付费字体，但需注意授权范围。

大多数字体公司的字体许可方式、许可价格，都会通过官方网站进行公开，企业需要付费购买，建议以官方公布的渠道为准。

除了字体网站的官方购买渠道外，某些电商平台上也有很多商家提供字体售卖，声称"版权明确，可放心大胆商用"，但依然存在未真正取得授权的情况，建议企业购买前做好授权审查工作。

除常见的宋体、楷体、隶书等免费字体外，大部分字体擅自使用均存在极高的侵权风险。因此，如集团确有需求，可将不同部门及分公司、子公司需求汇总整理后，由集团统一向版权方采购字体包，这样更有利于成本及风险控制。

在购买时,第一,须注意约定使用主体。对于分公司、子公司众多的集团而言,需将可能涉及的关联公司纳入被授权范围,避免后续分公司、子公司因字体使用陷入版权纠纷。第二,须注意约定使用场景及字体范围。由集团汇集不同部门及分公司、子公司需求后,确定需要采购的字体类型及授权的场景,如广告、网络店铺、影视作品、产品包装,或者全媒体场景。不同场景对应的授权价格不同,在未获授权的场景下使用字体,同样会涉及侵权纠纷。

企业一定要增强内部员工的版权意识。

版权意识不仅是企业应注意的问题,更要落实到员工身上。特别是设计、宣传、运营,以及品牌等部门,增强员工的版权意识更能在源头上避免员工擅自使用非商用字体,进而引发企业承担赔偿责任的风险。

在委托外部公司设计创作产品、短视频时,要注意知识产权的合规问题。

在一些场景下,公司会将设计稿、短视频、广告等创作工作全部或部分委托给外部公司,此时需注意约定外部公司对其产品的知识产权合规义务,以及发生知识产权侵权风险的补救措施及赔偿责任,或者通过禁止再次转包,防范多轮转包情况下版权风险不可控的问题。

在委托第三方设计时,建议在合同中明确要求第三方使用的字体必须获得合法授权,若因第三方产生纠纷,由其承担相关法律责任并赔偿企业损失。

如涉诉,须立即停止侵权并确定字体版权的情况。

如收到字体类侵权函,除函件中列明的线索须立即处理外,公司还有必要排查全媒体场景下的相同或关联字体的侵权情况,并及时删除相关材料。避免因未及时删除而承担更多的责任,或导致其他潜在的风险。

采取删除行为后,公司可对相关字体进行背景调查,确定版权的情况,如是否属于免费字体、维权方是不是版权方、授权链条是否完整、涉案字体与现有其他商用字体是否一致、公司是否已购买过相关字体、涉案字体是否构成作品、赔偿金额区间等。

【案例4-22】

"斗鱼一姐"冯某某在直播中侵权音乐作品

▲案件概况

2018年2月,斗鱼主播冯某某在直播时,播放了一首名为《恋人心》的歌曲。然后，冯某某又将这段直播视频上传并保存到斗鱼直播平台。也就是说，在直播结束后，观众还可以通过登录斗鱼直播平台随时随地进行播放观看和分享。

而冯某某播放的这首歌曲《恋人心》，其词曲作者张超与中国音乐著作权协会签订有《音乐著作权合同》，中国音乐著作权协会可对歌曲《恋人心》行使著作权。

中国音乐著作权协会认为，斗鱼公司侵害了其对歌曲享有的信息网络传播权，起诉要求斗鱼公司赔偿著作权使用费及律师费、公证费等合理开支。

时隔两个月，2018年4月，中国音乐著作权协会以《恋人心》被侵权为由将斗鱼公司诉至法院。

▲斗鱼公司答辩：视频由主播制作并保存，平台无过错

斗鱼公司认为，涉案视频是由主播制作并上传、自动保存在平台上的，在此过程中斗鱼公司仅提供了中立的技术、信息存储服务，不构成共同侵权、帮助侵权和单独侵权。斗鱼公司对涉案视频作品在线传播情况的发生不存在任何过错，事前进行了合理审查，事后也采取了相应措施。

斗鱼公司还称，其未因涉案视频作品的在线传播获益，部分观看直播的观众对主播的礼物打赏，完全出于对主播个人的喜爱与支持，而非因涉案歌曲。

此外，斗鱼公司在接到相关案件的公证书后，于2018年7月9日在斗鱼直播平台上删除包含播放歌曲《恋人心》内容在内的主播冯某某"2018-02-1421点场"直播视频文件。

▲法律后果

北京知识产权法院作出二审判决，驳回斗鱼公司上诉，维持原判，斗鱼公司赔偿中国音乐著作权协会经济损失2000元及合理支出3200元。

事实上，除了词曲创作者享有对音乐作品的权利外，录音录像制作者作为音乐作品传播的一大"功臣"，也享有《著作权法》赋予的权利——邻接权。本案中，录音录像制作者也可以作为邻接权人提起诉讼。

录音录像制作者拥有的权利：

①有权在制品上署名。

②录音录像制作者对其制作的录音录像制品，享有许可他人复制、发行、出租、通过信息网络向公众传播并获得报酬的权利；权利的保护期为50年。

③我国《著作权法》修订草案（2014年6月6日）明确规定录音制作者有权"许可他人以无线或者有线方式向公众提供其录音制品，使公众可以在其个人选定的时间和地点获得该录音制品"，从而将"通过信息网络向公众传播"的权利作了等同于信息网络传播权的处理。

在何种情形下，录音录像制作者可以提起诉讼？

本案中，法院认为直播视频点播是对音乐作品的信息网络传播，构成对音乐作品的信息网络传播权侵权。我国《著作权法》赋予录音录像制作者禁止他方未经授权通过信息网络向公众传播其录音录像制品的权利，因此，在此类案件中，录音录像制作者可以作为邻接权人提起诉讼。

【案例 4-23】

知名主播演唱传播《西游记后传》主题曲被判侵权

▲案件概况

知名歌曲《相思》是电视剧《西游记后传》的主题曲，该歌曲自上线以来受到广泛关注，传唱度极高，具有很高的经济价值。2019年10月25日，《相思》词作者赵某将该歌词的信息网络传播权等权利独家授权给A文化传媒有限公司（简称"A公司"），授权期限为2019年10月8日至2024年11月7日，授权地域为全世界。

某主播唐某在抖音拥有3000多万粉丝，抖音短视频获赞1.2亿。主播唐某通过抖音账号发布短视频吸引粉丝关注，并且通过直播带货开展商业活动。

2021年10月，A公司发现主播唐某通过该抖音账号发布内容为"街头公开表演歌曲《相思》"的片段短视频，以及该短视频内音频部分通过主播唐某的QQ音乐个人账号内传播。A公司随后进行证据保全，以主播唐某侵害其涉案歌曲歌词之表演权、信息网络传播权为由向某互联网法院提起诉讼，要求抖音平台披露主播唐某的真实身份信息，后起诉主播唐某本人，要求其删除抖音、QQ音乐个人账号内的音视频，并且赔偿经济损失。在诉讼过程中，主播唐某主动删除抖音账号内被诉短视频，但未删除QQ音乐个人账号内音频。

▲法律后果

判决被告唐某删除QQ音乐个人账号内的侵权音频；

判决被告唐某赔偿原告A公司经济损失2500元。

《著作权法》第四十五条还赋予录音制作者广播获酬权，即用户将录音制品用于有线或者无线公开传播，或者通过传送声音的技术设备向公众公开播送的，应当向录音制作者支付报酬。这意味着，对于音乐直播而言，直播直接播放音乐（录音制品）、直播表演唱歌使用原唱伴奏（录音伴奏）、直播（不限于音乐直播）过程中播放音乐作为背景音乐等，除取得词曲广播权授权外，还需向录音制作者支付报酬。对于音乐直播而言，需同时取得词曲广播权、录音制品广播权授权，提供回看功能的还需取得相应的信息网络传播权授权。**这也意味着词曲、录音制品版权合规将成为直播平台的重点红线之一。**

有的平台和博主为了吸引粉丝，忽视授权的问题，**抱着"用一用应该没事""先用再说"的心态，**使用一些未经许可的他人音乐录制品作短视频配乐，或制作翻唱视频。此外，除了短视频领域，在很多直播间里，主播会把唱歌作为直播内容，或者在直播时播放背景音乐营造氛围。

当下，不时有主播和平台涉及侵害著作权纠纷，我们检索了这方面的很多案件，总结出三种主播常见且容易构成侵权的情形。下面分析这些行为侵犯了何种权利、该如何避免，以及通过案例分析当主播侵害他人著作权时，平台、MCN 机构和主播公司是否要一同承担责任。

①直播期间播放他人音乐作品，先看平台是否取得音乐授权。

直播时，以播放他人音乐作品填充主播解说间隔的情形较为普遍。将他人音乐作品作为直播解说背景音乐的情况时有发生，其中绝大部分都是合理使用，但主播一旦使用了平台没有取得授权的音乐，在理论上就是侵权了。

冯某某一案中的斗鱼公司赔偿中国音乐著作权协会经济损失 2000 元及合理支出 3200 元，就是一个很好的印证。

看到这，主播们是否都十分担心踩雷？直播播放的歌单里那么多歌，说不定哪首歌就侵权了。目前来说，各平台对版权的重视程度一直都在提升。以抖音为例，从 2018 年开始抖音就相继获得了多家唱片公司的音乐使用权，包括全球三大唱片公司环球音乐、索尼音乐、华纳音乐，同时还有太合音乐、摩登天空等各个短视频平台的侵权投诉体系也开始采用线上标准化的方式，尽量给主播提供没有后顾之忧的直播环境。

②直接期间表演他人音乐作品。

通过网络直播表演歌曲是随着网络技术发展出现的一种新兴商业模式和传

播形态，就其性质的认定而言，目前尚未形成统一的意见，主要存在表演权和他项权两种划归意见。根据北京知识产权法院（2017）**京 73 民终 840 号**、广东省高级人民法院（2018）**粤民终 137 号**和北京互联网法院（2019）**京 0491 民初 23408 号**案件中法院的认定，在直播间表演并通过网络进行公开播送的行为应纳入《著作权法》第十条第十七项规定的其他权利的控制范围，**所以是存在侵权的**。

在北京麒麟童文化传播有限责任公司与斗鱼公司侵害作品表演权纠纷一案中，北京麒麟童文化传播有限责任公司起诉斗鱼公司侵害作品著作权，在斗鱼公司未获得授权、许可，未支付任何使用费的情况下，其平台冯某某等 12 名主播在直播间演唱（吹笛子、跳舞伴奏）歌曲《小跳蛙》59 次，并将直播过程制作成视频保存在直播平台上，供观众回放观看和分享。那么涉案网络主播在公开直播过程中演唱、吹笛子、播放伴奏带等行为，均为原告著作权中他项权的控制范围。

最后，判决斗鱼公司赔偿原告北京麒麟童文化传播有限责任公司经济损失 37400 元和律师费支出 12000 元。

③延伸问题：利用 AI 翻唱制作视频后发布，侵权吗？

AI 翻唱属于侵权。

这里的侵权主要涉及两种，声音权和著作权。

声音和肖像一样，也有人身属性。《民法典》第一千零二十三条规定："对自然人声音的保护，参照适用肖像权保护的有关规定。"

而有关肖像权，《民法典》第一千零一十九条规定："未经肖像权人同意，肖像作品权利人不得以发表、复制、发行、出租、展览等方式使用或者公开肖像权人的肖像。"

因此，仿冒伪造利用他人声音的行为，可能给声音主体的人身权益、财产权益造成损害，更有可能被不法分子用以牟利。

除此之外，AI 翻唱还有可能侵犯著作权。

这个相对声音权会更好理解，毕竟真人翻唱"翻车"的也不在少数。

一首歌曲往往包含词曲及演唱，这就意味着未经授权擅自翻唱他人的歌曲，一旦侵权，就会涉及词曲作者权、演唱者的表演者权，以及容易被忽略的相关唱片公司的录音录像制作者权等多项权利。

当然，这里提到的 AI 翻唱侵权，是指在公开表演前提下可能涉嫌侵权。

如果仅仅是自己作为研究或者欣赏使用，且并不影响原作品的正常传播，也并未损害著作权人的合法权利，那就是合理使用。

综上，我们知道平台也可能承担相应的责任。

有的案件中主播才是直播行为的直接实施者，被告却是平台。从确定侵权人、赔偿能力和舆论的角度出发，平台确实容易成为权利人主张权利的首要对象。那么，直播平台是出于何种原因来承担赔偿责任的呢？

裁判主要从以下几点认定网络直播平台作为网络服务提供者应承担的注意义务程度：

①直播平台从直播行为中获取利益的情况。

②侵权行为对直播平台技术支持的依赖程度。

③直播平台对主播及其直播行为的推介情况。

④直播平台参与直播内容策划的情况。

⑤直播平台是否存在明知或应知等构成共同侵权的情形。

那么，该如何进行风险防控？

首先，取得许可。平台或主播可以与权利人磋商获得授权。如果音乐的著作权人为中国音乐著作权协会会员，可以通过中国音乐著作权协会取得授权；也可以使用第三方版权服务平台，取得授权或通过平台检测侵权线索。

其次，依照《北京市高级人民法院侵害著作权案件审理指南》第 7.11 条规定，判断网络直播中引用他人的音乐作品是否属于适当引用，应该从以下几个方面进行考虑：

第一，被引用的作品是否已经发表。

第二，引用目的是否为介绍、评论作品或者说明问题。

第三，被引用的内容在被诉侵权作品中所占的比例是否适当。

第四，引用行为是否影响被引用作品的正常使用或者损害其权利人的合法利益。

免费表演已经发表的作品需要满足两个条件：

第一，该表演未向公众收取费用。

第二，该表演也未向表演者支付报酬。

网络直播为新兴产业，而直播翻唱歌曲已经成为广大主播赚钱的新路径。

最后，平台和主播都应注重自身的风险防控。

建议主播根据业务类型事先与相关著作权集体管理组织签署协议，获得相应作品库的授权；平台应做好监管，避免发生侵权行为，对于明显涉嫌侵权的直播行为，应主动审查和处理，对知名度高的作品，平台可主动设置屏蔽词，对反复、大量侵权的用户限制其使用部分功能等。

目前，无论是主播还是平台，网络直播违规使用音乐作品的情况都非常严重，行业内对于版权保护还不够重视。基于以上分析，直播平台面临诸多侵权风险，而解决措施之一就在于直播平台及主播应该增强版权保护意识，尊重版权，特别是在目前大数据不断发展的情况下，直播平台应该对直播内容或者上传视频内容积极采取措施加大监测力度。需要建立完善的风控及侵权应对体系，对于侵权投诉及时进行处理。针对目前直播视频使用音乐的需求不断增大，而直播平台及主播面临侵权的风险也不断提高的情况，直播平台可以考虑与中国音乐著作权协会建立版权合作机制，提高版权的授权率，从而降低侵权风险。

平台和主播在采用新的业务模式或认为可能存在侵权风险时，可尽早咨询专业法律人士，以尽可能降低侵权风险。

【案例 4-24】

主播擅播《琅琊榜》，虎牙直播平台被判侵权

▲案件概况

原告北京爱奇艺科技有限公司（简称"爱奇艺公司"）诉称，被告广州虎牙信息科技有限公司（简称"虎牙公司"）未经许可，通过其开发运营的虎牙直播平台，擅自以直播的形式向公众提供《琅琊榜》作品，侵害了爱奇艺公司对涉案作品享有的著作权并同时构成不正当竞争，请求判令虎牙公司赔偿爱奇艺公司经济损失 470 万元及合理开支 30 万元。

虎牙公司辩称，其平台仅为用户提供网络技术服务，且对主播的直播行为设置了投诉渠道及规范的处理流程，直播平台并不能监测用户的直播行为，但原告并未进行投诉。虎牙公司在收到起诉材料后及时封禁了主播账号，履行了注意义务，不构成侵权及不正当竞争。

▲法律后果

法院经审理认为，根据在案证据，可以证明涉案行为是主播通过虎牙直播

平台，采用直播的方式将涉案作品呈现给公众。因本案未有证据证明该主播直播涉案作品已获得相关授权，故该主播的行为直接侵害了爱奇艺公司对涉案作品享有的著作权。判决虎牙公司赔偿爱奇艺公司经济损失及合理开支共计23万元。

网络直播作为一种新兴的网络社交方式，因其高互动性和时效性，吸引了大批网络主播和用户，直播行业一度成为火爆的产业之一。与此同时，因主播未获授权直播他人享有著作权的作品而引发的纠纷案件频发，本案就是此类纠纷中的典型案件。

关于涉案主播与虎牙平台之间的关系，一方面，本案缺乏证据证明虎牙公司与涉案主播之间存在共同提供直播行为之合意；另一方面，结合虎牙公司提交的相关证据可以证明虎牙公司作为虎牙直播平台的运营者，为主播提供直播服务、为用户提供观看直播服务，虎牙公司在本案中属于提供网络技术服务的经营者。

关于虎牙公司是否存在主观过错，构成帮助侵权可从以下几个方面进行分析：

第一，虎牙直播平台上设置了"一起看"频道，且属于热门分类，同时，该频道内还有电影、电视剧、综艺等分类。在通常情况下，主播一般不可能提供专业制作且内容完整的影视作品，此类影视作品的制作者也不可能准许一般网络用户予以传播，故虎牙公司应对该频道下主播行为承担更高的注意义务。

第二，涉案直播间位于"一起看"频道首页内，处于可被明显感知的位置，该直播间近一个月连续、多次直播涉案作品相关剧集，且关注数量和人气量达数十万，虎牙公司应当知晓涉案主播的涉案行为。

第三，涉案作品具有一定知名度，涉案直播间名字中虽未标注"琅琊榜"，但包含了涉案作品的知名主角名。因此，虎牙公司应对此承担更高的注意义务。

综上，法院认定，虎牙公司在具备合理理由应当知晓涉案主播直播涉案作品的行为存在的情况下，未采取合理有效措施制止涉案行为，主观上具有过错，构成帮助侵权，应承担相应的法律责任。因前述涉案行为已被认定为侵害著作权，故对爱奇艺公司主张该行为构成不正当竞争行为的主张不再予以支持。

一审法院认为，虎牙公司在具备合理理由应当知晓涉案主播直播涉案作品的行为存在的情况下，未采取合理有效措施制止涉案行为，主观上具有过错，构成帮助侵权，应承担相应的法律责任。二审法院经审理维持原判，一审判决已生效。

【案例 4-25】

未经许可使用他人音乐作短视频作品侵害著作权

▲案件概况

A 公司诉 B 公司等侵害复制权、发行权和信息网络传播权纠纷案，被媒体誉为"网络短视频第一案"，该案明确了未经许可使用他人音乐录制品作为短视频背景音乐侵犯他人录音制作者权的裁判规则——

A 公司取得音乐"WalkingOntheSidewalk"独家录音制作者权以及维权权利，B 公司与 C 公司未经许可擅自使用涉案音乐作为背景音乐制作名为"20180804 期 2018 最强国产手机大测评"的商业广告推广短视频，**并将该视频上传至某自媒体账号传播**。

▲法律后果

法院认为，B 公司与 C 公司制作的短视频配乐未经授权使用了涉案音乐，构成侵权，依法应当承担赔偿经济损失及合理支出的责任，**最后判决赔偿 A 公司经济损失 4000 元及合理开支 3000 元**。

【案例 4-26】

公司获得授权、平台未获得授权的歌曲侵权

▲案件概况

A 公司取得某网络热门歌曲的信息网络传播权，B 公司运营的短视频平台**未经原告授权**，擅自将该歌曲上传至平台曲库，用户通过该平台录**制短视频时可任意使用**、翻唱该歌曲。最终，该短视频平台上有 37.7 万个作品使用了该歌曲，多名用户翻唱该歌曲并录制、上传了短视频。**这些短视频可被播放、点赞、评论、分享、下载，具有拍同款、付费推广等功能**。又约有 19.5 万个作品使用了上述用户上传的短视频。

▲法律后果

法院认为，视频平台未经授权上传他人歌曲，构成直接侵权，最后判决 B

公司赔偿经济损失3000元。

我们所看到的影视解说都会被判侵权吗？

影视解说不一定都会被判侵权，但风险极大。

可以参考以下观点：

①画面素材侵权。最常见的就是直接使用影视剧的画面，进行简单的拼接剪辑。此处的影视剧画面基本取材于正在上映或已上映的电影、电视剧，这种剪辑非常有可能遭遇侵权维权，尤其是流量较高的视频，如果只是简单的画面拼接，被维权的可能性极大。

如果泄露了未上映的电影内容，那情节更加严重。

②音乐素材侵权。快闪、踩点视频是短视频平台上比较受欢迎的一种视频类型。该类视频往往会使用一些流行音乐作为背景音乐，如果并未取得相关音乐的授权，就是侵权的。

③字体素材侵权。字体作为视频剪辑、海报设计的重要元素，是受《著作权法》保护的作品。

我们日常剪辑软件中会自带一些免费的字体，其实是字体公司授权给软件方使用，也仅允许个人在自己电脑上单独使用。

如果是商业作品或以营利为目的的展示，就需要单独购买字体的授权。

④表情包贴纸侵权。他人设计的、具备独创性的表情包、贴纸也具有版权。如果使用的是视频平台提供的表情包，作品也仅在该视频平台上传播，那相关权利平台方会兜底。

但是带有明星肖像的表情包，未经授权是不可以擅自使用的。

影视解说类视频那么多，侵权吗？

在短视频平台上，《3分钟看完一部电影》之类的内容特别火爆。这些视频往往主体相近、文案相似、剪辑粗糙，除了配音不同，其他内容都高度相似，而且该类视频创作者大多以营利为目的，在积攒一定粉丝量后就会开始投放广告，因此基本上都涉嫌侵权。

或许有人会好奇，我国《著作权法》规定，"为介绍、评论某一作品或者说明某一问题，在作品中适当引用他人已经发表的作品"属于合理使用，为什么影视解说类视频就侵权呢？

首先，影视解说类视频一般会截取电影或电视剧正片中最精彩的部分，这部分内容并不属于适当引用的范畴。

其次,观众在看完影视解说类视频后,就会了解电影的主要情节走向,对于观看完整影片的需求就会大大降低。这将严重损害电影版权方以及视频平台的利益。

因此,影视解说类视频虽是当下的流量密码,但实际上,巨大的利益也伴随着巨大的侵权风险。

主播把抖音上火爆的 BGM 用在自己的视频中会侵权吗?

根据《著作权法》第四十二条的规定,在音频(BGM 音乐)、视频中使用他人歌曲的,应当取得该歌曲著作权人的许可并支付报酬,否则将构成侵权;在音频(BGM 音乐)中使用他人已经合法录制为录音制品的歌曲制作音频(BGM 音乐)的,可以不经该歌曲著作权人的许可,但应当支付报酬,否则将构成侵权。

抖音已与环球音乐、华纳音乐、环球词曲、太合音乐、华纳盛世、大石版权等多家唱片及词曲版权公司达成合作,并已获得这些公司全曲库音乐使用权,因此,抖音素材库里具有海量的音乐作品可供用户使用。但抖音用户并没有因此而独自获得这些音乐作品的版权,只是拥有了在抖音平台上使用素材库里音乐作品的权利。

在此需要注意,专业机构用户在抖音上上传视频,以营利为目的,造成的影响也会比较大,由于抖音目前并没有提供任何合同或承诺,所以即使使用的是抖音素材库里的音乐,也仍然会有版权风险。

reaction 反应类短视频会对所涉的电影和电视剧造成侵权吗?

reaction 反应类短视频的主要形式是视频主播对不同的视频、歌曲等素材作出反应,给出一些有趣或者讽刺的评论,或者做一些夸张的表情和动作来表达情感或娱乐观众。它最早起源于 20 世纪 80 年代的日本。

不可否认,作为一种以其他视频、音频等素材为创作基础的视频形式,reaction 反应类短视频自身的属性注定了对于它的制作将会产生普遍的版权侵权纠纷。而判断一个 reaction 反应类短视频是否侵权的争议焦点往往在于其是否可以构成"合理使用"。是否符合"合理使用"原则应当考虑以下四个因素:

①使用的目的和性质。最重要的判断标准是主播使用其他视频、音频等素

材的过程是否具有转化性，即 reaction 反应类短视频是否赋予了原视频、音频新的表现方式和含义，是否只是单纯的复制。

②受版权保护的作品的性质。若主播使用的原视频、音频素材为写实作品，而非虚构作品，则以这些视频、音频为创作基础产生的 reaction 反应类短视频更容易被认为是合理使用。

③所用部分在整个受版权保护的作品中所占的比例和实际作用。主播制作 reaction 反应类短视频时，使用原视频、音频的部分越少，越容易被认为是合理使用，但是如果使用了原视频、音频中的核心部分，即便是少量使用，仍有可能被认为不符合合理使用的原则。

④使用行为对受版权保护作品潜在市场或价值的影响。若主播对原视频、音频的使用损害了其原有的市场价值，则通常不会被认为符合合理使用的原则。

因此，reaction 反应类短视频使用其他视频、音频不符合合理使用原则的，则可能构成侵权。

主播开直播和大家共享现场表演会侵权吗？

根据《著作权法》第三十九条的规定，表演者享有许可他人从现场直播和公开传送其现场表演，并获得报酬的权利。主播现场直播演出者的表演，还应取得演出者表演作品的著作权人的许可，并向其支付报酬。根据《著作权法》第四十七条的规定，电视台有权禁止未经其许可，将其播放的电视通过信息网络向公众传播的行为。

因此，主播开直播与观众共享现场表演，可能会侵犯演出者的表演者权和电视台的录音录像制作者权。

主播在直播时进行"模仿秀"会侵权吗？

在我国目前的法律框架下，并没有明文规定禁止模仿他人。因此，单纯的"模仿秀"活动并不违法，但这种模仿行为的方式，在法律上是要受到一定的限制的。

根据《著作权法》第三十九条规定，表演者有权保护自己的表演形象不受歪曲。主播在直播时进行"模仿秀"，如果对原表演者的形象有所贬损、歪曲，哗众取宠，则可以认定为侵犯了原表演者保护表演形象不受歪曲的权利。因此，如果原表演者认为自己的表演形象、艺术声誉受到了不良的影响，那么可对此主张自身的权利。

除此之外，如果主播在直播中进行"模仿秀"的目的是让网友为其打赏，并因此获得经济利益，则这种"模仿秀"在很大程度上会被认定为属于商业性活动。如果原表演者认为这给其造成了经济损失，则这种"模仿秀"有可能会被认定为一种以不正当竞争的方式组织的商业活动。

因此，"模仿秀"确实存在一定的法律风险，尤其以此作为谋利手段的，更要注意不得侵犯被模仿者的权利，不能一味蹭热度，否则可能构成侵权。

那么，有什么风险防控策略？

最好的策略是结合具体情况判断是不是合理使用。

如何判断影视剪辑、切条短视频是否侵权呢？《著作权法》第十条明确规定，著作权人享有署名权、保护作品完整权、信息网络传播权和改编权。因此，判断影视剪辑短视频是否侵权，还要根据个案具体分析。分析短视频剪辑及切条的本质，可以发现剪辑其实是将视听作品中大量的素材进行选择、取舍、分解与组接后产生新的作品，而切条则是将一集影视剧拆成几段或十多段分段播出。从内容上看，无论采用哪种形式对影视作品进行使用，都没有脱离原影视作品单独存在。

如果是单纯的剪辑行为，在《著作权法》的规范下可能侵犯权利人针对原影视作品享有的改编权以及信息网络传播权；如果剪辑的内容曲解了影视作品的主旨原意，将有可能侵犯著作权人的保护作品完整权；如果在剪辑、切条、搬运的短视频中没有将著作权人的名字标明，将可能侵犯著作权人的署名权。

不过，《著作权法》第二十四条规定了两种合理使用的情形：为个人学习、研究或者欣赏，使用他人已经发表的作品；为介绍、评论某一作品或者说明某一问题，在作品中适当引用他人已经发表的作品。所以，并非二次剪辑影视剧的行为就一定会侵权。

那么，加上背景音乐后就不算侵权？

"这当然属于侵权。所有内容都是从电影剪的，拼拼凑凑出来的怎么叫原创呢？"

我们认为这种说法显然是站不住脚的。如果对影视作品进行剪辑之后，有一些混剪，然后加上一些解说，当其个人的内容的比重占到一定程度时，就可以说是合理使用。但是对这个比重的要求也是比较高的，在司法实践中，法院对此也有较大的自由裁量权。

2023年4月9日，国内多家视频平台联合近70家影视公司发布了反侵权联合声明，称"对目前网络上出现的公众账号生产运营者针对影视作品内容未经授权进行编辑、切条、搬运、传播等行为，将发起集中、必要的法律维权行为"。有网友担心，粉丝出于喜爱制作的影视剧混剪短视频会因此下架。

因此，提醒相关自媒体从业人员，在视频剪辑过程中应注意：发布短视频的目的应该是向公众提供保留剧情悬念的推介、宣传信息；剪辑视频中应存在大量原创的内容；引用的视频内容不可涵盖剧集的主要剧情和关键画面；不会对原作品的市场价值造成实质性影响和替代作用，损害作品的正常使用；标注作品名称、权利人名称等内容；剪辑内容不可曲解原作品的意思。

十七、《化妆品监督管理条例》之未经备案、未取得特殊用途化妆品行政许可审批件的风险与防控

2020年6月16日，《化妆品监督管理条例》正式颁布，自2021年1月1日起施行，**目的是保障消费者健康，促进化妆品产业健康发展。**

本部分以行政处罚案例解析违反"特殊化妆品未经注册不能生产、进口，普通化妆品未备案不能上市销售"的法律后果，旨在提醒各位商家、主播注意防范此项风险。

【案例4-27】
售卖不符合强制性国家标准、技术规范化妆品被罚

▲案件概况

当事人通过抖音平台直播销售化妆品，其销售的添加有苯乙基间苯二酚原料的Drve笛乐妃虾青素柔嫩抚纹眼膜、Drve笛乐妃虾青素亮润面膜，均未取得祛斑美白类特殊用途化妆品行政许可审批件。

▲法律后果

当事人的行为违反了《化妆品监督管理条例》第四条规定，依法作出行政处罚，对当事人处罚款5000元。

风险防控策略如下：

①主播、商家都应该清楚地知道，特殊化妆品未经注册不能生产、进口，普通化妆品未备案不能上市销售，既是《化妆品监督管理条例》的基本要求，也是化妆品企业必须把好的一道安全关口。

②除了用于染发、烫发、祛斑美白、防晒、防脱发的化妆品以外，宣称新功效的产品也属于特殊化妆品，须经国家药监局注册后方可生产、进口，并登录国家药监局网站或通过"化妆品监管"App进行核对。特别是要重点关注特殊化妆品产品外包装标注的特殊化妆品注册证编号与查询到的编号一致以及在有效期内、标签上标注的内容与注册信息一致等问题。

③特殊化妆品以外的化妆品为普通化妆品，应在上市销售前向药监部门备案。应注意普通化妆品是否能查到产品的备案信息、标签上标注的内容是否与备案信息一致等，并妥善保存相关凭证、做好相关记录备查。

④化妆品广告不得明示或者暗示产品具有医疗作用，不得含有虚假或者引人误解的内容，不得欺骗、误导消费者。

⑤在直播带货中，美妆电商经营者要规范宣传话术，不要故意混淆、诋毁、贬低竞争对手的商品，误导消费者的选择。在推销商品时如涉及与其他商品或服务的比较，应谨慎对待，保证符合公平竞争的原则，具备可考证的依据等。

⑥在宣传推广过程中，避免侵犯他人肖像权、名誉权等。

十八、《规范互联网信息服务市场秩序若干规定》之职业退货人恶意退货的风险与防控

中华人民共和国工业和信息化部2011年12月29日公布《规范互联网信息服务市场秩序若干规定》，于2012年3月15日起实施。

这个规定旨在规范互联网信息服务市场秩序，明确了禁止实施的侵犯其他互联网信息服务提供者合法权益的行为，包括恶意干扰用户终端上其他互联网信息服务提供者的服务，或者产品的下载、安装、运行和升级，捏造、散布虚假事实损害其他互联网信息服务提供者的合法权益等。同时，规范了互联网评测活动。

本部分以用户滥用电商平台会员权利损害其他互联网信息服务提供者的合法权益的案例论述商家、主播、平台遇到职业退货人恶意退货的风险,并提供防控建议,旨在帮助电商从业者遭遇职业退货人恶意退货造成损失时提供维权指引。

【案例 4-28】

用户滥用电商平台会员权利,平台冻结其账户

▲案件概况

吴某于 2016 年 6 月 29 日注册为某平台公司运营的电商平台会员,在平台购物期间,针对数百起订单以七日无理由退货、拍错/多拍、不喜欢/不想要等理由大量发起退货申请,并存在重复使用同一订单号填写退货申请等情形。2017 年 11 月 17 日至 29 日 73 次虚填圆通速递单号 600490957046 申请退款,2017 年 10 月 31 日至 12 月 28 日 41 次虚填圆通速递单号 600466137147 申请退款,2017 年 11 月 17 日至 12 月 11 日 247 次虚填退货快递单号申请退款,其因退货信息虚假(错误单号、重复单号)、快递单号无相应物流信息等多次被平台卖家投诉。某平台公司以吴某滥用会员权利为由,对吴某账户进行了冻结。吴某因登录受限,诉请某平台公司解除对其账户的冻结。

▲法律后果

吴某是该平台公司运营的电商平台注册用户,双方已形成网络服务关系,应遵守服务协议的约定。平台依据《规范互联网信息服务市场秩序若干规定》制定规则规定:滥用会员权利,是指会员滥用、恶意利用平台所赋予的各项权利损害他人合法权益、妨害平台运营秩序的行为。吴某在退货申请过程中存在数百起订单号填写错误、重复使用订单号、退货申请与实际退货不符的行为,其在便利己方的同时给卖家带来了极大的不便,给卖家带来了负担与经营成本,虚构退单号势必影响卖方的合法经营利益,也影响市场的正常交易秩序,符合规则中滥用会员权利的范围。某平台公司有权按照规则对滥用权利的会员采取限制措施。遂判决驳回吴某的诉讼请求。

1. 案件分析

电商平台用户与平台经营者达成服务协议后,双方已形成网络服务关系,均应全面、诚信地履行服务协议,滥用平台会员权利可能造成电商平台购物资

格的丧失。本案买家解释其为赶在申请时限内退还货物需用一个订单号，也有因申请退货后改变想法而未退货的情形，但其在便利己方的同时给卖家带来了极大的不便，增加了卖家的经商成本，损害了卖家的合法权益，扰乱了电商平台的运营秩序，属于会员权利滥用的行为，最后因会员账户被限制使用而自身遭受损失。法院经审理认为，消费者虽享有退货权，但若退货行为长期超过消费者普遍的退货率，则该行为有悖于诚实信用原则，构成权利滥用。因此，电商平台有按照规则冻结会员账户的权利。

2. 风险防控策略

商家或主播面对职业退货人恶意退货，建议采取以下措施。

卖家销售假冒伪劣或者侵犯其他主体知识产权的产品，特别容易成为职业退货人的狩猎目标。因此，卖家合规经营，不授人以把柄，这是防范职业退货人敲诈勒索的前提和基础。

除了敲诈勒索和竞争对手恶意下单退货之外，其他类型的职业退货行为，均是利用了退货程序的漏洞。因此，商家规范自身退货程序，就可以有针对性地进行预防。具体要求：加强对退货物流单的审核，关注退货商品的对应性和物流的真实性；强化对退回商品的检验和检测，判断是否为销售产品，退货商品是否影响二次销售；退回商品单独存储，二次核验无误后方可再次销售；退回商品有问题，及时与买家沟通，中止或延长退货程序。

职业退货人的账号或者行为，一般有多次购买、地址同一或类似、时间具有连贯性，账号多次退货等类型化特征。卖家应当有意识地结合自身商品情况，有意识地建立问题买家筛查或者识别机制。发现疑似问题买家，固定材料或者证据，筛查该账号过往订单，一旦查实属于职业退货人，合理拒绝，据理力争，勇敢地对职业退货人说"不"。

电商平台规则，一般会对滥用会员权利的行为进行规范。核实属于职业退货人的，平台一般的处理方式是限制或者关闭高频退货买家账号。以淘宝网为例，淘宝网将职业退货类似的行为具体表述为"欠缺交易意愿，恶意利用退款流程的便利性以实现其他牟利目的，购买商品后异常频繁地发起退款，影响正常的交易秩序"，淘宝网视情节严重程度采取屏蔽评论内容、评分不累计、限制买家行为、查封账户等处理措施。

本案中的吴某，因84.54%的高退货率，被平台公司依据用户协议冻结账户。吴某不服，起诉被驳回，这肯定了电商平台自治对网络空间治理的重要作用。

因此，如果商家查实买家属于职业退货人，滥用电商平台会员权利，在固定相关证据之后，可以向平台举报，借助平台力量制裁职业退货人，维护自身合法权益。

对于情形严重的职业退货人，平台的处理过于温和和滞后，无法有效弥补商家已经发生的损失，因此，诉诸法律很有必要。主要可以考虑从两个角度进行维权：

一是进行控告，追究职业退货人的刑事责任，罪名包括但不限于诈骗罪、敲诈勒索罪或者破坏生产经营罪。这有两方面的目的，一方面是震慑犯罪分子，另一方面是争取以刑促民，争取民事赔偿。

二是通过民事诉讼追究恶意下单退货的竞争对手的不正当竞争的法律责任，主要目的是获得损失赔偿。

第四节　电商企业的人力资源风险与防控

人力资源在当代电子商务企业的发展中有着非常重要的作用。由于电商平台的发展需要，电商企业需要拥有多种类型的员工，包括平台开发人员、运营人员、客服人员、直播营销人员等。这些员工的专业背景和技能要求不同，来源也不尽相同。可以说，电商企业是人围绕着整个链条运作的，在被人带着发展的同时，也隐藏着诸多风险。

和一团队曾编写一本《企业 HR 财税法必修手册》，详细介绍从发布招聘广告至员工入职、在职的劳动合同履行、劳动合同调整、8 种弹性用工方式、员工个别离职 6 类情形风险防控以及 7 项离职员工权益计算的解决方案。因此，本书在人力资源板块不作过多描述。

本节仅从电商企业与主播签约反悔、招用尚未解除劳动合同的劳动者、员工违反与原单位保密及竞业限制协议三项展开论述相关风险及防控建议，旨在让电商企业注意防范这三类风险。

一、电商企业与主播签约后反悔的风险与防控

面对直播经济的强势发展,直播平台之间的激烈竞争、主播和平台之间的纠纷日渐增多,此时直播平台通过风险防范的措施签约网络主播将更利于平台发展。

因为等纠纷发生后再进行解决,不如将纠纷消灭于萌芽状态。如果平台和主播在签约时即对合同中的内容进行明确约定,对容易发生的风险点进行提前预防,则将避免很多不必要的纠纷,以及为解决纠纷而支出的成本。

本项旨在通过主播毁约被判支付违约金的案例,提醒商家、平台重视签订协议的条款,防患于未然。

【案例 4-29】

主播收取签约费后反悔,退回一半费用的纠纷

▲案件概况

被告何某是网络游戏主播,通过微信与原告中山某传媒公司就艺人经纪事宜进行沟通磋商,约定签约费为 5 万元,并就直播时长、休息时间、违约责任达成初步约定。后中山某传媒公司向何某微信转账 25000 元,并发送消息称:"今日先支付一半签约费 25000 元,补充纸质合同后,支付剩余签约费。其间若哪方反悔,需赔偿对方双倍的签约费。"后中山某传媒公司向何某发送快递单号,告知何某合同已经寄出。次日,何某通过微信转账方式向中山某传媒公司退还签约费 25000 元,并称"我没签字,没回复,你这单方面声明无效,合同自始至终没生效"。中山某传媒公司于当日领取该笔转账。后双方协商未果,中山某传媒公司诉至法院。

▲法院判决

法院认为,双方通过微信方式就艺人经纪签约事宜进行沟通,构成预约合同的法律关系。根据《中华人民共和国民法典》第四百九十五条第二款规定:"当事人一方不履行预约合同约定的订立合同义务的,对方可以请求其承担预约合同的违约责任。"本案中,主播何某在与中山某传媒公司达成签订经纪合同的意向后,收取了该公司一半签约费 25000 元,后何某以其他经纪公司支付

的签约费更高为由，拒绝与中山某传媒公司继续签订经纪合同的行为，属不守诚信行为，与我国社会主义核心价值观相悖。**遂判决何某向中山某传媒公司支付 25000 元违约金。**

1. 案件分析

诚信原则是缔结合同的基础。近年来，直播行业在我国快速发展，网络主播因收入高、上班时间自由等吸引着众多年轻男女加入直播行列。部分主播年纪轻、随意性大、缺乏契约精神，与经纪公司签约后因不满公司培养、直播计划或其他公司签约费用更高等频繁跳槽，时常面临赔偿巨额违约金的后果。网络主播的行为会对观众产生潜移默化的影响，相比一般公众，应承担更高的社会责任和使命，对于个人行为应给予更高要求。本案中，何某与原告达成签订合同的意向，并收取了部分签约费，应继续按照约定与原告订立经纪合同。但因其他公司承诺支付的签约费更高，违背承诺，拒绝与原告继续签订合同的行为，属于不守诚信的行为，应支付违约金。

2. 风险防控策略

可以通过在合作合同中明确双方是平等的商业合作关系，并非劳务或劳动关系，从而避免被认定为劳动关系的法律风险。

明确双方的主要权利义务，包括明确直播时长、渠道、形式、条件，主播应当提供何种方式的服务、直播公司又应当提供何种支持等。同时，也可以根据需要约定主播不得在同一合作期内与其他直播平台合作或同时为同类别不同品牌的商品供货方进行直播等权利义务细节。

直播平台与主播的结算方式主要为通过直播时长收费、通过时长与业绩综合收费，以及仅以业绩提成收费等。应当在合同中就前述的结算计算方式清晰说明，并明确费用的支付渠道。

明确主播本人使用的在淘宝等电商平台上开展直播的账号密码及相关手机号等，避免后续产生权属纠纷导致非实物载体的后续使用产生阻碍，从而影响平台或合作方的商业利益。

明确肖像权、著作权等人身权、知识产权的权属，包括所有电子海报、短视频等，其著作权归直播运营公司所有，主播本人授权直播平台就本次商业合作使用自己的肖像权、名称等，避免纠纷。

明确违约责任中的特别约定：

一是关于主播在直播中出现不文明、反动用语或涉黄、涉恐内容等不符合直播平台规则的情况，或出现主播个人过度的临场发挥，导致被认定为虚假广告而应当承担相关赔偿责任。

对此，直播运营公司应当在公司与主播间的合作合同中明确约定上述相关的一切法律责任由主播个人承担，对直播运营公司产生任何直接或间接的经济损失，或直播运营公司基于客户维系的考虑或有效法律文书确定的义务而先行垫付相关费用或赔偿金的，有权向涉事网络主播全额追偿。

二是基于某些主播因个人行为不检点等产生不良影响后会对其代言品牌无端遭受销售冲击的考虑，主播个人应当珍惜个人道德与社会声誉，因其个人的某些相关行为导致其社会声誉严重受损，被直播运营公司或品牌方判定为已无"吸粉带货"的商业价值的，直播运营公司有权在书面告知后即时解除合作关系。

三是前文提到的类似于竞业协议的约定，即该网络主播不得在合作期间内与其他直播运营公司达成合作或同时为同类别不同品牌的商品供货方进行直播等约定。关于该约定的违约条款设置，建议双方在协议中明确酌定赔偿金数额。

二、招用尚未解除劳动合同的劳动者的风险与防控

电商产业快速发展，主播成了主力军，因此，主播跳槽引起的纠纷案件大大增加。本部分以司法案例论述 HR 招用尚未与原单位解除劳动合同主播引发的赔偿责任，以此提醒电商企业在招用人才时应高度关注此项风险，做到企业在招用员工时，除新参加工作的劳动者外，一定要查验其终止、解除劳动合同的书面证明，方可与其签订劳动合同，建立劳动关系，避免带来经济损失。

【案件 4-30】

招用尚未解除劳动合同的劳动者被判负连带赔偿责任

▲案件概况

李某是某电商公司的主播，与公司签订了为期两年的劳动合同。

由于李某的出色表现，电商公司便出资10万元送李某到主播训练营进行6个月的技能培训，并与李某签订了3年的服务期协议，即培训结束后李某应再为电商公司服务3年，否则承担违约责任。

培训结束后的第一年李某就要求提高职位和薪水，与电商公司协商无果后遂向电商公司提出解除劳动合同的要求。

电商公司明确表示不同意其提前解约。李某便不辞而别跳槽到了另一家电商公司并与其签订了劳动合同。

李某跳槽后，原电商公司的粉丝流向了新的电商公司，原电商公司的销售额受到了影响，造成经济损失100万元。

原电商公司向劳动争议仲裁委员会提起仲裁申请，要求李某和新电商公司对其损失承担赔偿责任。

▲法律后果

《劳动法》第九十九条规定，用人单位招用尚未解除劳动合同的劳动者，对原用人单位造成经济损失的，该用人单位应当依法承担连带赔偿责任。

《违反〈劳动法〉有关劳动合同规定的赔偿办法》第六条规定："用人单位招用尚未解除劳动合同的劳动者，对原用人单位造成经济损失的，除该劳动者承担直接赔偿责任外，该用人单位应当承担连带赔偿责任。其连带赔偿的份额应不低于对原用人单位造成经济损失总额的70%。"

新电商公司被判赔偿70万元。

1. 风险分析

《劳动部关于实行劳动合同制若干问题的通知》规定："用人单位招用职工时应查验终止、解除劳动合同证明，以及其他能证明该职工与任何用人单位不存在劳动关系的凭证，方可与其签订劳动合同。"

本案是一起典型的电商劳动纠纷引起的民事赔偿案例。新电商公司在招用李某时，没有对李某是否与原单位解除劳动合同关系作初步审查，就招用了尚未解除劳动合同的李某，结果导致被判连带赔偿责任。

这个案例再次提醒HR在招聘人员时应验明拟聘用的人员与其他企业是否存在劳动关系，拟聘用的人员没有与原单位解除劳动合同的，不应与其签订劳动合同，否则，会给公司留下巨大的经济与法律隐患。

2. 风险防控策略

用人单位在招用劳动者时，要求劳动者提供与上家用人单位解除或终止劳动关系的证明以及社保缴纳状况证明；要求劳动者披露是否对上家用人单位承担保密义务、竞业限制义务，以及审查其所提供的资料是否存在侵犯他人商业秘密之嫌。建议要求劳动者在入职时承诺与其他用人单位不存在劳动关系，可以将劳动者不如实披露自己与其他用人单位是否存在未解除的劳动关系视为不符合录用条件或者视为严重违反用人单位规章制度，用人单位可据此解除劳动关系并不予支付经济补偿，同时约定若用人单位因此需要承担连带责任的，有权向劳动者追偿。如果用人单位发现劳动者在从事本职工作的同时，仍在其他单位工作，建议书面通知该员工与其他用人单位解除劳动关系，并要求该员工提供解除劳动关系的证明，若该员工拒不改正，则用人单位可依据《中华人民共和国劳动合同法》第三十九条第四项规定解除劳动关系，且无须支付经济补偿。

三、员工违反与原单位保密及竞业限制协议的风险与防控

目前，相当多的电商企业对于运营类、主播类的人员都在劳动合同中约定保守商业秘密或竞业限制条款，用人单位在招收员工时，对这类员工应当进行严格审查，确认其不负有与原单位保守商业秘密和竞业限制的义务后，方可与其签订劳动合同。

同时，电商企业对新员工工作中提供的有关经营信息和技术信息必须进行认真审查。按照《违反〈劳动法〉有关劳动合同规定的赔偿办法》的规定，企业因获取商业秘密给原用人单位造成经济损失的，应当承担赔偿责任，其中被侵权的经营者的损失是难以计算的，赔偿额为侵权人侵权期间所获得的利润，并承担被侵害经营者因调查该经营者因侵害其合法权益的不正当竞争行为所支付的合理费用。

赔偿金的计算公式：赔偿金＝被侵害的经营者的损失＋合理的调查费用。

提醒电商企业在招用员工时，一定要查验劳动者的相关证件和保密、竞业协议，防止发生连带责任。

【案例 4-31】

新单位录用与原单位签订《竞业限制协议》的员工，承担连带赔偿责任

▲案件概况

2018 年 1 月，张某某与 AA 电子商务有限公司（简称"AA 公司"）签署了《劳动合同》，约定劳动合同期限为 2018 年 1 月 8 日至 2021 年 6 月 30 日，试用期三个月，工作内容（岗位或工种）为结构，每月工资为 8000 元（试用期每月工资为 7000 元）等。2019 年 9 月 6 日，AA 公司与张某某签订《竞业限制协议》，约定张某某负有竞业限制义务。

2020 年 4 月 7 日，张某某离职。2020 年 4 月 8 日，AA 公司与张某某签订《竞业限制协议之补充协议》，约定：张某某离职后的竞业限制义务履行期限为其从 AA 公司离职次日起的 6 个月；在竞业限制义务履行期限内，AA 公司每月按照张某某办理离职手续之前 12 个月月平均工资的 50% 为标准支付补偿金。

AA 公司主张张某某违反了竞业限制义务，在竞业限制期内入职了与 AA 公司存在竞争关系的 BB 公司。

法院根据证据依法认定，视频显示，张某某在工作时间内在 BB 公司办公场所多次出入、长时间停留。张某某虽主张上述视频的取得不具有合法性，但其未能就正常上班时间内频繁出现在与 AA 公司存在竞争关系的 BB 公司办公地址等情况进行合理解释，张某某应承担不利后果。因此，该院采信 AA 公司的相关主张，认定张某某确实在竞业限制期限内入职了 BB 公司。

▲法律后果

某仲裁委裁决如下：

①张某某停止违反竞业限制的行为，继续履行竞业限制义务；

②张某某支付 AA 公司竞业限制违约金 100 万元；

③BB 公司对张某某的竞业限制违约金支付义务承担连带清偿责任。

BB 公司不服，诉至法院。

一审法院判决：

①张某某应向 AA 公司支付竞业限制违约金 40 万元；

②BB 公司对张某某的竞业限制违约金的支付义务承担连带清偿责任。

BB 公司不服，诉至该市中院。

该市中院经审理认为，对于 BB 公司是否应对张某某案涉给付义务承担连带清偿责任的问题，本院认同一审的评判理由及处理。

处理结果：判决驳回上诉，维持原判。

1. 风险分析

具有业务竞争关系的相关企业知道或者应当知道该员工负有竞业限制义务仍然招用该员工的，应当承担连带责任。新公司明知或应尽未尽审查义务，招用从具有竞争关系的原公司处离职并负有竞业限制义务的员工的，其对员工应付的竞业限制违约金承担连带责任。

2. 风险防控策略

企业在招聘员工时，一定要查验劳动者的相关证件和保密、竞业协议，防止发生连带责任。针对以上要求，签订竞业限制条款时，应规范以下三点：

①竞业限制条款的主体不能是全体员工，应当限制在了解或掌握企业商业秘密人员及高级管理人员范围内。

②竞业限制条款应明确竞业限制的范围。该范围包括两方面的内容：一是企业的竞争性行业或者竞争性业务范围；二是企业的业务区域范围。这两方面内容的范围应当有明确限制，不能超出合理的范围任意扩大。

③从公平和对等的角度出发，用人单位应当给予竞业限制的合理补偿，以适当弥补劳动者的损失，一般不低于劳动者上一年度总收入的 50%。